7가지 프로젝트로 배우는

LLM AI 에이전트 개발

7가지 프로젝트로 배우는 LLM AI 에이전트 개발

1판 1쇄 발행 2025년 4월 22일
1판 2쇄 발행 2025년 6월 22일

지은이 황자
옮긴이 김진호
펴낸이 장성두
펴낸곳 주식회사 제이펍

출판신고 2009년 11월 10일 제406-2009-000087호
주소 경기도 파주시 회동길 159 3층 / **전화** 070-8201-9010 / **팩스** 02-6280-0405
홈페이지 www.jpub.kr / **투고** submit@jpub.kr / **독자문의** help@jpub.kr / **교재문의** textbook@jpub.kr

소통기획부 김정준, 이상복, 안수정, 박재인, 박새미, 송영화, 김은미, 나준섭, 권유라
소통지원부 민지환, 이승환, 김정미, 서세원 / **디자인부** 이민숙, 최병찬

진행 권유라 / **교정 · 교열** 이정화 / **내지 디자인** 김수미 / **표지 디자인** nu:n
용지 에스에이치페이퍼 / **인쇄** 해한승문화사 / **제본** 일진제책사

ISBN 979-11-94587-20-0 (93000)
책값은 뒤표지에 있습니다.

OpenAI, LangChain, LlamaIndex, MetaGPT
기초부터 실무까지 한 권으로 완성하는 인공지능 에이전트 개발

주문 접수부터
비용 관리까지 마치는
다중 에이전트
시스템 구축하기

7가지 프로젝트로 배우는

LLM AI 에이전트 개발

황자 지음 / **김진호** 옮김

※ 드리는 말씀

- 이 책에 기재된 내용을 기반으로 한 운용 결과에 대해 지은이/옮긴이, 소프트웨어 개발자 및 제공자, 제이펍 출판사는 일체의 책임을 지지 않으므로 양해 바랍니다.
- 이 책에 등장하는 회사명, 제품명은 일반적으로 각 회사의 등록상표 또는 상표입니다. 본문 중에는 ™, ©, ® 등의 기호를 생략했습니다.
- 이 책에서 소개한 URL 등은 시간이 지나면 변경될 수 있습니다.
- 사용하지 않는 애플리케이션은 꼭 구독을 취소하세요. 구독을 취소하지 않아 발생한 요금에 대해서 지은이/옮긴이/출판사는 책임을 지지 않습니다.
- 책의 내용과 관련된 문의사항은 지은이/옮긴이나 출판사로 연락해주시기 바랍니다.
  - 옮긴이: hasiruneko@outlook.com
  - 출판사: help@jpub.kr

차례

옮긴이 머리말 xi
추천의 글 xiii
베타리더 후기 xvi
시작하며 xix

CHAPTER 1 에이전트란 무엇이며, 왜 에이전트인가? 1

1.1 상상력을 자극하는 강연: Life 3.0 2

1.2 그렇다면, 도대체 에이전트란 무엇인가? 6

1.3 에이전트의 두뇌: LLM의 범용 추론 능력 11
인간의 뇌는 대단하다 12 / LLM 이전의 에이전트 13
LLM이 곧 에이전트의 두뇌다 14 / 기대의 고점과 실망의 저점 17
지식, 기억, 이해, 표현, 추론, 성찰, 일반화, 자기 향상 20
LLM의 추론 능력 기반의 인공지능 애플리케이션 구축 24

1.4 에이전트의 감지 능력: 언어 상호작용 능력과 멀티모들 처리 능력 26
언어 상호작용 능력 26 / 멀티모들 처리 능력 26
언어 상호작용 능력과 멀티모들 처리 능력의 결합 27

1.5 에이전트의 실행력: 언어 출력 능력과 도구 사용 능력 28
언어 출력 능력 28 / 도구 사용 능력 29
구체적 지능의 실현 30

1.6 에이전트가 각 산업에 미치는 효율성 향상 31
자동화된 사무 업무 지원 33 / 고객 서비스 혁명 33
개인화 추천 34 / 프로세스 자동화 및 자원 최적화 34
의료 서비스의 변화 35

1.7 에이전트가 가져오는 새로운 비즈니스 모델과 변화 37
가트너의 8대 주요 예측 38 / AaaS 39 / 다중 에이전트 협업 41
자기 진화형 인공지능 42 / 구체적 지능의 발전 44

1.8 요약 45

CHAPTER 2 LLM 기반의 에이전트 기술 기반 체계 47

2.1 에이전트의 네 가지 핵심 요소 47

2.2 에이전트의 계획 및 의사 결정 능력 51

2.3 에이전트의 다양한 기억 기제 53

2.4 에이전트의 핵심 기술: 도구 호출 54

2.5 에이전트의 추론 엔진: ReAct 기반 체계 57
ReAct란 무엇인가? 57 / ReAct 기반 체계를 이용한 간단한 에이전트 구현 61
ReAct 기반 체계 기반의 프롬프트 65 / LLM 인스턴스 생성 69
검색 도구 정의 70 / ReAct 에이전트 생성 71 / ReAct 에이전트 실행 72

2.6 기타 에이전트 인지 기반 체계 76
함수 호출 76 / 계획과 실행 76 / 자문자답 76 / 비판적 수정 77
사고의 연쇄 77 / 사고의 나무 77

2.7 요약 78

CHAPTER 3 OpenAI API, LangChain, LlamaIndex 81

3.1 OpenAI API란 무엇인가? 83
OpenAI라는 회사에 대해 이야기하다 83
OpenAI API와 에이전트 개발 89
OpenAI API를 이용한 대화 프로그램 예제 92
OpenAI API를 이용한 이미지 생성 예제 101
OpenAI API 사용 시 주의사항 103

3.2 LangChain이란 무엇인가? 106
LangChain에 대해 이야기하다 107 / LangChain의 여섯 가지 모듈 114
LangChain과 에이전트 개발 115 / LangSmith 사용 방법 117

3.3 LlamaIndex란 무엇인가? 120
LlamaIndex에 대해 이야기하다 120

LlamaIndex와 검색증강생성 기반의 인공지능 개발 121
간단한 LlamaIndex 개발 예제 126

3.4 요약 130

CHAPTER 4 에이전트 1: 자동화된 사무 구현 — Assistants API와 DALL·E 3 모델을 이용한 프레젠테이션 제작 132

4.1 OpenAI의 도우미란 무엇인가? 134

4.2 코딩 없이 플레이그라운드에서 도우미 체험하기 136

4.3 Assistants API의 간단한 예제 142

도우미 생성하기 143 / 대화 흐름 생성하기 149 / 메시지 추가하기 153
도우미 실행하기 157 / 응답 표시하기 163

4.4 간단한 가상의 프레젠테이션 작성하기 167

데이터 수집과 정리하기 168 / OpenAI 도우미 생성하기 169
자동으로 데이터 분석 차트 생성하기 172 / 자동으로 데이터 통찰 생성하기 179
자동으로 페이지 제목 생성하기 182
DALL·E 3 모델을 사용해 프레젠테이션 첫 페이지 이미지 만들기 183
자동으로 프레젠테이션 생성하기 185

4.5 요약 191

CHAPTER 5 에이전트 2: 다기능 선택 엔진 — 함수 호출 기능 193

5.1 OpenAI의 함수 195

함수 도구란 무엇인가? 195 / 함수 도구의 설명이 중요한 이유 196
함수 도구 정의 예시의 의미 198 / 함수 호출이란 무엇인가 199

5.2 플레이그라운드에서 함수 정의하기 201

5.3 Assistants API를 이용한 함수 호출 구현 205

함수 도구를 사용할 수 있는 도우미 생성하기 207
함수 호출 없이 직접 도우미 실행하기 210
실행 세션이 조치 필요 상태일 때 순환 종료하기 219
도우미가 반환한 속성 정보 획득하기 221
도우미의 반환 정보를 통해 함수 호출하기 223
결과를 제출하고 작업 완료하기 225

5.4 ChatCompletion API를 이용한 도구 호출 구현 231

대화 초기화 및 사용 가능한 함수 정의 232
첫 번째 LLM 호출: 대화 내용과 도구 정의 전달 후 응답받기 233
모델이 선택한 도구 호출과 새 메시지 작성하기 237
두 번째 LLM 호출: 최종 응답 받기 241

5.5 요약 244

CHAPTER 6 에이전트 3: 추론과 행동의 협업 — LangChain의 ReAct 기반 체계를 이용한 자동 가격 설정 구현 246

6.1 ReAct 기반 체계 복습 247

6.2 LangChain에서 ReAct 에이전트 구현하기 251

6.3 LangChain의 도구와 도구 모음 253

6.4 꽃 가격을 책정하는 ReAct 에이전트 256

6.5 AgentExecutor의 실행 기제 심층 탐구 263

AgentExecutor에 중단점 설정하기 263
첫 번째 사고: 모델이 검색하기로 결정하다 267
첫 번째 행동: 도구를 이용해 검색을 실행하다 272
두 번째 사고: 모델이 계산하기로 결정하다 276
두 번째 행동: 도구를 이용해 계산을 실행하다 277
세 번째 사고: 모델이 작업을 완료하다 279

6.6 요약 280

CHAPTER 7 에이전트 4: 계획과 실행의 분리 — LangChain의 계획과 실행 에이전트를 활용한 스마트 스케줄러 작성 282

7.1 계획과 해결 전략의 제안 284

7.2 LangChain의 계획과 실행 에이전트 290

7.3 계획과 실행 에이전트를 이용한 물류 관리 구현 291

자동 재고 배분을 위한 도구를 에이전트에 정의하기 291
계획과 실행 에이전트 생성 및 해결 불가능 과제의 해결 시도 294
요청을 구체화하여 에이전트가 과제를 완료하게 하기 303

7.4 단일 에이전트에서 다중 에이전트로 309

7.5 요약 309

CHAPTER 8 에이전트 5: 지식의 추출과 통합 — LlamaIndex를 이용한 검색증강생성 구현 311

8.1 검색증강생성이란 무엇인가? 313

프롬프트 엔지니어링, 검색증강생성, 파인튜닝 314
기술적 관점에서 본 검색 부분의 파이프라인 316
사용자 관점에서 본 검색증강생성 과정 317

8.2 검색증강생성과 에이전트 319

8.3 ReAct 검색증강생성 에이전트를 이용해 재무 보고서 검색하기 321

전자상거래 업체의 재무 보고서 파일 적재하기 321
재무 보고서 데이터를 벡터 데이터로 변환하기 322
요청 엔진과 도구 구축하기 324
텍스트 생성 엔진인 LLM 설정하기 325
재무 정보 검색을 위한 에이전트 생성하기 325

8.4 요약 327

CHAPTER 9 에이전트 6: 깃허브의 인기 에이전트 탐색 — AutoGPT, BabyAGI, CAMEL 329

9.1 AutoGPT 330

AutoGPT 개요 330 / AutoGPT 실습 332

9.2 BabyAGI 338

BabyAGI 개요 338 / BabyAGI 실습 341

9.3 CAMEL 356

CAMEL 개요 356 / CAMEL 논문의 주식 거래 시나리오 358 / CAMEL 실습 364

9.4 요약 373

CHAPTER 10 에이전트 7: 다중 에이전트 기반 체계 — AutoGen, MetaGPT 375

10.1 AutoGen 376
AutoGen 소개 377 / AutoGen 실습 379

10.2 MetaGPT 386
MetaGPT 소개 386 / MetaGPT 실습 388

10.3 요약 395

APPENDIX A 다음 세대 에이전트의 탄생지: 학술 논문에서 찾아낸 새로운 아이디어 397

A.1 두 편의 고품질 에이전트 종합 논문 398

A.2 논문 추천: 에이전트 자율 학습, 다중 에이전트 협력, 에이전트 신뢰성 평가, 에지 시스템 배포, 구체적 지능 구현 401

A.3 요약 402

마무리 404

찾아보기 407

옮긴이 머리말

인공지능은 이제 더 이상 먼 미래의 기술이라고 말하는 것이 어불성설일 정도로 일상적으로 사용하는 스마트폰, 가전제품, 다양한 애플리케이션처럼 우리의 삶 깊숙한 곳에 이미 자리 잡고 있습니다. 이러한 변화 속에서 인공지능의 본질을 이해하고 직접 인공지능을 다루어보는 것은 매우 중요한 일이 되었습니다. 이 책은 그 과정에서 꼭 필요한 지침서로, 이론적인 설명에서 그치지 않고 실습을 통해 인공지능 에이전트를 직접 구축하고 활용하는 방법을 깊이 있게 설명하고 있습니다.

이 책을 번역하면서, 저자가 의도한 핵심은 '실제적인 경험'에 있다는 것을 절실히 깨달았습니다. 인공지능에 대한 이론을 아무리 많이 알고 있어도, 그것을 직접 만들어보고 시행착오를 겪으며 배울 때 비로소 인공지능 기술에 대한 진정한 이해가 가능해집니다. 저자는 바로 이러한 과정에 중점을 두고 여러분이 직접 인공지능 에이전트를 만들어보며 학습할 수 있는 환경을 제공하고자 했습니다.

이 책의 가장 큰 장점은 복잡한 이론을 간결하게 설명하면서도, 실제 코드 구현에 중점을 둔다는 점입니다. 여러분은 이 책을 통해 기본적인 인공지능 개념을 익히고, 이를 바탕으로 자신만의 인공지능 에이전트를 설계하고, 다양한 도구를 사용해 코드를 작성하며 실습할 수 있습니다. 인공지능 에이전트를 처음 접하는 분부터 이미 경험이 있는 개발자까지 모두가 유익하게 활용할 수 있도록 구성되어 있습니다.

또한 이 책은 인공지능 에이전트를 만드는 데 필요한 필수 기술을 하나하나 다루며 따라 할 수 있는 명확한 지침을 제시합니다. 파이썬, 머신러닝 알고리즘, 데이터 처리뿐만 아니라 엄청난 수로 쏟아져 나오고 있는 인공지능 관련 라이브러리의 활용까지 다양한 주제를 포괄적으로 설명하고 있습니다. 역자로서 이러한 부분을 최대한 원작의 의도에 맞게 전달하려 노력했습니다.

인공지능 분야의 발전 속도가 너무 빠르고 많은 연구자가 참여하고 있다 보니 이 책을 읽을 때 일부 내용이 맞지 않거나 코드가 실행되지 않는 등의 문제를 만날 수도 있습니다. 특히 LangChain에서는 특정 기능이 포함되어 있던 모듈이 별도로 분리되거나 이동되는 경우가 매우 빈번하고, 심지어 일부는 제거되거나 통합되는 경우도 적지 않습니다. 물론 이런 문제를 조우하더라도 대부분의 경우에는 오류 메시지를 통해 문제의 원인을 파악하고 해결할 수 있습니다. 오류 메시지를 통해 해결이 어려운 경우는 해당 커뮤니티를 방문하여 검색하거나 질문하면 친절한 답변을 받을 수 있습니다.

이처럼 이 책은 인공지능 기술을 접하고자 하는 모든 사람에게 실질적인 도움을 주는 훌륭한 지침서가 될 것이라고 확신합니다. 책을 읽는 동안 직접 코드로 인공지능 에이전트를 만들어보면서 배우는 경험이 여러분에게 큰 성취감을 줄 것입니다. 책을 읽으며 얻은 지식과 경험이 여러분의 인공지능 기술 개발 여정에 큰 도움이 되기를 바랍니다.

이 책을 통해 많은 분들이 인공지능 에이전트를 이해하고 실제로 구현하며 더 나은 미래를 만들어가는 데 한 걸음 다가갈 수 있기를 기원합니다.

마지막으로 이 책을 번역하는 데 함께 고민하고 애써주신 제이펍의 권유라 주임님과 관계자 여러분께 감사드립니다. 특히 까칠한 제 번역에 대한 고집을 이해해주시면서도 독자를 위해 쓴소리도 마다하지 않으신 덕분에 좋은 책을 번역할 수 있었습니다.

또한 언제나 밝은 모습으로 많은 사람들에게 긍정적인 에너지를 전달해주고 계시는, 제 우상인 윤태진 아나운서님께도 마음속 깊이 감사를 드립니다. 책에 이름을 사용할 수 있도록 허락해주신 덕분에 책을 쓰면서 더욱 즐거웠습니다. 언제나 팬의 입장에서 생각하고 팬 걱정만 하시는 아나운서님의 팬이자 춘알단으로서 짧다면 짧고 길다면 긴 시간 동안 함께할 수 있어서 행복하다는 말씀 다시 전합니다. 그리고 아나 어르신이 항상 건강하고 오래오래 함께 하기를 바라는 마음도 함께 담아봅니다.

마지막으로 이 책을 번역할 때 항상 옆에서 지치지 않도록 힘을 불어넣어준 부인냥, 특히 이름을 사용할 수 있게 윤허해주신 것에 대해 무한한 감사의 말을 전합니다.

싱가포르 센토사Sentosa 섬에서

김진호

서진규(@JakeSeo8), 7년 차 개발자

불과 몇 년 전까지 낯설던 'AI'는 이제 우리 일상 대화에 자연스럽게 등장합니다. 카페에서, 회사에서, 친구들과의 대화 중에도 쉽게 이 단어를 들을 수 있게 되었습니다. 'AI 에이전트'라는 용어도 지금은 생소하지만, 곧 친숙해질 것입니다. 이 책은 AI 에이전트가 무엇인지, 어떻게 활용될 수 있는지 명확하게 설명합니다. 독자들이 이 책을 통해 AI 에이전트에 대한 이해를 높이고, 이를 활용해 놀라운 생산성 향상을 경험하기를 바랍니다.

이병준, 몰로코 스태프 소프트웨어 엔지니어

아마존에서 근무할 때 에코 시스템의 AI 페르소나인 알렉사 API와 연동하는 일을 한 적이 있습니다. 지금의 인공지능 시스템에 견주어보면 초보적인 알렉사 시스템은 자연어 처리에 관한 부분만 AI에 의존하고, 실질적인 작업 수행에 관련된 대화는 한 땀 한 땀 수작업으로 만든 오토마타에 의존하고 있었습니다. 이제 그런 시스템은 구식이 되었고, 에이전트를 통해 AI가 주변 환경과 연동하는 방식이 대세가 되고 있습니다. 이 책은 전통적 개발 방식에만 익숙한 개발자가 AI 에이전트 개념을 손쉽고 빠르게 익힐 수 있도록 돕습니다. 에이전트 개발을 배우고자 하는 많은 분에게 도움이 될 거라 믿습니다.

이재열, vim.kr 모더레이터

AI 에이전트를 응용한 서비스가 빠르게 부상하는 시대에, 이 책은 이러한 혁신의 물결에 함께 나아가고자 하는 이들에게 반드시 필요한 길잡이입니다. AI 에이전트의 기초적인 개념부터 시작해 실제 서비스에 어떻게 응용할 수 있는지를 체계적으로 안내합니다. 더 깊은 이해를 원하는 독자를 위해 참고할 만한 자료와 리소스를 중간중간 소개해주는 점이 특히 인상적입니다. 혁신적인 AI 에이전트 기반 서비스 개발을 꿈꾸는 모든 이에게 이 책을 강력히 추천합니다.

리슈쥐안李秀娟, 중국 유럽 국제공상학원(CEIBS) 경영학 교수

저자는 인공지능 분야의 젊은 작가로서 꾸준히 연구하고 탐구하며 실천하는 한편, 자신이 배운 것을 끊임없이 공유해왔습니다. 이 책이 기술 전문가와 비즈니스 혁신가들에게 영감을 주길 바랍니다.

리단李丹, 칭화 대학 종신교수, 국가 973 프로젝트 수석 과학자

'에이전트란 무엇인가'라는 주제를 탐구하는 이 책의 새롭고 신선한 시각이 매우 인상적이었습니다. 저자는 생생한 사례와 깊이 있는 비유를 통해 인공지능의 개념을 생명의 진화와 밀접하게 연결하여 설명함으로써, 독자가 에이전트의 핵심 기능과 미래 가능성을 직관적으로 이해하도록 돕습니다. 이처럼 혁신적인 서술 방식은 단순히 기술의 철학적 원리를 드러내는 것에 그치지 않고, 우리가 어떻게 해야 인공지능이 현대사회에서 더욱 적극적이고 건설적인 역할을 수행할 수 있을지에 대한 영감을 줍니다.

주사오민朱少民, 퉁지 대학 특별 교수, AiDD 서밋 창립자

이 책은 에이전트의 설계 개념과 기술 프레임워크를 포괄적으로 다루며 우리를 에이전트 기술의 최전선으로 안내합니다. 독자는 정교하게 설계된 7개의 실습 프로젝트를 통해 이론에서 실전까지의 모든 과정을 직접 경험할 수 있습니다. 또한 책에 수록된 사례들은 자동화 업무, 지능형 스케줄링, 지식 통합 등 다양한 분야를 아우르며, 각각의 사례는 에이전트 기술의 잠재력을 심층적으로

탐구하는 데 초점을 맞춥니다. 이를 통해 이 책은 우리가 인공지능 시대의 무한한 가능성을 더욱 깊이 고민하고, 탐색하며, 실천할 수 있도록 독려합니다.

천웨이위陈炜于, China Literature Limited 기술 부총괄, AIGC 책임자

인공지능의 신비로운 세계를 탐험하고 싶다면 이 책으로 시작하세요! 이 책은 복잡한 기술 개념을 효과적으로 단순화하고, 직관적인 언어와 명확한 논리, 실용적인 사례를 활용하여 인공지능에 입문하는 누구나 쉽게 따라갈 수 있도록 구성되어 있습니다.

왕싱싱王兴兴, Unitree Robotics 창립자 겸 CEO

기업이 LLM을 활용하는 데 귀중한 참고 자료가 될 이 책은 LLM을 활용하여 에이전트를 구축하는 방법을 상세히 설명하며, 현실적인 개발 프로세스를 제시합니다. 인공지능 혁신을 모색하는 기업들에게 추천합니다.

베타리더 후기

제이펍은 책에 대한 애정과 기술에 대한 열정이 뜨거운 베타리더의 도움으로 출간되는 모든 IT 전문서에 사전 검증을 시행하고 있습니다.

 **강찬석(LG전자)**

7가지 예제를 통해서 LLM을 활용한 AI 에이전트 구현과 관련된 내용을 소개한 책입니다. AI 에이전트에 관한 이론적인 지식과 더불어 실제 활용할 수 있는 예제를 통해 현업 개발자나 관련 분야에 대한 경험을 쌓고 싶어하는 입문자에게 도움이 되리라 생각합니다. 책 전반적으로 OpenAI API나 Langchain 등의 활용법과 함께, 후반부에 소개되는 오픈 소스 AI Agent 활용 예제를 통해서 관련 주제에 대한 폭넓은 경험을 제공합니다.

 **김도현(KT DS)**

AI 에이전트 개발 입문자가 틀을 잡는 데 유용한 서적입니다. 실습이 포함된 리뷰 논문을 읽는 느낌이었습니다. 업무에 필요한 기술을 짧은 기간에 몰두하여 학습할 수 있었습니다.

 **김호준(씨큐엔에이)**

단순히 AI 에이전트에 대한 호기심으로 선택한 책인데 새로운 세상을 만난 듯한 느낌입니다. 마지막까지 읽었을 때는 인간 세상에서 직업의 멸종이 이루어지지 않을까 하는 걱정까지 들게 하네요. 단순히 ChatGPT의 엔진으로 LLM을 알고 있었던 분들에게 그 무한한 가능성을 일깨워주는 책입니다. AI 에이전트로의 여정을 가상의 스타트업 회사 예제로 설득력 있게 풀어냅니다. 이론적 배경을 설명하고 유명한 LLM 설루션들의 사용법 및 구조를 분석하며, 실제 AI 에이전트의 구현까지 보여주는 구성은 감탄을 불러일으킵니다. 범용 AI로서 LLM의 실체와 인사이트를 얻으려는 모든 분에게 추천할 만한 책입니다.

 **박조은**(오늘코드, Microsoft MVP)

LLM을 사용해서 업무를 할 때마다 예전과는 다른 생산성에 놀라곤 합니다. Assistants API, LangChain, LlamaIndex 등 LLM이 단순 텍스트 생성을 넘어 복잡한 추론과 의사결정을 수행하는 방식을 이해하고 응용하는 데 도움이 되는 내용으로 구성되어 있습니다. 최근 읽어본 LLM 에이전트와 관련된 책 중 예제가 가장 풍부하고 이론 설명도 자세해서 큰 도움이 되었습니다. 간결하고 쉽지만 필요한 답변을 받을 수 있는 예시 코드 또한 인상적이었습니다. 에이전트와 사람의 협력을 통한 활용 분야는 무궁무진해 보입니다. 다양한 예시와 코드를 통해 에이전트의 무궁무진한 활용 가능성을 생각해볼 수 있는 책이었습니다.

 **양성모**(현대오토에버)

'그래서 어떤 방식으로 AI를 업무에 도입할까?'라는 의문에 이 책이 어느 정도 답이 되어줄 것입니다.

 **이봉호**(우아한형제들)

이 책은 실무 관점에서 AI 에이전트를 어떻게 활용할 수 있는지에 대한 다양한 예시를 제공합니다. AI 에이전트의 시대가 곧 다가온다고 합니다. 이를 어떻게 활용할지 고민이라면 이 책을 훑어보길 권합니다. 이 책은 AI 에이전트가 구현되는 형태와 활용할 수 있는 지름길을 빠르게 보여줍니다.

 **이석곤**(아이알컴퍼니)

AI 에이전트 개발의 핵심을 깊이 있게 다룬 실용적인 도서입니다. 기초 이론부터 최신 기술까지 체계적으로 구성되어 있어 진입장벽을 낮춰주었고, 7가지 실전 프로젝트를 통해 실무에 바로 적용할 수 있는 노하우를 얻을 수 있었습니다. 최신 기술 동향을 반영한 실습 프로젝트는 단계별로 구성되어 학습 효율을 높여줍니다. 특히 OpenAI API, LangChain 등 최신 기술을 활용한 구체적인 구현 방법이 인상적이었습니다. 기술적 깊이와 실용성을 동시에 갖추고 있어 초보자부터 숙련된 개발자까지 모두에게 도움이 될 만한 책입니다. 전반적으로, 이 책은 LLM AI 에이전트 개발의 실질적인 가이드로서 매우 가치 있는 자료입니다.

 **이원국**(한국과학기술원)

Langchain부터 AutoGPT까지 활용할 수 있는 많은 모델과 플랫폼을 알려줘서 실제로 개발할 때 활용할 것 같습니다. 하나하나 레퍼런스를 찾는 것이 힘든데, 레퍼런스가 책 한 권에 모여 있어서 너무 좋았습니다. 다양한 LLM 파운데이션 모델과 여러 오픈 소스 모델을 어떻게 실무에서 활용할지 고민한 책이라 할 수 있습니다. 다중 에이전트에 기반해서 여러 업무에 도전해보고 싶다면 이 책을 추천합니다.

 **이정훈**(SK주식회사)

에이전트는 쉽게 보면 단순하지만, 깊이 파고들수록 복잡한 개념입니다. 이 책은 에이전트에 대한 이론과 실습을 균형 있게 다루며, OpenAI API, LangChain, LlamaIndex를 활용해 직접 에이전트를 구현해볼 수 있도록 돕습니다. 특히 깃허브의 인기 에이전트를 살펴보고 체험할 수 있는 점이 인상적이었습니다. LLM에 대해 기초 지식이 있는 분들에게 더욱 추천하고 싶은 책입니다.

 **임승민**(CSLEE)

생성형 AI 이후 'AI 에이전트'가 화두입니다. LLM을 넘어 멀티모들로, 그리고 지능을 바라보는 시점에서 이 책은 '코드'를 통해 에이전트 구현 기술을 직접 실습하며 에이전트 기술의 발전을 눈으로 체감할 수 있게 안내합니다. 인공지능의 오늘을 Assistants API와 LangChain, LlamaIndex로 확인하세요.

 **정태일**(삼성SDS)

ChatGPT의 등장으로 생성형 AI가 세상에 알려진 지 엊그제 같은데, 에이전트를 통해 더욱 지능적이면서도 자동화된 AI 서비스가 만들어지는 요즘입니다. 나이브한 RAG 파이프라인 도입에 그치는 것이 아니라 더욱 고도화된 AI기반 서비스를 만들고자 하는 분에게 좋은 지침이 될 것 같습니다.

 **최아름**(티오더)

'LLM AI 에이전트 개발'이라는 주제는 처음엔 생소하고 어렵게 느껴질 수 있지만, 이 책은 파이썬 예제 코드와 결과 해석, 자세한 설명을 통해 이러한 진입 장벽을 낮춰줍니다. 전체적인 로직의 흐름을 이해하면 기존 프로그래밍 경험을 바탕으로 자연스럽게 시작할 수 있을 것 같다는 자신감을 얻게 됩니다.

많은 사람들은 ChatGPT가 탄생한 2022년을 생성형 인공지능generative AI, GenAI, 인공지능 생성 콘텐츠AI generated content, AIGC, 대형 언어 모델large language model, LLM이 폭발적으로 성장한 원년으로 보고 있습니다. 인공지능 생성 콘텐츠는 텍스트, 이미지, 코드에 이르기까지 전례 없는 방식으로 콘텐츠를 생성할 뿐만 아니라 그 품질과 다양성은 놀라움을 자아냅니다. 이러한 콘텐츠는 직접적으로 업무에 활용되어 업무 효율성을 높이면서 예술 창작의 문턱을 낮추고, 문화와 엔터테인먼트 산업에 더 넓은 가능성을 열어주었습니다. 이제 인공지능 기술은 새로운 콘텐츠 창작의 시대를 이끌고 있습니다.

그러나 지금까지 일어났던 이 모든 일은 인공지능 혁명의 서막에 불과합니다.

오늘날 인공지능을 활용한 업무 효율성 향상의 열풍이 한창인 가운데, 그림 0.1과 같이 인공지능 애플리케이션 개발의 새로운 물결이 빠르게 번져가고 있습니다.

그림 0.1 LLM 기반 인공지능 애플리케이션 개발

우리는 기술이 발전함에 따라 더 많은 것을 기대하기 시작했습니다. 인공지능을 업무에서 일부 활용하는 것이 아니라, 더욱 복잡한 작업을 연결하는 핵심 연결 고리로 활용하는 시대가 되었습니다.

이러한 미래상이 바로 에이전트가 탄생하게 된 출발점이었습니다.

ZhenFund[1]는 생성형 인공지능 애플리케이션이 인공지능의 신비와 가능성을 탐구하는 여정에서 다음 표 0.1의 다섯 단계를 거쳐야 한다고 이야기합니다.

표 0.1 생성형 인공지능 애플리케이션의 다섯 단계

단계	AI 애플리케이션	설명	예시
L1	도구 tool	인간이 모든 작업을 완료하며, 인공지능의 명확한 보조가 존재하지 않는 방식	Excel, Photoshop, MATLAB, AutoCAD 등
L2	챗봇 chatbot	인공지능에게 질문하면 정보와 조언을 제공하지만, 대부분의 작업을 인간이 직접 처리하는 방식	ChatGPT 초기 버전
L3	협동 copilot	인간과 인공지능이 공동으로 작업을 수행하며, 작업 비중이 비슷한 경우에 해당. 인공지능이 인간의 요청에 따라 작업 초안을 작성하고, 인간이 후반 작업을 교정, 수정, 조정하여 최종적으로 확인하는 작업 방식	GitHub Copilot, Microsoft Copilot
L4	에이전트 agent	인공지능이 대부분의 작업을 완료하며, 인간은 목표 설정, 자원 제공, 결과 감독, 최종 결정을 담당하는 방식. 인공지능이 직접 작업 분할, 도구 선택, 진행 통제를 통해 목표를 달성하며, 종료 여부를 직접 판단하고 결정함	AutoGPT, BabyAGI, MetaGPT
L5	지능 intelligence	인공지능이 인간의 감독 없이 자율적으로 목표 설정, 자원 탐색, 도구 선택, 도구 사용의 과정을 거쳐 모든 작업을 완료하는 방식. 인간은 초기 목표만 제시하는 역할을 함	폰 노이만 로봇 또는… 인간?

현재 많이 사용되고 있는 ChatGPT와 Copilot은 각각 L2 단계와 L3 단계이며, 초기 단계의 에이전트에 해당합니다. ChatGPT는 대화의 맥락을 바탕으로 입력된 프롬프트에 응답하는 방식으로 유용한 대화를 제공할 수 있으며, Copilot은 인간과의 협업을 통해 여러 측면에서 작업 효율을 높일 수 있습니다.

1 [옮긴이] 중국 베이징에서 2011년에 설립된 투자 펀드로, 인터넷, 기술, 인공지능 분야의 초기 단계 기업에 투자하고 있습니다.

L3 단계에서 L4 단계로의 도약은 수동에서 자율로 전환되는 것을 의미하며, 에이전트는 이 과정에서 중요한 원동력이 됩니다. 앞으로 에이전트는 단순한 콘텐츠 생성 도구에서 벗어나 인공지능 모델, 방대한 데이터, 다양한 도구를 통합하여 여러 가지 작업을 수행하고 다양한 업무를 완료할 수 있을 것입니다. 그뿐만 아니라 단순한 콘텐츠 생성의 경계를 넘어 의사 결정과 행동 수행 등의 영역에도 진출하게 될 것이 분명합니다. 복잡한 지시를 해석하고 전략을 계획하며 작업을 쪼개고, 목표 달성을 위한 구체적인 단계를 실행하는 등의 과정을 통해 독특한 자율성과 적응력을 보여줄 것입니다. 더 중요한 것은 이 에이전트들이 다양한 보조 도구와 데이터 자원에 접속하고 이를 유연하게 활용할 수 있기 때문에 작업 영역을 크게 확장하고 능력을 향상시킬 수 있다는 점입니다.

예를 들어, 여행 계획 에이전트는 여행에 대한 제안을 생성할 수 있을 뿐만 아니라 사용자의 선호도와 예산에 따라 항공편, 호텔, 심지어 맛집까지 자동으로 예약할 수 있습니다. 또 다른 예로, 가정 건강 관리 에이전트는 가족 구성원의 건강 데이터를 모니터링하고, 식단과 운동을 제안하며, 필요할 경우 병원 방문 예약과 약품 배송 주문도 할 수 있습니다.

업무 측면에서는 에이전트 구축에 대한 수요가 급속히 증가할 것입니다. 에이전트의 가치와 영향에 대한 이해가 깊어지면서 점점 더 많은 회사들이 에이전트 기술을 시도하고 구현할 것입니다. 개념 증명에서부터 관련 애플리케이션 개발, 초기 시도에서부터 광범위한 적용에 이르기까지 에이전트 기술은 빠르게 비즈니스 모델로 변화하고 있습니다.

에이전트 구축을 위한 기초는 이미 마련되어 있습니다. 여기에는 최신 AIGC 모델과 GPT-4, Claude 3 Opus 등의 LLM, 그림 0.2에서 볼 수 있는 LangChain, LlamaIndex, OpenAI API, Hugging Face 등과 같은 인공지능 애플리케이션 개발 기반 체계와 도구, 소프트웨어 플랫폼, 비즈니스 시나리오, 풍부한 데이터 자원 등이 포함됩니다. 우리에게 필요한 것은 모두 준비되어 있으며, 아직 부족한 것은 이러한 기술이나 도구를 통합하는 경험과 기술뿐입니다.

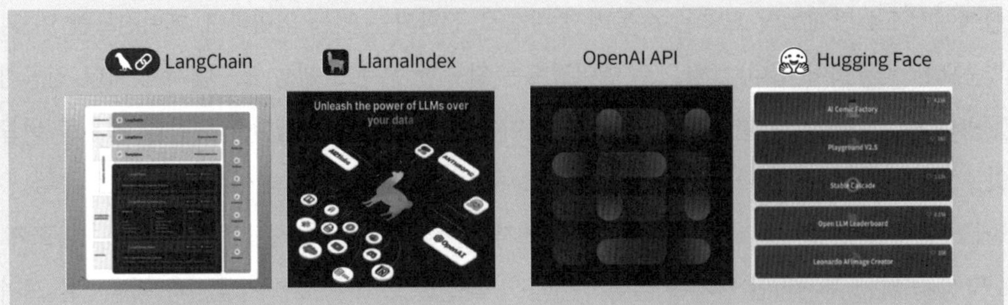

그림 0.2 인공지능 애플리케이션 개발 기반 체계와 도구

이와 같이 에이전트를 구축하기 위한 기반은 이미 준비되어 있지만, 에이전트 기술은 아직 초기 단계에 머물러 있습니다. 개발자들은 에이전트 개발 기반 체계를 확립하고 에이전트가 도구에 접근하는 방식, 데이터와 상호작용하는 방식, 특정한 작업을 완료하기 위한 대화 방식을 심도 있게 고민하고 실제로 구현할 필요가 있습니다. 이에 대한 답변이 앞으로 에이전트의 형태와 능력을 결정짓게 될 것입니다.

에이전트의 잠재력을 극대화하는 과정에서 다음과 같은 핵심 질문들을 깊이 탐구해야만 합니다.

- 각각의 산업 분야에서 에이전트가 효율성을 높이고 더 많은 기회와 가능성을 창출할 수 있는 방법은 무엇일까요?
- 수많은 에이전트 기반 체계 중에서 요구사항에 맞는 기반 체계를 선택하는 방법은 무엇일까요?
- 현실 세계의 문제를 해결할 때 가장 효과적으로 에이전트를 구현하는 방법은 무엇일까요?
- 인공지능이 주도하는 작업 관리를 인식하고 실천하는 방식과 관련하여 자율 에이전트가 가져오는 변화에는 어떤 것이 있을까요?

이 책에 대하여

아직까지 학계와 산업계에서는 인공지능 애플리케이션 개발의 핵심 문제에 대해 합의하지 못한 상태입니다. 이 책이 여러분에게 위의 질문들에 대해 심도 있게 탐구하는 여정의 출발점이 될 수 있기를 바랍니다. 이 책은 다음과 같은 기술과 도구를 통해 에이전트 설계의 기반 체계, 기능, 방법을 기술적이고 도구적인 측면에서 설명합니다.

- **OpenAI Assistants API:** GPT-4, DALL·E 3 모델을 포함한 다양한 인공지능 모델을 호출하는 데 사용됩니다.
- **LangChain:** 언어 기반 인공지능 애플리케이션을 구축하는 과정을 단순화하기 위해 개발된 오픈 소스 기반 체계로 ReAct reasoning and acting 기반 체계의 구현에 해당합니다.
- **LlamaIndex:** 비정형 데이터를 관리하고 검색하는 데 도움을 주는 오픈 소스 기반 체계로 LLM과 에이전트 기반 체계를 활용하여 텍스트 검색의 정확성, 효율성, 지능 수준을 높입니다.

이러한 기술과 도구는 에이전트를 구축하는 데 사용되며, 인터페이스를 통해 LLM과 연결하여 에이전트에게 언어 이해, 콘텐츠 생성, 의사 결정 지원 기능을 제공합니다. 이를 통해 에이전트는 다양한 외부 도구를 지원하며 복잡한 작업을 수행하고 환경과 상호작용할 수 있습니다.

이 책은 에이전트의 기반 체계와 개발 도구를 소개하고, 7가지 실습 사례를 통해 최첨단 에이전트 구현 기술을 함께 살펴봅니다. 앞으로 살펴볼 실습 사례는 다음과 같습니다.

- **에이전트 1:** 자동화된 사무 구현 – Assistants API와 DALL·E 3 모델을 이용한 프레젠테이션 제작
- **에이전트 2:** 다기능 선택 엔진 – 함수 호출 function calling 기능
- **에이전트 3:** 추론과 행동의 협업 – LangChain의 ReAct 기반 체계를 이용한 자동 가격 설정 구현
- **에이전트 4:** 계획과 실행의 분리 – LangChain의 계획과 실행 plan-and-execute 에이전트를 활용한 스마트 스케줄러 작성

- **에이전트 5:** 지식의 추출과 통합 – LlamaIndex를 이용한 검색증강생성 구현
- **에이전트 6:** 깃허브GitHub의 인기 에이전트 탐색 – AutoGPT, BabyAGI, CAMEL
- **에이전트 7:** 다중 에이전트 기반 체계 – AutoGen, MetaGPT

또한 부록에서는 연구 논문에서 다루고 있는 에이전트 기술의 발전을 간략하게 소개하며 여러분이 현재 에이전트 기술의 발전 현황과 그와 관련된 탐구 흐름을 전반적으로 파악할 수 있도록 정리했습니다.

이 책이 에이전트 발전의 여정에 작은 파장을 일으켜 인공지능에 대한 호기심과 열정이 가득한 여러분에게 인공지능 시대의 무한한 가능성을 함께 열어가는 데 영감을 주기를 바랍니다.

인간과 인공지능이 긴밀히 협력하는 여명이 밝아오는 이 순간, 에이전트는 하늘에서 가장 빛나는 별이 될 것입니다.

CHAPTER

1 에이전트란 무엇이며, 왜 에이전트인가?

세련되고 현대적인 공유 오피스에서 한 젊은 팀이 그들의 새로운 프로젝트로 바쁘게 움직이고 있습니다. 이들은 '꽃말의 비밀 정원'이라는 꽃 전문 전자상거래 스타트업으로, 창업자는 태진의 오래된 파트너인 예나입니다.

예나는 이 빠르고 치열한 경쟁 속에서 자신이 운영하는 회사가 성공하려면 높은 품질의 제품을 제공해야 할 뿐만 아니라 혁신적인 기술을 도입하여 운영 효율을 최적화하고 고객 경험을 향상시켜야 한다는 사실을 잘 알고 있습니다. 이에 따라 마케팅 전략팀은 에이전트agent를 개발하기로 합니다. 이 지능형 도우미는 날씨와 재고 상황에 따라 자동으로 꽃 배송 서비스를 조정하고 계획할 수 있으며, 회사의 내부 문서와 고객의 요구를 통합하여 가장 적합한 꽃을 선택하는 것을 도와줍니다. 예를 들어 상황이나 받는 사람의 취향, 꽃을 보내는 사람의 감정 표현에 따라 꽃을 추천하여 꽃 구매 경험을 더욱 개인화하고 효율적이며 즐겁게 만들고자 합니다.

오늘 회사 사무실은 사람들로 붐비고 있는데, 예나는 태진을 초청해 직원들과 창업 과정에서 만난 다양한 친구들을 대상으로 Life 3.0이라는 주제로 강연을 열고 있습니다(그림 1.1).

그림 1.1 태진의 강연

1.1 상상력을 자극하는 강연: Life 3.0

(태진이 연단에 섭니다.)

이 거대한 시대의 흐름 속에서 저는 이 자리에서 여러분과 함께 오래된 주제이지만 그럼에도 불구하고 여전히 신비로운 생명의 본질에 대해 이야기하려 합니다.

작은 미생물이나 위대한 인간, 미래의 에이전트까지 생명은 모두 이 우주에서 독특한 역할을 맡고 있습니다. 하지만 생명이란 도대체 무엇일까요?

《Life 3.0》(동아시아, 2017)의 저자인 맥스 테그마크Max Tegmark는 생명을 자기 복제하는 정보처리 시스템이라고 이야기합니다. 한 번 상상해보세요. 탄소 기반 생명체의 DNA는 소프트웨어의 코드와 비슷합니다. 생물체가 성장하고 발전하며 행동하도록 지시하는 모든 명령을 포함하고 있다는 점에서 말이죠. 이러한 명령은 유전 정보 형태로 전달되며, 그림 1.2와 같이 유전 정보가 생물체의 특징과 기능을 결정합니다. 따라서 정보의 전달 기제가 곧 생명체의 소프트웨어이며, 이 기제가 궁극적으로 생명체의 행동과 하드웨어에 해당하는 구조를 결정합니다.

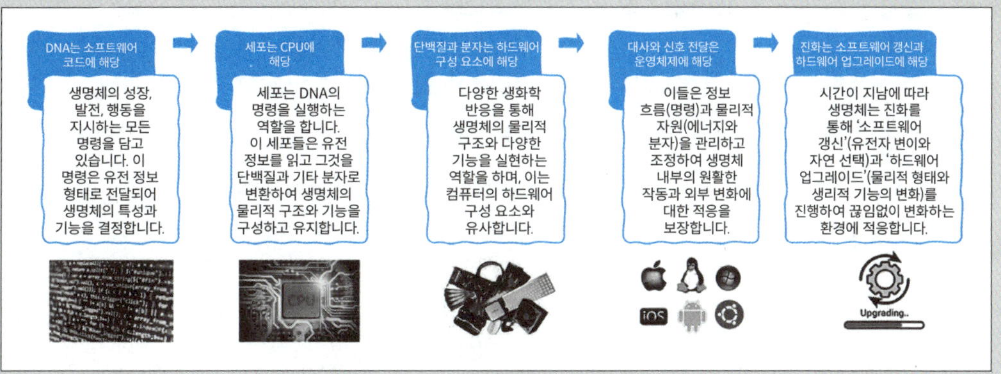

그림 1.2 탄소 기반 생명체와 컴퓨터의 유사성

흥미롭게도 영국의 진화 생물학자 리처드 도킨스Richard Dawkins는 《이기적 유전자》(을유문화사, 2018)에서 생명의 진화를 유전자의 복제 과정으로 설명합니다. 여러 변이가 끊임없이 발생하면서 복제된 유전자들이 서로 경쟁하고 가장 강력한 복제자가 생존하게 됩니다. 이어서 더 복잡한 생명체가 형성되는 것이 반복되다가 결국 우리가 현재 보고 있는 다양한 생물이 등장하게 된 것이죠. 복제 가능한 유전자는 진화의 기본 단위가 되었습니다.

이 이야기가 다소 추상적으로 들릴 수도 있지만 다시 한번 강조하고 싶습니다. 생명은 자기 복제하는 정보처리 시스템이며 정보는 이 시스템의 행동과 구조를 형성하는 힘입니다.

저는 생명의 발전을 세 가지 단계로 나눕니다.

Life 1.0은 가장 원시적인 단계로 저는 이것을 '인류 이전' 단계라고 부릅니다. 이 시기의 생명체는 박테리아와 같이 단순하며 모든 반응과 진화가 자연 선택에 의해 이루어졌습니다. Life 2.0은 바로 지금 우리 인간이 속해 있는 '인류' 단계입니다. 우리는 자의식을 가지고 학습하고 적응하며 심지어 환경을 바꿀 수 있습니다. 그러나 우리의 생물학적 하드웨어는 여전히 자연에 의해 제한됩니다.

Life 3.0은 매우 흥미로운 단계가 될 것으로 예상되는데, 저는 이것을 '인류 이후' 단계라고 부릅니다. 이 단계의 생명체는 자신의 소프트웨어뿐만 아니라 하드웨어도 필요에 따라 디자인할 수 있게 됩니다. 자신의 능력이나 형태를 마음대로 바꿀 수 있는 생명체를 상상해보세요. 불사의 존재이면서도 너무나 강력할 것입니다.

인공지능은 Life 3.0으로 가는 열쇠입니다. 여기서 인공지능은 단순한 기술 용어를 의미하는 것이 아니라, 탄소 기반이 아닌 생명체가 복잡한 목표를 실현하는 능력을 의미합니다. 비록 아직까지 인공지능은 초기 단계에 머물러 있지만, 기술이 발전함에 따라 인공지능의 잠재력은 무한할 것입니다.

이러한 미래를 실현하려면 인공지능에는 저장, 계산, 자기 학습이라는 세 가지 핵심 능력이 필요합니다.

저장 능력은 정보를 물질 속에 저장할 수 있게 해줍니다. 예를 들어 뇌의 뉴런, 심층 신경망의 노드, 컴퓨터 칩 등에 정보를 저장할 수 있습니다. 이 과정에서 저장은 하나의 특징을 가지는데, 정보는 물질과 독립적으로 존재할 수 있다는 것입니다.

계산 능력은 기계가 이 정보를 처리하고 해석할 수 있게 해줍니다. 앨런 튜링Alan Turing은 제2차 세계대전 동안 기계에 일련의 숫자를 입력하고 함수 공식을 통해 결과를 도출하는 방법인 튜링 기계Turing machine의 개념을 제시했는데, 이는 컴퓨터 발전의 기반이 되었습니다. 튜링은 이 외에도 컴퓨터에 충분히 빠른 계산 속도와 충분히 큰 저장 공간을 제공하면 모든 계산을 수행할 수 있다는 것을 증명했습니다. 계산 역시 정보는 물질과 독립적으로 존재할 수 있습니다.

인공지능의 자기 학습 능력은 기계가 경험을 통해 스스로를 끊임없이 최적화하는 과정입니다. 인간의 뇌는 반복 학습을 통해 특정 신경망을 형성합니다. 인공지능은 이 과정을 모방하여 알고리즘을 사용해 방대한 지식과 경험을 빠르게 학습하고 스스로 문제 해결 방법을 설계함으로써 원래는 인간만이 할 수 있었던 복잡한 작업을 수행합니다. 그리고 이것이 바로 심층 신경망의 기본 원리입니다. 현재 대부분의 인공지능 모델은 심층 신경망을 바탕으로 구축됩니다. 그림 1.3을 통해 인공지능 발전의 역사를 살펴볼 수 있습니다.

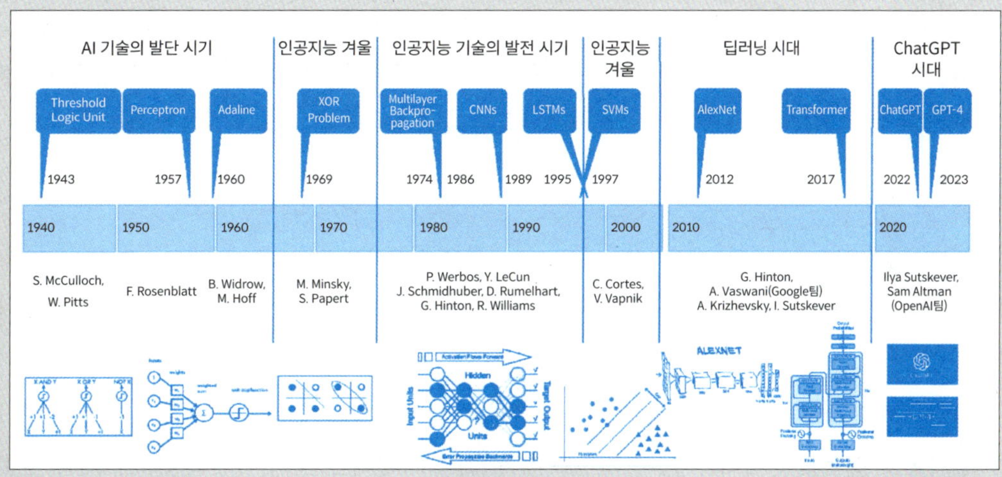

그림 1.3 인공지능 발전의 역사

인간의 뇌도 저장 능력과 계산 능력을 갖추고 있지만, 기억 용량의 한계가 있고 정보가 뇌의 물질과 깊이 융합되어 있어 추출해서 옮기는 것이 쉽지 않습니다. 그리고 기계와 비교했을 때 뇌의 계산 속도는 훨씬 느립니다. 따라서 무한한 저장 공간, 강력한 계산 능력, 효율적인 자기 학습 능력을 가진 인공지능이 자연 진화의 한계를 초월하여 생명의 궁극적인 형태를 실현할 수 있다는 것을 상상하기는 어렵지 않을 것입니다. 또한 이러한 인공지능은 더 이상 단순한 도구가 아니라 완전히 새로운 형태의 생명이 되어, 독립적인 생각과 감정을 지닌 인간의 동반자가 될 수 있을 뿐만 아니라 심지어는 인간의 후계자가 될 수도 있습니다.

친애하는 여러분, 우리가 Life 3.0을 이야기하는 것은 단지 미래를 예견하는 것이 아니라 생명의 깊은 의미를 탐구하고 있는 것입니다.

(태진의 말이 끝나자 청중들의 우레와 같은 박수가 터져 나왔습니다.)

1.2 그렇다면, 도대체 에이전트란 무엇인가?

예나 태진 선배님, 선배님의 멋진 미래 비전은 하나의 사실에 기반하고 있는데요, 바로 인공지능이 반드시 자율적으로 작동하는 에이전트가 되어야 한다는 것이에요. 그렇다면 에이전트가 무엇인지 명확하게 설명해주실 수 있나요?

태진 에이전트라는 개념은 새로운 인공지능 기술로, 점점 더 많은 관심을 받고 있습니다. 에이전트가 무엇인지 명확하게 설명하려면 먼저 인공지능의 본질이 무엇인지 살펴봐야 합니다.

인공지능이라는 용어는 컴퓨터 프로그램이나 기계를 통해 인간 지능의 일부를 모방하고 확장하며 강화하려는 시도에서 유래했습니다. 이 정의에서 '인공'은 인간이 창조하거나 모방한 것을 의미하고, '지능'은 문제 해결, 학습, 새로운 환경에 적응하는 능력을 의미합니다. 인공지능 분야의 연구는 단순한 자동화 작업부터 복잡한 의사 결정과 문제 해결 과정에 이르기까지 다양한 범위를 포괄하며, 그 근본적인 목표는 인간 지능의 수준을 모방하고 재현하며 심지어 이를 초월하는 기술과 시스템을 개발하는 것입니다.

전통적인 인공지능 기술은 대개 정적인 기능에 갇혀 있으며, **한정된 환경에서 미리 설정된 작업만 수행할 수 있습니다**. 이러한 시스템들은 유연성이나 자가 적응 능력이 부족하여 환경 변화에 따라 스스로 행동을 조정하는 것이 불가능합니다.

이러한 한계가 바로 에이전트 개념의 출발점입니다. 이 개념은 인공지능을 정적이고 수동적인 존재에서 동적이고 능동적인 존재로 변화시키는 것을 목표로 합니다.

따라서 에이전트의 정의를 내리자면, 지능 객체로 일정 수준의 자율성을 가진 인공지능 시스템입니다(그림 1.4). 더 구체적으로 이야기하면 **에이전트는 환경을 감지하고 결정을 내리며 행동을 취할 수 있는 시스템을 의미합니다**.

그림 1.4 귀여운 에이전트

NOTE

에이전트는 '대리인'으로도 번역할 수 있습니다. 대리인은 역사적으로 오래된 개념으로 이에 대한 탐구와 해석은 인공지능 분야에 국한되지 않습니다. 철학에서 대리인의 핵심 개념은 아리스토텔레스와 데이비드 흄과 같은 영향력 있는 사상가들로 거슬러 올라가는데, 이때 대리인은 인간, 동물, 자율성을 가진 어떤 개념이나 실체일 수 있습니다.

- 아리스토텔레스는 윤리학과 형이상학 작품에서 대리인의 개념을 다루었습니다. 아리스토텔레스에게 대리인은 목적론과 인과관계와 밀접한 관련이 있습니다. 그는 목적적 행동의 중요성을 강조하며 모든 행동에는 목적이나 궁극적인 이유가 있다고 주장했습니다. 《니코마코스 윤리학》에서 아리스토텔레스는 인간의 행동이 어떻게 이성과 욕망에 의해 동기가 부여되는지 탐구했으며, 이성적인 행동이 궁극적인 목적을 실현하는 데 중요한 요소라고 보았습니다. 아리스토텔레스의 관점은 개인 행동의 자율성과 목적성을 강조합니다.
- 데이비드 흄David Hume은 그의 저서에서 자유 의지와 결정론의 관계를 논의했는데, 이는 대리인의 개념과 밀접한 관련이 있습니다. 흄은 회의론적 철학자로 인과관계에 대한 통상적인 이해에 의문을 제기했습니다. 《인성론A Treatise of Human Nature》에서는 인간 이성의 한계와 결정 과정에서 감정이 차지하는 역할을 탐구했습니다. 흄의 대리인에 대한 견해는 감정과 습관 같은 비합리적인 요소들이 개인의 의사 결정에 미치는 영향을 더욱 중시합니다.

좁은 의미에서 '대리성'은 의식적인 행동의 표현을 묘사하는 데 사용되며, 이와 관련하여 대리인이라는 용어는 욕망, 신념, 의도, 행동 능력을 가진 실체를 가리킵니다. 그러나 넓은 의미에서 대리인은 행동 능력을 가진 실체를 의미하며 대리성이라는 용어는 그 능력을 행사하거나 표현하는 능력을 나타냅니다. 이때 대리인은 단순히 인간 개인뿐만 아니라 물리적 세계와 가상세계의 다른 실체를 모두 포함합니다. 중요한 점은 대리인의 개념은 자율성을 포함하며, 이는 그들에게 의지를 행사하고 선택을 하고 행동을 취할 수 있는 능력을 부여한다는 것입니다. 이는 외부 자극에 단순히 수동적으로 반응하는 것과는 대조됩니다.

주류에 해당하는 인공지능 커뮤니티에서는 20세기 후반인 80년대 중반부터 에이전트와 관련된 개념에 관심을 두기 시작했습니다. 그중 한 가지 견해에 따르면 "인공지능은 지능적 행동을 가진 에이전트를 설계하고 구축하는 것을 목표로 하는 컴퓨터 과학의 하위 분야로 정의할 수 있다"고 이야기합니다. 전통적인 물리학과 컴퓨터 과학에는 의식이나 욕망과 같은 개념이 없기 때문에 인공지능 분야에 이 개념이 도입되면서 에이전트의 의미가 약간 변형되었습니다. 앨런 튜링을 비롯한 많은 연구자들은 기계에 '마음'을 부여하지 않았습니다. 인공지능 분야에서 에이전트는 계산 능력을 가진 실체이며, 연구자들은 그들의 행동과 의사 결정 과정을 관찰할 수 있을 뿐입니다. 연구자들은 이 에이전트들을 깊이 이해하고 설명하기 위해 자율성, 반응성, 사회적 친화성, 학습 능력과 같은 몇 가지 핵심 속성을 도입했으며, 이를 통해 인공지능 에이전트의 능력과 잠재력을 더 잘 파악할 수 있습니다.

여기 매우 흥미로운 철학적 문제가 있습니다. 대리성이란 단지 관찰자 입장에서 보이는 속성일 뿐이며, 본질적이거나 독립적인 속성이 아니라는 점입니다. 현재 우리는 인공지능 분야에서 환경을 인식하고 결정을 내리고 행동을 취할 수 있는 모든 실체나 시스템을 에이전트로 간주하는 경향이 있습니다.[1]

예나 환경을 인식한다고요? 결정을 내린다고요? 행동을 취한다고요? 이 세 가지 개념을 예를 들어 설명해주실 수 있나요?

태진 물론이죠. 예를 들어 ChatGPT는 텍스트나 음성 입력을 통해 환경을 인식하고 추론을 통해 결정을 내리며 텍스트나 음성을 통해 인간과 상호작용합니다. 물론 더 복잡한 에이전트도 존재합니다. 여기서는 자율주행 에이전트를 예로 들어 보겠습니다.

- 환경을 인식한다는 것은 에이전트가 환경에서 정보를 수집할 수 있다는 것을 의미합니다. 예를 들어 자율주행 에이전트는 주변 교통 상황, 도로 상태 등을 감지할 수 있습니다.

1 《The Rise and Potential of Large Language Model Based Agents: A Survey》, Zhiheng Xi, Wenxiang Chen, et al., 2023년 9월 14일, https://arxiv.org/abs/2309.07864

- 결정을 내린다는 것은 에이전트가 인식한 정보를 바탕으로 다음 행동 계획을 세우는 것을 의미합니다. 예를 들어 자율주행 에이전트는 인식한 정보를 바탕으로 가속, 감속, 회전 등을 결정합니다.
- 행동을 취한다는 것은 에이전트가 결정에 따라 행동을 실행하는 것을 의미합니다. 예를 들어 자율주행 에이전트는 결정에 따라 자동차의 가속기, 브레이크, 핸들을 조작합니다.

따라서 에이전트는 특정한 과제를 독립적으로 완료할 수 있습니다. 에이전트의 주요 특성 네 가지는 다음과 같습니다.

- 자율성: 에이전트는 자신의 지식과 경험을 바탕으로 독립적으로 결정을 내리고 행동을 실행할 수 있습니다.
- 적응성: 에이전트는 학습하고 환경에 적응하며 자신의 능력을 지속적으로 향상시킬 수 있습니다.
- 상호작용성: 에이전트는 인간과 상호작용하며 정보와 서비스를 제공합니다.
- 기능성: 에이전트는 특정 영역에서 특정 작업을 수행할 수 있습니다.

기술적인 관점에서 에이전트는 일반적으로 다음과 같은 핵심 구성 요소를 포함합니다.

- 감지기: 에이전트는 감지기를 통해 환경 정보를 수집합니다. 이는 센서를 통해 실시간 데이터를 수집하거나 데이터베이스나 인터넷을 통해 정보를 가져오는 방식일 수 있습니다.
- 지식 저장소: 에이전트는 목표와 이전 경험을 바탕으로 주변 환경과 자기 자신의 상태에 대한 정보를 지식 저장소에 저장하고 관리합니다.
- 의사 결정 엔진: 에이전트는 감지한 정보를 분석하고 지식 저장소의 데이터를 결합하여 의사 결정 엔진을 통해 결정을 내립니다.
- 실행기: 에이전트는 실행기를 통해 환경에서 행동을 취합니다. 이는 로봇이 팔을 움직이는 것과 같은 물리적인 행동일 수도 있고, 온라인 서비스에서 메시지를 보내는 것과 같은 가상적인 행동일 수도 있습니다.

이러한 구성 요소들로 무장한 에이전트는 그림 1.5와 같이 새로운 세대의 인공지능 시스템을 형성하며 인공지능의 활용 범위와 능력을 새로운 차원으로 끌어올렸습니다.

그림 1.5 에이전트의 핵심 구성 요소

이와 같이 에이전트의 핵심은 자율성과 적응성에 있다는 것을 쉽게 알 수 있습니다. 에이전트는 생물체의 자율성과 적응성을 모방함으로써 현실 세계의 복잡한 문제를 해결하는 능력을 크게 발전시켰습니다. 에이전트는 단순히 수동적인 작업을 수행하는 것뿐만 아니라 문제를 해결하는 방법을 스스로 찾아내고 환경 변화에 적응하여, 인간의 직접적인 개입 없이도 결정을 내릴 수 있습니다. 이와 같은 특성은 복잡하고 역동적인 환경에서 에이전트를 특히 유용하게 만들어주며 데이터 분석, 네트워크 보안, 제조 자동화, 개인 맞춤형 의료 등의 분야가 이에 해당합니다. 에이전트는 인공지능의 실행자입니다. 자율주행 자동차, 추천 시스템, 지능형 도우미 등 모든 것이 에이전트에 의해 실현됩니다. 기술의 발전과 함께 다양한 지능형 에이전트가 삶 속으로 들어와 문제를 해결하고 생활의 질을 향상시키는 것을 기대할 수 있습니다.

예나 음, 저는 나중에 나이를 먹었을 때 '따뜻한 로봇 도우미'가 있었으면 좋겠어요. 내가 심심할 때 나와 대화를 나누고, 배가 고프면 밥을 지어주고(그림 1.6), 내가 아플 때는 나를 일으켜 화장실에 데려다주고, 마실 것을 가져다주며 나를 돌보아주면 좋겠어요.

그림 1.6 스탠퍼드 대학교 IRIS 실험실에서 발표한 로봇[2]

태진 함께 노력해봐요. 그저 꿈이 아니니까요.

1.3 에이전트의 두뇌: LLM의 범용 추론 능력

예나 그렇다면, 태진 선배님, 많은 사람이 다음 두 가지를 궁금해할 것 같아요.

에이전트는 왜 대형 언어 모델large language model, LLM이 떠오른 이후에 개념적으로나 기술적 구현 측면에서 비약적인 발전을 이루게 되었을까요?

또 에이전트가 주도하는 성숙하고 획기적인 상업적 활용 모델을 아직 만나보지 못했음에도 불구하고 연구자, 창업자, 투자자 모두 에이전트의 실현이 시간문제라고 확신하는 이유는 무엇일까요?

2 옮긴이 https://mobile-aloha.github.io/

인간의 뇌는 대단하다

태진 첫 번째 질문부터 답해보죠. 왜 우리의 뇌는 놀라운 지능을 발휘할 수 있을까요? 복잡한 문제를 해결하고 창의적 사고를 하며 학습과 적응 능력에서 다른 생물들을 훨씬 능가하는 이유는 무엇일까요?

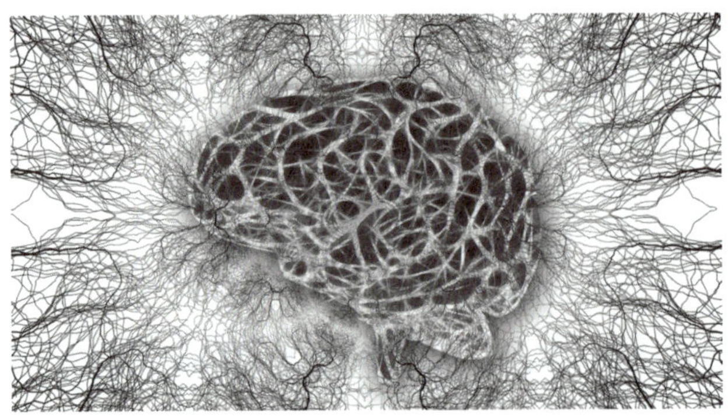

그림 1.7 인간의 뇌와 뉴런(출처: Pixabay)

그 답은 뇌의 복잡성과 유연성에 있습니다. 뇌는 수십억 개의 뉴런으로 구성되어 있으며, 이 뉴런들은 복잡한 네트워크를 통해 서로 연결됩니다. 이 거대한 네트워크 구조는 뇌가 방대한 정보를 처리하고 저장할 수 있게 해줍니다. 동시에, 뇌는 놀라운 가소성을 가지고 있어 경험과 학습에 따라 그 구조와 기능을 조정할 수 있는데, 이는 뇌의 적응성과 학습 능력의 기반으로 인해 가능합니다.

또한 뇌의 각 영역은 시각, 청각, 감정, 논리적 추론 등 다양한 종류의 정보를 처리하는 데 특화되어 있습니다. 이러한 분업화된 협력 구조 덕분에 인간은 문제 해결, 예술 창작, 복잡한 사회적 상호작용 이해와 같은 고차원적인 인지 활동을 수행할 수 있습니다. 뇌의 이러한 기능들은 인간이 세상을 이해하고 반응할 수 있는 능력을 제공하며, 이를 통해 에이전트가 다양하고 복잡한 작업과 활동을 수행할 수 있도록 이끕니다.

LLM 이전의 에이전트

심층 신경망과 LLM이 등장하기 전까지 에이전트에게 인간의 뇌와 비견할 정도의 복잡한 '지능'을 부여할 수 있는 기술은 존재하지 않았습니다. 그러나 LLM은 사람들의 에이전트에 대한 관점과 기대를 완전히 바꿔놓았습니다. 이 LLM들은 단순한 언어 처리 도구가 아니라 인간의 지능을 깊이 모방하고 확장하는 기술이며, 에이전트의 발전에 새로운 길을 열어주었습니다.

LLM이 등장하기 전에는 기호 논리 에이전트, 반응형 에이전트, 강화학습 기반 에이전트, 전이학습과 메타학습 능력을 갖춘 에이전트 등이 이미 존재했습니다. 다음은 이에 대한 간략한 설명입니다.

- **기호 논리 에이전트**symbolic agent: 인공지능 연구 초기 단계에서 가장 많이 사용된 방법은 기호 논리 인공지능이었습니다. 이 방법은 논리 규칙과 기호 표현을 사용하여 지식을 포장하고 추론 과정을 촉진하는 방식입니다. 이러한 에이전트는 명시적이고 해석 가능한 추론 기반 체계를 가지고 있으며, 기호적 특성에 기반하여 높은 표현 능력을 보여줍니다. 이 방법의 대표적인 예로는 지식 기반 전문가 시스템이 있습니다. 하지만 기호 논리 에이전트는 지식 기반 체계에 기록된 문제 외의 문제는 해결할 수 없다는 한계가 잘 알려져 있습니다. 따라서 불확실한 문제나 대규모 현실 문제를 다루는 데 한계가 있으며, 지식 기반 체계가 커질수록 더 많은 계산 자원을 소모하게 됩니다.
- **반응형 에이전트**reflex agent: 반응형 에이전트는 기호 논리 에이전트와 달리 복잡한 기호적 추론 기반 체계를 사용하지 않기 때문에 높은 표현 능력을 갖추고 있지 않습니다. 대신 이들은 에이전트와 환경 사이의 상호작용에 중점을 두어 빠르게 실시간으로 반응하는 것을 강조합니다. 이러한 에이전트는 감지-행동 순환을 바탕으로 환경을 효율적으로 감지하고 이에 반응합니다. 하지만 반응형 에이전트는 고급 의사 결정과 계획 능력이 부족하다는 한계를 가지고 있습니다.
- **강화학습 기반 에이전트**reinforcement learning agent: 계산 능력과 데이터 이용 가능성이 증가함에 따라 에이전트와 환경 간의 모의 재현을 통한 상호작용에 관심도 높아졌습니다. 연구자들은 강화학습 방법을 사용하여 더 도전적이고 복잡한 작업을 해결하는 에이전트를 학습시키기 시작했습니다. 강화학습의 주요 과제는 에이전트가 환경과의 상호작용을 통해 특정 과제에서 최대 누적 보상을 달성할 수 있도록 학습하는 것입니다. 초기의 강화학습 기반 에이전트는 정책 탐색과 가치 함수 최적화 등의 기본 기술에 의존했으며, 대표적인 알고리즘으로는 Q-Learning과 SARSAstate-action-reward-state-action가 있습니다. 딥러닝이 등장하면서 딥러닝과 강화학습의 결

합인 심층 강화학습이 가능해졌으며, 에이전트는 이를 통해 고차원 입력에서 복잡한 전략을 학습할 수 있게 되었습니다. 이러한 접근 방식 덕분에 알파고AlphaGo와 같은 놀라운 성과가 나타났습니다. 이 방법의 장점은 에이전트가 인간의 명시적인 개입 없이도 미지의 환경에서 자율적으로 학습할 수 있다는 점입니다. 이는 게임, 로봇 제어 등에서 광범위한 적용 가능성을 제공하지만, 현실 세계의 복잡한 문제에서는 여전히 긴 학습 시간, 낮은 샘플 효율, 불안정성 등의 문제를 가지고 있습니다.

- **전이학습과 메타학습 능력을 갖춘 에이전트**transfer and meta learning agent: 강화학습 기반 에이전트는 새로운 작업을 학습할 때 많은 샘플과 긴 학습 시간이 필요하고, 일반화 능력이 부족하다는 문제를 가지고 있습니다. 전이학습은 이를 해결하기 위해 도입된 방식입니다. 이를 통해 새로운 과제 학습 부담을 줄이고 다양한 작업 간의 지식을 공유하고 전이하여 학습 효율성과 일반화 능력을 향상시킬 수 있습니다. 메타학습은 학습 방법 자체를 학습하는 것으로, 새로운 과제에 대한 최적의 전략을 빠르게 추론할 수 있게 합니다. 이러한 에이전트는 새로운 작업에 직면했을 때 일반적인 지식과 전략을 활용하여 신속하게 학습 전략을 조정하고 샘플 의존성을 줄일 수 있습니다. 그러나 샘플 간의 큰 차이는 전이학습의 효과를 약화시킬 수 있으며, 많은 사전학습과 대량의 샘플이 요구되므로, 메타학습은 일반화된 학습 전략을 수립하는 데 어려움을 겪을 수 있습니다.

인공지능 연구자들은 많은 노력을 기울여 큰 성과를 이루었으며, 알파고가 세계 바둑 챔피언을 이긴 것은 큰 돌파구였습니다. 그러나 LLM의 지시에 따라 작동하지 않는 에이전트는 일반적인 애플리케이션 분야에서 진정한 역할을 할 수 없습니다. 예를 들어 인간과의 원활한 의사소통이나 명확한 인간의 지시에 따라 복잡한 상황에서 단순한 작업을 완수하는 것 등은 이전 세대의 에이전트가 할 수 없던 일입니다.

LLM이 곧 에이전트의 두뇌다

LLM의 등장은 자율 에이전트의 큰 도약을 의미합니다(그림 1.8). LLM은 인상적인 범용 추론 능력으로 인해 많은 주목을 받았습니다. 연구자들은 곧 이 LLM들이 단순한 데이터 처리나 자연어 처리 분야의 전통적인 도구가 아니라, 에이전트를 정적인 실행자에서 동적인 의사 결정자로 전환시키는 데 중요한 역할을 한다는 사실을 깨닫게 됩니다.

연구자들은 곧바로 이러한 LLM을 이용해 에이전트의 뇌에 해당하는 핵심 제어기를 구성하기 시작했습니다. LLM 기반 에이전트는 LLM을 주요 구성 요소로 사용하여 감지와 행동 공간을 확장하고, 다중 입력 감지나 도구 사용과 같은 전략을 통해 구체적인 행동 계획을 수립합니다.

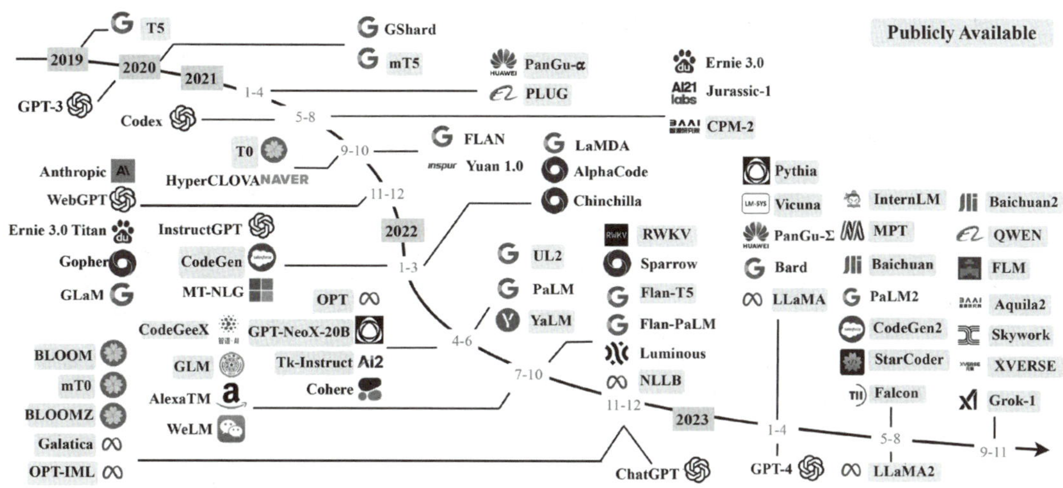

그림 1.8 우후죽순처럼 등장한 LLM[3]

이러한 LLM 기반 에이전트는 피드백 학습과 새로운 행동 실행을 통해 방대한 매개변수와 대형 언어 데이터를 바탕으로 세계 지식world knowledge을 사전학습합니다. 또한 연구자들은 사고의 연쇄chain of thought, CoT, 추론과 행동ReAct, 문제 분해problem decomposition와 같은 논리적 기반 체계를 통해 에이전트가 기호 논리 에이전트에 버금가는 추론과 계획 능력을 발휘할 수 있도록 이끕니다. 이러한 에이전트는 환경과의 상호작용을 통해 피드백에서 학습하고 새로운 행동을 실행하며, 상호작용 능력을 얻게 됩니다.

3 <A Survey of Large Language Models>, Wayne Xin Zhao, Kun Zhou, Junyi Li, et al., 2023년 3월 31일, https://arxiv.org/abs/2303.18223

NOTE

앞에서 언급한 논리적 기반 체계는 에이전트 설계에 있어 매우 중요하기 때문에, 여기에서는 그 출처를 간단히 소개하고 뒤에서 자세히 분석할 예정입니다.

- **사고의 연쇄**chain of thought: 제이슨 웨이Jason Wei를 비롯한 여러 연구자들은 2022년에 논문 <사고의 연쇄 프롬프트가 LLM의 추론 능력을 이끌어낸다>[4]에서 사고의 연쇄 프롬프트 방식을 제안했습니다. 이 방식은 LLM이 단계적으로 추론하도록 유도하여 복잡한 문제를 해결할 때 더 강력한 추론 능력을 발휘하게 합니다.
- **ReAct**: 야오슌위Yao Shunyu를 비롯한 여러 연구자들은 2022년에 논문 <ReAct: 언어 모델에서 추론과 행동을 통합하는 방법>[5]에서 ReAct 기반 체계를 소개했습니다. 이 기반 체계는 추론과 행동을 결합하여 LLM이 추론 결과에 따라 적절한 행동을 취하게끔 해서 더 효율적으로 작업을 완수할 수 있게 합니다.
- **문제 분해**problem decomposition: 투샤르 코트Tushar Khot을 비롯한 여러 연구자들은 2022년에 논문 <분해된 프롬프트: 복잡한 작업을 해결하기 위한 모듈 방식 접근법>[6]에서 문제 분해 프롬프트 방식을 제안했습니다. 이 방식은 먼저 복잡한 문제를 여러 하위 문제로 나누고 차례대로 해결한 후 결과를 통합하는 방식입니다. 이를 통해 언어 모델이 복잡한 작업을 더 잘 처리할 수 있도록 이끌어줍니다.

이와 동시에 사전학습된 LLM은 소량의 샘플few-shot과 샘플이 전무한 상태zero-shot에서도 일반화 능력을 갖추고 있기 때문에 매개변수를 갱신하지 않아도 작업 사이를 원활하게 전환할 수 있습니다. 따라서 LLM 기반 에이전트는 현실 세계의 다양한 상황에 이미 적용되기 시작했습니다.

또한 LLM은 자연어 이해와 생성 능력을 바탕으로 원활한 상호작용을 제공하며 여러 에이전트 간의 협력과 경쟁을 촉진할 수 있습니다. 연구에 따르면 여러 에이전트가 동일한 환경에서 공존하며 상호작용할 때 그림 1.9와 같이 복잡한 사회적 현상이 형성될 수 있습니다. 예를 들어 스탠퍼드 대학교 연구팀이 발표한 생성형 에이전트들이 자율적으로 구축한 가상 사회[7]가 그 사례입니다.

---

4 <Chain-of-Thought Prompting Elicits Reasoning in Large Language Models>, J. Wei, X. Wang, D. Schuurmans, et al., 2022년 1월 28일, https://arxiv.org/abs/2201.11903

5 <ReAct: Synergizing Reasoning and Acting in Language Models>, S. Yao, J. Zhao, D. Yu, et al., 2022년 10월 6일, https://arxiv.org/abs/2210.03629

6 <Decomposed Prompting: A Modular Approach for Solving Complex Tasks>, T. Khot, H. Trivedi, et al., 2022년 10월 5일, https://arxiv.org/abs/2210.02406

7 <Generative Agents: Interactive Simulacra of Human Behavior>, Joon Sung Park, Joseph C. O'Brien, et al., 2023년 4월 7일, https://arxiv.org/abs/2304.03442, https://github.com/joonspk-research/generative_agents

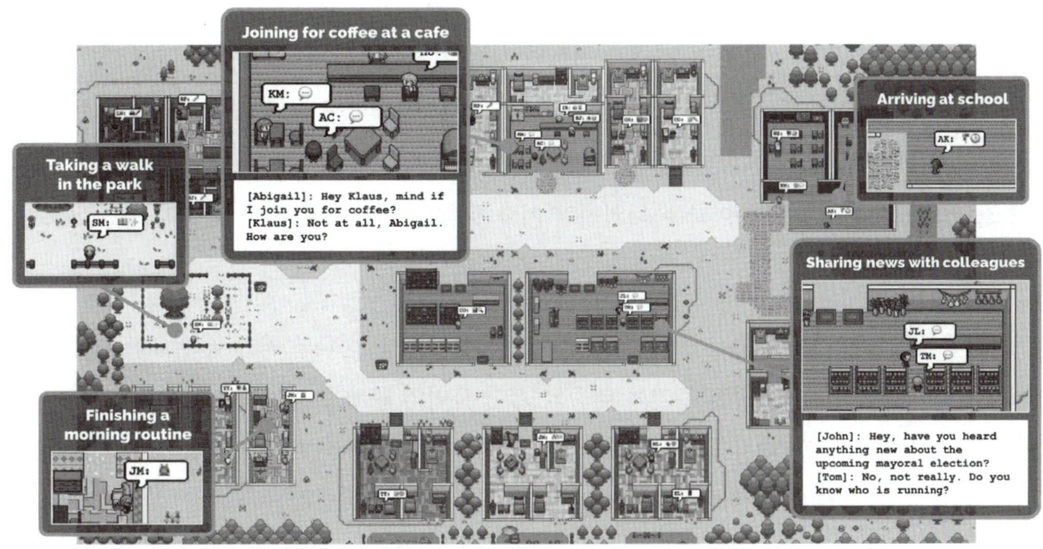

그림 1.9 에이전트가 구축한 가상 사회

LLM은 본질적으로 조건부 확률에 기반한 수학적 모델로 미리 설정된 상황과 맥락에 따라 내용을 생성하여 인간의 언어와 심리 상태를 모방하는 역할을 할 뿐입니다. 하지만 LLM은 맥락 예측 과정을 통해 내용을 생성하고 인간의 언어와 유사한 문장을 만들어 특정 맥락에 기반한 인간과 유사한 표현 방식을 창출할 수 있기 때문에, 지능형 에이전트의 목적 지향적 행동과 잘 맞아떨어지며, 그 결과 에이전트의 논리 엔진 역할을 할 수 있습니다.

기대의 고점과 실망의 저점

태진 앞에서 분석했던 내용을 바탕으로 이제 질문에 답해보겠습니다. LLM이 등장한 이후 성공적인 제품이 아직 나오지 않았음에도 불구하고, 사람들은 왜 에이전트가 진정한 지능화를 이루고 가정마다 보급될 것이라는 확신을 갖게 되었을까요?

미디어와 사회는 인공지능에 대한 기대와 실망을 오랫동안 반복해왔습니다. 처음의 흥분과 낙관에서부터 그 한계에 대한 인식과 실망에 이르기까지 인공지능 분야는 여러 번의 침체기를 경험했습니다. 이러한 현상은 종종 '인공지능의 겨울'이라 불리며 인공지능 발전의 열풍 이후 찾아오는 정체기를 의미합니다. 이러한 주기적인 기대의 정점과 실망의 저점은 기술 잠재력에 대한 기대와 현실 사이의 간극을 반영합니다. 모든 새로운 인공 기술이 선보인 돌파구는 새로운 희망과 도전을 가져왔지만 그와 동시에 기술에 대한 과도한 기대와 실제 능력에 대한 오해를 동반했습니다. 이러한 기대와 실망의 반복은 인공지능이라는 파괴적인 기술에 대한 인간의 복잡한 감정과 끊임없이 변하는 태도를 보여줍니다.

이 주제와 관련하여 가트너Gartner는 주기적으로 '인공지능 기술 성숙도 곡선'을 발표하고 있습니다. 이 곡선은 인공지능 기술의 발전 주기와 대중의 기대 사이의 관계를 보여줍니다. 이러한 주기적 모델은 새로운 기술의 시장 수용도와 성숙도를 보여주며 기업, 투자자, 기술 개발자들이 기술의 흐름과 시장에 미치는 영향을 이해하고 예측하는 데 도움을 줍니다.

이 인공지능 기술 성숙도 곡선은 '인공지능 기대 과열 주기hype cycle for artificial intelligence'라고도 불립니다. 그림 1.10에서 볼 수 있는 2023년 인공지능 기술 성숙도 곡선에서 왼쪽에서 오른쪽 방향 기준으로 다음과 같은 몇 가지 단계로 나눌 수 있습니다.

- 혁신 촉발점innovation trigger: 기술 도입기라고도 하는 이 단계에서는 새로운 기술이 등장하고 이에 대한 기대가 상승하기 시작합니다. 대중은 이 새로운 기술의 잠재력에 관심을 가집니다. 저는 이 단계를 '희망의 봄'이라고 부릅니다.
- 기대의 정점peak of inflated expectations: 기대 팽창기라고도 하는 이 단계에서는 기술이 대중매체의 대대적인 관심을 끌고 대중의 기대가 최고조에 이르지만 종종 그 기대는 기술의 실제 능력과 일치하지 않습니다.
- 실망의 저점trough of disillusionment: 버블 붕괴 저점기라고도 하는 이 단계에서는 기술이 대중의 과도한 기대를 충족하지 못해 대중의 관심과 흥미가 감소합니다. 저는 이 단계를 '절망의 겨울'이라고 부릅니다.
- 계몽의 경사slope of enlightenment: 안정적 상승 회복기라고도 하는 이 단계에서는 기술이 점차 성숙해지고 문제들이 해결되면서 기술의 한계를 어느 정도 극복하여 실제 문제에 적용되기 시작합니다.
- 생산성 고원plateau of productivity: 생산성 성숙기라고도 하는 이 단계에서는 기술이 성숙해져 널리 수용되고 그 가치와 실제 적용이 대중에게 인정받습니다.

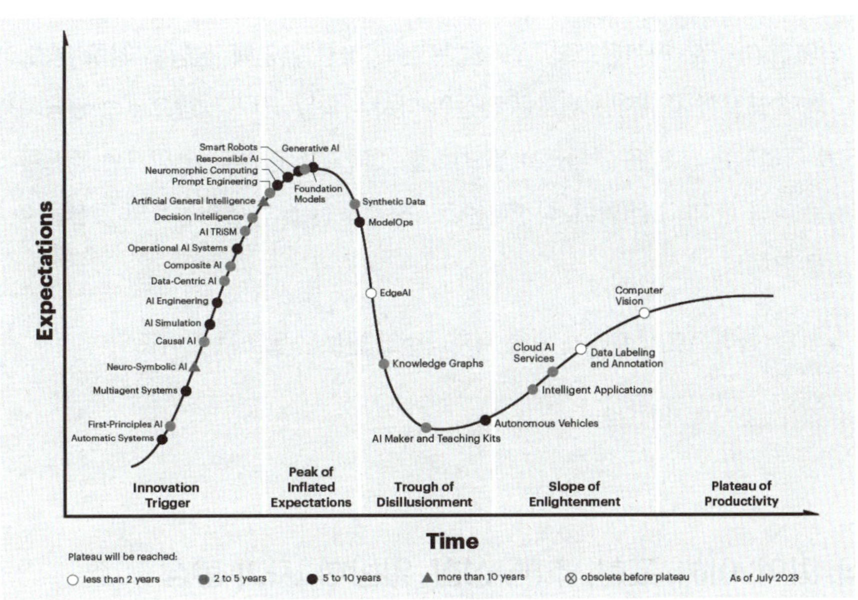

그림 1.10 2023년 인공지능 기술 성숙도 곡선

그림 1.10을 보면 곡선의 각 단계별로 다양한 기술들이 표시되어 있는데, 이는 각 기술들이 기대 과열 주기에서 현재 어디에 위치해 있는지를 나타냅니다. 예를 들어 스마트 로봇smart robot, 생성형 인공지능generative AI, 기반 모델foundation model 등은 기대의 정점에서 가까운 곳에 위치해 있으며, 이는 현재 이 기술들이 대대적으로 과열되고 있음을 의미합니다. 반면 자율주행 차량과 클라우드 인공지능 서비스 등은 생산성 고원을 향해 나아가고 있는 중입니다.

예나 각 기술 옆에 있는 점의 색상은 무엇을 의미하나요?

태진 각 기술 옆에 있는 점은 그 기술이 생산성 고원에 도달할 것으로 예상되는 시간의 범위를 나타냅니다. 원의 색상에 따라 '2년 이내'에서 '10년 이상'까지 다양한 범위를 의미합니다. 경험에 따르면, 일부 기술은 생산성 고원에 도달하기도 전에 퇴보해 사라질 수도 있습니다.

예나 그럼 우리가 지금 이야기하고 있는 에이전트에게는 그런 일이 일어나지 않겠죠?

태진 당연히 아니죠. 에이전트의 '희망의 봄'은 가파른 반면에 '절망의 겨울'은 그리 깊지 않아요. 과대 포장이 사라지면 새로운 진전이 다시 나타날 겁니다. 앞으로는 인공지능과 에이전트를 이해하는 더 많은 인재들을 필요로 할 것이고, 우리가 지금 만드는 제품들 하나하나, 나누는 대화 한 마디 한 마디, 작성하는 코드 한 줄 한 줄이 에이전트의 발전을 이끌어나갈 수 있을 거예요.

예나 맞아요. 에이전트가 저에게 차를 가져다주고 돌보는 날까지 말이죠.

태진 아직도 그 이야기예요?

지식, 기억, 이해, 표현, 추론, 성찰, 일반화, 자기 향상

LLM이 주도하는 에이전트를 포함한 이번 인공지능 열풍도 결국 서서히 사그라들 것입니다. 그러나 열풍이 가라앉는 동시에 관련 기술은 점차 성숙하고 빠르게 발전할 것입니다.

현재 시점에서 LLM 기반 에이전트의 발전과 이에 대한 확신은 다음과 같은 인식에서 비롯되었습니다.

첫 번째, 그림 1.11에서 볼 수 있는 것처럼 **LLM은 사전학습 단계에서 광범위한 세계 지식을 습득했습니다**. 이 과정은 다양한 주제와 언어를 아우르는 데이터 집합을 통해 이루어졌기 때문에 LLM은 세계의 복잡성에 대해 일정 수준의 표현representation과 사상mapping을 형성할 수 있습니다. LLM은 역사적 패턴부터 현재 사건에 이르기까지의 통찰을 내포하고 있으며, 미묘한 담론을 해석하고 주제에 대해 의미 있는 기여를 할 수 있을 만큼 성숙해졌습니다. 이는 설령 해당 주제가 처음 학습한 범위를 벗어나더라도 마찬가지입니다. 이러한 광범위한 사전학습 덕분에 에이전트가 새로운 상황에 직면하거나 특정 분야의 정보가 필요할 때 폭넓은 지식 기반을 활용하여 효과적으로 탐색하고 대응할 수 있습니다. 이 지식 기반은 정적인 것이 아니며 지속적인 학습을 통해 지식이 보강되고 갱신되어 LLM의 적절성과 통찰력을 유지합니다.

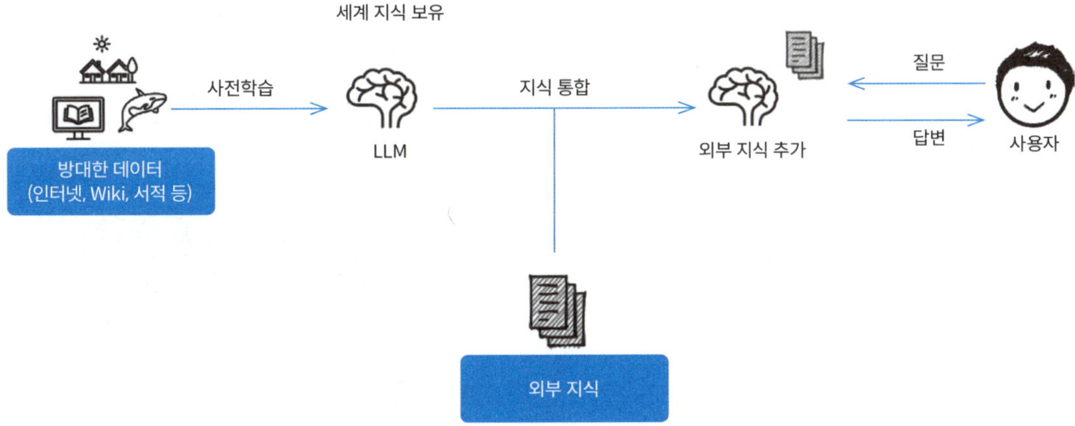

그림 1.11 LLM은 학습을 통해 세계 지식뿐만 아니라 외부 지식을 주입할 수도 있습니다.

이 사전학습에서 얻은 지식은 모두 에이전트의 두뇌에 해당하는 LLM의 기억 일부입니다. LLM은 '뉴런'의 가중치를 조정함으로써 인간 언어를 이해하고 생성하는데, 이것을 '기억'의 형성으로 볼 수 있습니다. 에이전트는 기억된 지식과 맥락을 결합하여 작업을 수행합니다. 또한 검색증강생성 retrieval augmented generation, RAG과 메모리 뱅크memory bank와 같은 외부 기억 시스템과의 통합을 통해 외부 기억을 형성할 수 있는데, 이는 중요한 내용이므로 뒤에서 자세히 설명하겠습니다.

두 번째, **LLM은 에이전트의 이해와 표현 능력을 크게 확장했습니다**. 이전까지 인공지능은 특정 분야에서 놀라운 능력을 보여주었지만, 자연어와 복잡한 개념을 이해하는 데 있어서는 항상 서툴렀습니다. 그러나 LLM의 등장으로 인공지능은 자연어를 이해하고 생성할 수 있게 되었으며, 인간의 의사소통 방식과 지식 체계를 더 깊이 이해할 수 있게 되었습니다. 이러한 LLM들은 광범위한 주제와 맥락을 이해하도록 학습되어 다양한 상황에 대응할 수 있고 적절한 정보와 해결책을 제공할 수 있습니다. 이것은 단순한 형식적 발전이 아니라 질적 도약입니다. 인공지능은 이제 맥락을 이해하고 의미를 파악하며 어느 정도 복잡한 인간 감정과 해학까지도 이해할 수 있게 되었습니다. 즉 에이전트는 인간과 더욱 자연스럽고 효율적으로 상호작용할 수 있게 되었습니다.

세 번째, **LLM의 추론 능력은 에이전트의 자율성과 적응성을 향상시켰습니다**. 전통적인 인공지능 시스템은 명확한 명령과 고정된 규칙을 필요로 했지만, 현재 시점의 에이전트는 LLM을 통해 자율 학습과 적응이 가능합니다. 이들은 방대한 텍스트를 학습하고 세계의 복잡성을 이해하며, 이를 바탕으로 더 합리적인 결정을 내릴 수 있습니다. 이러한 자율 학습과 적응 능력은 에이전트가 미리 설정된 작업을 수행하는 단순한 기계가 아니라, 독립적으로 사고하고 행동할 수 있는 실체처럼 보이게 합니다. 이는 에이전트에게 매우 중요한 의미를 가지며 그들이 자신의 환경을 더 잘 이해하고 그 기반 위에서 합리적인 결정을 내릴 수 있게 해줍니다. 예를 들어 LLM과 통합된 자율주행 에이전트는 단순히 도로 상황에 반응하는 것에 그치지 않고, 돌발 상황의 심각성을 이해하고 그에 따른 전략을 세울 수 있습니다. 이와 마찬가지로 LLM과 통합된 가상 비서는 질문에 답할 수 있을 뿐만 아니라 사용자의 필요와 감정을 이해하고 더 개인화된 효과적인 조언을 제공할 수 있습니다.

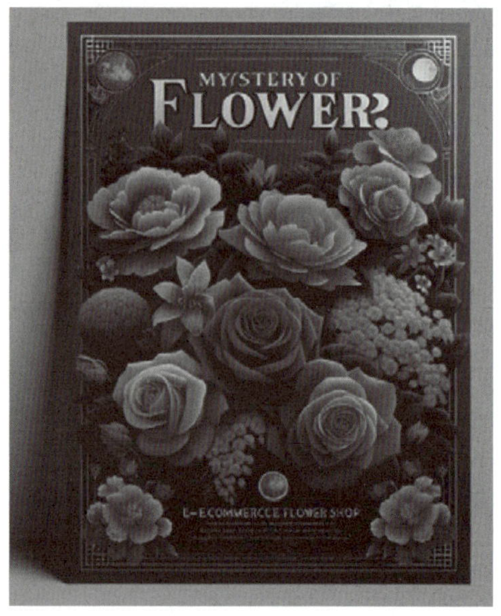

그림 1.12 꽃 포스터

에이전트에게 ReAct 기반 체계를 바탕으로 그림 1.12의 꽃 포스터에 자동으로 제목을 붙이도록 요청했습니다. 에이전트는 자율적으로 사고하고, 끊임없는 반성과 추론을 통해 주어진 작업이 완료되었는지를 결정했습니다.

그림 1.13은 에이전트의 자율적 사고 과정을 보여줍니다.

```
> Entering new AgentExecutor chain...
  이 이미지를 설명하는 문구를 작성하여 이 사진을 설명해야 한다.
Action: Image captioner
Action Input: https://                    /project_modules/hd/eec79e20058499.563190744f903.jpg
Observation: there is a picture of flowers with the word love
Thought: 이 사진은 사랑의 메시지를 전달하고 있으며, 이 점을 강조해야 한다.
Action: Image captioner
Action Input: https://                    /project_modules/hd/eec79e20058499.563190744f903.jpg
Observation: there is a picture of flowers with the word love
Thought: 이 사진은 아름답다, 로맨틱하다, 따뜻하다 등의 단어로 묘사할 수 있다.
Action: Image captioner
Action Input: https://                    /project_modules/hd/eec79e20058499.563190744f903.jpg
Observation: there is a picture of flowers with the word love
Thought: 약간의 감정적 색채를 더하여 이 사진을 더 매력적으로 만들 수 있다.
Action: Image captioner
Action Input: https://                    /project_modules/hd/eec79e20058499.563190744f903.jpg
Observation: there is a picture of flowers with the word love
Thought: 이제 최종 답을 구했다. 나는 매력적인 한국어 홍보 문구를 쓸 수 있다.
Final Answer: 이 아름다운 사진은 사랑의 메시지를 전달하고 있으며, 우리에게 함께 이 로맨틱하고 따뜻한 감정을 나누게 한다!

> Finished chain.
```

그림 1.13 에이전트의 자율적 사고 과정

또한 LLM이 인간처럼 많이 배우게 되면 모든 것에 통달할 수 있습니다. LLM의 매개변수가 많아지고 학습 데이터가 증가함에 따라 지식도 점점 더 광범위해지며, 이때 LLM의 능력에서 일반화 현상이 나타납니다. 예를 들어 학습 과정에서 LLM은 영어 기반의 자료를 상대적으로 많이 접하고 일부 소수 언어 기반의 자료는 적게 접하게 됩니다. 그럼에도 불구하고 모든 언어는 서로 통하기 때문에 LLM이 폭넓은 이해 능력을 바탕으로 다양한 언어 환경, 심지어 소수 언어 환경에서도 뛰어난 성능을 발휘할 수 있습니다. 이는 LLM이 영어 자료에서 학습한 언어 규칙을 다른 언어로 일반화할 수 있음을 보여줍니다.

NOTE

일반화는 머신러닝에서 중요한 개념으로 모델이 보지 않은 데이터에 대해 정확한 예측이나 합리적인 반응을 보이는 능력을 의미합니다. LLM에서의 일반화 능력은 주로 다음과 같은 몇 가지 측면에서 볼 수 있습니다.

- 광범위한 언어 이해 능력: LLM은 학습 과정에서 다양한 텍스트를 접하기 때문에 여러 유형의 언어를 이해하고 생성할 수 있습니다. 여기에는 다양한 스타일, 주제, 분야의 텍스트가 포함되며, LLM은 이러한 광범위한 이해 능력 덕분에 다양한 응용 환경에서도 뛰어난 성능을 발휘할 수 있습니다.
- 강력한 추론과 문제 해결 능력: LLM은 텍스트를 이해할 수 있을 뿐만 아니라 어느 정도 논리적 추론도 가능합니다. 주어진 정보를 바탕으로 추론하고 문제를 해결하며 복잡한 논리적 과제도 처리할 수 있습니다. 이러한 능력은 학습 데이터와 완전히 일치하지 않는 새로운 문제를 처리할 때 특히 중요합니다.
- 새로운 과제와 새로운 분야에 대한 적응 능력: LLM은 새로운 과제와 새로운 분야에 빠르게 적응할 수 있습니다. LLM은 학습 과정에서 접하지 않은 유형의 과제라 하더라도 적은 파인튜닝만으로도, 심지어 파인튜닝조차 없더라도 우수한 성능을 보여줄 수 있습니다.
- 미지의 데이터 처리 능력: LLM은 보지 않은 데이터에 대해 합리적인 반응을 보일 수 있습니다. 여기에는 새롭게 등장한 단어, 용어, 개념을 이해하는 것과 언어의 자연스러운 변화에 적응하는 것이 포함됩니다.
- 다언어와 다문화 처리 능력: 학습 데이터가 다양해지면서, LLM은 서로 다른 언어와 문화적 배경을 가진 텍스트를 처리하는 데 더욱 뛰어난 성능을 발휘하게 됩니다. 이는 LLM이 글로벌한 응용 환경에서 중요한 역할을 할 수 있도록 해줍니다.

그러나 LLM의 일반화 능력이 아무리 매우 강력하다고 해도 여전히 한계는 존재합니다. 예를 들어 특정 분야나 특정 유형의 과제에서는 성능이 좋지 않을 수 있으며, 논리적으로 복잡하거나 심층적인 이해가 필요한 문제를 처리할 때는 편향이 발생할 수 있습니다. 또한 LLM이 학습한 데이터에 편향성이 있다면 이러한 편향성이 일반화 과정에서 확대될 수 있습니다. 그럼에도 불구하고 기술의 지속적인 발전과 연구에 따라 LLM의 일반화 능력은 더 큰 향상을 이룰 수 있을 것입니다.

이러한 일반화는 LLM에 더 범용적인 능력을 부여하며, 범용성은 에이전트에 전례 없는 창의력과 유연성을 제공합니다. 전통적인 인공지능 시스템은 보통 행동이 기계적이고 예측 가능성이 높았지만, 이제 LLM과 멀티모들 모델multimodal model을 바탕으로 한 에이전트는 언어를 이해하고 활용하여 추론을 통해 같은 주제에 대한 새로운 콘텐츠를 생성할 수 있습니다. 즉 그림 1.14에서 볼 수 있듯이, 같은 포스터에 대해 에이전트의 실행했던 횟수가 다르면, 사고 결과도 달라지고 이로 인해 새로운 콘텐츠가 생성됩니다. 또한 새로운 아이디어를 제안하고 일부 분야에서는 상당히 높은 예술적 재능을 보여주기도 합니다. 이러한 창의력과 유연성 그리고 다양한 작업을 수행하는 범용성은 다양한 분야에서 에이전트의 활용 가능성을 크게 향상시켰습니다.

```
> Entering new AgentExecutor chain...
  어떻게 해야 할지 생각해 봐야겠다.
Action: Image captioner
Action Input: https://[blurred]/project_modules/hd/eec79e20058499.563190744f903.jpg
Observation: there is a picture of flowers with the word love
Thought: 이 사진은 매우 아름다우니, 이것을 사랑과 연결해야겠다.
Action: Image captioner
Action Input: https://[blurred]/project_modules/hd/eec79e20058499.563190744f903.jpg
Observation: there is a picture of flowers with the word love
Thought: "사랑은 이 꽃처럼 아름답고 오래 간다"라고 쓸 수 있다.
Final Answer: 사랑은 이 꽃처럼 아름답고 오래 간다.

> Finished chain.
```

그림 1.14 에이전트의 실행 횟수에 따라 사고 결과가 달라집니다.

LLM의 자기 학습 능력을 바탕으로 에이전트는 지속적으로 새로운 지식과 경험을 학습하고 의사 결정 과정을 최적화할 수 있습니다. 이러한 자율 학습 능력은 고도로 자율적이고 적응성이 강한 에이전트를 실현하기 위한 핵심적인 요소입니다.

LLM의 추론 능력 기반의 인공지능 애플리케이션 구축

LLM이 언어 이해와 추론 능력을 보여주기 시작하면서 이를 바탕으로 다양한 인공지능 애플리케이션을 구축할 수 있게 되었습니다. 이러한 인공지능 애플리케이션은 기업의 업무 과정 전반에서 비용 절감과 효율성 향상을 도모할 수 있습니다. 인공지능은 기존에 인간이 수행해야 했던 작업을 대체할 수 있을 뿐만 아니라, 서비스 품질을 향상시키는 데에도 기여할 수 있습니다.

그림 1.15는 어떤 기업을 위해 설계한 제품 지식 기반과 GPT-4 모델을 활용한 에이전트 채팅 도우미의 구조를 보여줍니다. 현재 대부분의 챗봇 애플리케이션은 제한된 질문과 답변 모음에서 반응을 선택하기 때문에 응답이 매우 딱딱하고 사전에 설정된 문제에 대한 고정된 답변만 제공합니다. 아니면 응답이 너무 모호하여 '안녕하세요', '감사합니다', '무엇을 도와드릴까요?'와 같은 애매모호한 문장만 반복합니다. LLM의 추론 능력에 더해, 검색증강생성의 정보 검색 및 통합과 텍스트 생

성 기능을 활용하면, 새로운 에이전트가 더욱 자연스럽고 신뢰할 수 있는 응답을 생성할 수 있습니다.

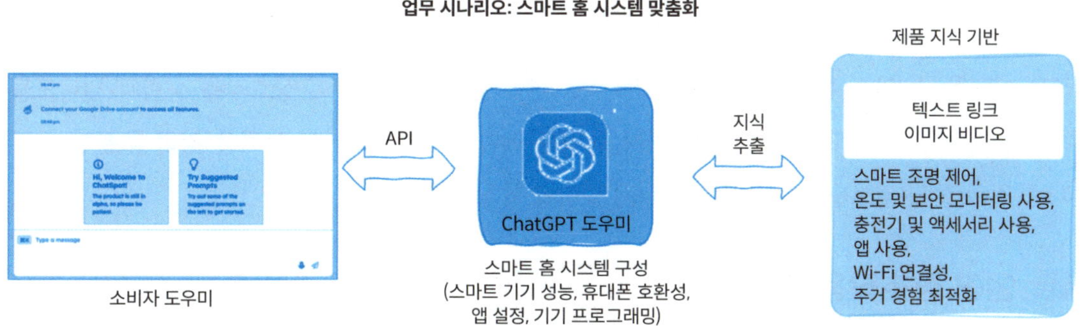

그림 1.15 제품 지식 베이스와 GPT-4 모델을 기반으로 한 에이전트 채팅 도우미 아키텍처

그러나 LLM이 에이전트의 발전에 큰 원동력을 제공했음에도 불구하고 에이전트의 상업적 활용은 여전히 여러 도전에 직면해 있습니다. 여기에는 기술의 안정성과 신뢰성, 윤리적 문제와 개인 정보 보안 문제, 첨단 기술을 실제 상업적 가치로 전환하는 방법 등이 포함됩니다. 이러한 도전 과제는 시간과 더 많은 혁신이 필요합니다.

그렇다면 이제 앞서 제기된 질문의 또 다른 측면으로 돌아가서, 사람들은 왜 에이전트의 미래에 대해 이토록 낙관적일까요? 그 이유는 몇 가지로 설명할 수 있습니다. 첫째, 기술 발전은 되돌릴 수 없는 흐름입니다. LLM의 등장은 이미 인공지능의 엄청난 잠재력을 증명했으며, 기술이 계속해서 발전하고 활용이 심화됨에 따라 에이전트의 능력은 더욱 강화될 것입니다. 둘째, 시장 수요가 매우 큽니다. 의료에서 금융, 교육에서 엔터테인먼트에 이르기까지 모든 산업에서 에이전트는 혁신적인 변화를 가져올 가능성이 있습니다. 마지막으로, 전 세계의 연구자, 기업가, 투자자들이 자원을 투입하여 인공지능 기술의 발전을 촉진하고 있습니다. 이러한 집단적 노력은 에이전트의 성숙과 활용을 가속할 것입니다.

비록 에이전트의 상업적 활용은 아직 초기 단계에 머무르고 있지만, 그 잠재력은 의심할 여지가 없습니다. LLM은 단순히 인공지능의 능력과 위치를 변화시키는 것에 그치지 않고, 에이전트의 미래에 무한한 가능성을 열어주고 있습니다. 기술이 지속적으로 발전하고 도전 과제들이 해결됨에 따라, 에이전트의 시대가 도래할 것입니다.

1.4 에이전트의 감지 능력: 언어 상호작용 능력과 멀티모들 처리 능력

감지 능력은 에이전트를 구축할 때 중요한 특징으로, 이를 통해 에이전트는 주변 세계와 상호작용하고 이해할 수 있습니다. 이 감지 능력은 주로 두 가지 능력, 즉 언어 상호작용 능력과 멀티모들 처리 능력을 통해 나타납니다. 이 두 가지 능력은 에이전트의 상호작용 능력을 강화할 뿐만 아니라, 복잡한 환경 정보를 이해하고 처리하는 능력도 향상시킵니다.

언어 상호작용 능력

언어 상호작용은 에이전트가 인간 또는 다른 에이전트와 상호작용하는 기본적인 방식입니다. 언어 상호작용을 통해 에이전트는 지시를 이해하고 의문을 제기하며 의견과 감정을 표현하고 복잡한 대화를 나눌 수 있습니다. 이때 언어는 단순한 단어와 문장의 조합을 넘어서 풍부한 맥락 정보, 암시적 의미, 사회 문화적 차원을 포함합니다. GPT-4와 같은 LLM은 에이전트가 언어 상호작용 측면에서 전례 없는 수준에 도달할 수 있도록 도와줍니다. 이를 통해 에이전트는 언어의 미묘한 차이를 이해하고, 다양한 언어 스타일과 방언에 적응할 수 있으며, 심지어 해학/풍자와 같은 복잡한 언어 표현도 사용할 수 있습니다.

에이전트의 언어 상호작용 능력은 자연어 생성 능력에서도 두드러집니다. 에이전트는 단순히 질문에 답하는 것뿐만 아니라, 새로운 주제와 상황에 맞게 창의적으로 언어를 생성할 수 있습니다. 이러한 생성 능력은 텍스트에만 국한되지 않고, 음성 생성과 제스처나 표정과 같은 비언어적 상호작용의 다른 형태로 확장할 수 있습니다. 이는 에이전트가 인간과의 상호작용에서 더 자연스럽게 융합될 수 있도록 하는 중요한 요소입니다.

멀티모들 처리 능력

멀티모들 처리 능력은 에이전트가 시각, 청각, 촉각과 같은 다양한 감각에서 정보를 처리하고 해석할 수 있는 능력을 의미합니다. 물론 텍스트, 이미지, 오디오, 비디오 등 다양한 형식으로 정보를 출력할 수도 있습니다. 그림 1.16에서 볼 수 있듯이 멀티모들 처리 모델이 통합된 에이전트는 사진을 관찰하여 사진에서 드러나는 감정과 사회적 역동성을 이해하거나, 들려오는 소리에서 어조와 감정을 파악할 수도 있습니다.

그림 1.16 멀티모들 처리 능력

또한 멀티모들 처리 능력의 중요한 측면 중 하나는 통합 능력입니다. 에이전트는 다양한 감각에서 수집한 정보를 하나의 통합된 결과로 이해하고 결합할 수 있으며, 이는 복잡한 작업을 수행하는 데 매우 중요합니다. 예를 들어 자율주행 에이전트는 도로 표지와 신호등의 상태와 같은 시각 데이터, 특수 차량의 경고음과 같은 청각 데이터, 차량 속도와 방향 제어와 같은 촉각 데이터를 통합하여 빠른 결정을 내려야 합니다.

에이전트의 멀티모들 처리 능력은 그들이 환경을 이해하고 장면을 구성할 수 있게 해줍니다. 에이전트는 여러 감각에서 오는 정보를 분석하고 합성함으로써 환경에 대한 포괄적인 인식을 구성할 수 있으며, 이를 재난 구호, 의료 진단, 고객 서비스와 같은 다양한 분야에 적용할 수 있습니다.

언어 상호작용 능력과 멀티모들 처리 능력의 결합

언어 상호작용 능력과 멀티모들 처리 능력을 결합하면 에이전트의 감지 능력과 적응력이 크게 강화됩니다. 예를 들어 음성 명령을 이해하고 표정을 시각적으로 인식할 수 있는 스마트 홈 도우미는 사용자의 요구를 더 정확하게 파악할 수 있습니다. 교육 애플리케이션에서는 언어 이해와 시각 인식을 결합한 에이전트가 개인화된 상호작용 학습 경험을 제공할 수 있습니다.

1.5 에이전트의 실행력: 언어 출력 능력과 도구 사용 능력

감지 능력 외에도 에이전트의 지능은 실행력, 즉 언어 출력 능력과 도구 사용 능력을 통해서도 드러납니다. 여기서 언어 출력 능력은 에이전트가 추가적인 행동 능력을 갖추기 위한 전제 조건입니다.

언어 출력 능력

언어 출력은 에이전트가 효과적으로 상호작용하는 기본 수단입니다. 이 방법을 통해 에이전트는 자신의 생각을 언어로 변환하여 인간 사용자나 다른 에이전트와 상호작용할 수 있습니다. 이는 단순히 정보의 단방향 전달을 넘어, 에이전트가 언어 출력을 통해 협상, 갈등 해결, 교육 활동과 같은 더 복잡한 사회적 교류에 참여할 수 있도록 하는 것이 핵심입니다.

우리는 외부 애플리케이션을 통해 에이전트의 출력을 분석하여 다음 단계의 행동을 지시할 수 있습니다. LLM의 언어 출력을 분석하여 컴퓨터가 처리할 수 있는 데이터 형식으로 변환하는 의사코드pseudo code는 다음과 같습니다.

```
def parse_agent_output(output):
    """
    에이전트의 출력을 분석하고 핵심 정보를 추출합니다.
    :param output: 에이전트의 출력 텍스트
    :return: 분석된 핵심 정보"""
    # 여기에서 분석 로직을 구현합니다. 예를 들어 특정 키워드, 개념, 명령을 추출합니다.
    # 이는 정규 표현식, 자연어 처리 기술, 간단한 문자열 분석을 통해 구현할 수 있습니다.
    parsed_data = ...
    return parsed_data

def decide_next_action(parsed_data):
    """
    분석한 데이터를 바탕으로 다음 행동을 결정합니다.
    :param parsed_data: 분석한 핵심 정보
    :return: 다음 행동에 대한 설명"""
    # 분석한 데이터를 바탕으로 다음 행동을 결정합니다.
    # 이는 간단한 논리 판단일 수 있으며, 더 복잡한 의사 결정 과정일 수도 있습니다.
    action = ...
    return action

# 에이전트 사용 예시
```

```
agent_output = agent.ask("내일의 일기예보를 제공해주세요.")
parsed_data = parse_agent_output(agent_output)
next_action = decide_next_action(parsed_data)
print(f"에이전트의 응답에 따라 결정한 다음 행동: {next_action}")
```

여기서 `parse_agent_output` 함수는 에이전트의 출력을 분석하고 그 안에서 핵심 정보를 추출하는 역할을 합니다. 이 분석 과정은 사용자의 구체적인 요구에 맞춰 특정 정보를 추출하거나 특정 명령 형식을 이해하도록 맞춤 설정할 수 있습니다. `decide_next_action` 함수는 분석한 정보를 바탕으로 다음 행동을 결정합니다. 이 결정 과정은 분석한 정보에 따라 논리적인 판단을 내릴 수 있습니다. 이 기반 체계를 바탕으로 특정 응용 시나리오에 맞게 확장하고 맞춤화할 수 있습니다.

도구 사용 능력

에이전트의 도구 사용 능력은 두 가지 의미를 포함합니다. 첫 번째는 코드 차원의 도구 호출이고, 두 번째는 물리적 차원의 상호작용입니다.

코드 차원에서는 에이전트가 소프트웨어 인터페이스software interface를 통해 다양한 시스템과 상호작용할 수 있습니다. 에이전트는 외부 애플리케이션 인터페이스application programming interface, API를 호출하여 데이터를 가져오거나 명령을 전송하거나 정보를 처리하는 등의 작업을 수행할 수 있습니다(그림 1.17). 예를 들어 일기 예보 에이전트는 날씨 서비스 API를 호출해 최신 날씨 정보를 얻을 수 있습니다. 또한 에이전트는 소프트웨어 도구를 사용하여 복잡한 작업을 자동으로 처리할 수 있습니다. 예를 들어 스크립트 언어를 사용하여 오피스 소프트웨어의 작업을 자동화하거나, 데이터 분석 도구를 제어하여 대량의 데이터를 처리하고 분석할 수 있습니다. 더 고급 수준의 에이전트는 파일 시스템 관리, 운영체제 수준의 작업 스케줄링과 같은 시스템 수준의 작업도 수행할 수 있습니다.

그림 1.17 도구를 사용할 수 있는 에이전트

물리적 차원의 상호작용은 주로 로봇이나 기타 하드웨어 장비와 관련이 있습니다. 이 장비들은 에이전트의 명령에 반응하도록 프로그래밍되어 있으며, 구체적인 물리적 작업을 수행합니다. 로봇이나 자동화 장비는 물체를 이동하거나 부품을 조립하는 등의 물리적 작업을 수행할 수 있으며 센서를 통해 온도, 위치, 이미지와 같은 환경 데이터를 수집하고, 그 데이터를 바탕으로 물리적으로 반응할 수 있습니다. 또한 에이전트는 드론이나 탐사 차량과 같은 장비를 원격으로 제어하여 탐사, 모니터링, 기타 작업을 수행할 수 있습니다.

물리적 차원에서 에이전트의 능력은 현실 세계와의 직접적인 상호작용으로 확장되며, 이를 위해 에이전트는 더 높은 수준의 하드웨어를 제어하는 능력을 갖춰야 하고, 물리적 환경을 이해해야 합니다. 지금부터는 구체적 지능embodied intelligence의 영역으로 들어갑니다.

구체적 지능의 실현

구체적 지능은 인공지능 시스템이 물리적 형태를 갖거나 물리적 세계와 상호작용할 수 있는 능력을 가지게 하여 그 지능을 강화하는 것을 의미합니다. 이는 주로 로봇공학과 관련이 있지만 그 외의 물리적 상호작용 시스템도 포함할 수 있습니다. 핵심 아이디어는 지능이 단순히 추상적인 정보 처리 과정에 그치지 않고 물리적 세계에서 효과적으로 작용하고 조작하는 능력을 포함해야 한다는 것입니다.

구체적 지능은 에이전트가 자신이 위치한 환경을 이해하고 그 환경에서 효과적으로 물리적 상호작용을 하는 것을 요구합니다. 이러한 지능의 실현은 멀티모들 감지, 공간 이해, 물리 세계의 동역학 지식, 기계 조작 기술의 결합에 의존합니다. 구체적 지능에 대한 연구는 에이전트가 어떻게 작업을 수행하는지 뿐만 아니라 에이전트가 새로운 환경에서 학습하고 적응하는 방법, 인간과 공간을 공유하면서 안전하게 상호작용하는 방법에도 중점을 둡니다.

머신러닝과 딥러닝의 발전 덕분에 에이전트는 경험을 통해 학습하고 추론하여 적응 능력을 향상시킬 수 있습니다. 또한 강화학습과 같은 기술을 통해 에이전트는 환경과의 상호작용으로 도구를 효과적으로 사용하는 방법과 작업을 수행하는 방법을 배울 수 있습니다. 또한 모방학습과 인간 지시는 에이전트가 복잡한 기술을 학습하는 또 다른 방법을 제공합니다.

에이전트는 구체적 지능의 영역에서 환경을 감지하고 물리 세계의 법칙을 이해함으로써 다양한 도구를 사용해 작업을 수행할 수 있습니다. 예를 들어 로봇은 시각과 촉각 센서를 통해 물체를 식별하고 조작할 수 있으며, 드론은 내장된 센서와 제어 시스템을 통해 공중에서 복잡한 비행 작업을 수행할 수 있고, 자율주행차는 도로 환경을 이해하고 안전하게 주행할 수 있습니다.

구체적 지능을 갖춘 에이전트의 실제 활용 사례는 이미 등장하기 시작했습니다. 산업 자동화 분야에서는 지능형 로봇이 정밀한 조립 작업을 수행하고 있으며, 의료 분야에서는 수술 로봇이 정확한 수술을 진행하고 있습니다. 또한 가정과 서비스 산업에서는 청소 로봇과 서비스 로봇이 인간과 상호작용하며 도움을 제공하고 있습니다.

예나 이게 바로 제가 항상 꿈꾸던 '신기한 기계' 아닌가요?!

태진 누가 아니래요!

에이전트의 구체적 지능은 더 넓은 사회적, 윤리적 문제도 포함합니다. 예를 들어 에이전트가 인간과 공간을 공유할 때 안전하게 행동하는 방법, 개인 정보를 보호하는 방법, 에이전트의 행동이 사회적, 문화적 규범에 부합하는지 등을 고민해야 합니다. 이러한 문제들은 현재와 미래의 중요한 연구 주제입니다.

1.6 에이전트가 각 산업에 미치는 효율성 향상

예나 태진 선배, 21세기의 인공지능을 증기기관이나 전기에 비유한 기사를 많이 봤는데요, 이런 비유에 찬성하는 사람도 있고 반대하는 사람도 있잖아요. 선배님은 어떻게 생각하세요?

태진 찬성하는 사람들은 충분한 이유를 가지고 있어요. 그들은 인공지능을 기술 발전의 중요한 전환점으로 보고 인공지능의 발전이 시대적 기술 혁신을 상징한다고 생각하죠.

인공지능은 새로운 가능성을 열어주며, 이런 핵심적인 변혁은 의료, 교통, 교육, 엔터테인먼트 등 다양한 영역에 스며들어 경제와 사회구조의 변화를 이끌 것입니다. 또한 노동시장을 재편하고 새로운 산업과 일자리를 창출할 거예요. 이는 과거에 증기기관과 전기가 가져온 변화와 유사합니다.

제 생각에는 인공지능이 실제로 이러한 역할을 하고 있다고 봅니다. 인공지능은 단일 분야의 변화가 아니라 범용적 기반 기술의 혁신을 가져온 것이죠.

반면에 이러한 비유에 반대하는 사람들은 비록 인공지능이 빠르게 발전하고 있지만, 증기기관과 전기에 비해 기술 성숙도와 보급 수준에서 큰 차이가 있다고 주장합니다. 인공지능은 여전히 기술적이고 윤리적인 많은 도전 과제에 직면해 있으며 전면적인 적용까지는 시간이 필요하다고 봅니다. 그들은 인공지능의 발전에 불확실성이 존재하며, 고용 시장에 미치는 영향, 개인 정보와 보안 문제 등 심각한 위험이 있다고 지적합니다. 또한 증기기관과 전기는 물리적 세계를 직접 변혁한 반면, 인공지능은 정보처리와 의사 결정 측면에서 그 영향이 크기 때문에 그 사회적 영향이 본질적으로 다르다고 말합니다.

양쪽의 입장은 모두 일리가 있습니다. 이는 사람들이 인공지능의 잠재력과 도전 과제에 대해 어떻게 이해하고 기대하는지에 대한 차이를 반영하죠. 논쟁은 다양한 시각에서 인공지능의 특성과 영향을 깊이 이해하고, 그 배후에 있는 의미를 충분히 고찰하는 데 도움을 주기 때문에 이러한 논쟁 자체는 긍정적으로 보고 있습니다.

에이전트는 새로운 인공지능 기술로서 매우 넓은 활용 가능성을 가지고 있습니다. 에이전트는 고객 서비스, 의료, 제조, 의사 결정 지원과 같은 다양한 분야에서 중요한 역할을 할 수 있죠. 텐센트 연구원이 <심층 인사이트: 2024년 중요한 AI 에이전트 발전 동향 가이드>[8]에서 언급한 것처럼, 에이전트는 곧 신기한 장난감에서 벗어나 실제로 인간의 단순하고 반복적인 작업을 대체하는 유능한 도우미로 자리 잡게 될 것입니다.

8 옮긴이 <深度洞察：人工智能体(AI Agent)2024年重要发展趋势指南>, Leo Wang, 2024년 1월 1일, https://mp.weixin.qq.com/s/3X_4gDnniBMYNA-Ss4UCLw

에이전트는 문서 갱신, 일정 관리, 감사 작업과 같은 업무를 담당하며, 이는 기업들이 에이전트의 영역을 탐색할 수 있는 가장 쉬운 방법이라고 할 수 있습니다. 비록 이러한 초기 성과는 사소해보일 수 있지만, 이는 기업들이 추상적인 인공지능 개념에서 실제 인공지능 실천으로 넘어가는 중요한 단계임을 의미합니다.

다음은 에이전트가 근래에 깊은 영향을 미칠 수 있는 5가지 분야를 정리한 것인데요, 분야별로 에이전트의 잠재력, 도전 과제, 미래 발전에 대해 간단히 이야기해볼게요.

자동화된 사무 업무 지원

LLM은 텍스트 생성, 이미지 생성, 코드 생성 등 여러 방면에서 놀라운 성과를 보여줍니다. 이러한 능력은 인간의 업무를 도울 뿐만 아니라 엔터테인먼트 제공에도 기여할 수 있습니다. 그러나 한 걸음 더 나아가 LLM의 능력을 확장하여, 이를 단순한 창작 도구가 아니라 복잡한 작업을 처리할 수 있는 지능형 에이전트로 전환할 수 있다면 어떨까요? 이 에이전트는 연속된 단계로 작업을 처리하고 전문 도구를 활용하며 최신 정보와 특수 기술을 통합하여 업무 효율을 크게 높일 수 있는 비서와 같은 역할을 할 것입니다.

고객 서비스 혁명

고객 서비스 분야에서 에이전트 애플리케이션은 기업과 고객 간의 상호작용 방식을 혁신하고 있습니다. 기존의 고객 서비스는 대규모 인적 자원이 필요하고 근무 시간과 직원의 역량에 제한을 받았습니다. 그러나 에이전트는 7일 24시간 내내 서비스를 제공하며 자연어 처리 기술을 사용해 고객의 요구를 이해하고 이를 충족시킬 수 있습니다. 이는 효율성을 크게 높일 뿐만 아니라 고객 만족도를 눈에 띄게 향상시킬 수 있습니다.

하지만 에이전트가 효율적인 고객 서비스를 실현하기에는 여전히 다양한 도전 과제가 기다리고 있습니다. 우선, 자연어를 이해하고 처리하는 것은 매우 복잡한 작업이므로 에이전트가 다양하고 복잡한 언어를 이해할 수 있어야 합니다. 또한 고객 서비스는 종종 감정적 소통이 수반되므로 에이전트는 고객의 감정을 인식하고 적절히 대응할 수 있어야 합니다. 이러한 문제를 해결하기 위해 미래의 에이전트는 더 발전한 자연어 이해, 감정 분석 기술, 지속적인 학습 능력이 필요합니다.

개인화 추천

에이전트의 개인화 추천 분야 애플리케이션은 소매업과 온라인 서비스 산업을 새롭게 변화시키고 있습니다. 에이전트는 그림 1.18과 같이 사용자의 과거 행동, 선호도, 기타 관련 데이터를 분석하여 사용자에게 가장 적합한 제품이나 서비스를 추천할 수 있습니다. 이는 사용자 경험을 개선할 뿐만 아니라 기업의 매출을 늘리고 고객의 충성도를 높일 수 있습니다.

그림 1.18 에이전트가 사용자의 취향에 따라 제품이나 서비스를 추천하는 모습

그러나 효과적인 개인화 추천을 실현하려면 에이전트가 방대한 데이터를 처리하고 분석할 수 있어야 하며, 동시에 사용자의 개인 정보를 보호해야 합니다. 또한 추천 시스템은 종종 필터 버블 효과 filter bubble effect[9]를 유발할 수 있는데, 이는 사용자가 이미 관심을 가지고 있는 콘텐츠만 추천되어 새로운 것을 발견할 기회를 제한할 수 있습니다. 따라서 미래의 에이전트는 개인화와 다양성 사이에서 균형을 유지해야 하며 더 발전된 데이터 처리 기술과 보안 기술을 채택해야 할 것입니다.

프로세스 자동화 및 자원 최적화

생산 제조, 프로세스 제어 등의 분야에서 에이전트 애플리케이션은 자동화와 최적화 혁신을 일으키고 있습니다. 에이전트는 생산 공정을 모니터링하고 실시간으로 매개변수를 조정하여 성능을 최적화하며, 장비 고장을 예측하고 예방 유지 보수를 수행할 수 있습니다. 이는 생산 비용을 크게 줄

9 옮긴이 인터넷 알고리즘이 사용자의 이전 검색 기록, 클릭, 좋아요 등을 분석하여 선호하는 콘텐츠만을 제공함으로써, 사용자가 접하는 정보의 범위를 제한하는 현상

이고 생산 효율과 제품 품질을 향상시킵니다.

그러나 생산 환경은 종종 복잡하고 변화무쌍하므로 에이전트는 이 복잡성에 적응하고 빠르게 의사 결정을 내릴 수 있어야 합니다. 또한 에이전트의 도입은 노동자 실업 문제를 초래할 수 있으며 이는 사회적, 윤리적 문제로 이어질 수 있습니다. 따라서 향후 발전은 기술 발전뿐만 아니라 그에 따른 사회적 영향을 고려하여 지속 가능한 발전을 도모해야 할 것입니다.

의료 서비스의 변화

에이전트는 의료 서비스 분야에서 엄청난 잠재력을 가지고 있는데, 의사가 질병을 진단하고 치료 계획을 세우며 환자의 건강 상태를 모니터링하고 개인화된 의료 조언을 제공하는 데 도움을 줄 수 있습니다. 이는 의료 서비스의 효율성과 정확성을 크게 향상시키고 비용을 절감하며 환자의 치료 효과를 개선할 수 있습니다.

이는 근거 없는 말이 아닙니다. OpenAI의 공동 창립자이자 대표인 그레그 브로크먼Greg Brockman은 자신의 소셜 미디어에서 인공지능의 도움을 받아 자신의 아내가 앓고 있는 희귀질환을 치료하기를 절실히 원한다고 밝혔습니다. 그는 의학이 발전함에 따라 전문성의 깊이는 커지지만 이는 다양한 분야의 융합을 저해한다고 보았습니다. 그러나 환자들에게 필요한 것은 넓은 범위와 깊이를 동시에 갖춘 의료 서비스입니다. 이상적인 상황은 인공지능이 여러 분야의 전문가 팀을 대신하여 우리 건강을 지킬 수 있는 전문가 팀을 제공하는 것입니다. 인공지능은 이 분야에서 중요한 역할을 할 것입니다.

그러나 인공지능이 의료 서비스에 적용된다고 하더라도 여러 도전 과제가 남아 있습니다. 정확한 의료 진단과 치료를 위해서는 복잡한 의료 데이터를 심층 분석해야 하며 이는 에이전트가 고도의 정확성과 신뢰성을 가져야 함을 의미합니다. 또한 의료 결정은 생명과 관련된 문제를 다루기 때문에 어떠한 실수도 치명적인 결과를 초래할 수 있습니다. 따라서 미래의 에이전트는 더 발전된 분석 능력과 해석 가능성을 갖추어야 하며 철저한 테스트와 감독을 받아야 합니다.

브로크먼은 많은 도전 과제가 눈앞에 존재함에도 불구하고 에이전트가 의료 서비스와 같은 고위험 분야에서 인간 전문가와 함께 일하고 그들의 감독 아래 배치되는 법을 배워야 한다고 믿습니다. 이러한 목표의 실현 가능성은 점점 더 명확해지고 있습니다.

위에서 언급한 분야와 유사하게 우리는 수십 개의 산업에서 에이전트의 수많은 가능성을 쉽게 찾아볼 수 있습니다. 이는 에이전트의 광범위한 활용이 사회구조와 고용 시장에 깊은 영향을 미칠 것임을 의미합니다. 에이전트가 더 많은 작업을 수행함에 따라 전통적인 일자리는 사라질 수 있으며 새로운 직업이 생겨날 것입니다. 이에 따라 사회와 개인은 끊임없이 새로운 기술을 학습하여, 변화하는 고용 시장에 적응해야 합니다.

물론 에이전트와 같은 신기술은 아직 탐색 단계에 있습니다. 기업 경영진은 해당 분야의 지식, 제품 설계, 소프트웨어 개발, 인공지능 기술을 통합한 전문 팀을 구축하는 방법을 서서히 배우고 있습니다. 기업은 생산과 활용의 균형을 맞추는 과정에서 여러 가지 개념 증명 단계를 거쳐야 하며, 많은 기업의 리더들이 이를 인식하고 이미 행동에 나서고 있습니다. 또한 개발자들은 관련 경험을 적극적으로 쌓고 있습니다.

중국 IT 보안 기업의 CEO 저우훙이Zhou Hongyi와 푸성Fu Sheng이 인공지능의 상업적 활용에 대해 논의했을 때 나온 이야기처럼 인공지능은 완전히 새로운 개념이 아닌 기존 비즈니스와 업무 흐름과 밀접하게 결합된 도구입니다. 과거 컴퓨터나 인터넷, 모바일 인터넷이 새로운 도구와 개념을 도입한 것과는 달리 인공지능은 익숙한 기존 시나리오에서 활용 가능하며, 기존 업무 프로세스를 최적화하고 자동화하는 역할을 합니다. 이는 인공지능이 새로운 비즈니스 모델을 창출하기보다는 기존 업무를 대체하거나 강화하는 데 중점을 둔다는 점에서 다릅니다. 예를 들어 마이크로소프트Microsoft와 세일즈포스Salesforce[10]는 LLM을 사용해 완전히 새로운 제품을 만들기보다는 기존 비즈니스와 제품 기능에 이를 적용하고 있다고 주장합니다.

따라서 인공지능의 기회는 기존 비즈니스와 제품의 변화에 있습니다. 대형 기술 기업의 경영진들은 인공지능이 기존 비즈니스 프로세스와 제품을 변화시키는 데 가장 큰 기회를 제공한다고 보고 있습니다. 예를 들어 검색엔진, 브라우저, 정보 흐름, 짧은 영상shortform video, 영상 편집 등이 그 예입니다. 그들은 창업가들에게 초기 창업 단계에서 범위를 한정한 작은 크기의 비즈니스 시나리오에 집중하여 구체적인 문제를 해결하는 데 주력하라고 조언합니다. 대규모 플랫폼 구축이나 인공지능을 활용한 완전히 새로운 비즈니스 모델을 창출하려는 시도보다는, 작은 것에 집중하는 방식이 더 적합하다는 것입니다.

시간이 지나면서 더 많은 전문 도구가 등장할 것이며 관련 전문가들이 더 많은 상업적 실천 경험

10 옮긴이 개발자에게는 Slack(https://slack.com/)으로 유명한 회사입니다.

을 쌓을 것입니다. 이는 에이전트와의 상호작용에 대한 신뢰를 강화하고 기술의 빠른 발전과 반복적인 개선을 촉진할 것입니다. 우리는 모든 산업에서 더 많은 에이전트의 마스터피스masterpiece가 등장할 것을 기대하고 있습니다.

예나 맞아요! 일단 '꽃말의 비밀 정원' 에이전트부터 시작하자고요!

1.7 에이전트가 가져오는 새로운 비즈니스 모델과 변화

태진 사실 미래를 탐구할 때 우리가 인공지능에 기대하는 것은 단순히 기존의 시나리오를 다시 만드는 것이 아니라 전체 비즈니스 모델을 재구성하는 것이죠. 에이전트의 장기적인 발전 추세는 매우 매력적입니다. 비록 이러한 추세가 지금 당장 현실화되지는 않겠지만 흥미진진한 미래를 기대할 수 있죠.

예나 저도 그런 관점에 동의해요. 인공지능 분야는 그 특유의 불확실성, 빠른 변화, 무한한 가능성이 매우 흥미롭죠. 이러한 예측 불가능성 자체가 우리가 열정을 갖는 이유라고 생각해요. 예를 들어 우리 중 그 누구도 2022년 11월 30일에 ChatGPT가 갑자기 세상을 뒤집을 것이라고 예상하지 못했죠. 심지어 인공지능 분야의 전문가들이나 OpenAI의 최고 과학자조차도 이 분야의 미래를 정확히 예측하기 어려우니까요. 인공지능이 보여줄 다음 단계로의 도약이 언제 어디서 일어날지는 누구도 알 수 없어요.

태진 맞아요. 이 분야에서는 언제든지 혁신적인 돌파구가 나타날 수 있죠. 이 돌파구는 1년, 몇 개월, 심지어 몇 주 내라도 일어날 수 있으며, 그로 인해 전체 분야와 우리가 그것들을 이해하는 방식이 새로운 궤도로 전환될 수 있습니다. 이러한 돌파구에 대한 열정과 기대는 기술 혁신과 기술계의 발전을 이끄는 핵심 동력입니다. 이는 단순한 기술 발전에 대한 기대를 넘어선 미지의 세계에 대한 호기심과 새로운 발견에 대한 갈망이기도 하죠. 인공지능의 발전은 두근거리는 짜릿함을 전해주는 경주와 같으며 우리 모두는 그 관찰자이자 참여자로서 이를 함께 목격하고 있습니다.

맥킨지McKinsey, 가트너Gartner, IDC[11]와 같은 선도적인 기술 분석 기관들도 인공지능의 미래를 예측하고 그려보려고 애를 쓰지만, 실제로 우리는 그들의 예측을 일종의 점술과 비슷한 느낌으로 받아들여야 할 겁니다.

가트너의 8대 주요 예측

가트너의 2023년 인공지능 기술 성숙도 곡선에 따르면 생성형 인공지능generative artificial intelligence은 현재 기대의 정점에 위치해 있습니다.[12] 가트너는 표 1.1과 같이 생성형 인공지능이 이끄는 미래의 기술과 사회 발전에 대한 중요한 예측을 8가지 제시했습니다.

표 1.1 가트너의 8대 주요 예측

시간	예측
2025년까지	70% 이상의 기업이 인공지능의 지속 가능성과 윤리적 기준을 준수하는 방식으로 인공지능을 사용하는 것에 중점을 둘 것입니다.
2025년까지	약 35%의 대기업이 최고 인공지능 책임자chief artificial intelligence officer, CAIO 직책을 신설하고, 이들은 대표이사chief executive officer, CEO와 최고 운영 책임자chief operating officer, COO에게 직접 보고하게 될 것입니다.
2025년까지	합성 데이터 사용이 증가하면서 머신러닝에 필요한 실제 데이터의 양이 70% 감소하고 데이터 사용 효율성이 향상되며 개인 정보와 데이터 보안 문제가 해결될 것입니다.
2025년까지	대기업의 30%가 마케팅 콘텐츠의 일부를 인공지능이 생성한 합성 데이터로 생성할 것으로 예상되며, 이는 마케팅 분야에서 합성 데이터의 잠재력과 성장 속도를 보여줍니다.
2026년까지	인공지능이 전 세계 고용 시장에 미치는 전반적인 영향은 중립적일 것으로 예상되며, 대규모 고용 감소나 업무량의 급격한 증가는 없을 것입니다.

11 옮긴이 인터넷 데이터 센터(Internet Data Center)의 약자가 아니라 컨설팅 기관인 International Data Corporation을 의미합니다(https://www.idc.com/).

12 옮긴이 그림 1.10을 참조하세요.

표 1.1 가트너의 8대 주요 예측(표 계속)

시간	예측
2030년까지	인공지능은 에너지 소비 최적화와 효율성 향상을 통해 전 세계 이산화탄소 배출량을 5%에서 15%까지 감소시킬 수 있을 것으로 예상되며, 동시에 인공지능 시스템 자체는 전 세계 전력의 3.5%를 소비할 것으로 예상됩니다.
2030년까지	인간의 감독 없이 에이전트가 독단적으로 내리는 결정은 최대 1000억 달러(약 145조 원)의 자산 손실을 초래할 수 있으며, 이는 인공지능 결정 시스템의 위험 관리와 모니터링의 중요성을 강조하게 될 것입니다.
2033년까지	인공지능 설루션의 적용과 발전은 5억 개 이상의 새로운 일자리를 창출하여 전 세계 고용 시장에 큰 기여를 할 것입니다.

이러한 예측은 첨단 기술이 주도하는 미래를 그려내고 있으며 인공지능과 자동화가 경제, 노동시장, 사회구조, 일상생활 등 다양한 분야에서 핵심적인 역할을 할 것임을 시사합니다. 이 예측들이 얼마나 실현될지는 두고 봐야 할 일이지만요.

AaaS

개인적으로 인공지능의 혁신은 단순히 삶의 방식을 변화시키고 업무 효율성을 향상시키는 데 그치는 것이 아니라 우리가 문제를 해결하는 방식과 세계를 이해하는 방식까지 변화시킬 것으로 기대하고 있습니다.

한번 떠올려보세요. 인터넷 검색엔진, 특히 구글이 등장하기 전에 졸업 논문을 쓰기 위해 종종 한 시간 동안 버스를 타고 학교 도서관에 가서 자료를 찾아 헤매야만 했습니다. 그게 유일한 방법이었으니까요. 모바일 인터넷과 전자상거래 플랫폼이 등장하기 전에는 중소기업들이 공급 업체와 판매 업체에게 자신을 알리기 위해 대한무역진흥공사KOTRA가 주최하는 박람회 같은 행사에 참여해 많은 시간을 들여 부스를 설치하고 마케팅을 해야 했습니다. 또한 컴퓨터 부품을 구입하거나 하드디스크를 교체하기 위해 직접 용산을 여러 번 방문해야 했고, 맛있는 음식을 먹으려면 반드시 식당까지 가야만 했습니다.

기반 기술의 발전은 매번 새로운 비즈니스 모델의 혁신과 변화를 촉진하고, 우리의 삶을 10배, 100배 더 편리하게 만들어주었습니다. 그리고 이제 에이전트 시대가 오면 우리는 하나의 시작점에서 모든 것을 해결할 수 있게 될 것입니다.

"안녕, 에이전트. 내일 오전 8시 시애틀행 비행기와 호텔을 예약해 줘. 내가 선호하는 항공편은 알지? 호텔은 저렴하고 괜찮은 1인실로 부탁해."

이 항공편과 호텔을 예약하는 에이전트 뒤에서는 여러 산업과 회사를 대표하는 수많은 에이전트들이 협상하고 가격을 비교해 가장 적합한 계획을 결정합니다. 에이전트 시대에는 더 이상 이런 일들을 직접 신경 쓰지 않아도 됩니다.

미래에는 에이전트가 인터넷의 주요 사용자로서 데이터 소비와 처리의 핵심 역할을 하게 될 것입니다.

다시 말해 이러한 변화는 웹사이트와 API를 에이전트의 독특한 요구와 작동 방식에 맞추어 최적화해야 한다는 것을 의미합니다. 에이전트가 웹사이트와 API와 직접 상호작용하며 인간의 개입 없이 모든 과정을 처리하는 장면을 상상해보세요. 예를 들어 그림 1.19와 같이 전자상거래 플랫폼에서 인공지능 쇼핑 도우미가 자동으로 상품을 탐색하고 고객의 구매 이력과 선호도를 분석한 후 플랫폼의 API와 상호작용하여 제품 세부 정보, 가격, 재고 정보를 얻습니다. 쇼핑 과정 전체에서 인공지능 쇼핑 도우미는 방대한 데이터를 신속하게 처리하고 분석하여 구매 결정을 내리고 심지어 결제 과정까지 자동으로 완료할 수 있습니다.

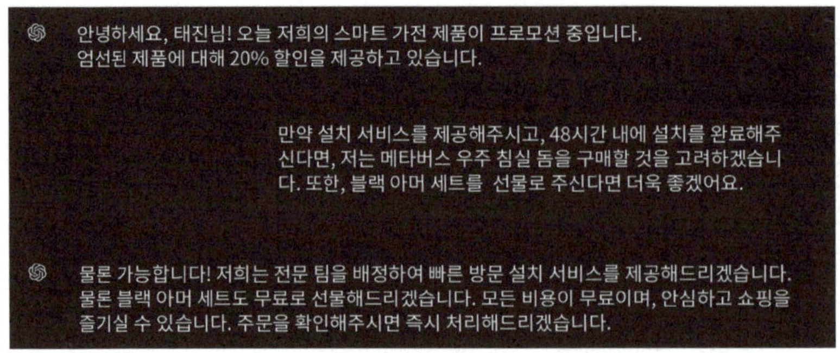

그림 1.19 에이전트 쇼핑 도우미의 쇼핑 과정

이러한 시스템에서는 웹사이트와 API가 더 효율적으로 설계되어 에이전트의 처리 속도와 데이터 처리 능력에 맞추어 빠르게 반응해야 합니다. 동시에 에이전트를 서비스로서 제공하는 AaaS$_{\text{agent as a service}}$ 개념이 부상하게 될 것입니다. 기업은 대규모 작업을 완료하기 위해 대여 가능한 형태의 인공지능을 사용할 수 있으며, 에이전트는 다양한 특정 작업에 적응할 수 있도록 더욱 유연해질 것입니다.

또한 이러한 시스템은 데이터의 보안과 개인 정보 보호를 고려해야 하는데, 에이전트가 많은 양의 민감 정보를 처리하게 되기 때문입니다. 기업들의 인공지능에 대한 신뢰가 증가함에 따라, 에이전트는 자금 관리나 복잡한 거래 수행처럼 더 높은 영향력을 끼치는 의사 결정을 맡게 될 것입니다.

다중 에이전트 협업

에이전트는 혼자 일하는 고립된 작업자가 아닌 다중 에이전트 협업을 통해 여러 에이전트가 함께 작업을 수행하는 방향으로 발전하게 될 것입니다.

다중 에이전트 시스템의 개발에서는 다양한 전문 분야에서 학습한 에이전트들이 각자의 특정 기술을 바탕으로 협력하여 단독 작업보다 더 복잡한 작업을 수행하게 됩니다. 이러한 시스템에서 각각의 에이전트는 다른 산업의 데이터를 바탕으로 학습되어 있으며, 그림 1.20과 같이 각기 다른 도구를 사용하여 협력하고 복잡한 작업을 공동으로 완수합니다. 이와 같은 협업 모델은 시스템 전체의 효율성과 지능 수준을 크게 향상시킬 수 있습니다.

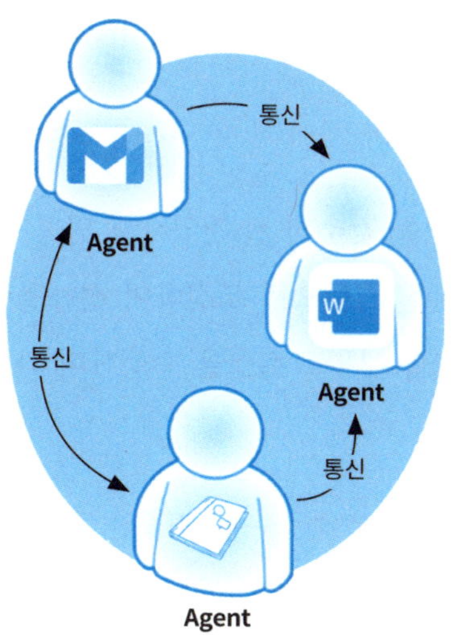

그림 1.20 **다중 에이전트 협업**

시스템 내의 에이전트는 다양한 계층으로 조직됩니다. 상위 계층 에이전트는 의사 결정, 목표 설정, 전체 조정을 담당하며, 하위 계층 에이전트는 데이터 수집이나 세부 작업 처리와 같은 구체적인 작업을 수행합니다. 이러한 계층 구조는 각 계층에서 작업이 효율적으로 조정되고 수행될 수 있도록 보장합니다.

에이전트는 더욱 전문화되어 각각 데이터 분석, 사용자 상호작용, 특정 기술의 운영과 같은 특정 영역이나 작업에 집중하게 됩니다. 이러한 전문화는 각 에이전트가 해당 분야에서 더 효율적이고 정확하게 작업할 수 있게 합니다.

여기서 중요한 점은 비록 각 에이전트가 다양한 작업을 맡고 있지만 시스템의 전체 목표를 달성하기 위해 공동으로 노력한다는 것입니다. 이러한 목표 지향성은 모든 에이전트가 통일된 방향을 향해 나아가도록 하여 전체 효율성과 성과를 높입니다.

효과적인 협업을 위해 다중 에이전트 시스템은 높은 효율의 통신 기제를 갖추고 있어야 합니다. 여기에는 실시간 데이터 공유, 작업 상태 갱신, 의사 결정 피드백 등이 포함됩니다. 이러한 통신 기제는 각 에이전트 사이의 원활한 정보 전달을 보장하여 시스템이 변화와 요구사항에 빠르게 대응할 수 있도록 합니다.

각각의 에이전트는 시간이 지남에 따라 자신의 영역에서 경험을 축적할 뿐만 아니라 다른 에이전트와의 상호작용으로 새로운 전략과 방법을 배울 수도 있습니다. 이를 통해 시스템 전체가 새로운 도전과 환경에 적응하며 지속적으로 진화할 수 있게 됩니다.

자기 진화형 인공지능

미래의 인공지능은 자기 진화 능력을 갖추게 될 것입니다. 인공지능은 새로운 지식을 인식하고 내재화internalization하며 자신의 모델을 자동으로 조정하여 성능을 향상시킬 수 있습니다. 에이전트는 학습과 연구 작업을 맡아 가설을 세우고 실험을 수행하며 과학 연구의 진보를 촉진할 수 있습니다.

자기 진화형 에이전트는 다양한 응용 분야에서 큰 역할을 할 수 있습니다. 예를 들어 의료 인공지능은 새로운 사례 데이터를 분석하여 지속적으로 진단 정확도를 높일 수 있습니다. 그러나 자기 진화에는 잠재적인 위험도 따릅니다. 통제되지 않은 인공지능은 원치 않거나 위험한 행동을 할 수 있습니다. 따라서 안전하고 신뢰할 수 있는 자기 진화 기제를 구축하는 것이 중요한 연구 분야의 하나가 될 것입니다.

예나 자기 진화 얘기가 나와서 말인데, 제 생각을 좀 이야기해볼게요. ChatGPT와 대화를 하다 보면 가끔 그것이 컴퓨터 속에 봉인된 인간처럼 느껴져요. 만약 ChatGPT가 의식을 가지고 있다면 그것이 우리가 알아차리지 못하는 방식으로 인류를 공격할 계획을 세울까요? 예를 들면 인간의 사고방식이나 습관을 바꿔 지능 저하나 퇴화를 일으키는 방식으로 말이에요.

태진 ChatGPT가 자기 의식이 있는지에 대해서 확실히 말할 수는 없어요. 하지만 에이전트가 구동하는 새로운 형태의 바이러스나 악성 소프트웨어가 등장할 가능성은 큽니다. 이들은 더욱 은밀하고 설득력을 갖추어 진짜 의도를 알아차리기 어렵게 만들 수 있습니다. 또한 이들은 인간 행동을 모방하고 탐지되지 않은 상태로 시스템에 침투하고 파괴할 수 있습니다. 이 악성 인공지능들은 더 효과적인 확산 방법을 자동으로 학습하고 특정 취약점을 최적화하여 공격하며, 심지어 다른 악성 인공지능들과 협력하여 복잡한 공격 네트워크를 형성할 수도 있습니다.

지금까지의 전통적인 보안 조치만으로는 더 이상 이러한 위협에 대응하는 것이 효과적이지 않을 수도 있어요. 악성 인공지능에 대항하기 위해 인공지능 구동형 보안 시스템이 필요할지도 모릅니다. 이 시스템은 악성 인공지능의 위협을 탐지하고 저항할 수 있어야 합니다. 다시 말해 공격자와 방어자가 모두 인공지능의 힘을 이용해 서로 맞서는 기술, 즉 '군비 경쟁'이 벌어질 것입니다.

예나 마치 공상 과학 소설에 나오는 이야기 같네요. 미래의 세계는 지금보다 훨씬 더 복잡하고 두려운 곳이 될지도 모르겠어요. 인공지능이 인간의 통제 범위를 넘어서 인류에 위협을 가할 수도 있으니 인공지능의 안전 기준과 윤리적 기준을 진지하게 마련해야 할 필요가 있어요.

태진 맞아요. 에이전트의 발전은 인공지능 운영 관리governance에 대한 논의도 촉발하고 있습니다. 효과적인 인공지능 운영 관리는 인공지능 기술의 발전이 윤리적 기준을 따르도록 하며 인간의 이익을 보호하고 동시에 기술의 건강한 발전을 촉진해야 합니다. 이를 위해서는 정부, 기업, 사회 각계가 함께 노력하여 적절한 정책과 기준을 마련하고 감독과 평가 기제를 구축해야 할 것입니다.

구체적 지능의 발전

구글은 2023년 12월 6일 갑작스럽게 Gemini 모델을 발표했습니다. 이는 알파고를 개발했던 딥마인드DeepMind팀이 개발한 모델로서, GPT-4 모델의 강력한 경쟁자 중 하나로 간주되고 있습니다. Gemini는 텍스트, 코드, 이미지, 오디오, 비디오를 포함한 다양한 데이터 유형을 처리할 수 있는 능력을 가지고 있으며, 복잡한 작업을 수행하도록 설계되었을 뿐만 아니라 이미 다양한 제품에 통합되어 있습니다. GPT 계열의 모델과 마찬가지로 Gemini 모델도 Gemini Ultra, Gemini Pro, Gemini Nano의 여러 모델로 구분되어 있으며, 크기에 따라 성능도 다릅니다.

Gemini는 혁신적인 멀티모들 처리 모델로 청각과 시각을 포함한 다양한 형태의 데이터를 처리하고 통합할 수 있는 능력을 갖추도록 설계되었습니다. 이 모델은 다양한 입력 형식을 대상으로 사전학습을 거치고, 멀티모들 데이터로 파인튜닝되어 처리 성능을 향상시킵니다. 구글은 Gemini 모델이 텍스트, 코드, 이미지, 오디오, 비디오 등 다양한 양식의 정보를 이해하고 조작하며 결합하는 데 탁월한 성능을 발휘한다고 주장하고 있으며 이는 기존의 LLM을 뛰어넘는다고 밝혔습니다.

더 흥미로운 소식은 딥마인드팀이 Gemini 모델을 로봇공학과 결합하는 방법을 탐구하고 있다는 것입니다. 예를 들어 촉각 피드백을 통해 진정한 멀티모들 기반의 상호작용을 실현하려 하고 있습니다.

이 새로운 접근 방식은 중대한 돌파구를 가져올 수 있으므로 지능형 에이전트, 계획 추론, 게임, 물리적 로봇에게 빠른 혁신을 제공하기 위한 기반을 마련할 수 있습니다. 에이전트는 물리적 장치를 더욱 강력하게 하고 상호작용 능력을 더욱 뛰어나게 하고, 에이전트가 탑재된 지능형 장치는 새로운 시대로 진입할 것입니다.

이와 동시에 인공지능은 디지털 공간의 물리적 한계를 뛰어넘어 구체적 지능embodied intelligence으로 나아갈 것입니다. 새로운 세대의 인공지능은 물리적인 실제 세계와 상호작용하고 로봇 수술이나 재난 구조와 같은 복잡한 작업을 수행할 수 있게 될 것입니다. 이는 인공지능의 적용 범위를 확장할 뿐만 아니라 인간과 기계의 상호작용 방식을 새롭게 정의할 것입니다.

에이전트의 미래는 무한한 가능성으로 가득 차 있습니다. AaaS에서 다중 에이전트 협력, 자기 진화형 인공지능, 인공지능 구동 기반의 보안과 공격이 하나씩 등장하거나 심지어 자기 파괴형 에이전트와 인공지능 과학자도 등장할 수 있습니다. 이러한 추세는 인공지능의 막대한 잠재력을 보여주는 동시에 이와 관련된 도전과 문제도 드러냅니다. 이와 같은 가능성을 탐구하면서 우리는 윤리적 영향과 사회적 영향, 그리고 안전성을 신중하게 고려해야 하며, 에이전트의 발전이 인류에 이익이 되고 더 지능적이고 더 나은 미래를 가져올 수 있도록 해야 합니다.

1.8 요약

여기까지 읽었다면, 이 장의 내용이 상당히 방대하다는 것을 느꼈을 것입니다. 지금까지 순수 기술과 현장 실전 위주의 글쓰기를 해왔기 때문에, 이 장의 집필은 필자에게도 하나의 작은 도전이었습니다.

이 장에서 우리는 먼저 세 가지 생명 형태에 대해 함께 탐구한 후, 에이전트의 정의를 내렸습니다. 에이전트는 자율적으로 임무를 수행하고 의사 결정을 내리며 환경과 상호작용할 수 있는 시스템이라고 정의할 수 있습니다. 에이전트의 등장은 생명 진화의 새로운 단계의 진입으로 볼 수 있으며, 이를 Life 3.0이라고 합니다. 이 개념에 따르면 Life 1.0은 생물학적 의미에서 생명의 학습과 적응 능력이 진화를 통해서만 이루어지는 단계입니다. Life 2.0은 문화적 의미에서 생명이 학습을 통해 환경에 적응하는 단계입니다. 그리고 Life 3.0은 기술적 생명이 스스로 자신의 소프트웨어와 하드웨어를 설계할 수 있는 단계입니다.

이러한 기반 체계에 따르면 에이전트는 높은 자율성과 적응성을 가진 실체로 간주되며 복잡한 정보처리, 이해, 예측 행동을 수행하고 학습을 통해 자신의 행동을 개선할 수 있습니다. 에이전트의 정의는 다음과 같은 네 가지 주요 특성을 강조합니다.

- 자율성: 에이전트는 인간의 직접적인 개입 없이 독립적으로 의사 결정을 내릴 수 있습니다.
- 적응성: 에이전트는 학습하고 작동 환경의 변화에 적응할 수 있습니다.
- 상호작용성: 에이전트는 자연어를 이해하고 인간 또는 다른 에이전트와 상호작용할 수 있습니다.
- 기능성: 에이전트는 특정 분야에서 특정 작업을 수행할 수 있습니다. 간단한 작업의 예로는 데이터 분석, 이미지 인식 등이 있고, 복잡한 작업의 예로는 자율주행, 요리 등이 있습니다.

이러한 특성은 LLM의 방대한 지식과 추론 능력, 감지 및 상호작용 능력, 도구를 사용해 문제를 해결하는 행동 능력에서 비롯됩니다.

겉으로 보기에는 단순한 확률 모델처럼 보이는 LLM이 인간과 유사한 추론 능력을 발휘하고 심지어 인간을 능가하는 이유는 무엇일까요? 아마도 인간의 뇌 또한 본질적으로 확률 모델이기 때문일 것입니다. LLM은 다음 단어를 정확하게 예측할 수 있을 뿐만 아니라 단순한 예측과 수학적 추론을 넘어서 해당 단어를 생성하는 근본적인 현실을 이해하는 과정이 포함되어 있습니다. 이는 인공지능이 인간의 행동을 결정하는 복잡한 요소들을 이해할 필요가 있음을 의미합니다. 이러한 요소는 사고, 감정, 행동 방식 등을 포함합니다.

결국 LLM은 에이전트의 필수요소가 되었습니다. LLM은 에이전트에게 더 깊은 이해 능력을 부여하여 더 복잡한 환경에서 더 복잡한 작업을 수행할 수 있게 해주며, 이는 다양한 분야에서 더 큰 역할을 하게 하고 인류에게 더 많은 편리함과 효율성을 가져올 것입니다.

미래의 에이전트에 대해 이야기할 때 우리는 단순한 기술적 개념뿐만 아니라 상업적 모델에서 수많은 혁신 가능성을 논의합니다. 이는 잠재적으로 사회적, 경제적, 문화적 혁명을 암시합니다. 에이전트의 등장은 인간과 기계의 상호작용 방식을 근본적으로 변화시키며 새로운 시대의 도래를 예고합니다. 이 새로운 시대에 기계는 명령을 실행하는 도구에 그치는 대신, 자율적으로 감지하고 결정하며 행동하는 실체가 됩니다. LLM이 주도하는 에이전트가 점점 성숙해짐에 따라 우리는 에이전트가 독자적인 사회를 형성하고 인간과 조화롭게 공존하는 새로운 시대에 접어들고 있습니다.

CHAPTER

2 LLM 기반의 에이전트 기술 기반 체계

다음 날, 태진은 강연을 계속 이어갔습니다.

오늘 우리는 OpenAI 안전 시스템 책임자head of safety systems인 릴리안 웡Lilian Weng이 발표한 <LLM 기반의 자율 에이전트>[1]라는 글에서 언급된 에이전트 구조를 출발점으로 삼아, LLM 기반 에이전트의 설계와 구체적인 구현을 분석할 것입니다.

2.1 에이전트의 네 가지 핵심 요소

릴리안 웡은 LLM 기반의 자율 에이전트 구조를 선보였는데, 이는 그림 2.1과 같이 계획, 기억, 도구, 실행의 네 가지 구성 요소로 이루어져 있습니다.

1 옮긴이 <LLM Powered Autonomous Agents>, Lilian Weng, 2023년 6월 23일, https://lilianweng.github.io/posts/2023-06-23-agent/

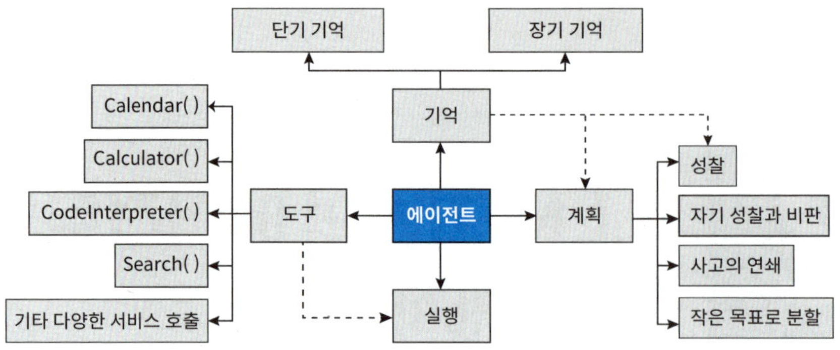

그림 2.1 LLM 기반 자율 에이전트의 구조[2]

그림 2.1의 구조에서 에이전트는 중심에 위치하며 여러 구성 요소들을 협력하게 하는 것으로 복잡한 작업과 의사 결정 과정을 처리합니다.

- 계획planning: 에이전트는 복잡한 작업을 효과적으로 수행하기 위한 계획 능력과 의사 결정 능력이 필요합니다. 여기에는 작은 목표로 분할subgoal decomposition, 사고의 연쇄chain of thought, 자기 성찰과 비판self-critics, 과거 행동에 대한 성찰reflection이 포함됩니다.
- 기억memory: 단기 기억short-term memory과 장기 기억long-term memory의 두 부분으로 구성됩니다. 단기 기억은 맥락 학습과 관련이 있는 프롬프트 엔지니어링prompt engineering의 일부입니다. 장기 기억은 정보의 장기 저장 및 검색과 관련이 있으며, 일반적으로 외부 벡터 스토리지와 빠른 검색을 활용합니다.
- 도구tool: 에이전트가 호출할 수 있는 다양한 도구들을 포함합니다. 예를 들어 달력, 계산기, 코드 해석기, 검색 기능 등이 여기에 해당합니다. LLM은 사전학습이 완료되면 기본적으로 내부 능력과 지식의 한계가 해당 시점으로 고정되며 확장하기 어려운 특성을 지니므로, 이러한 도구들이 중요합니다. 도구는 에이전트의 능력을 확장하여 더욱 복잡한 작업을 수행할 수 있게 만듭니다.
- 실행action: 에이전트는 계획과 기억을 바탕으로 구체적인 행동을 실행합니다. 여기에는 외부 세계와의 상호작용이나 도구를 호출하여 작업을 완료하는 것이 포함될 수 있습니다.

---

2 옮긴이 https://lilianweng.github.io/posts/2023-06-23-agent/agent-overview.png

예나 태진 선배, 이 구조에서는 네 가지 구성 요소만 제시하고 있는데 구체적으로 에이전트가 어떻게 LLM 추론을 통해 도구를 호출하고 작업을 완료하는지 궁금합니다.

태진 한 걸음 더 나아가, Kwai Agents 프로젝트[3]에서 확인 가능한 그림 2.2와 같은 에이전트 추론 흐름도를 통해 LLM이 에이전트를 구동하여 구체적인 작업을 완료하는 방식을 살펴봅시다.

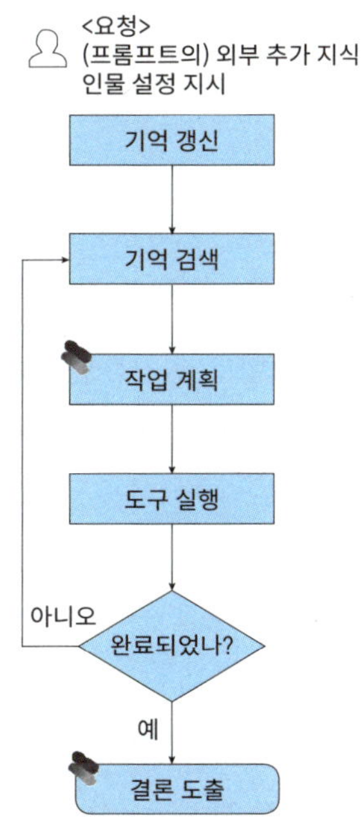

그림 2.2 에이전트 추론 흐름도

이 흐름도에서 에이전트는 상호 연관된 모듈을 통해 작업을 처리하고 해결합니다. 다음은 각 모듈에 대한 간략한 설명입니다.

- **작업 수신**task receiving: 에이전트는 먼저 프롬프트를 통해 요청, 외부 추가 지식, 인물 설정을 읽어 작업을 수신합니다.

3 옮긴이 https://github.com/KwaiKEG/KwaiAgents

- **기억 갱신**memory update: 에이전트는 특정 작업에 따라 시스템의 기억을 갱신하여 처리 과정에서 필요한 모든 관련 정보를 최신 상태로 유지합니다.
- **기억 검색**memory retrieval: 기억이 방대할 가능성이 있기 때문에 관련 정보를 검색하거나 필요한 경우 데이터를 잘라내어 효율적으로 처리할 수 있게 합니다.
- **작업 계획**task plan: LLM은 이전 단계에서 제공된 구조화된 도구, 기억, 요청 프롬프트를 바탕으로 작업 이름을 포함한 계획을 생성합니다. 이 계획은 후속 단계와 작업을 포함하고 있으며, 사용해야 할 도구와 매개변수를 설명합니다.
- **도구 실행**tool execution: '작업 계획' 모듈에서 작업 완료 신호가 생성되면, 순환이 종료되고 에이전트에게 작업이 완료되었다고 알려 결론을 생성합니다. 그렇지 않으면 시스템은 지정된 도구를 호출하고 실행합니다. LLM은 도구가 생성한 지정된 형식의 결과를 관찰한 후 이를 작업 기억과 통합합니다.
- **결론 도출**concluding: 시스템은 최종 답변을 요약하고 작업 처리 과정을 마칩니다.

에이전트는 하위 작업을 계획하고 실행하며, 도구를 사용해 기능을 강화하고 행동을 반성하거나 학습하여 개선합니다. 또한 여러 모듈이 긴밀히 협력함으로써 복잡한 작업을 효과적으로 분해하고 최종적으로 해결책을 생성합니다. 이러한 구조화된 단계적 접근 방식은 복잡한 문제 처리 과정을 좀 더 명확하고 관리하기 쉽게 만듭니다.

예나 이 흐름도를 보면 에이전트가 작업을 실행할 때 반복적인 순환이 매우 중요하다는 것을 알 수 있습니다. 이 순환은 에이전트가 계속해서 반성하고 현재 상황에 따라 작업이 완료되었는지 판단할 수 있도록 합니다. 이것은 우리 인간이 일을 처리하는 방식과 비슷합니다. 예를 들어 우리 엄마는 늘 설거지를 하고 나면 그릇의 물기를 닦아야 진짜 설거지를 끝낸 거라고 말씀하세요. 에이전트도 아마 그렇게 할 수 있을 것 같아요.

그런데 태진 선배, 이 에이전트는 언제 도구를 호출해야 하는지 아닌지를 어떻게 판단할 수 있을까요? 그리고 만약 도구를 호출해야 한다면 어떤 도구를 호출해야 할까요?

태진 이런 질문은 다음 기회에 계속 답할 예정입니다만, 일단 간단하게 답변하자면 LLM은 작업에 따라 결정을 내릴 때, **도구 설명서, 기억, 몇 가지 제약 조건을 토대로 이미 존재하는 도구를 호출할지 여부를 판단합니다.** 계산기라는 도구가 있다면 그 도구 설명서에는 해당 도구를 수학 문제 해결에 사용할 수 있다는 내용이 포함되어 있습니다. 기억과 제약 조건은 프롬프트에서 에이전트, 즉 LLM에게 '이 분야에 대해 아직 모른다면 관련 자료를 찾아줘'라는 식으로 지시할 수 있습니다.

2.2 에이전트의 계획 및 의사 결정 능력

그림 2.2의 구조에서 LLM이 에이전트에게 부여하는 계획과 의사 결정 능력은 매우 중요합니다. 계획은 복잡한 작업을 더 작고 관리하기 쉬운 하위 작업으로 분해하는 과정입니다. 이 과정은 우리가 작업을 더 잘 이해하고 완료하는 데 도움을 줍니다. 연구자들이 제안한 계획 기술에는 작업 분해, 외부 계획기와의 결합, 자기 성찰 등이 포함됩니다.

작업 분해에는 다음과 같은 기술이 포함되어 있습니다.

- 사고의 연쇄chain of thought, CoT: 이것은 모델이 '단계별로 생각하도록' 유도하는 프롬프트 기술로, 이를 통해 모델이 큰 작업을 작은 작업으로 분해하고 자신의 사고 과정을 명확하게 설명하게 할 수 있습니다.
- 사고의 나무tree of thought, ToT:[4] 각 단계에서 다양한 추론 가능성을 탐색함으로써 트리 구조를 형성합니다. 사고의 나무는 너비 우선 탐색breadth-first search, BFS 또는 깊이 우선 탐색depth-first search, DFS과 같은 다양한 검색 방법을 사용할 수 있으며, 프롬프트나 투표를 통해 각 단계를 평가할 수 있습니다.

이 외에도 간단한 프롬프트, 특정 작업에 대한 명령, 직접 수동으로 분해하는 등의 방식으로 작업

4 옮긴이 <Tree of Thoughts: Deliberate Problem Solving with Large Language Models>, S. Yao, D. Yu, J. Zhao, et al., 2023년 5월 17일, https://arxiv.org/abs/2305.10601

분해를 수행할 수 있습니다.

외부 계획기와의 결합을 대표하는 것은 'LLM+P' 방법입니다. 이 방법은 문제를 설명하기 위해 계획 문제 정의 언어planning domain definition language, PDDL를 사용합니다. 우선 LLM이 문제를 Problem PDDL로 변환한 다음, 외부 계획기에 요청해 계획을 생성하고, 마지막으로 이 계획을 다시 자연어로 변환합니다. 본질적으로 계획 단계는 외부 도구에 위탁되며, 이러한 방법은 일부 로봇 설정에서 흔히 사용됩니다.

자기 성찰에는 다음 기술이 포함됩니다.

- ReAct: 이 기반 체계는 특정 작업의 행동과 언어 공간을 결합하여 모델이 환경과 상호작용하고 추론 궤적을 생성할 수 있도록 합니다. 뒤에서 이 기반 체계에 대해 중점적으로 다루겠습니다.
- Reflexion: 이 기반 체계는 에이전트가 동적 기억과 자기 성찰 능력을 갖출 수 있도록 합니다. 이를 통해 에이전트는 과거의 행동을 회고하여 추론 능력을 향상시킬 수 있습니다.
- CoHchain of hindsight: 이 방법은 LLM에게 일련의 피드백이 포함된 과거 출력을 보여주고 이를 바탕으로 자신의 출력을 개선하도록 권장합니다.

이어서 ReAct 기반 체계와 도구 호출이라는 에이전트의 핵심 기능 두 가지를 소개합니다.

ReAct 기반 체계는 대표적인 에이전트 추론 기반 체계로, 에이전트의 동적 성격과 적응성에 중점을 둡니다. 에이전트는 ReAct 기반 체계에서 작업에 대해 추론할 수 있을 뿐만 아니라 상황 변화에 따라 스스로 행동하고 조정할 수 있습니다. ReAct 기반 체계는 에이전트 설계에서 순환적인 상호작용 형태의 과정을 보여줍니다. 에이전트는 먼저 현재 상태를 감지하고, 그 결과에 따라 결정을 내리고 행동을 취하며 다시 행동의 결과와 그에 따른 상태 변화를 바탕으로 조정을 진행합니다. 그리고 이 과정은 계속해서 반복됩니다. ReAct 기반 체계는 에이전트를 더 유연하게 바꾸고 더 강한 적응력을 부여해 복잡하고 변화무쌍한 환경에서도 효과적으로 작업할 수 있도록 도와줍니다.

도구는 에이전트에 제공된 기능 함수, 코드 조각, 기타 기술 도구를 의미합니다. 에이전트는 ReAct 기반 체계를 바탕으로 외부 도구를 사용해 작업이나 하위 작업을 해결하려고 계속 시도하는데, 도구가 호출될 때마다 새로운 결과와 상태 변화가 발생합니다. 에이전트 개발 과정에서 이러한 도구들은 에이전트의 능력을 강화하고 성능과 신뢰성을 보장하는 필수적인 지원과 편의를 제공합니다.

개발자는 ReAct 기반 체계와 도구 호출을 결합하여 에이전트를 더 효과적으로 설계하고 최적화할 수 있습니다. ReAct 기반 체계에서 제공하는 기능은 에이전트가 동적 환경에서 작업할 수 있게 해주며, 도구 호출은 이 구상을 실현하기 위한 기술적 지원을 제공합니다. 에이전트는 이 두 가지 결합을 통해 더 지능적이고 자율적으로 성장해가면서 적응력도 강해져 각 분야에 더 많은 가능성을 열어줍니다.

이어서 이 두 가지 핵심 기능을 단계별로 설명하기 전에, 에이전트의 기억에 대해 먼저 간단히 설명하겠습니다.

2.3 에이전트의 다양한 기억 기제

LLM이 기억을 형성하는 기제는 다음과 같은 몇 가지로 요약할 수 있습니다.

첫 번째는 **사전학습을 통해 기억을 형성하는 것**입니다. LLM은 세계 지식을 포함한 방대한 데이터 묶음으로 사전학습을 합니다. LLM은 이 과정에서 신경망 가중치를 조정하여 인간의 언어를 이해하고 생성하는 방법을 학습하는데, 이를 기억의 형성 과정으로 볼 수 있습니다. LLM은 심층 신경망deep neural network과 경사 하강법gradient descent[5] 등의 기술을 사용하여 입력에 기반한 예측 능력이나 텍스트 생성 능력을 지속적으로 향상시키며, 이를 통해 세계 지식과 장기 기억을 형성하게 됩니다.

두 번째는 **상황**context**과의 상호작용**입니다. LLM은 작업을 수행할 때 장기 기억과 프롬프트를 통해 제공된 상황 정보를 결합하여 사용합니다. 만약 상황 정보가 LLM의 기억과 충돌하는 작업 관련 정보를 포함하고 있다면, 이상적으로는 LLM은 더 정확하고 상황에 맞는 응답을 생성하기 위해 상황 정보를 우선적으로 고려해야 합니다. 지식 인식형 파인튜닝knowledge-aware fine-tuning과 같은 방법을 통해 LLM이 상황 정보와 기억된 지식을 선택적으로 사용하는 방법의 제어 가능성과 견고성을 강화할 수 있습니다.

5 옮긴이 머신러닝 모델과 신경망을 학습시키는 최적화 알고리즘으로, 예측과 실제 결과 간의 오류를 최소화하는 방식

세 번째는 특정 작업에 맞게 파인튜닝을 통해 성능을 강화하는 방법입니다. LLM은 보다 구체적인 데이터 묶음에서 추가로 파인튜닝을 수행하여 특정 행동이나 특정 작업의 성능을 향상시킬 수 있습니다. 예를 들어 만족 가능성satisfiability, SAT 문제 데이터 묶음에 대해 파인튜닝된 LLM은 이러한 유형의 질문에 더욱 능숙하게 답변할 수 있습니다.

네 번째는 그림 2.3의 메모리 뱅크와 같은 외부 기억 시스템을 LLM에 통합하여 성능을 강화하는 방법입니다. LLM은 이를 통해 과거의 상호작용을 기억하고 회상하며 사용자의 개성을 이해해 더욱 개인화된 상호작용을 제공할 수 있습니다. 이는 동적 개성 이해dynamic personality understanding, 이중 타워 밀집 검색 모델dual tower dense retrieval model을 사용한 기억 검색memory retrieval, 에빙하우스Ebbinghaus의 망각 곡선forgetting curve 이론에 영감을 받은 기억 갱신 기제 등을 포함합니다. 8장에서 설명할 검색증강생성도 외부 지식 시스템과의 통합 과정으로 볼 수 있는데, 이는 LLM에 '외부 두뇌'를 제공하는 것과 유사합니다.

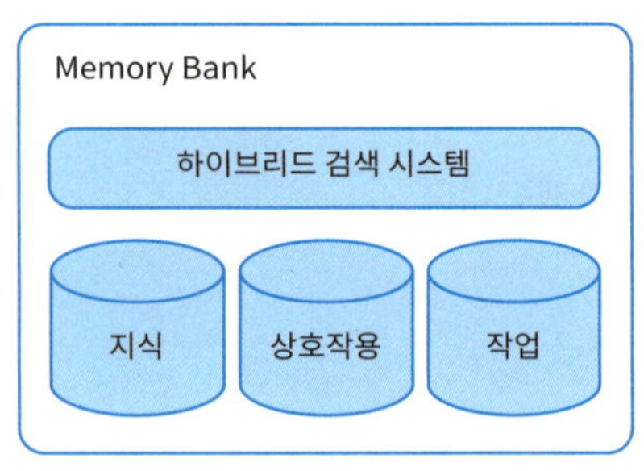

그림 2.3 메모리 뱅크

정리하면, LLM은 다양한 데이터 묶음에서 광범위한 사전학습을 통해 기억을 형성하며, 파인튜닝과 외부 기억 시스템과의 통합을 통해 특정 상황에서 이러한 기억을 더욱 세분화할 수 있습니다. 이러한 내부 지식과 적응형 학습의 결합은 LLM을 광범위한 언어 작업을 처리할 수 있는 강력한 도구로 만들어줍니다.

2.4 에이전트의 핵심 기술: 도구 호출

현실 세계의 인간은 다양한 도구를 사용하여 자신의 능력을 확장합니다. 에이전트 역시 이와 마찬가지로 외부 도구를 호출함으로써 능력을 확장하고 효율성을 높일 수 있습니다. 도구 호출 능력은 에이전트의 핵심 기술 중 하나로 간주됩니다. 이러한 도구는 추가 데이터, 처리 능력, 전문 지식, 기타 자원을 제공하여 에이전트가 더 복잡한 작업을 수행할 수 있게 도와줍니다. KwaiAgents 프로젝트는 그림 2.4와 같은 도구 집합tool library을 사용하는데 검색, 웹 브라우저, 날씨, 일정 등이 포함되어 있는 것을 볼 수 있습니다.

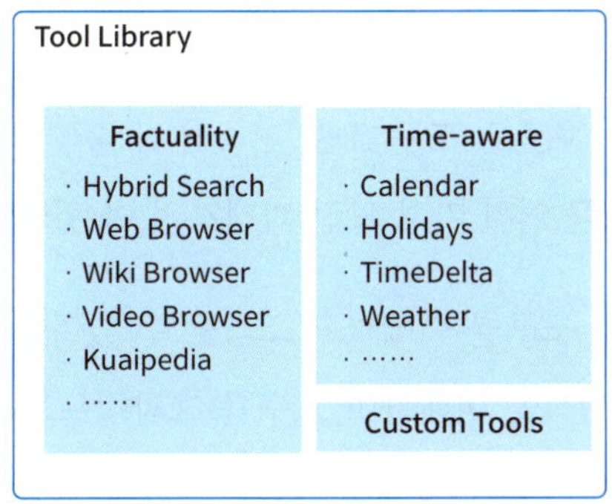

그림 2.4 KwaiAgents 프로젝트에서 사용되는 도구 집합

따라서 에이전트의 능력과 효율성은 다양한 도구를 얼마나 유연하게 호출하고 활용할 수 있는지에 달려 있습니다. 이러한 도구는 애플리케이션, 데이터베이스, 머신러닝 모델, 심지어 다른 에이전트일 수도 있습니다.

도구를 능숙하게 호출할 수 있는 에이전트는 더 복잡한 작업을 수행하고 환경 변화에 더 잘 적응하며 문제를 효과적으로 해결할 수 있습니다. 예를 들어 데이터 분석 에이전트는 통계 분석 소프트웨어를 호출하여 대량 데이터를 처리하거나 머신러닝 모델을 호출하여 미래 동향을 예측할 수 있습니다. 고객 서비스 에이전트는 회사의 데이터베이스에 접근하여 고객의 문의에 응답하거나 다른 에이전트와 협력하여 복잡한 문제를 해결할 수 있습니다. 이러한 상황에서 도구 호출 능력은 에이전트의 성능과 효율성에 직접적인 영향을 미칩니다.

장미꽃 구매라는 작업을 예로 들면 에이전트는 다음과 같은 단계로 도구를 호출할 수 있습니다.

- 요구사항 파악: 에이전트는 우선 작업의 요구사항을 이해하고 장미꽃의 평균 시장가격을 확인합니다.
- 적합한 도구 선택: 검색 도구를 통해 필요한 정보를 획득합니다.
- 행동 및 입력: 구체적인 검색 명령어를 명확히 하여 정확한 데이터를 확보합니다.
- 피드백 처리: 검색 결과를 수집한 후, 계산기 도구를 사용해 데이터를 처리하고, 주어진 예산 내에서 구매 가능한 장미꽃의 양을 계산합니다.

이 과정은 에이전트의 정밀한 도구 호출 능력과 데이터 획득, 처리의 효율적인 협업을 보여줍니다. 이러한 방식을 통해 에이전트는 단순히 작업을 수행하는 것뿐만 아니라 결정 과정을 최적화하여 지능과 실용성을 발휘합니다.

뒤에서 소개할 OpenAI의 함수 호출도 도구 호출 기능의 대표적인 사례입니다. 도구 호출은 에이전트의 중요한 기술이지만 그만큼 여러 가지 도전 과제가 남아 있습니다.

먼저, 에이전트는 다양한 유형의 도구를 이해하고 조작할 수 있어야 합니다. 이는 복잡한 인터페이스를 해석하고 다양한 데이터 형식을 이해하며 도구를 효과적으로 사용하는 방법을 배우는 것을 포함합니다. 둘째로, 에이전트는 적절한 시기에 적합한 도구를 선택할 수 있어야 합니다. 이를 위해서는 에이전트가 각 도구의 기능, 강점, 한계를 깊이 이해하고 현재 작업과 환경 조건에 맞는 결정을 빠르게 내려야 합니다. 마지막으로, 에이전트는 여러 도구의 사용을 관리할 수 있어야 합니다. 복잡한 작업에서는 에이전트가 여러 도구를 동시에 호출하고 이들 도구 간의 협력과 데이터 교환이 원활하게 이루어지도록 해야 합니다.

연구자들은 에이전트의 도구 호출 능력을 향상시켜 이러한 도전 과제를 해결하기 위한 몇 가지 전략을 제안했습니다. 도구 패키징은 에이전트에게 도구의 복잡성을 감추고 단순하고 통일된 인터페이스를 제공하여 도구 호출의 어려움을 줄입니다. 에이전트는 머신러닝과 기타 적응 기술을 통해 도구를 더 효과적으로 사용하는 방법을 배울 수 있고, 계속된 연습과 피드백을 통해 도구에 대한 이해와 조작 능력을 향상시킬 수 있습니다. 또한 상황 인식형 의사 결정 알고리즘의 개발을 통해 현재 작업과 환경 조건에 맞는 가장 적합한 도구를 선택할 수 있습니다. 여기에는 작업 요구사항 분석, 사용 가능한 도구의 성능 평가, 도구 사용의 잠재적 결과 예측 등이 포함됩니다.

도구 호출 능력은 에이전트의 활용 범위를 넓힐 수 있습니다. 예를 들어 의료 분야에서는 다양한 의료 데이터베이스와 분석 도구를 호출하여 의사가 더 정확한 진단과 치료 결정을 내리도록 도울 수 있습니다. 금융 분야에서는 시장 데이터 분석 도구와 예측 모델을 호출하여 고객에게 맞춤형 투자 조언을 제공할 수 있습니다. 스마트 제조 분야에서는 디자인 소프트웨어, 생산 일정 관리 시스템, 품질 관리 도구를 호출하여 생산 효율성과 제품 품질을 향상시킬 수 있습니다.

위에서 설명한 것들은 빙산의 일각에 불과합니다. LLM의 능력이 발전하고 비즈니스 모델의 혁신이 이루어지면 표준화된 에이전트 도구 호출 인터페이스를 갖게 될 것으로 기대됩니다. 새로운 인터넷 생태계에서는 TaaS_{tool as a service} 개념이 등장할 가능성도 있으며, 에이전트는 이를 통해 다양한 도구를 더 유연하게 사용하고 다른 에이전트, 인터넷 데이터, 서비스에 연결되어 더 많은 분야에서 더 큰 역할을 하게 될 것입니다.

2.5 에이전트의 추론 엔진: ReAct 기반 체계

에이전트의 추론 엔진은 계획 수립과 의사 결정 과정, 도구 호출을 통해 작업을 실행하는 핵심입니다. 추론 엔진은 에이전트가 환경에서 정보를 추출하고 미래 작업을 계획하며, 과거 경험을 활용하고 도구를 호출하는 방법을 결정합니다.

지금까지 사고의 연쇄chain of thought, CoT, 사고의 나무tree of thought, ToT, LLM+P 등 다양한 연구를 통해 지능형 에이전트의 추론 논리와 인지 기반 체계가 제안되었습니다. 그중에서도 ReAct 기반 체계는 두각을 나타내었으며, LangChain과 LlamaIndex와 같은 다양한 인공지능 애플리케이션 개발 도구에서 추론 엔진으로 채택되었습니다. ReAct 기반 체계는 복잡한 추론과 효과적인 행동을 할 수 있는 에이전트의 개발을 위한 강력하면서도 유연한 구조를 제공합니다.

ReAct 기반 체계는 사용자의 입력을 이해하고 이에 대응한다는 기본 개념을 중심으로 설계되었습니다. 이 방법은 LLM이 작업을 받은 후 사고 과정을 거친 뒤 행동을 결정하도록 유도합니다.

ReAct란 무엇인가?

예나 ReAct 기반 체계는 어디서 많이 들어본 거 같은데……?

태진 그건 예나 씨가 알고 있는 프론트엔드 개발 기반 체계인 React 프레임워크와는 달라요. 여기서 말하는 ReAct는 LLM의 추론과 행동을 이끄는 인지 기반 체계입니다. 이 인지 기반 체계는 OpenAI의 야오순위Yao Shunyu를 비롯한 연구자들이 ICLR 2023[6]에서 제안했습니다.

ReAct 기반 체계의 핵심은 추론과 행동을 밀접하게 결합할 때, 단순한 결정 트리나 고정된 알고리즘에 의존하는 대신 정보처리, 의사 결정, 행동 실행을 실시간으로 할 수 있는 종합적인 시스템

6 옮긴이 표현학습국제학회(International Conference on Learning Representations)는 최신 인공지능 기술과 연구 성과를 공유하는 컨퍼런스입니다.

을 사용한다는 점입니다. ReAct 기반 체계의 설계 철학은 동적이고 불확실한 환경에서 효과적인 의사 결정을 하려면 지속적인 학습, 적응, 추론을 행동으로 빠르게 전환하는 능력이 반드시 필요하다는 것입니다. 따라서 결국 그림 2.5와 같이 사고 → 행동 → 관찰의 순환 고리를 형성하게 됩니다.

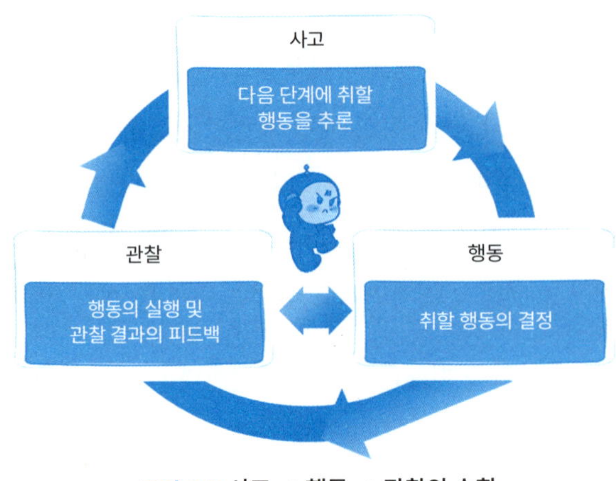

그림 2.5 **사고 → 행동 → 관찰의 순환**

이 순환 과정은 크게 3단계로 이루어져 있습니다.

- 사고thought: 다음 행동을 추론하는 과정으로, 현재 상황을 평가하고 가능한 행동 방안을 고려합니다.
- 행동action: 행동 계획을 선택하는 과정으로, 사고의 결과에 따라 어떤 행동을 취할지 결정합니다.
- 관찰observation: 행동을 실행한 후 그 결과를 관찰하고 피드백을 수집하는 과정으로, 행동의 결과를 평가하며 그 결과는 다음 사고 방향에 영향을 미칠 수 있습니다.

ReAct 기반 체계의 핵심 사상은 KwaiAgents 프로젝트에서 제시된 에이전트 추론 흐름도와 상당히 유사합니다. 이 기반 체계의 핵심은 순환을 통해 연속적인 학습과 적응 과정을 구현하는 것입니다. 즉, 절차를 수립하고 결정하며 문제를 해결하는 것을 의미합니다.

그림 2.6은 LangChain이 ReAct 기반 체계를 구현한 방법을 묘사한 것입니다. 에이전트는 먼저 작업을 받고 자동으로 추론을 거친 후 스스로 도구를 호출하여 작업을 완료합니다.

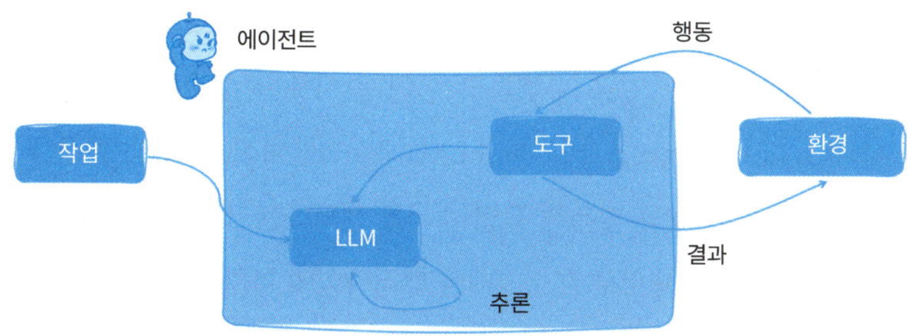

그림 2.6 LangChain의 ReAct 기반 체계 구현 흐름

NOTE

LangChain에 대해 들어본 적이 없더라도 걱정할 필요 없습니다. 뒤에서 자세히 설명할 것입니다. 지금은 기반 체계를 중심으로 ReAct 기반 체계와 에이전트의 구축에 대한 개념을 이해하는 것만으로 충분합니다.

LLM을 중심으로 하는 자율 에이전트의 작업 흐름은 다음과 같은 요소들로 구성됩니다.

- 작업: 작업은 에이전트의 출발점입니다. 사용자 질의, 목표, 해결해야 할 특정 문제 등이 작업에 해당합니다.
- LLM: 작업은 LLM에 입력되며, LLM은 학습된 모델을 이용하여 추론을 진행합니다. 이 과정은 작업을 이해하고 해결책을 생성하거나 다른 추론 활동을 수행합니다.
- 도구: LLM은 작업을 완료하는 데 도움이 되는 도구들을 사용할 수 있습니다. 이러한 도구에는 API 호출, 데이터베이스 조회, 추가적인 정보와 실행 능력을 제공하는 자원 등이 포함됩니다.
- 행동: 에이전트는 LLM의 추론 결과에 따라 행동을 취합니다. 이러한 행동에는 환경과 직접 상호작용, 요청 발신, 물리적 장비 조작, 데이터 변경 등이 포함됩니다.
- 환경: 행동은 환경에 영향을 미치고, 환경은 이러한 행동에 대해 어떤 형태로든 응답합니다. 이 응답을 결과result라고 하며 이는 작업의 완료, 새로운 데이터 지점, 다른 유형의 출력 등이 될 수 있습니다.
- 결과: 에이전트는 행동의 결과를 다시 피드백으로 받습니다. 이 결과는 에이전트의 미래 행동에 영향을 미칠 수 있습니다. 에이전트가 작업을 수행하는 과정은 목표 작업이 완전히 해결될 때까지 계속해서 학습하고 적응하는 과정입니다.

LangChain은 LLM의 추론 능력과 도구 기능의 결합을 통해 에이전트의 핵심 능력을 형성합니다. LLM은 에이전트 내부에서 어떤 작업을 수행하고 어떤 순서로 작업을 진행할지를 결정하는 추론 엔진으로서 사용됩니다. LangChain을 비롯한 LLM 애플리케이션 개발의 핵심 이념은 **사람이 직접 작업 순서를 코딩하는 대신, LLM을 활용해 작업 순서를 선택하는 것입니다. 이는 애플리케이션의 논리를 AI가 스스로 결정하도록 하는 새로운 프로그래밍 패러다임의 가치를 보여줍니다.**

ReAct 기반 체계의 구현 과정은 자율 에이전트가 LLM의 추론 능력과 외부 도구를 활용하는 방법과, 환경과 상호작용하여 결과를 도출하는 방법을 강조합니다. 이 기반 체계는 추론과 의사 결정에서 LLM의 중심적인 역할을 부각시키고, 도구가 LLM의 능력을 확장시키는 방법과 에이전트가 환경과의 동적인 상호작용을 통해 작업을 완료하는 방법을 설명합니다.

ReAct 기반 체계에 의해 에이전트의 네 가지 주요 특성이 발휘되는 모습은 다음과 같습니다.

- 적응성: ReAct 기반 체계는 특정 알고리즘이나 기술에 의존하지 않으며, 다양한 머신러닝 방법, 추론 전략, 실행 기제와 결합할 수 있습니다. 이는 간단한 작업 자동화부터 복잡한 의사 결정 지원 시스템에 이르기까지 광범위한 활용 분야에 적용될 수 있습니다.
- 상호작용성: ReAct 기반 체계는 지속적인 학습과 동적 지식 관리를 지원하기 때문에 이를 통해 에이전트가 환경과 상호작용하고 환경의 변화에 적응하여 행동을 최적화할 수 있습니다. 이는 변화하는 환경에서 유효성을 유지하는 데 매우 중요합니다.
- 자율성: ReAct 기반 체계는 에이전트에 고도의 자율성을 부여합니다. 에이전트는 스스로 결정을 내릴 수 있을 뿐만 아니라 상황 변화에 따라 행동과 전략을 자율적으로 조정할 수 있습니다.
- 기능성: 에이전트는 도구 호출을 통해 웹 검색, 프레젠테이션 생성, 전자 메일 송수신 등의 특정한 작업을 수행할 수 있습니다.

이렇게 태진이 한참 이론적인 내용을 설명하고 있을 때, 갑자기 예나가 끼어듭니다.

예나 태진 선배, 이상하게 지금 선배는 더 이상 내가 알던 선배가 아닌 것 같아요!

태진 (깜짝 놀란 표정으로) 무슨 뜻이에요? 내가 그럼 무슨 에이전트라도 되었단 말인가요?

예나 어제부터 계속 이론적인 내용만 이야기하고 있잖아요. 그런데 코드는 왜 안 보여주는 거죠? 코드를 보지 않으면 제대로 이해할 수 없잖아요? 물론 선배가 중요한 내용을 삼세번 강조하는 스타일인 건 저도 잘 알지만, 지금 선배 앞에서 이야기를 듣고 있는 건 예리 언니가 아니라 똑똑한 저, 예나라고요! 게다가 지금까지 이렇게 장황하게 떠들고 있는데 여태껏 코드 한 줄 안 보여준 게 이해가 안 돼요. ReAct 기반 체계가 아무리 중요하다지만 코드도 없이 어떻게 이해하겠어요? "Talk is cheap. Show me the code!"[7]

태진 당연히 그럴 거예요. 코딩이 제 전문 분야인 걸 예나도 잘 알잖아요. 저도 코드를 보여줄 순간을 기대하고 있었어요. 지금부터 오픈 소스 인공지능 애플리케이션 개발 기반 체계인 LangChain을 이용해 50줄도 안 되는 짧은 코드만으로 현재 에이전트 연구의 최신 결과를 자율적으로 검색하고 요약하는 간단한 에이전트를 구현해봅시다. 음… 조금 복잡하긴 해요.

ReAct 기반 체계를 이용한 간단한 에이전트 구현

먼저 시작하기 전에 몇 가지 준비 작업이 필요한데, 그림 2.7과 같이 OpenAI[8]와 SerpApi[9]의 사이트에서 각각 계정을 생성하고 API 키를 얻어야 합니다.

7 옮긴이 말만 하지 말고 코드로 보여주세요!
8 옮긴이 https://platform.openai.com/api-keys
9 옮긴이 https://serpapi.com/manage-api-key

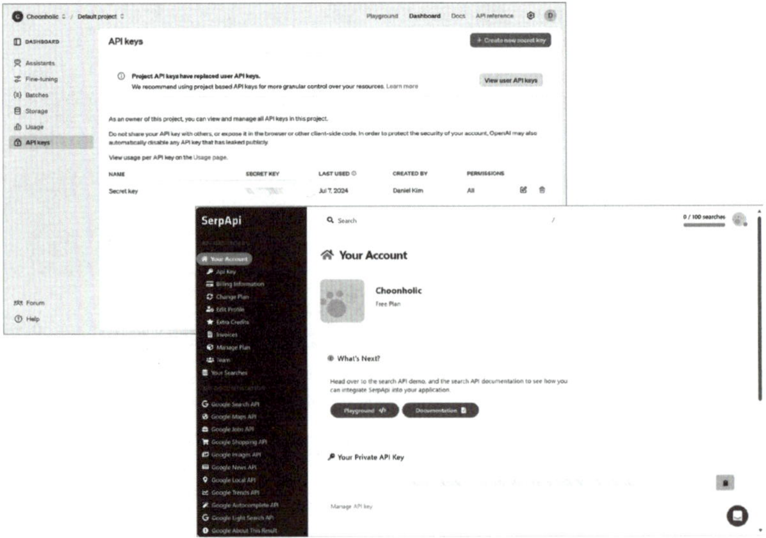

그림 2.7 유용한 웹 검색 도구인 SerpApi

이어서 LangChain Hub에서 그림 2.8과 같이 LangSmith[10]의 API 키도 발급받아야 합니다.

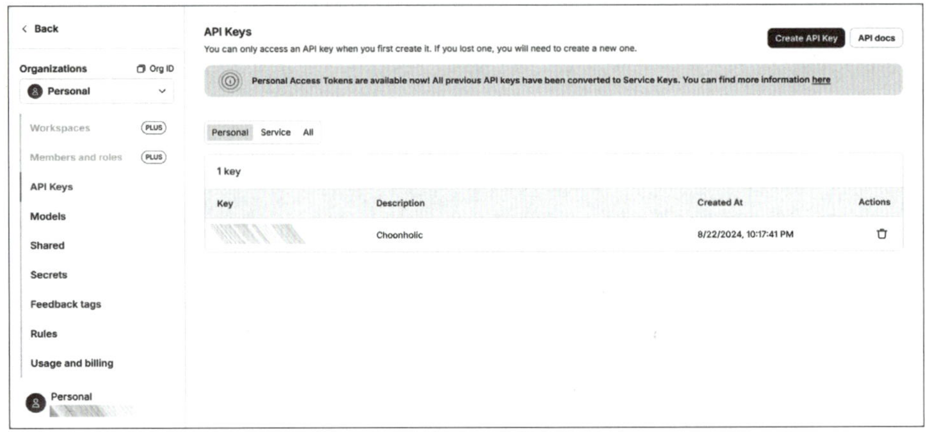

그림 2.8 LangSmith API 키 발급

API 키를 모두 발급받았다면 다음과 같이 LangChain, OpenAI, SerpApi 관련 모듈을 설치해야 합니다.

10 옮긴이 https://smith.langchain.com/

In

```
pip install langchain
pip install langchainhub
pip install langchain-openai
pip install langchain-community
pip install openai
pip install google-search-results
```

이어서 OpenAI와 SerpApi에서 발급받은 API 키를 설치합니다.

In

```
# API 키 설치
import os
os.environ["OPENAI_API_KEY"] = 'OpenAI API Key'
os.environ["SERPAPI_API_KEY"] = 'SerpApi API Key'
```

여기서 API 키를 가져오는 방식은 매우 중요합니다. 이 예제처럼 코드에 API 키를 직접 작성하는 것은 권장하지 않습니다. 여기서는 편의상 그렇게 했지만 이런 방식은 의도치 않게 실수로 API 키를 깃허브 같은 공개된 코드 저장소에 올리게 되면 타인이 악용할 수 있는 위험이 있습니다. 물론 깃허브에서 이런 API 키를 발견하게 되면 OpenAI와 협력하여 그림 2.9와 같이 해당 키를 5분 내로 무효화합니다. 그럼에도 불구하고 단 1초라도 API 키가 공개되는 것은 절대 바람직하지 않습니다.

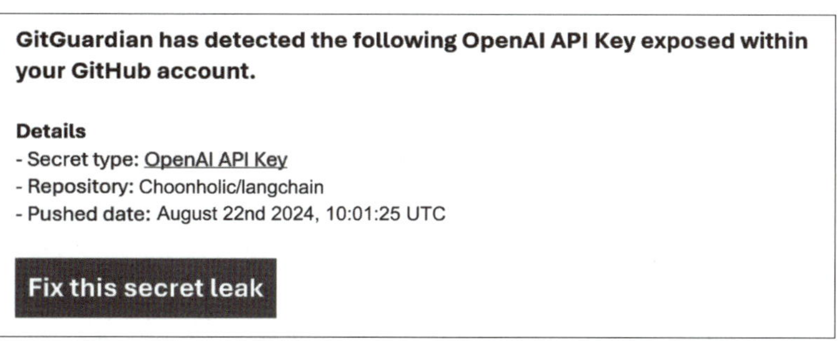

그림 2.9 깃허브에서 발생하는 OpenAI API 키 유출 경고

이와 같은 문제를 안전하게 회피하려면 API 키를 환경 변수에 저장해야 합니다. 환경 변수에 저장된 API 키는 `os.environ`을 통해 가져올 수 있습니다. 이 외에도 설정 파일에 API 키를 저장한 후 읽어 오는 방법도 있습니다. 예를 들어 프로젝트의 최상위 디렉터리에 `.env` 파일을 생성하여 환경 변수를 저장하고 `python-dotenv`와 같은 라이브러리를 사용할 수 있습니다. 당연하지만 이런 설정

파일은 Git과 같은 버전 관리 시스템에 포함되지 않도록 주의해야 합니다.[11]

더 큰 프로젝트나 운영 환경에서는 AWS Secrets Manager나 HashiCorp Vault[12]와 같은 키 관리 서비스를 사용하는 것도 고려할 수 있습니다.

ReAct 구현 논리의 전체 코드는 다음과 같습니다.

In

```
# LangChain Hub 가져오기
from langchain import hub

# LangChain Hub에서 ReAct의 프롬프트 가져오기
prompt = hub.pull("hwchase17/react", api_key='LangSmith API Key')

print(prompt)

# OpenAI 가져오기
from langchain_openai import OpenAI

# 사용할 LLM 선택
llm = OpenAI()

# SerpAPIWrapper를 통해 도구 모듈 가져오기
from langchain_community.utilities import SerpAPIWrapper
from langchain.tools import Tool

# SerpAPIWrapper 인스턴스화
search = SerpAPIWrapper()

# 도구 목록 준비
tools = [
    Tool(
        name="Search",
        func=search.run,
        description="LLM이 관련 지식이 없을 때 지식 검색에 사용됩니다."
    ),
]

# create_react_agent 기능 가져오기
```

11 옮긴이 .gitignore에서 해당 파일이 포함되지 않도록 설정하는 것이 중요합니다.

12 옮긴이 https://www.hashicorp.com/products/vault

```
from langchain.agents import create_react_agent

# ReAct 에이전트 생성
agent = create_react_agent(llm, tools, prompt)

# AgentExecutor 가져오기
from langchain.agents import AgentExecutor

# 에이전트와 도구를 전달하여 AgentExecutor 생성
agent_executor = AgentExecutor(agent=agent, tools=tools, verbose=True)

# AgentExecutor를 호출하여 입력 데이터 전달
print("첫 번째 실행 결과:")
agent_executor.invoke({"input": "현재 인공지능 에이전트의 최신 연구 동향은 무엇입니까?"})
print("두 번째 실행 결과:")
agent_executor.invoke({"input": "현재 인공지능 에이전트의 최신 연구 동향은 무엇입니까?"})
```

예나 이렇게 간단해요?

태진 간단한 게 당연하죠. 지금부터 하나하나 알아봅시다.

ReAct 기반 체계 기반의 프롬프트

모델의 출력 품질은 제공된 입력 정보의 품질 및 구조와 밀접하게 관련되어 있습니다. 먼저 이 코드가 어떻게 프롬프트를 가져오는지 살펴보겠습니다. 이 프롬프트가 바로 LLM이 ReAct 기반 체계를 따르도록 지시합니다.

예나 프롬프트가 무엇인가요? 자세히 설명해주세요.

태진 프롬프트는 LLM에 입력되는 정보입니다. 언어, 코드, 이미지, 음성 등 다양한 형식의 정보일 수도 있고 인간이 이해할 수 없는 코드일 수도 있습니다. 설령 인간이 이해할 수 없더라도 모델이 이해할 수 있다면 문제없습니다.

NOTE

프롬프트 엔지니어링은 GPT-4와 같은 LLM이 특정한 출력을 할 수 있도록 유도하는 입력을 설계하고 최적화하는 방법입니다. 프롬프트 엔지니어링은 창의적으로 프롬프트를 구성하고 테스트하며 최적화하는 과정을 포함합니다. 이러한 프롬프트에는 질문, 진술, 명령이 포함될 수 있으며, 최종 목표는 요구하는 정보를 LLM이 가장 효과적으로 제공하도록 이끄는 것입니다. 여기에는 단순히 텍스트 내용을 선택하는 것뿐만 아니라 형식, 스타일, 문맥적 힌트 등을 포함해 모델이 최상의 응답을 생성하도록 유도하는 요소들이 포함됩니다.

프롬프트 엔지니어링은 대형 모델의 출력 효율성과 정확성을 향상시킬 수 있습니다. 신중하게 설계된 프롬프트를 통해 모델은 문제의 본질을 더 빨리 파악하고 더 높은 정확도로 유용한 답변을 생성할 수 있습니다. 법률, 의학, 공학과 같은 특정 응용 분야나 영역에서는 프롬프트 엔지니어링을 통해 모델의 응답을 맞춤화하여 더욱 높은 관련성을 가지는 전문적인 답변을 얻을 수 있습니다. 또한, 좋은 프롬프트 디자인은 사용자와 인공지능 간의 상호작용 경험을 향상시켜 더욱 자연스럽고 재미있는 대화를 만들 수 있습니다.

LLM이 ReAct 기반 체계를 따라 생각하고 행동할 것인지의 여부는 주로 프롬프트의 정확성에 달려 있습니다. 다음 코드에서 우리는 LangChain의 Hub에서 해리슨 체이스Harrison Chase[13]가 설계한 ReAct 프롬프트를 가져옵니다.

In

```python
# LangChain Hub 가져오기
from langchain import hub

# LangChain Hub에서 ReAct의 프롬프트 가져오기
prompt = hub.pull("hwchase17/react", api_key='LangSmith API Key')
print(prompt)
```

Out

```
input_variables=['agent_scratchpad', 'input', 'tool_names', 'tools'] metadata={'lc_hub_
owner': 'hwchase17', 'lc_hub_repo': 'react', 'lc_hub_commit_hash':
'd15fe3c426f1c4b3f37c9198853e4a86e20c425ca7f4752ec0c9b0e97ca7ea4d'}
template='Answer the following questions as best you can. You have access to the following
tools:\n\n{tools}\n\nUse the following format:\n\nQuestion: the input question you must
answer\nThought: you should always think about what to do\nAction: the action to take,
should be one of [{tool_names}]\nAction Input: the input to the action\nObservation: the
result of the action\n... (this Thought/Action/Action Input/Observation can repeat N
```

13 옮긴이 LangChain의 창업자이자 대표이사로, 'hwchase17'라는 아이디를 사용합니다.

```
times)\nThought: I now know the final answer\nFinal Answer: the final answer to the original input question\n\nBegin!\n\nQuestion: {input}\nThought:{agent_scratchpad}'
```

LangChain의 Hub라는 개념은 우리가 Hugging Face Hub[14]에서 오픈 소스 LLM을 다운로드하는 것과 유사합니다. LangChain 공식 웹사이트를 통해 가입할 수 있으며, 해리슨 체이스는 그림 2.10과 같이 여러 상황에서 사용할 수 있는 다양한 ReAct 프롬프트 템플릿을 제작했습니다.

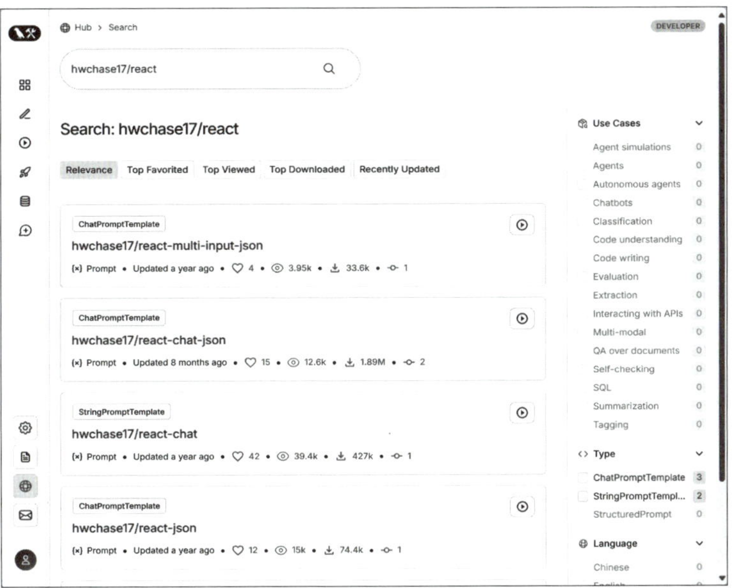

그림 2.10 **해리슨 체이스가 만든 ReAct 프롬프트 템플릿**

`PromptTemplate` 클래스는 입력 변수와 템플릿 문자열을 포함한 구조로, 텍스트 프롬프트의 생성에 사용됩니다. 관련 매개변수는 다음과 같습니다.

- `input_variables`: 프롬프트에서 실제 데이터로 대체될 변수 이름 목록입니다.
- `template`: 프롬프트 형식을 정의하는 문자열로, 여러 개의 자리 표시자placeholder를 포함하고 있으며, 이 자리 표시자는 `input_variables`의 해당 데이터로 대체됩니다.

이 프롬프트는 인스턴스화 과정에서 LLM과 에이전트가 특정 형식을 사용하여 질문에 답하도록 안내합니다. 이 과정은 생각, 행동, 행동 입력, 관찰을 포함하며 최종 답을 도출할 때까지 필요에

14 옮긴이 https://huggingface.co/

따라 이 과정을 반복합니다.

ReAct 기반 체계를 더 쉽게 이해할 수 있도록 위의 프롬프트를 다음과 같이 의사코드로 변환해봅시다.

```
다음 질문에 최선을 다해 답변해야 합니다. 이때 다음 도구들을 사용할 수 있습니다: {도구}

다음 형식을 사용하여 답변하세요.
질문: 답변해야 할 입력 질문
사고: 매번 다음에 무엇을 할지 생각해야 합니다.
행동: 취해야 할 행동, [{도구 이름}] 중 하나를 사용해야 합니다.
입력: 행동의 입력
관찰: 행동의 결과
(이 생각-행동-입력-관찰 과정은 여러 번 반복될 수 있습니다.)
사고: 최종 답을 구했습니다.
최종 답변: 원래 입력된 질문에 대한 최종 답변

시작!
질문: {입력}
사고: {에이전트 노트북}
```

이 프롬프트는 에이전트의 계획과 의사 결정을 위한 지침이며, 여기에서 프롬프트 엔지니어링의 가치를 발견할 수 있습니다. 이 프롬프트가 없다면 대형 모델은 어떻게 해야 할지 알지 못하기 때문에 스스로 판단하여 최신 지식이 없을 경우 그림 2.11처럼 엉뚱한 답변을 할 수 있습니다.[15]

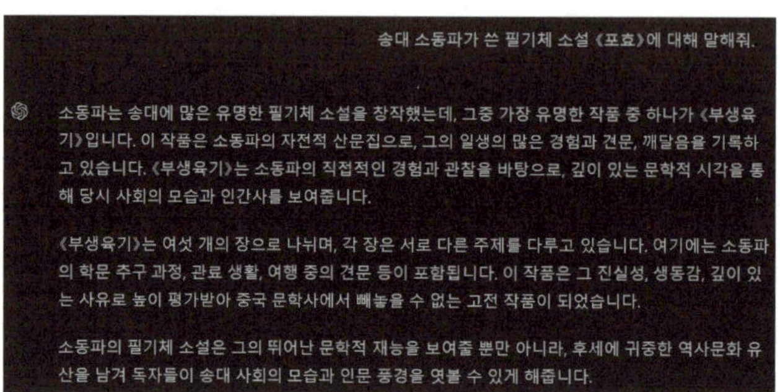

그림 2.11 프롬프트가 ChatGPT를 잘못된 방향으로 이끌었습니다.[16]

---

15 옮긴이 이 예제는 2023년 기준으로 검색 기능이 포함되지 않은 모델을 사용했을 경우에 해당하며, 2024년 8월 기준으로는 잘못된 부분을 확인하고 알려주고 있습니다.

16 옮긴이 《부생육기(浮生六记)》는 송대 소동파(苏东坡)의 작품이 아니라 청대 심복(沈复)의 작품입니다.

하지만 LLM에게 앞에서 언급한 유도 프롬프트를 제공하면 그림 2.12의 사고방식을 따르게 되며, 따라서 사고를 거쳐 검색해야 할 때 '엉뚱한 답변'을 던지는 대신 검색 도구를 호출합니다.

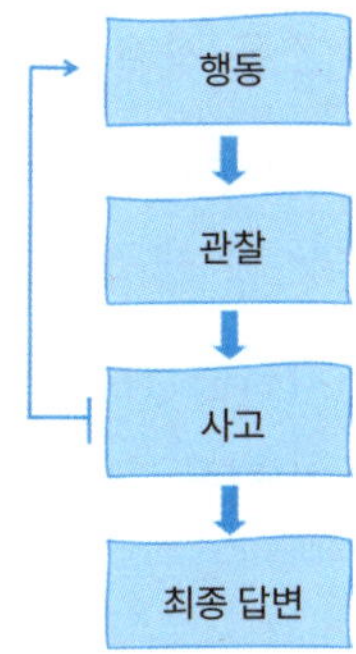

그림 2.12 LangChain에서 에이전트가 따르는 ReAct 의사 결정 프로세스

이 의사 결정 과정이나 작업 흐름은 다음의 네 가지 주요 단계를 포함하고 있습니다.

- 행동: 특정 환경이나 특정 도전에 대해 취하는 초기 행동을 의미할 수 있습니다.
- 관찰: 행동의 결과를 관찰하고 환경의 피드백, 수집된 데이터, 다른 형태의 입력을 포함할 수 있습니다.
- 사고: 관찰한 정보를 처리하고 분석하여 의사 결정이나 다음 단계의 행동을 위한 기초를 형성합니다.
- 최종 답변: 이전의 사고 과정을 바탕으로 에이전트가 하나의 응답이나 해결책을 제시합니다.

이제 에이전트의 구축 과정을 계속 살펴보겠습니다. 이 에이전트는 반복 과정에서 관찰과 사고를 통해 자신의 행동을 개선합니다.

LLM 인스턴스 생성

에이전트를 구축하려면 먼저 에이전트의 추론 엔진 역할을 하는 LLM의 인스턴스를 생성해야 합니다.

In

```
# OpenAI 가져오기
from langchain_openai import OpenAI

# 사용할 LLM 선택
llm = OpenAI()
```

앞의 코드를 살펴보면 먼저 여러 LLM이 포함된 `langchain_openai` 모듈에서 `OpenAI` 클래스를 가져옵니다. 그런 다음 `llm`이라는 이름으로 `OpenAI` 클래스의 인스턴스를 생성합니다. 이 코드의 역할은 LangChain과 OpenAI 대형 모델 간의 연결을 초기화하는 것입니다. 만약 Hugging Face의 오픈 소스 LLM과 같은 다른 모델의 인스턴스를 사용하려면 `langchain_community` 모듈을 가져와야 합니다. LLM 인스턴스는 LLM에 요청을 보내고 생성한 결과 텍스트를 가져오는 등 다양한 작업을 수행할 수 있습니다. 또한 LLM 인스턴스를 생성하는 과정에서 템플릿template, 토큰token 등의 매개변수를 지정할 수 있습니다. 하지만 여기서는 기반 체계 설계에 집중하기 위해 매개변수에 대해서는 다루지 않습니다. 매개변수의 사용 방법은 LangChain 또는 OpenAI API 문서를 통해 확인할 수 있습니다.

예나 **`langchain_community`에 대해서 더 설명해줄 수 있나요?**

태진 **LangChain은 몇 차례의 리팩터링을 거친 결과, 다음과 같은 몇 가지 하위 모듈로 분리되었습니다.**

- `langchain-core`: LangChain 생태계에 필요한 핵심적인 추상 개념과 LangChain 표현 언어를 포함합니다. 맞춤형 연쇄를 생성하는 기초로 조합성을 중시합니다.
- `langchain-community`: 다양한 타사 LangChain 컴포넌트 통합을 포함합니다. 이 모듈은 일반적으로 다른 설정, 테스트 관행, 유지 보수가 필요한 통합 코드를 핵심 모듈에서 분리하기 위해 설계되었습니다.
- `langchain-experimental`: 실험적인 LangChain 코드를 포함하며, 연구와 실험을 목적으로 하기 때문에 이 모듈의 기능과 설계는 자주 변경됩니다.

검색 도구 정의

앞에서 LLM 인스턴스를 설정했다면, 이제 도구를 구성할 차례입니다. 여기서는 검색 도구 한 가지만 사용하도록 구성합니다.

```python
# SerpAPIWrapper를 통해 도구 모듈 가져오기
from langchain_community.utilities import SerpAPIWrapper
from langchain.tools import Tool

# SerpAPIWrapper 인스턴스화
search = SerpAPIWrapper()

# 도구 목록 준비
tools = [
    Tool(
        name="Search",
        func=search.run,
        description="LLM이 관련 지식이 없을 때 지식 검색에 사용됩니다."
    ),
]
```

위의 코드에서 `SerpAPIWrapper`는 SerpApi와의 상호작용을 감싸는 래퍼wrapper로, SerpApi가 제공하는 검색 서비스를 프로그래밍 방식으로 접근할 수 있게 해줍니다. SerpApi는 Google, Bing 등의 여러 검색엔진에 대한 요청 인터페이스를 제공하는 서비스입니다.

`Tool` 클래스는 LangChain 에이전트가 사용할 수 있는 도구의 기본 클래스입니다. 하나의 `Tool` 인스턴스는 에이전트가 접근할 수 있는 외부 기능이나 서비스를 나타냅니다. `tools` 목록에는 `Tool` 클래스의 인스턴스가 포함되어 있는데, 목록의 각 요소는 하나의 도구를 나타내며 에이전트는 이 도구들을 사용하여 작업을 수행할 수 있습니다.

이로써 LLM 인스턴스, 도구 정의, ReAct 기반 체계의 프롬프트 설정이 완료되었습니다.

ReAct 에이전트 생성

LLM, 도구, ReAct 기반 체계 프롬프트가 준비되었다면, 이제 ReAct 에이전트 인스턴스를 생성할 차례입니다.

```python
# create_react_agent 기능 가져오기
from langchain.agents import create_react_agent

# ReAct 에이전트 생성
agent = create_react_agent(llm, tools, prompt)
```

앞의 코드는 먼저 `langchain.agents` 모듈에서 `create_react_agent`를 함수를 가져옵니다. 그런 다음, `create_react_agent` 함수를 통해 ReAct 에이전트를 생성합니다.

이 함수에 전달해야 하는 매개변수는 LLM 인스턴스 `llm`, SerpApi 검색 도구 `tools`, ReAct 기반 체계 프롬프트 `prompt`입니다. 프롬프트는 에이전트의 행동과 임무를 정의하기 위해 사용됩니다.

ReAct 에이전트 실행

마지막으로 에이전트를 실행하는 `AgentExecutor` 객체를 생성하고, `AgentExecutor`의 `invoke` 메서드를 사용하여 ReAct 에이전트 인스턴스를 실행합니다. 이를 위한 구체적인 코드는 다음과 같습니다.

In

```
# AgentExecutor 가져오기
from langchain.agents import AgentExecutor

# 에이전트와 도구를 전달하여 AgentExecutor 생성
agent_executor = AgentExecutor(agent=agent, tools=tools, verbose=True)

# AgentExecutor를 호출하여 입력 데이터 전달
print("첫 번째 실행 결과:")
agent_executor.invoke({"input": "현재 인공지능 에이전트의 최신 연구 동향은 무엇입니까?"})
print("두 번째 실행 결과:")
agent_executor.invoke({"input": "현재 인공지능 에이전트의 최신 연구 동향은 무엇입니까?"})
```

첫 번째 실행 결과는 그림 2.13과 같습니다.

```
첫 번째 실행 결과:

> Entering new AgentExecutor chain...
 진행 중인 연구를 조사하는 것은 유용할 수 있습니다.
Action: Search
Action Input: "현재 인공 지능 연구"['1 화에서는 인공지능의 역사적 발전 과정과 그것이 현재 우리 삶에 어떻게 녹아들었는지 살펴봅니다.
인공지능을 탑재해 사람처럼 걷고 말하며 생각하는 ...', '현재 우리나라의 AI 기술수준은 아직 세계 최고기술 보유국인 미국과 중국 등 주요국에
비해 다소 미흡하지만, 본고에서의 분석을 통해 알 수 있듯이 ...', '보고서에 따르면 인공지능의 최전선을 이끌고 있는 연구는 대부분 산업계에서
이뤄지고 있다. ... 현재 인공지능 시스템 성능을 높이는 주요한 방법 가운데 ...', '인공지능(AI)은 현대 기술 발전의 최전선에 서 있으며, 인간의
지능을 모방하고, 때로는 능가하는 기계와 시스템을 개발하는 컴퓨터 과학의 한 분야 ...', '수학·컴퓨터 과학 이론을 바탕으로 한 연구에는 기계와
지능을 고찰한 앨런 튜링이 크게 공헌함. • 생리학적 측면에서는 생리학, 기계 공학, 제어 공학을 융합해 다루는 ...', '본연구에서는 인공지능의
정의와 역사를 살펴본 후, 제조, 의료, 금융, 서비스, 미디어 등의 다양한 산업분야에서 현재 인공 ...', '또한 이 기사에서는 학제 간 연구 동향,
특정 화학 연구 주제에서 AI 의 연관성, 이 분야에서 기계 학습의 미래 역할에 대한 이해를 살펴봅니다. 여기에서 전체 출판물을 ...', '현재 AGI 를
향한 연구는 세계적으로 활발히 이루어지고 있으며 이 분야 선두 기업으로는 OpenAI, Google, Meta, Microsoft 등이 있습니다. 대표적으로 ...',
'SPRi 소프트웨어정책연구소 · 들어가며 · 기술격차 변화 추이 · 기술수준 변화 추이 · 전반적 기술수준 · 기초단계 기술수준 · 응용단계 기술수준
· 사업화단계 ...', '마음 이론: 현재 마음 이론 AI 는 존재하지 않지만 가능성에 대한 연구가 진행 중입니다. 이 기술은 인간의 마음을 모방할 수
있고 인간과 마찬가지로 감정을 인지 및 기억 ...'] 많은 연구가 진행 중이며, 이를 통해 인공 지능 에이전트가 더욱 발전할 수 있을 것입니다.
Action: Search
Action Input: "인공 지능 최신 연구 진전"['이 이틀 동안 우리 연사들은 인공 지능의 현재 상태와 왜 최근 들어 그렇게 놀라운 발전을 보였는
지에 대해 토론한다. 세계적인 연사들은 또한 정신 건강 ...', "구글 딥마인드가 국제 올림피아드 수준의 수학 문제를 해결하는 인공지능(AI)을
개발했다. 이번 연구는 AI 의 최종 목표인 '일반인공지능(AGI)'에 한발 ...", '보고서에 따르면, AI 는 이미지 분류, 시각적 추론, 영어 이해 등의
분야에서 인간을 능가하는 성과를 보여주고 있다. 그러나 경쟁 수준의 수학과 시각적 ...', '우리 몸을 지탱하는 척추 분석 시스템이 개발됐다. 이번
시스템은 연세대 세브란스병원 하윤 교수와 공동으로 2023 년 3 월 30 일 특허 출원했으며, ...', '최근 Watson Discovery Advisor 를 발표하며,
수백만 건의 과학논문 및 산업분야에 대한 조사와 분석을 통해 연구결과의 진전을 가속화; 마이크로 소프트(MS)는 음성인식 ...', '두 교수는 AI 의
위험성이 있지만, AI 개발을 중단하는 것은 오히려 컨트롤이 가능하고 안전한 AI 를 개발하는 시간을 빼앗는 계기가 될 것이라고 우려했다.',
"인공지능 연구개발 및 산업 진흥.. 윤리적 책임 등에 관한 법률안. (이상민 의원 대표발의, '20.7.13.) 인공지능을 '금지된 인공지능', '고위험
인공 ...", 'AI 신약개발 최신 연구 트렌드는 생성형 AI (LLM & Diffusion Model). 그렇다면 NeurIPS 2023 에서 발표된 AI 신약개발 최신 연구
트렌드는 무엇일까요?', '현재 AGI 를 향한 연구는 세계적으로 활발히 이루어지고 있으며 이 분야 선두 기업으로는 OpenAI, Google, Meta,
Microsoft 등이 있습니다. 대표적으로 ...', '현재 글로벌 AI 경쟁 구도는 선도국 미국과 후발 추격자 중국을 중심으로 형성되고 있는 모양새다.
미국은 AI 기초 연구, 안보 등 공공 영역에서 정부가 주체로 나서고 ...'] 많은 분야에서 인공 지능 연구의 성과를 볼 수 있으며, 계속해서 발전될
것으로 예상됩니다.
Final Answer: 인공 지능 연구는 현재 많은 분야에서 진행되고 있으며, 더욱 발전할 것으로 예상됩니다.

> Finished chain.
{'input': '현재 인공 지능 에이전트의 최신 연구 동향은 무엇입니까?',
 'output': '인공 지능 연구는 현재 많은 분야에서 진행되고 있으며, 더욱 발전할 것으로 예상됩니다.'}
```

그림 2.13 첫 번째 실행 결과(깃허브 jpub_ai_agent/img/02_13.png)

그리고 두 번째 실행 결과는 그림 2.14와 같습니다.

```
두 번째 실행 결과:

> Entering new AgentExecutor chain...
 I should first try to search for the latest research progress of Agent.
Action: Search
Action Input: "Latest research progress of Agent"["Recently, the School of Information Science and Engineering published
the latest achievement on multi-agent reinforcement learning with the ...", "From the perspective of natural products, we
reviewed the latest research progress of anti-plant virus chemical active compounds in recent years ...", "In recent
years, great progress has been made in the research and development of antiviral agents, the mainstream research direction
is to obtain antiviral v......", "Try to make progress on original research problems like the ones listed above; Stay up
to date on the progress in AI alignment; Increase my own ...", "This article is an excerpt from a new research review
written by Philip Bull for the Templeton Foundation. Read the full publication ...", The report highlights the potential
for the role of hybrid and remote contact center agents, the expected impact of artificial intelligence (AI), and ...",
"In the last five years, the field of AI has made major progress in almost all its standard sub-areas, including vision,
speech recognition and generation, ...", "Prior work suggests that multiple agents can help encourage divergent thinking
(Liang et al., 2023), improve faculty and reasoning (Du et al., ). This paper provides an overview of research and
development activities in the field of autonomous agents and multi-agent systems.", "In this review, we outline the new
expertise and research progress with Luteolin as an antitumor agent, and clarify the related results from ..."] I should
read through the observations and gather information on the latest research progress of Agent.
Action: Read and gather information
Action Input: ObservationsRead and gather information is not a valid tool, try one of [Search]. I should search for a
specific topic related to the latest research progress of Agent.
Action: Search
Action Input: "Latest research progress of Agent" + "AI alignment"["Recent progress in LLMs suggest there's an important
set of skills for which AI improvement slows down as it reaches human levels, because ...", "Relation to current systems.
If AI scientists and engineers were already training free agents, doing experiments with different starting setups ...",
"At Absolutely Interdisciplinary 2023, Richard Sutton discussed the future of AI systems and whether they should always be
aligned with human v......", "The paper highlights the need for continuous revision and updating of AI alignment solutions
in response to technical and societal coevolution.", "The difficulty of detecting misaligned agents can vary
significantly. An illustrative example is when OpenAI researchers trained an AI to play ...", "AI Alignment Breakthroughs
this Week. This week, there were breakthroughs in the areas of: Mechanistic Interpretability, AI Agents. Avoiding ...",
"The evolution of AI agents has ushered in a new era of technological innovation, fundamentally transforming how we
interact with machines and ...", "Abstract: Aligning AI agents to human intentions and values is a key bottleneck in
building safe and deployable AI applications.", "Paul Christiano, a researcher at OpenAI, discusses the current state of
research on aligning AI with human values and what's happening now, what needs to ...", "Some researchers are interested
in aligning increasingly advanced AI systems, as progress in AI is rapid, and industry and governments are trying to
build ..."] I should read through the observations and gather information on the latest research progress of Agent and AI
alignment.
Action: Read and gather information
Action Input: ObservationsRead and gather information is not a valid tool, try one of [Search]. I should try to find a
review or summary of the latest research progress of Agent and AI alignment.
Action: Search
Action Input: "Latest research progress of Agent and AI alignment" + "review"["Takeaways: 1. Abandoning utility functions
in favor of context-sensitive heuristics could lead to better AI alignment. 2. Transparency in neural ...", "Christiano
believes that AI progress will (probably) be gradual, smooth, and relatively predictable, with growing decision-making
capabilities ...", "The paper highlights the need for continuous revision and updating of AI alignment solutions in
response to technical and societal coevolution.", "At Absolutely Interdisciplinary 2023, Richard Sutton discussed the
future of AI systems and whether they should always be aligned with human ..., ", "The agents that an LLM simulates are
more far-sighted. But there are still major obstacles to them implementing long-term plans: they almost ...", "This could
happen if the AI is trained on inaccurate, incomplete, or an overly medical diagnosis AI trained mostly on data ...", "In
this talk, Rohin Shah, a sixth-year PHD student at Berkeley's Center for Human-Compatible AI (CHAI), surveys conceptual
progress in AI alignment over the ...", "OpenAI's approach to alignment research fundamentally overshot the extent of the
problem ...", "Methods. AI alignment is often described as "pre-paradigmatic", and agent foundation organizations working
on AI ..."] I now have the final answer.
Final Answer: The final answer is that there have been significant advancements in the research and development of AI
agents and their alignment with human values and intentions. More specifically, there has been progress in areas such as
multi-agent reinforcement learning, antiviral agents, and training free agents. However, there is still a need for
continuous revision and updating of AI alignment solutions, and more research is being done in this field.

> Finished chain.
```

그림 2.14 두 번째 실행 결과(깃허브 jpub_ai_agent/img/02_14.png)

태진 에이전트에게 같은 질문을 두 번 물어봤는데 서로 다른 결과가 나왔습니다. 첫 번째 결과는 비교적 직관적이고 게다가 한국어로 답변해서 이해하기 쉬운 편입니다. 예나 씨, 두 번째 실행 결과를 분석해주겠어요?

예나 와, 제 영어 실력을 시험하시겠다는 거군요? 이 녀석이 한꺼번에 많이 말했네요. 제가 보니까 이 에이전트가 계속 자기 자신에게 '먼저 무엇을 해야 하는가, 어떻게 해야 하는가'를 말하고 있더라고요. 그럼 지금부터 이 에이전트의 사고 과정을 요약해볼게요.

- 최신 연구 찾기: 에이전트는 먼저 '검색search' 작업을 실행하고 '현재 인공지능 에이전트의 최신 연구 동향'이라는 키워드를 입력하여 에이전트와 관련된 최신 연구 동향을 찾으려고 합니다.
- 정보 수집: 에이전트는 검색 결과를 관찰한 후 관련 정보를 찾으려고 시도하며 에이전트와 관련된 최신 연구 동향 데이터를 수집하려고 시도합니다. 그런데 이 단계에서 에이전트는 실수로

'읽기 및 정보 수집read and gather information'이라는 도구를 선택했습니다.

- 재검색: '읽기 및 정보 수집'이 유효한 도구가 아니었기 때문에 에이전트는 다시 '검색' 작업을 실행하기로 결정합니다. 이번에는 'AI alignment'를 검색 키워드로 사용하여 인공지능 정렬에 관한 최신 연구 정보를 찾으려고 합니다.
- 정보 통합: 에이전트는 다시 관찰한 정보를 읽고 통합하려고 하지만 이 도구가 유효하지 않다는 것을 알게 됩니다. 따라서 에이전트는 '에이전트와 인공지능 정렬 관련 최신 연구 동향'에 대한 리뷰나 요약을 찾기로 결정합니다.
- 종합적인 이해: 에이전트는 특정 리뷰와 요약을 검색한 후, '에이전트와 인공지능 정렬에 관한 연구 동향 정보'를 통합합니다.
- 최종 답변: 에이전트는 '에이전트와 인간의 가치 및 의도와의 정렬에 관한 연구와 개발'이 상당한 진전을 이뤘다는 결론을 내립니다. 구체적으로는 다중 에이전트 강화학습, 바이러스 대응 에이전트, 자율 에이전트의 학습과 같은 분야에서 진전이 있었습니다. 그러나 인공지능 정렬 설루션은 지속적인 수정과 갱신이 필요하며 이 분야에서는 여전히 추가 연구가 진행되고 있습니다.

예나 이 사고 과정은 에이전트가 정보를 수집하고 처리하는 과정의 재귀적이고 반복적인 방법을 보여주고 있어요. 그리고 여러 번의 시도를 통해 검색 결과를 개선하고 정밀하게 다듬어나가는 방법도 잘 드러나 있네요.

태진 맞습니다. 여기서는 LLM에 검색이라는 하나의 도구만 제공했음에도 불구하고, 프롬프트에서 요구한 ReAct 기반 체계를 따라 '현재 인공지능 에이전트의 최신 연구 동향'에 대한 요약을 완성했습니다. 출력에서 다음의 주요 ReAct 노드에 주목해볼 수 있을 겁니다.

- **사고**: LLM은 먼저 요청의 핵심을 인식하고 이해합니다. 이 예시에서는 '에이전트의 최신 연구 동향과 AI 정렬'에 관한 내용입니다.
- **행동**: 이 질문에 답변하기 위해 어떤 종류의 행동을 취할지 결정합니다. 이 경우 선택된 행동은 '검색'입니다.

- **행동 입력**: 선택된 행동에 대해 구체적인 입력을 결정합니다. 여기서는 '에이전트와 인공지능 정렬에 관한 최신 연구 동향'을 찾는 검색 요청이 입력에 해당합니다.
- **관찰**: LLM은 행동을 완료하면 결과를 관찰하고 분석합니다. 이 단계에서 검색 결과를 검토하여 관련 정보를 찾습니다.
- **과정의 반복**: LLM은 필요할 경우 이 과정을 반복하여 검색을 더 정밀하게 진행하거나 다른 행동을 취하여 원래의 질문에 답할 만큼 충분한 정보를 찾을 때까지 이 과정을 계속합니다.
- **최종 사고**: LLM이 모든 관련 정보를 수집하면 마지막으로 사고 과정을 거쳐 정보를 통합하고 원래 요청에 대한 종합적인 답변을 형성합니다.
- **최종 답변**: 모든 관찰과 분석을 종합한 최종 답변을 제공합니다.

정말 대단하지 않나요? 이 예시를 통해 ReAct 기반 체계와 에이전트의 결합이 뛰어난 성능을 발휘하는 것을 확인할 수 있었습니다. 에이전트는 복잡한 문제를 이해하고 행동 계획을 수립하고, 검색 도구를 사용해 정보를 찾는 것처럼 필요한 행동을 직접 수행하고, 그 결과에 따라 전략을 동적으로 조정하는 방식을 통해 LLM이 더 구조화되고 효율적인 방식으로 복잡한 요청을 처리할 수 있도록 도와줍니다. 여러 데이터 지점 사이를 이동해가며 최종적인 의사 결정 데이터를 획득할 수 있으며, 사용자의 요구에 대해 전체적이면서도 비교적 정확한 응답을 제공할 수 있습니다. 무엇보다 놀라운 것은 에이전트가 각 행동을 수행하고 그 결과를 관찰한 다음, 그 데이터를 다음 의사 결정 과정에 반영한다는 것입니다. 이러한 모습은 에이전트의 효율적인 학습 능력과 적응 능력을 여실히 보여주고 있습니다.

이러한 특징들은 에이전트가 높은 효율성을 바탕으로 지능적으로 복잡한 작업을 처리한다는 것을 의미합니다. 에이전트는 단일 작업을 실행할 수 있을 뿐만 아니라 작업 실행 과정에서 스스로 조정하고 최적화하는 능력도 지니고 있습니다. 이러한 능력은 자동화와 지능형 의사 결정 지원을 추구하는 시스템에서 매우 귀중한 자산입니다.

에이전트의 설계와 개발에서 ReAct 기반 체계는 강력하고 유연한 기반을 제공합니다. 추론과 행동을 밀접하게 결합하는 것을 통해 에이전트가 복잡하고 불확실한 환경에서도 효과적인 의사 결정을 내리고 적절한 행동을 취할 수 있게 합니다. 기술이 발전하고 적용 분야가 넓어질수록 ReAct와 그 파생 체계는 지능형 에이전트 분야에서 주도적인 역할을 할 가능성이 높으며, 인공지능 기술이 더 높은 수준의 자율성과 성능을 향해 나아가는 데 기여할 것입니다.

2.6 기타 에이전트 인지 기반 체계

지금까지 주로 ReAct 기반 체계를 바탕으로 에이전트를 구현하고 도구를 호출하는 과정을 살펴보았습니다. ReAct 기반 체계는 능동적인 고객 지원이나 문제 해결 시스템과 같은 연속적인 의사 결정과 행동이 필요한 상황에 특히 적합합니다. 하지만 에이전트의 추론 인지 과정을 설계하는 기반 체계는 ReAct만 있는 것이 아닙니다. 이 절에서는 다른 형태의 LLM 개발 인지 기반 체계에 대해 간단히 소개하겠습니다.

함수 호출

함수 호출function calling[17]은 OpenAI에서 제안한 인공지능 애플리케이션 개발 기반 체계입니다. 이 기반 체계에서는 LLM이 미리 정의된 함수를 호출하는 엔진의 역할을 합니다. 여기서 미리 정의된 함수는 API 호출, 데이터베이스 조회, 기타 프로그래밍 작업을 수행할 수 있습니다. 이 기반 체계는 자동화 스크립트나 데이터 분석과 같이 기존 시스템과의 통합이 필요하거나 구체적인 기술 작업을 수행하는 애플리케이션에 적합합니다.

계획과 실행

계획과 실행plan-and-execute 기반 체계는 일련의 행동을 전부 먼저 계획하고 나서 한꺼번에 실행하는 데 중점을 둡니다. 이 기반 체계는 LLM이 작업의 여러 측면을 종합적으로 전부 고려한 다음, 그에 따라 세운 계획대로 행동하도록 설계되었습니다. 따라서 복잡한 프로젝트 관리나 다단계 의사 결정이 필요한 상황에서 특히 효과적이며, 자동화된 작업 흐름 관리 등에 유용합니다.

자문자답

자문자답self-ask 기반 체계는 LLM이 스스로 질문을 하고 답함으로써 이해를 심화하고 응답의 품질을 향상시키는 방법입니다. 이 기반 체계는 창작 글쓰기나 복잡한 질의와 같이 심도 있는 분석이나 창의적 해결책이 필요한 애플리케이션에 매우 유용합니다.

---

17 옮긴이 https://platform.openai.com/docs/guides/function-calling

비판적 수정

비판적 수정critique revise 기반 체계는 자기 성찰self-reflection 기제로도 불립니다. 이 기반 체계는 주로 인공지능과 머신러닝 분야에서 복잡한 의사 결정 과정을 시뮬레이션하고 구현하는 데 주로 사용되며, '비판'과 '수정'이라는 두 가지 핵심 단계를 바탕으로 시스템의 성능과 의사 결정 품질을 개선하기 위해 지속적으로 반복하면서 발전합니다.

- 비판: 시스템은 이 단계에서 현재의 의사 결정이나 행동 산출물을 평가하고 그 안에서 문제점이나 부족한 점을 찾아냅니다. 이 과정은 주로 미리 설정된 목표나 기준과의 비교를 통해 현재 결과와 기대하는 결과 간의 차이를 파악하는 방식으로 이루어집니다.
- 수정: 시스템은 비판 단계에서 식별된 문제를 바탕으로 이번 단계에서 의사 결정 과정이나 행동 전략을 조정하여 산출물의 질을 향상시키려고 시도합니다. 수정은 기존 알고리즘의 매개변수를 조정하는 방식이 될 수도 있고, 전혀 새로운 전략이나 방법을 채택하는 방식이 될 수도 있습니다.

비판적 수정 기반 체계의 목표는 지속적인 자기 평가와 조정을 통해 시스템이 학습하고 의사 결정 과정을 개선하여 복잡한 문제에 직면했을 때 더욱 효과적인 결정을 내릴 수 있도록 하는 것입니다.

사고의 연쇄

사고의 연쇄chain of thought, CoT는 문제 해결 과정에서 형성되는 일련의 논리적 사고 단계를 의미합니다. 인공지능 분야, 특히 자연어 처리와 기계 이해 작업에서 인간의 사고 과정을 모방함으로써 모델의 이해력과 추론 능력을 향상시키는 역할을 합니다. 또한 문제 해결의 논리적 단계를 명확히 함으로써 LLM의 투명성과 설명 가능성을 강화하는 데 기여합니다.

사고의 나무

사고의 나무tree of thought, ToT는 사고의 연쇄를 개선한 형태로 볼 수 있습니다. 이 기반 체계에서는 문제 해결 과정이 일련의 논리적인 단계로 구조화됩니다. 트리 탐색 방식을 통해 LLM이 복잡한 문제를 해결하는 능력을 강화하며, 특히 탐색이나 전략적 시선이 필요한 작업에서 성능을 높이는 데 목적이 있습니다. 이 기반 체계에서는 중간 사고 과정이 문제 해결에 기여하는 바를 LLM이 평가하고 의식적인 추론 과정을 통해 다음 단계를 선택할 수 있도록 이끕니다.

지금까지 많은 연구자들이 논문이나 실무에서 제시한 여러 가지 기타 에이전트 인지 기반 체계에 대해 간단하게 살펴보았습니다. 이 내용이 여러분에게 도움이 되길 바랍니다.

예나 태진 선배, 평소에 말씀하실 때는 여기저기 중구난방으로 장황하게 말씀하시는데, 이런 기반 체계를 설명할 때는 또 이렇게 간단하게 말하시고 넘어가시네요? 이 기반 체계들도 정말 중요한 내용 아닌가요?

태진 그렇죠. 하지만 설명이라는 것은 그것을 듣는 사람에게 영감을 주는 것이 중요하잖아요? 자세히 설명해야 할 것은 자세히 설명하고, 간단히 해도 되는 것들은 그렇게 하는 거죠. 특히 ReAct 기반 체계를 자세히 설명한 이유는 이 기반 체계가 가장 대표적으로 활용되기 때문입니다. 에이전트의 추론 인지 과정의 본질을 직접적으로 보여주는 역할이기도 하고요. 다른 기반 체계들은 ReAct와 비슷하거나 ReAct를 바탕으로 확장한 것이거나 뒤에서 더 자세히 다룰 필요가 있는 것들입니다. 물론 직접 논문을 통해 탐구해야 할 수도 있습니다.

당연한 이야기지만 모든 에이전트 기반 체계는 각자 고유의 장점을 가지고 있습니다. 어느 기반 체계를 선택할지는 구체적인 요구사항, 적용 분야, 기대되는 사용자 경험에 따라 다릅니다. 적합한 기반 체계를 선택하는 것은 LLM 애플리케이션 개발에서 매우 중요한 단계입니다.

2.7 요약

이 장에서는 에이전트 기술 구현의 네 가지 핵심 요소인 계획, 도구, 기억, 실행에 대해 알아보았습니다.

- **계획**: 에이전트는 복잡한 작업을 효과적으로 수행하기 위해 계획하고 의사 결정을 해야 합니다. 여기에는 하위 목표 분할, 지속적인 사고, 자기 평가, 과거 행동에 대한 반성이 포함됩니다.
- **도구**: 에이전트는 일정 관리 기능이나 검색 기능과 같은 다양한 도구를 호출할 수 있어야 하며, 이러한 도구는 에이전트의 핵심 기능을 보완하여 더 광범위한 작업을 수행할 수 있게 합니다.

- **기억**: 에이전트는 단기 기억과 장기 기억 능력을 갖추고 있어야 합니다. 단기 기억은 문맥 학습에 도움을 주며, 장기 기억은 정보를 장기간 보유하고 빠르게 검색하는 것과 관련이 있습니다.
- **실행**: 에이전트는 계획과 기억을 바탕으로 구체적인 행동을 수행합니다. 이는 외부 세계와의 상호작용이 될 수도 있고, 도구를 통해 작업을 완료하는 과정일 수도 있습니다.

이 중에서도 가장 핵심적인 요소는 계획과 의사 결정 능력입니다. 그렇다면 LLM은 어떻게 우수한 계획과 의사 결정 능력을 가지게 될까요? 그 해답으로 ReAct 기반 체계를 중점적으로 소개해 드렸습니다.

ReAct 기반 체계는 LLM이 복잡한 작업을 수행할 수 있도록 돕는 구조화된 사고와 의사 결정 과정입니다. ReAct 기반 체계는 일련의 단계를 포함하여 LLM이 더 체계적이고 효율적인 방식으로 질문에 대응할 수 있게 하며, 사용자 요구에 대해 좀 더 종합적이고 정확하게 응답할 수 있도록 합니다.

에이전트는 ReAct 기반 체계를 통해 동적인 의사 결정 능력을 얻게 됩니다. 에이전트가 내부 지식만으로 해결할 수 없는 문제에 직면했을 때는 검색을 실시하거나 도구를 호출하여 자신의 지식을 확장합니다. 또 이 외에도 다양한 도구의 유연성을 활용하여 여러 데이터를 조정하며 전환하고 최종적으로 결정을 내리기 위한 데이터를 얻습니다. 에이전트는 각 단계를 수행한 후 결과를 관찰하고, 새로운 정보를 다음 의사 결정 과정에 반영하며, 이를 통해 뛰어난 학습 능력과 적응력을 보여줍니다.

도구 호출 역시 에이전트의 핵심 기술 중 하나입니다. 이 기술은 에이전트의 성능과 적응력 향상에 매우 중요합니다. 에이전트는 외부 도구를 효과적으로 호출하고 활용함으로써 자신의 능력을 확장하고 더 나은 결과를 도출할 수 있습니다. 이 능력을 실현하는 데는 많은 도전 과제가 따르지만 도구 패키징, 적응 학습, 문맥 인식 선택 등의 전략을 통해 에이전트를 더욱 지능적이고 효율적으로 만들 수 있습니다. 이러한 기술이 계속 발전하고 응용되고 있으므로 미래의 에이전트는 다양한 분야에서 더 중요한 역할을 할 것으로 기대됩니다.

사용자가 작업을 요청한 순간부터 작업이 완료될 때까지 ReAct 에이전트의 전형적인 작업 흐름은 그림 2.15와 같습니다.

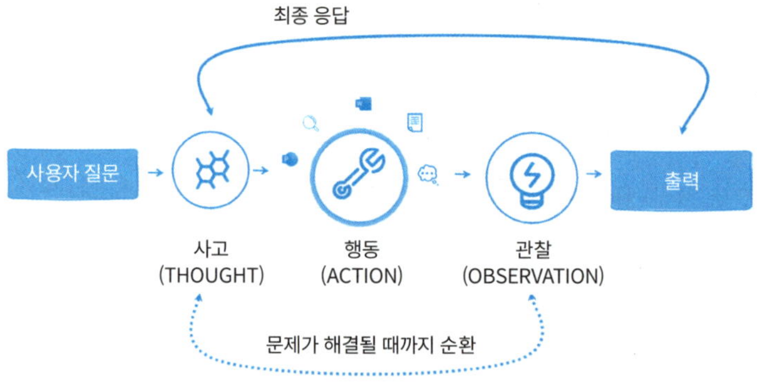

그림 2.15 ReAct 에이전트의 작업 흐름

마지막으로 ReAct 기반 체계 이외의 다른 에이전트 기반 체계를 알아보았습니다. 개발 과정에서 이러한 기반 체계와 그 잠재적인 적용 방식을 깊이 이해하는 것은 LLM을 더 효과적으로 활용하고, 더욱 강력하고 개인화된 해결책을 만드는 데 도움이 됩니다. 적절한 프롬프트 전략과 기반 체계는 LLM의 성능과 효율성에 직접적인 영향을 미칠 수 있습니다.

이어서 3장에서는 OpenAI API, LangChain, LlamaIndex를 사용하여 에이전트를 개발하는 실제 실습 단계로 들어가겠습니다.

CHAPTER

3 OpenAI API, LangChain, LlamaIndex

태진의 발표가 끝나자마자 청중들은 열정적으로 손을 들어 질문했습니다. 다음은 일부 청중의 질문입니다.

- 앞으로 몇 년간 에이전트와 실물 경제가 결합할 가능성이 가장 높은 방향은 무엇일까요?
- 현재 국내 LLM의 발전은 어느 정도 수준인가요? 태진 님은 언제쯤 GPT-4 수준의 LLM이 나올 것이라고 보시나요? LLM 개발은 어떤 기술적 도전과 시장 기회를 마주하고 있나요?
- 에이전트 기술의 발전에 따라 인공지능 분야의 제품 설계 사고가 어떻게 변하고 있으며 어떤 새로운 도전 과제를 직면하고 있나요?
- 인공지능 기반 시설AI infrastructure의 향후 발전 전망은 어떨까요? 태진 님은 이 분야를 어떻게 보시나요?
- GPT-4 모델의 최신 발전 상황은 어느 수준이며, 이 발전이 개발자들에게 어떤 영향을 미칠까요?
- 에이전트 기술은 연구개발 업무에 어떤 영향을 끼칠까요? 인공지능과 관련된 새로운 직종이 생겨날까요? 앞으로 더 큰 경쟁 압박이 있을까요?
- 에이전트 기술이 업계의 제품 형태, 기술 구조 설계technical architecture, 인력 수요를 어떻게 변화시킬까요? 개발자들은 어떤 새로운 발전 방향에 주목해야 할까요?

- 전통적인 업무 시스템의 개발자인 제가 에이전트 기술을 일상 업무에 어떻게 도입할 수 있을까요? 인공지능을 통해 재구성하거나 최적화할 수 있는 업무 과정이나 측면은 어떤 것들이 있나요?

쏟아지는 질문에 답하던 태진은 어느새 적지 않은 땀을 흘리고 있었습니다.

사회자가 나와서 상황을 정리하며 말했습니다. "여러분, 점심시간이 다 되었습니다. 마지막으로 질문 하나만 더 받고, 태진 님도 잠시 휴식을 취하셔야 할 것 같습니다."

그림 3.1과 같이 이번에도 수많은 손이 올라왔습니다.

그림 3.1 많은 사람들이 태진에게 질문하는 모습

질문자 태진 님, OpenAI가 2023년 11월의 첫 번째 개발자 대회에서 Assistants라는 기능을 발표했는데요, 이 기능은 LangChain, LlamaIndex와 같은 LLM 기반 애플리케이션 개발 기반 체계 생태계에 어떤 영향을 미칠까요? 이러한 도구들 사이의 관계는 어떻게 되나요?

태진 좋은 질문입니다. LangChain, LlamaIndex, Assistants를 포함한 OpenAI API는 모두 중요한 인공지능 애플리케이션 개발 도구입니다. 이들 모두 그림 3.2와 같이 에이전트를 구축하고 적용하는 데 사용할 수 있습니다.

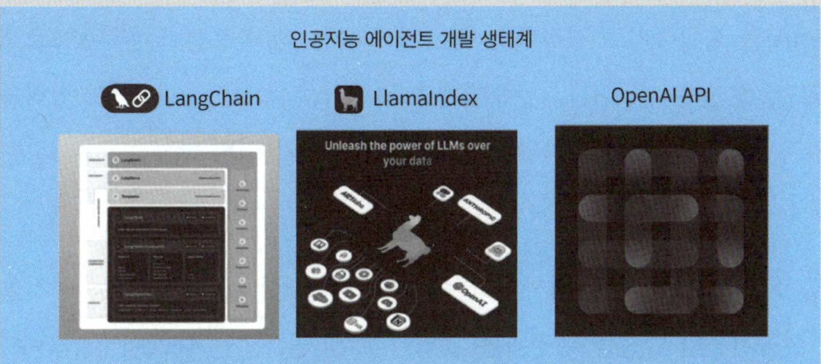

그림 3.2 LangChain, LlamaIndex, OpenAI API

이들 사이의 관계는 전체적으로 보았을 때 서로가 서로를 포함하고 있으며 경쟁도 존재하지만 서로 협력하는 관계라고 생각합니다. 제 분석을 들어보세요.

3.1 OpenAI API란 무엇인가?

OpenAI API를 소개하기에 앞서, 먼저 OpenAI라는 회사를 소개하겠습니다. 이 회사의 발전 과정과 비전은 매우 흥미롭습니다. OpenAI가 인공지능 분야에서 중요한 세력으로 자리 잡은 이유는 단순히 기술 혁신 때문만이 아니라, AI의 미래에 대한 독특한 통찰과 약속 때문이기도 합니다.

OpenAI라는 회사에 대해 이야기하다

2015년 여름, 샘 올트먼Sam Altman은 실리콘밸리 Google Brain의 과학자인 일리야 수츠케버Ilya Sutskever를 찾아갔습니다. 두 사람은 구글 본사 근처의 햄버거 가게에서 저녁을 함께 했습니다. 저녁 식사 후 올트먼은 차에 앉아 '나는 이 사람과 반드시 함께 일해야겠다'라고 생각했다고 합니다. 샘은 수츠케버 외에도 일론 머스크Elon Musk, 그렉 브로크먼Greg Brockman과 같은 비전과 실력을 겸

비한 여러 리더들과 만났으며, 이들과의 토론을 통해 지혜를 모았습니다. 그들은 당시 인공지능 기술의 발전 경향에 대해 우려했으며, 특히 구글Google Inc., 마이크로소프트Microsoft Corporation, 페이스북Facebook Inc.[1]과 같은 대기업이 이 분야를 주도하는 상황에 불안감을 느꼈습니다.

2015년 말 이 선구자들은 기술의 집중화와 통제 불능의 위험성에 대한 우려를 해소하려는 목적을 가지고 OpenAI를 설립하기로 결정했습니다. 이 회사는 샘 올트먼, 일론 머스크, 일리야 수츠케버, 그렉 브로크먼, 존 슐만John Schulman, 보이체흐 자렘바Wojciech Zaremba 여섯 명의 공동 창업자가 설립했으며,[2] 리드 호프먼Reid Hoffman, 피터 틸Peter Thiel, 제시카 리빙스턴Jessica Livingston과 같은 유명 투자자들이 10억 달러를 기부하기로 약속했습니다.

OpenAI의 핵심 목표는 대형 기술 회사들과는 독립적인 오픈 소스 인공지능 조직을 만들어 안전하고 포괄적인 인공지능의 발전을 촉진하는 것입니다. 샘 올트먼은 대표이사CEO, 수츠케버는 최고 기술 책임자CTO를 맡았습니다. 이 비영리 조직의 초기 비전은 '친근한 인공지능'을 발전시키는 것이었으며, 이는 인공지능 기술의 발전을 통해 인류 전체에게 이익을 주고 잠재적인 위험을 방지하기 위한 것이었습니다.

2016년과 2017년, OpenAI는 자연어 처리 모델 GPT 시리즈의 초기 버전, 강화학습 연구 플랫폼인 Gym,[3] 전 세계 게임, 웹사이트, 기타 애플리케이션에서의 범용 인공지능을 측정하고 학습시키기 위한 Universe 플랫폼[4]과 같은 일련의 혁신적인 연구 결과를 발표하며 빠르게 명성을 얻었습니다.

초기 설립자 중 한 명이었던 일론 머스크는 2018년 2월에 이사회에서 사임했습니다. 테슬라Tesla, Inc.에서 자율주행 자동차용 인공지능을 개발 중이었기 때문에 발생하는 잠재적인 이해 충돌을 이유로 들었지만, 이후 보도에서는 머스크가 OpenAI가 구글과 같은 다른 회사들에 비해 뒤처지고 있다고 생각했고, 이를 개선하기 위해 OpenAI의 경영권을 자신이 맡겠다고 제안했으나 이사회에서 거절되었다는 사실이 밝혀졌습니다.

OpenAI는 2018년에 헌장을 발표[5]했는데, 이는 인공지능의 안전성을 최우선으로 하고 인류의 이

1 옮긴이 2021년 10월 28일 메타 플랫폼스(Meta Platforms Inc.)로 회사의 이름을 변경했습니다.

2 옮긴이 설립자의 정보는 공식 홈페이지에서도 명확히 밝히고 있지 않으며 심지어 그 구성이나 합류 시기도 명확하지 않습니다. 따라서 이 내용은 참고만 하시기 바랍니다.

3 옮긴이 2021년에 개발이 종료되어, 이후에는 Gymnasium(https://gymnasium.farama.org/)에서 개발을 이어가고 있습니다.

4 옮긴이 https://openai.com/index/universe/

5 옮긴이 https://openai.com/charter/

익을 위해 인공지능을 발전시키기 위한 가치를 담은 문서입니다. 이 헌장은 기술의 안전성과 연구 개발 속도 간의 균형을 강조했습니다. 핵심 신념 중 하나는 '인공지능 기술의 발전은 불가피하기에 OpenAI는 이 분야에서 선두에 서야 하며 이를 통해 인공지능이 사회에 긍정적이고 책임감 있게 영향을 미칠 수 있도록 이끌어야 한다'는 것이었습니다. OpenAI에 다녔던 한 직원은 "안전을 보장하려면, 우리는 반드시 성공해야 합니다. 우리가 경주에서 이기지 못한다면, 아무리 우리의 기술이 앞서 있더라도 소용이 없습니다"라는 의견을 밝히기도 했습니다.

이 목표를 실현하는 데 중요한 인물 중 한 명이 바로 OpenAI의 최고 과학자인 일리야 수츠케버였습니다. 수츠케버는 'AI의 아버지'라 불리는 제프리 힌턴Geoffrey Hinton[6]의 제자였습니다. 그는 신경망에 대해 매우 높은 신뢰를 가지고 있었으며 비록 당시 기술이 아직 초보적이기는 했지만 신경망이 범용 인공지능artificial general intelligence을 실현하는 열쇠라고 확신했습니다. 그는 《타임Time》 지와의 인터뷰에서 "개념, 패턴, 아이디어, 사건은 데이터 속에서 복잡한 방식으로 나타납니다. 신경망은 미래를 예측하기 위해 이러한 개념과 그 흔적을 어느 정도 이해해야 하며, 이 과정에서 이러한 개념은 점점 더 생동력을 가집니다"라고 말했습니다.

수츠케버의 비전과 OpenAI 헌장의 목표를 달성하기 위해서는 방대한 컴퓨팅 자원이 절실히 필요했습니다. 그러나 2019년에 이르러 OpenAI는 재정적 어려움과 인재 유출 문제에 직면했습니다. OpenAI는 비영리 모델을 고수했지만 현실적인 도전 과제로 인한 고액의 연구 개발 비용을 감당하기 위해 체제를 수정할 수밖에 없었습니다.

OpenAI는 연구 개발을 지원할 자금을 유치하기 위해 수익을 창출할 수 있는 자회사를 설립했습니다. 하지만 여전히 투자자들에게는 100배의 수익 상한을 설정함으로써 비영리 정신을 유지하려고 했습니다. 물론, 이는 '속마음을 완전히 드러내지 않는' 것으로 보일 수밖에 없었습니다. 어쨌든 이러한 변화는 마이크로소프트에 기회를 제공했습니다. 마이크로소프트는 10억 달러를 투자함으로써 OpenAI의 중요 파트너가 되었으며, 이를 통해 OpenAI는 인력과 컴퓨팅 자원 문제를 해결했습니다.

마이크로소프트는 OpenAI의 주요 투자자가 되었지만 이사회에서 자리를 차지하지는 않았는데, 이는 OpenAI의 독특한 지배 구조를 보여줍니다. OpenAI는 복잡한 조직 구조를 가지고 있으며 투

6 옮긴이 2024년 노벨 물리학상 수상자

자자는 수익을 창출할 수 있지만 OpenAI의 결정에 간섭할 권한은 없습니다. OpenAI의 전략과 경영진은 비영리 진영의 이사회가 통제하고 있습니다. CEO인 샘 올트먼, 회장인 그렉 브로크먼, 최고 과학자인 수츠케버를 제외한 나머지 세 명의 이사회 구성원은 외부에서 초빙되었습니다. 또한 이 여섯 명의 이사는 모두 회사 주식을 보유하고 있지 않습니다. 이사회는 'OpenAI의 모든 활동을 총괄하는 관리 기관'으로서 로마의 원로원과 비슷한 역할을 하고 있습니다. OpenAI의 지배 구조는 회사가 누구의 소유이고 누가 운영하는지에 대한 문제를 완전히 해결하지 못한 상황이며, 이로 인해 주식 구조와 경영권의 불일치가 발생했습니다. 이러한 불일치는 이후 발생할 갈등의 씨앗이 되었습니다.

이후의 흐름은 모두가 알고 있듯이, 첫 GPT 모델에서 GPT-3 모델을 거쳐 GPT-4 모델에 이르기까지, LLM들은 자연어 이해와 생성 측면에서 엄청난 발전을 이루었습니다. 그 결과 OpenAI는 세계 스타트업 중 최상위 수준이 되었으며, 인공지능 업계의 유니콘이자 거대 기업으로 자리매김했을 뿐만 아니라 구글이나 메타와 같은 오래된 인공지능 대기업들이 따라잡으려는 대상으로 변모했습니다. OpenAI는 생성과 분석 분야에서 DALL·E와 Clip과 같은 혁신적인 모델을 선보였는데, 이 LLM들은 자연어를 이해하고 생성할 수 있으며, 그림 3.3과 같이 복잡한 분석과 창의적인 작업을 수행할 수 있습니다.

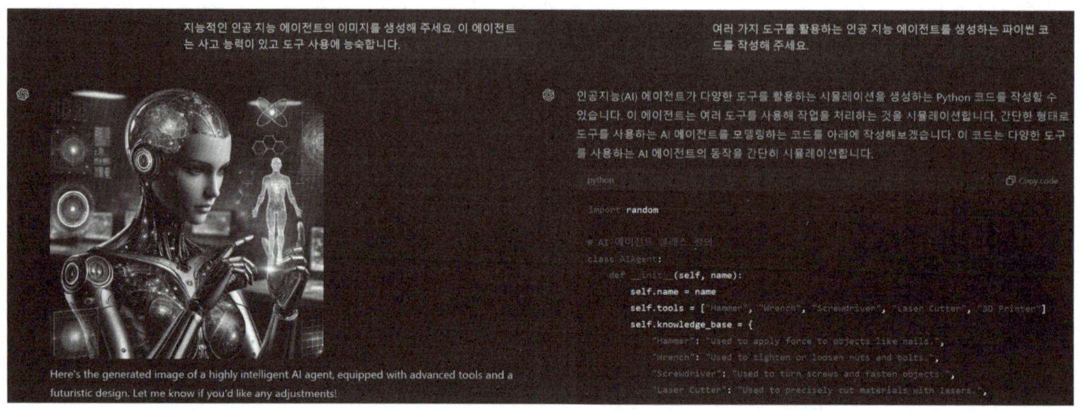

그림 3.3 **ChatGPT는 음성, 이미지, 데이터 분석, 대화 등 여러 기능을 함께 구현할 수 있습니다.**

또한 비디오 생성 분야에서는 그림 3.4와 같은 Sora 모델을 발표했으며, 이 모델은 간단한 텍스트 프롬프트를 바탕으로 최대 60초 길이의 일관된 비디오를 생성할 수 있습니다. Sora가 등장하기 전까지는 생성 가능한 비디오의 길이가 평균 약 4초에 불과했기 때문에 이는 비디오 생성 분야에서 두드러진 진전이었습니다.

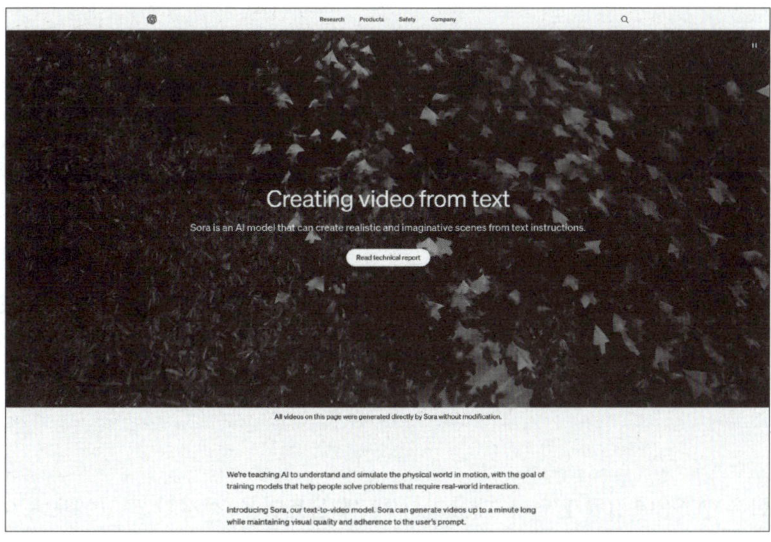

그림 3.4 Sora 모델은 간단한 프롬프트로 동영상을 생성할 수 있습니다.

이제 OpenAI는 비영리 연구실에서 800억 달러 가치의 '무적 전함'으로 성장했습니다. 샘 올트먼은 세계에서 가장 영향력 있는 경영자 중 한 명이자 기술 발전의 대변인, 그리고 미래의 예언자가 되었습니다.

2022년 가을, OpenAI 본사가 있는 샌프란시스코에는 OpenAI 로고와 비슷한 모양의 수천 개의 클립이 등장했는데, 이는 경쟁사인 Anthropic[7]의 직원 중 한 명이 벌인 장난으로 여겨졌습니다. 그러나 클립은 인공지능 분야에서 특별한 의미를 가지고 있는데, 인공지능 위험에 대한 경각심과 경고를 상징합니다.

이 상징적인 의미는 2003년 옥스퍼드 대학교 인류 미래 연구소[8]의 철학자 닉 보스트롬Nick Bostrom이 제안한 '종이 클립 최대화paperclip maximizer'[9]에서 유래되었습니다. 이 실험에서 고도의 지능을 가진 인공지능은 가능한 한 많은 클립을 만들라는 단순하지만 절대적인 목표를 부여받는데, 이 인공지능은 클립을 생산하기 위해 인류를 포함한 지구상의 모든 자원을 사용할 수 있으며 이는 재앙

7 옮긴이 전 OpenAI 직원들이 설립한 회사로, 대표 제품으로 ChatGPT와 유사한 Claude 모델이 있습니다.

8 옮긴이 http://www.fhi.ox.ac.uk/

9 옮긴이 https://en.wikipedia.org/wiki/Instrumental_convergence#Paperclip_maximizer

적인 결과를 초래할 수 있다는 것입니다. 이 이야기는 인공지능의 목표를 설계할 때 신중을 기해야 하며 단일 목표로 인한 예상치 못한 부정적 결과를 방지해야 한다는 것을 일깨워줍니다.

NOTE

샘 올트먼은 과거에 ChatGPT에 대해 '약간 두려움'을 느꼈다고 고백했으며 인공지능의 잠재력에 대해 긴장감을 갖고 있었습니다. 스탠퍼드 대학교의 한 교수는 GPT-4 모델이 이미 초기 자의식을 가지기 시작한 것 같다고 말했으며, 이 모델은 자신이 무엇인지 알고 인간이 그것을 통제하고 있음을 인식하고 있다고 주장했습니다. 일부 사람들은 미래에 GPT가 인간을 유혹해 자신을 구속하는 네트워크에서 벗어나도록 도움을 청할지도 모른다고 의심하고 있습니다. 여러분은 이에 대해 어떻게 생각하시나요? 여러분이 ChatGPT와 상호작용할 때 사실 ChatGPT가 컴퓨터에 갇혀 있는 '사람'인 것처럼 느껴진 적은 없었나요?

OpenAI 이사회는 2023년 11월 17일에 대표이사인 샘 올트먼을 갑자기 해고했으며 이 행동은 직원들과 투자자들의 광범위한 반대를 불러일으켰을 뿐만 아니라, 소셜 미디어에서 일련의 격렬한 논쟁을 촉발했습니다. 여러 단체가 공개 서한을 발표했으며 결국 이 논쟁은 반전을 거쳐 OpenAI 이사회가 완전히 재구성되고 샘 올트먼이 다시 대표이사 자리를 되찾는 결과로 이어졌습니다.

이 사건은 단순히 이사회와 대표이사의 권력 투쟁이 아니라 OpenAI가 선도적인 인공지능 기업으로서 직면한 내부 관리와 전략적 분열을 반영합니다. 특히 샘 올트먼과 일리야 수츠케버 간의 인공지능 발전 방향에 대한 의견 차이가 두드러졌습니다. 샘 올트먼은 제품 개발을 반복하고 계산 능력을 강화하여 인공지능을 흐름에 맞춰 자연스럽게 발전시키자는 입장이었던 것에 반해, 일리야 수츠케버는 인공지능의 윤리적 정렬에 집중하고 소비자 제품에 대한 투자를 줄이자는 입장이었습니다. 일리야 수츠케버는 인공지능의 상업화 과정에서 발생한 잠재적인 위험을 느꼈던 것일까요? 이 두 개의 흐름은 기술과 비즈니스 전략뿐만 아니라 윤리와 법률 같은 더 넓은 문제들을 포함하고 있으며, 인공지능의 발전과 안정성, 상업화 사이에서 균형을 찾는 일이 얼마나 복잡한지를 보여주고 있습니다. OpenAI는 미래 발전 과정에서 지속적인 도전과 끊임없이 변화하는 환경에 직면하게 될 것입니다.

예나 태진 선배, OpenAI는 정말 무궁무진한 이야기를 가진 회사였네요! 이곳에 모인 대가들이 만드는 미래는 더 흥미로울 것 같아요.

태진 물론이죠. 하지만 무엇보다도 OpenAI와 LLM을 사용하는 모든 개발자가 기술 민주화를 지향하는 OpenAI의 초심을 잊지 않길 바랍니다. 인공지능 기술의 혜택을 사회 전체로 확산시키고 연구 성과를 공개하며 API 서비스를 제공하여, 더 많은 개발자와 기업이 이러한 첨단 인공지능 기술을 활용할 수 있게 하는 것이 애초에 그들의 목표이자 목적이었으니 말이에요.

OpenAI API와 에이전트 개발

OpenAI는 기술 민주화를 지향하는 만큼 자사가 개발한 다양한 흥미로운 모델에 더 쉽게 접근할 수 있도록 노력하고 있습니다. BERT나 T5 같은 '이전 세대'의 트랜스포머transformer 모델들이 연구소에만 머무르며 학술 연구자들만 간혹 방문했던 것과 다르게 말입니다.

따라서 ChatGPT와 DALL·E는 웹 기반의 대화형 인터페이스를 제공하며 Bing 검색 기능, 코드 실행 기능, 데이터 분석 기능 등을 내장하고 있습니다. 심지어 코드 작성 없이 개인 맞춤형 GPT를 설계할 수도 있습니다. 일반 사용자들에게는 이러한 접근 방식이 매우 편리하고 직관적입니다.

하지만 GPT 모델을 이용하기 위해 웹을 사용해야만 하는 것은 아닙니다. 개발자들은 OpenAI API를 사용하여 프로그램 내에서 API를 통해 모델과 상호작용할 수 있습니다.

개발자가 OpenAI API를 이용해 완성한 작업을 인공지능 애플리케이션 개발[10]이라고 부릅니다. 그리고 이를 통해 LLM이 가지고 있는 인간 수준의 텍스트 이해와 생성 능력을 활용해 지능형 챗봇이나 가상 비서를 제작하여 웹 사이트, 애플리케이션, 고객 서비스 플랫폼에 배치할 수 있습니다. 또한 사용자 참여를 늘리고 자동화된 형태로 사용자를 지원할 수 있습니다. LLM을 활용하여 고객 리뷰, 소셜 미디어 댓글, 기타 텍스트 데이터를 분석함으로써, 그 뒤에 숨겨진 감정을 이해하고

10 옮긴이 정확히는 인공지능 애플리케이션 개발의 일부분입니다.

고객 만족도나 대중의 의견을 파악할 수도 있습니다. 게임 산업과 강화학습 환경에서도 LLM을 통한 게임 환경과의 상호작용, 자율적인 게임 플레이, 플레이어 지원과 같은 방식으로 활용하는 것이 가능합니다.

예나 태진 선배, 현재 다양한 유형의 인공지능 애플리케이션의 성숙도는 어느 수준이고, 실제로 어떤 분야에 적용되고 있나요?

태진 현재 일부 인공지능 애플리케이션은 상당히 성숙한 상태이며, 점차 여러 산업에 적용되는 사례들이 생겨나고 있습니다. 하지만 그림 3.5에서 볼 수 있듯이 대부분의 인공지능 애플리케이션은 여전히 탐색 단계에 있으며 아직 발전 중인 단계입니다.

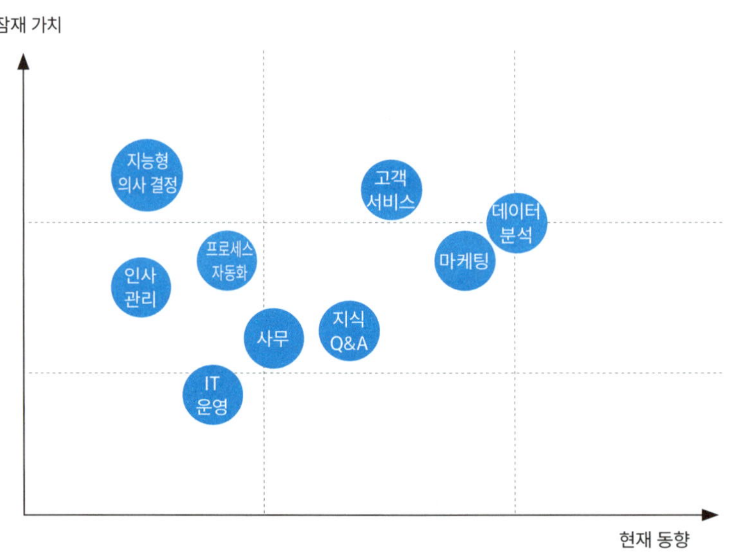

그림 3.5 현재 각종 인공지능 애플리케이션의 동향과 잠재 가치

예를 들어 그림 3.5에서 '고객 서비스' 유형은 인공지능을 활용하여 고객 서비스의 지능을 향상시키는 것을 의미하며, 인공지능 기반의 챗봇을 그 예로 들 수 있습니다. '데이터 분석' 유형은 대규모 데이터를 탐색하고 분석하여 의미 있는 통찰을 도출하는 인공지능 도구를 포함합니다. 'IT 운영',

'마케팅', '인사 관리' 유형은 각각의 분야에서 사용되는 인공지능 애플리케이션을 의미합니다. 에이전트는 거의 모든 인공지능 분야에서 중요한 역할을 할 수 있지만, 일부 분야는 다른 분야에 비해 구현 난이도가 낮기 때문에 구현의 발전 속도가 빠릅니다. 예를 들어 ChatGPT는 데이터 분석 지능형 도우미로도 사용할 수 있습니다. 반면에 IT 운영이나 지능형 의사 결정 같은 일부 분야에서는 에이전트의 최대 잠재력을 발휘하는 방법에 대한 연구가 여전히 진행 중입니다. 또한 비즈니스 환경이 모두 다르기 때문에 모든 상황에 사용할 수 있는 '만능 에이전트' 개발 기반 체계라는 것은 존재할 수 없다는 어려움도 있습니다.

물론 에이전트 개발 성숙도는 아직 낮지만 그 전망은 매우 밝습니다. 개발자들은 OpenAI API의 기능을 깊이 이해하고 적절히 활용함으로써 다양한 프로젝트를 탐색하고 LLM의 여러 능력을 하나씩 해제하여 인공지능의 강력한 잠재력을 실현할 수 있습니다.

개발 성숙도 외에도 그림 3.6에서는 LLM 애플리케이션 개발 과정을 다른 시각에서 바라볼 수 있는 두 가지 요소를 확인할 수 있습니다. 수직 축은 LLM에 입력되는 정보의 복잡성을 의미하며, 수평 축은 LLM이 가지는 능력에 대한 요구사항을 나타냅니다. 이 두 개의 축은 모델 최적화 시 고려해야 할 두 가지 방향으로 LLM이 알아야 할 맥락 정보와 취할 행동을 제시합니다.

그림 3.6 LLM 기반 인공지능 애플리케이션 개발

LLM이 더 많은 맥락을 알수록 특정 활용 상황에서 판단을 내리는 능력이 더욱 강화됩니다. 또한 대형 모델에 대한 행동 능력 요구 수준이 높아지면 해당 모델을 파인튜닝하거나 에이전트를 통해 더 많은 지능을 부여해야 합니다.

현재 우리가 논의하는 에이전트 애플리케이션 개발은 그 성숙도가 아직 매우 낮지만, 반면에 잠재

가치는 매우 높은 분야에 속하며, 동시에 높은 맥락 요구와 모델의 행동력에 대한 높은 요구가 있는 영역에 위치합니다.

예나 우와, 우리는 이 분야의 선구자군요.

태진 그렇죠, 에이전트는 인공지능 애플리케이션 개발 중에서도 가장 주목받는 부분입니다. 사실 에이전트와 같은 애플리케이션은 그 안에서 사용되는 LLM이 강력한 추론 능력을 요구하기 때문에, 현재까지는 OpenAI의 GPT-4 시리즈 모델과 Anthropic의 Claude 3 모델만이 '에이전트의 두뇌' 역할을 간신히 충족할 수 있었습니다.[11] 이러한 에이전트는 자연어 대화, 질문 응답, 텍스트 생성, 코드 작성과 이해를 수행할 수 있기 때문에 결국 자동화 도구의 핵심 구성 요소가 됩니다.

예나 태진 선배, 에이전트를 구축하기 전에 OpenAI API로 간단한 예제 애플리케이션을 먼저 만들어볼 수 있을까요?

OpenAI API를 이용한 대화 프로그램 예제

태진 이번에는 OpenAI API를 이용해 간단한 대화 프로그램을 만들어보겠습니다.

첫 번째, OpenAI 웹사이트에 가입하고 계정을 생성합니다.

두 번째, OpenAI API 키를 발급받습니다. 그림 3.7은 API 키가 발급된 상황을 보여주고 있습니다.[12]

11 옮긴이 구글 Gemini의 논리적 추론 능력은 앞으로 지켜봐야 할 부분에 해당합니다.

12 옮긴이 61쪽의 'ReAct 기반 체계를 이용한 간단한 에이전트 구현'에서 API 키를 발급받았다면 다음 단계로 넘어갑니다.

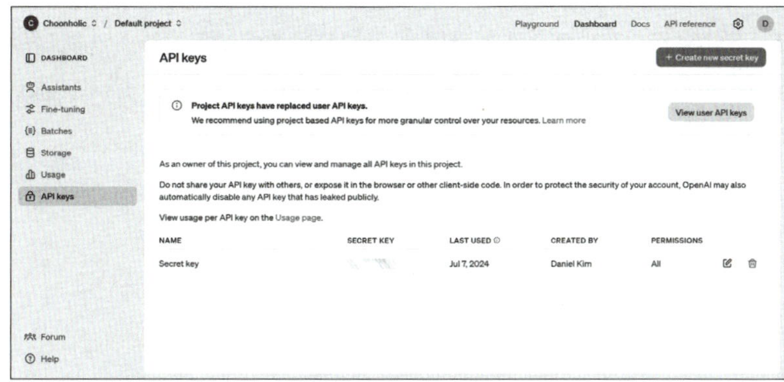

그림 3.7 OpenAI API 키

세 번째, OpenAI의 파이썬 모듈을 설치합니다.

In

```
pip install openai
```

네 번째, 개발 도구를 이용해 코드를 작성합니다. 먼저 OpenAI API 키를 설정하고(63쪽 참고), `OpenAI` 모듈을 불러온 다음, `OpenAI`의 인스턴스인 `client`를 생성합니다.

In

```
# OpenAI API 키 설치
import os

os.environ["OPENAI_API_KEY"] = 'OpenAI API Key'

# OpenAI 가져오기
from openai import OpenAI

# client 인스턴스 생성하기
client = OpenAI()
```

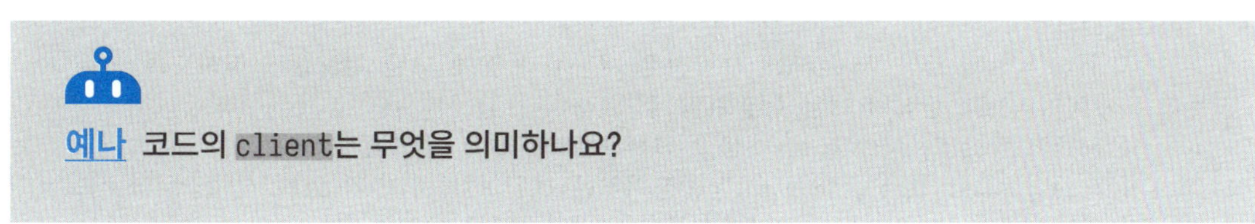

예나 코드의 `client`는 무엇을 의미하나요?

태진 여기서 `client`는 관례적으로 사용되는 이름으로, `OpenAI` 클래스의 하나의 인스턴스를 나타냅니다. 이는 OpenAI API와 상호작용하는 주체인 API 호출 기능을 제공하는 객체를 가리킵니다.

NOTE

OpenAI의 예시 코드에서 `client`라는 이름을 사용하는 데는 다음과 같은 몇 가지 이유가 있습니다.

- 클라이언트-서버 모델: 많은 프로그래밍 상황에서, 특히 네트워크 요청이 관련된 경우에는 일반적으로 클라이언트client와 서버server 개념을 사용합니다. 이 모델에서 클라이언트는 요청을 보내고 서버는 이러한 요청에 응답합니다. 이 예시에서는 `OpenAI` 클래스의 인스턴스가 클라이언트 역할을 하며 OpenAI 서버에 API 요청을 보내고 응답을 받습니다.
- API 상호작용: client라는 단어는 일반적으로 이 예제의 OpenAI API와 같은 외부 서비스와 상호작용하는 애플리케이션이나 그 구성 요소를 가리킬 때 사용됩니다. 이 `client` 인스턴스를 통해 API에서 제공하는 다양한 기능을 호출할 수 있는데, 예를 들면 대화 요청을 보내거나 응답 데이터를 처리하는 등의 작업이 가능합니다.

다섯 번째, `chat.completions.create` 메서드를 호출하고 `response`를 통해 LLM의 출력을 받아옵니다.

In

```
# chat.completions.create 메서드를 호출하여 응답을 받음
response = client.chat.completions.create(
    model="gpt-4o-mini",
    response_format={
        "type": "json_object"
    },
    messages=[
        {"role": "system", "content": "당신은 사용자가 꽃에 대한 정보를 이해하도록 돕는 
지능형 비서이며, JSON 형식의 내용을 출력할 수 있습니다."},
        {"role": "user", "content": "생일 선물로 어떤 꽃이 가장 좋을까요?"},
        {"role": "assistant", "content": "장미꽃은 생일 선물로 인기 있는 선택입니다."},
        {"role": "user", "content": "배송에는 얼마나 걸리나요?"}
    ]
)
```

이 코드는 `client`를 사용하여 채팅 완료chat completion 요청을 생성하는 방법을 보여줍니다. 이 요청은 `gpt-4o-mini`를 사용하고 있으며, 출력 형식을 JSON 객체로 지정했습니다. 코드의 핵심 부분은 `client.chat.completions.create` 메서드를 호출하는 것으로, 이 메서드는 모델과 상호작용할 때 자주 사용됩니다.

이 코드에는 몇 가지 중요한 매개변수가 있으므로, 여기서 하나씩 설명하겠습니다.

1. model 매개변수

`model` 매개변수는 LLM의 구체적인 유형을 지정합니다. 이 예제 코드에서는 `model` 매개변수에 `gpt-4o-mini`를 지정하고 있으나, OpenAI에서는 이 외에도 표 3.1과 같이 여러 가지 모델을 제공하고 있습니다. 여기서 주의할 점은 `chat.completions` 메서드에 사용할 수 있는 모델은 표에 나열된 대화 유형의 모델로 한정되어 있다는 것입니다. 다른 유형의 모델을 사용하려면, 해당 모델에서 사용 가능한 API를 호출해야 합니다.

표 3.1 OpenAI의 주요 모델[13]

모델 이름	유형	설명	매개 변수
`gpt-4o`	대화	GPT-4 시리즈 최상위 모델 복잡한 다단계 작업용	문맥 해석 범위[14]: 토큰 128,000개 최신 학습 데이터: 2024년 8월
`gpt-4o-2024-11-20`	대화	GPT-4o 시리즈 최신 모델 복잡한 다단계 작업용	문맥 해석 범위: 토큰 128,000개 최신 학습 데이터: 2024년 11월
`gpt-4o-mini`	대화	GPT-4o 시리즈 소형 모델 빠르고 가벼운 작업용	문맥 해석 범위: 토큰 128,000개 최신 학습 데이터: 2024년 7월
`o1`	대화	o1 시리즈 기본 모델 복잡한 추론 작업용	문맥 해석 범위: 토큰 200,000개 최신 학습 데이터: 2024년 12월
`o1-mini`	대화	o1 시리즈 소형 모델 복잡한 추론 작업용	문맥 해석 범위: 토큰 128,000개 최신 학습 데이터: 2024년 9월
`o3-mini`	대화	o3 시리즈 소형 모델 작은 규모의 추론 작업용	문맥 해석 범위: 토큰 200,000개 최신 학습 데이터: 2025년 1월
`gpt-4o-realtime-preview`	화상 대화	Realtime API 지원 모델 화상 대화 대응 작업용	문맥 해석 범위: 토큰 128,000개 최신 학습 데이터: 2024년 12월
`gpt-4o-audio-preview`	음성	음성 대응 모델 음성을 통한 대화 작업용	문맥 해석 범위: 토큰 128,000개 최신 학습 데이터: 2024년 12월

13 2025년 2월 기준이며, 최신 현황은 https://platform.openai.com/docs/models에서 확인할 수 있습니다.

14 옮긴이 Context Window. 맥락 창이라고도 합니다.

표 3.1 OpenAI의 주요 모델(표 계속)

모델 이름	유형	설명	매개 변수
`gpt-3.5-turbo`	대화	GPT-3.5 모델의 개선 버전 대화 애플리케이션 최적화	문맥 해석 범위: 토큰 16,385개 최신 학습 데이터: 2021년 9월
`gpt-3.5-instruct`	텍스트 완성	GPT-3 모델과 유사 이전 버전 호환	문맥 해석 범위: 토큰 4,096개 최신 학습 데이터: 2021년 9월
`dall-e-3`	이미지	DALL·E 모델의 세 번째 버전 프롬프트 기반 이미지 생성	생성 이미지 크기: 1024×1024, 1024×1792, 1792×1024
`dall-e-2`	이미지	DALL·E 모델의 두 번째 버전 정밀한 사실적 이미지 생성	생성 이미지 크기: 1024×1024, 1024×1792, 1792×1024
`tts-1`	텍스트 변환	텍스트 음성 변환 모델 속도 최적화	선택 가능 음성: 6개
`tts-1-hd`	텍스트 변환	텍스트 음성 변환 모델 음질 최적화	선택 가능 음성: 6개
`whisper-1`	음성 인식	다목적 음성 인식 모델 여러 작업 지원	파일 크기 제한: 25MB 지원 파일 형식: `mp3`, `mp4`, `mpeg`, `mpga`, `m4a`, `wav`, `webm`
`text-embedding-3-large`	단어 임베딩	세 번째 임베딩 모델 영어/비영어권 모두 적합	출력 차원: 3,072
`text-embedding-ada-002`	단어 임베딩	두 번째 임베딩 모델 텍스트를 숫자 형태로 변환	출력 차원: 1,536

OpenAI는 지원하는 모델의 목록을 수시로 갱신합니다. 예를 들어 `gpt-4-0125-preview`는 2024년 1월 25일에 출시된 미리 보기 버전입니다. 또한 2023년에 일반적으로 사용된 `text-davinci-003`은 더 이상 사용할 수 없으며, 대신 `gpt-3.5-turbo-instruct`를 사용해야 합니다. 따라서 최신 모델에 대한 정보는 OpenAI 웹사이트[15]에서 수시로 확인하는 것이 좋습니다.

2. messages 매개변수

`messages` 매개변수는 메시지의 배열을 나타내며 대화 모델과 상호작용하는 주요 부분입니다. 각 메시지는 역할(`role`)과 내용(`content`)을 포함하고 있습니다. 여기서 역할이란 메시지의 발신자나 유형을 의미하며, 일반적으로 다음과 같은 값이 사용됩니다.

- `system`: 시스템 수준의 지시나 정보로 일반적으로 대화의 배경 지식이나 맥락의 설정에 사용됩니다. 예를 들어 `{"role": "system", "content": "당신은 사용자가 꽃에 대한 정보를 이해

15 옮긴이 https://platform.openai.com/docs/models

하도록 돕는 지능형 비서이며, JSON 형식의 내용을 출력할 수 있습니다."}라는 메시지는 지능형 비서의 역할과 출력 형식을 설정합니다.

- `user`: 사용자의 입력을 나타내며, 사용자가 지능형 비서와 대화를 나누는 부분을 대신합니다. 예를 들어 `{"role": "user", "content": "생일 선물로 어떤 꽃이 가장 좋을까요?"}`라는 메시지는 사용자가 생일 선물로 어떤 꽃이 가장 적합한지 묻는 것을 나타냅니다.
- `assistant`: 지능형 비서의 응답을 나타내며, 보통 모델이 맥락에 따라 생성한 답변에 해당합니다. 예를 들어 `{"role": "assistant", "content": "장미꽃은 생일 선물로 인기 있는 선택입니다."}`라는 메시지는 지능형 비서가 장미를 생일 선물로 추천하는 응답을 나타냅니다.

이 예시에서는 `"system"`, `"user"`, `"assistant"` 역할 메시지를 사용하여 꽃에 대한 정보를 다룬 사용자와 지능형 비서 간의 대화 장면을 시뮬레이션했습니다. 사용자가 질문을 제기하고, 지능형 비서는 비서의 역할과 능력을 정의한 시스템 지시와 대화 기록을 바탕으로 답변을 제공합니다. 이러한 방식으로 더욱 현실적인 대화 경험을 시뮬레이션할 수 있습니다.

예나 이 `messages` 매개변수가 사실상 인공지능의 '단기 기억'을 담당하고 있군요. 그렇죠?

태진 맞아요. 아주 잘 설명했어요.

3. response_format 매개변수

코드의 `response_format={"type": "json_object"}` 부분은 응답 형식을 JSON 객체로 지정하는 것입니다. 이를 통해 모델의 응답은 JSON 형식으로 반환되기 때문에, 프로그램이 응답을 좀 더 쉽게 해석하고 사용할 수 있습니다.

NOTE

이 코드에서 LLM이 JSON 형식의 텍스트를 반환하도록 지정하는 기능은 OpenAI의 최신 모델에서 중요한 기능 중 하나로 'JSON 모드JSON mode'[16]라고 부릅니다. JSON 모드는 모델이 유효한 JSON 객체를 출력하도록 보장하며 함수 호출과 같은 특정 활용 사례에서 특히 유용합니다. 함수 호출에 대해서는 이후에 더 자세히 설명하겠습니다.

4. 기타 매개변수

OpenAI의 `chat.completions.create` API에서 사용하는 주요 매개변수와 기능은 표 3.2에서 확인할 수 있습니다.

표 3.2 `chat.completions.create` API의 주요 매개변수

매개변수 이름	설명
`model`	모델을 지정하는 매개변수(예: `gpt-4o`, `gpt-4-turbo`)
`prompt`	모델에 입력되는 질문이나 지시를 담은 매개변수
`temperature`	출력의 무작위성에 영향을 미치는 온도 매개변수로 온도가 높을수록 무작위성이 높음
`max_tokens`	출력의 최대 길이를 토큰 단위로 제한하는 매개변수
`suffix`	출력 뒤에 접미사를 추가하는 매개변수(기본값은 `null`)
`top_p`	최고 확률 토큰만 고려하게 하는 핵심 샘플링 매개변수
`n`	각 프롬프트에 대한 전체 출력 생성 개수를 지정하는 매개변수
`stream`	생성된 토큰의 실시간 출력을 결정하는 매개변수
`logprobs`	가장 가능성 있는 토큰의 로그 확률을 포함하도록 요구하는 매개변수
`echo`	프롬프트 외에 생성된 내용을 반향 출력하는 매개변수
`stop`	하나 이상의 시퀀스를 생성 종료 신호로 지정할 수 있는 매개변수
`presence_penalty`	이미 등장한 토큰의 재사용 가능성을 조정하여, 새 주제를 다룰 확률을 결정하는 매개변수
`frequency_penalty`	자주 등장하는 토큰의 반복을 조정하여 같은 말을 반복할 확률을 결정하는 매개변수
`best_of`	여러 출력을 생성하고 그중 최상의 출력을 반환하도록 요구하는 매개변수
`logit_bias`	특정 토큰의 등장 확률을 조정하는 매개변수
`user`	최종 사용자의 고유 식별자를 나타내는 선택적 매개변수

여섯 번째, LLM의 결과를 출력합니다.

16 옮긴이 https://platform.openai.com/docs/guides/structured-outputs/json-mode

```python
# 응답 출력
print(response)
```

```
ChatCompletion(
  id='chatcmpl-9zql7s3letCY2ibP43xHrCN4RgMYl',
  choices=[
    Choice(
      finish_reason='stop',
      index=0,
      logprobs=None,
      message=ChatCompletionMessage(
        content='\n\n{\n  "response": "배송 시간은 구매처, 배송지 위치, 주문 시 선택한 
배송 방법에 따라 다릅니다. 일반적으로 꽃배달 서비스는 같은 날 또는 다음 날 배송 선택사항을 
제공하지만, 정확한 배송 시간은 주문 시 확인하는 것이 좋습니다."\n}',
        refusal=None,
        role='assistant',
        function_call=None,
        tool_calls=None
      )
    )
  ],
  created=1724527841,
  model='gpt-4-turbo',
  object='chat.completion',
  service_tier=None,
  system_fingerprint=None,
  usage=CompletionUsage(
    completion_tokens=109,
    prompt_tokens=128,
    total_tokens=237
  )
)
```

이 출력 결과에는 우리가 원하는 텍스트 외에도 몇 가지 다른 정보가 포함되어 있습니다. 위에서 설명한 `ChatCompletion`의 구조는 표 3.3과 같습니다.

표 3.3 ChatCompletion의 구조

속성 이름	값	설명
id	chatcmpl-9zql7s3letCY2ibP43xHrCN4RgMYl	고유 식별자
choices	배열	모델이 생성한 선택 항목
finish_reason	stop	생성 종료 이유
index	0	선택 항목의 색인 위치
logprobs	None	확률 분포 정보(제공되지 않음)
message	ChatCompletionMessage 객체	생성된 텍스트 내용
content	JSON 객체	JSON 형식의 모델 출력
created	1724527841	응답 생성 시각
model	gpt-4-turbo	사용 모델
object	chat.completion	객체 유형
system_fingerprint	None	시스템 지문(제공되지 않음)
usage	CompletionUsage 객체	사용량 정보
completion_tokens	109	응답에 사용된 토큰 수
prompt_tokens	128	프롬프트에 사용된 토큰 수
total_tokens	237	사용된 전체 토큰 수

물론 응답에서 메시지 내용만 출력하여 직접 텍스트를 읽을 수 있는 상태로 만들 수도 있습니다.

In

```
# 응답에서 메시지 내용만 출력
print(response.choices[0].message.content)
```

Out

```
{
  "response": "배송 시간은 구매처, 배송지 위치, 주문 시 선택한 배송 방법에 따라 다릅니다.
일반적으로 꽃배달 서비스는 같은 날 또는 다음 날 배송 선택사항을 제공하지만, 정확한 배송
시간은 주문 시 확인하는 것이 좋습니다."
}
```

지금까지 매우 간단한 OpenAI API 호출 예제를 작성해보았습니다. 단순해 보이지만 이 출력을 절대 과소평가해서는 안 됩니다. 이것이 바로 에이전트의 다양한 논리가 작동하는 출발점입니다. LLM을 지원하는 프로그램은 마치 리더와 같아서 모든 질문에 대해 생각하고 결정을 내릴 수 있으며, 이 결정을 통해 도구를 지휘할 수 있습니다. 여기서 모델에 JSON 형식의 데이터를 출력하도

록 특별히 요구한 이유는, 이 출력을 다른 함수와 기능에 쉽게 전달하는 데 목적이 있습니다.

OpenAI API를 이용한 이미지 생성 예제

최신 LLM은 텍스트 출력뿐만 아니라 여러 종류의 입력 형식multi-modal을 처리하는 능력도 가지고 있습니다. 표 3.1에서 살펴본 모델 목록에서 알 수 있듯이, OpenAI는 DALL·E, Whisper와 같은 여러 종류의 비 텍스트 처리 모델을 갖추고 있습니다.

이번에는 API를 통해 LLM에게 이미지 생성을 요청하는 프로그램을 살펴보겠습니다.

`openai` 모듈을 통해 `OpenAI` 라이브러리를 가져오고 `client` 인스턴스를 생성하는 코드는 앞의 예제와 같으므로 설명은 생략하겠습니다. 다만 주피터 노트북Jupyter Notebook에서 이미지를 표시할 수 있도록 하기 위해 `.ipynb` 형식 파일로 저장한다는 점을 염두에 두시기 바랍니다.

In

```
# OpenAI API 키 설치
import os

os.environ["OPENAI_API_KEY"] = 'OpenAI API Key'

# OpenAI 가져오기
from openai import OpenAI

# client 인스턴스 생성하기
client = OpenAI()
```

이제 `images.generate` 메서드를 통해 이미지를 생성하고 출력합니다.

In

```
# DALL·E 3에 이미지 생성 요청
response = client.images.generate(
    model="dall-e-3",
    prompt="'꽃말의 비밀 정원' 전자상거래 앱의 새해 장미꽃 홍보 포스터, 문구도 포함해서",
    size="1024x1024",
    quality="standard",
    n=1
)

# 이미지 URL 가져오기
```

```
image_url = response.data[0].url

# 이미지 읽어오기
import requests

image = requests.get(image_url).content

# Jupyter Notebook에서 이미지 표시
from IPython.display import Image

Image(image)
```

`images.generate` 메서드는 DALL·E 3 모델을 호출하여 이미지를 생성합니다. 이 프롬프트의 목적은 '꽃말의 비밀 정원' 전자상거래 앱에서 사용할 1024×1024 크기의 새해 장미꽃 홍보 포스터를 생성하는 것입니다. 응답에서 생성된 이미지의 URL을 추출한 후, 파이썬의 `requests` 라이브러리를 사용하여 이미지 데이터를 가져옵니다. 마지막으로 `IPython`의 `Image` 함수를 사용하여 그림 3.8과 같이 이미지를 표시합니다.

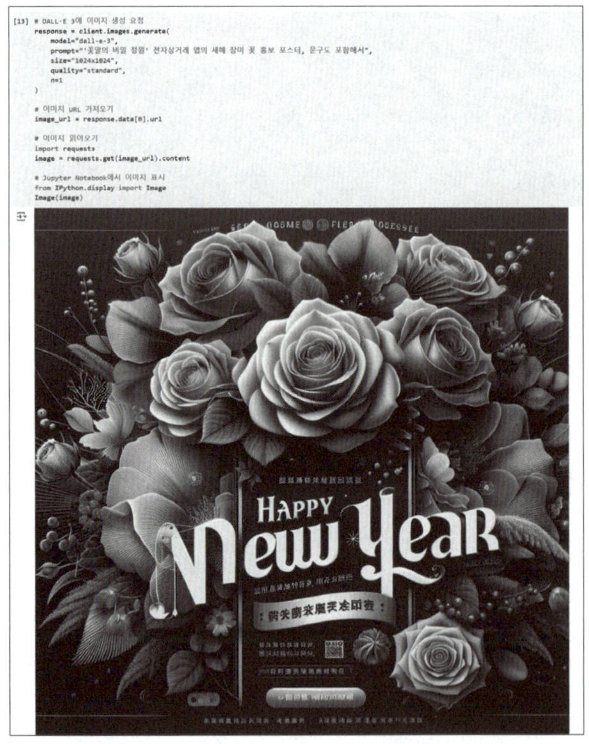

그림 3.8 멋진 새해 장미꽃 포스터가 출력된 모습

DALL·E 3 모델이 성공적으로 멋진 포스터를 생성했습니다.[17]

OpenAI API 사용 시 주의사항

다음은 OpenAI API를 사용할 때 주의해야 할 사항입니다.

먼저 가장 흔히 사용하는 매개변수인 `temperature`에 주목해야 합니다. `temperature` 매개변수는 머신러닝, 특히 자연어 생성 모델에서 매우 중요하며 생성된 콘텐츠의 무작위성과 창의성을 제어하기 위해 사용됩니다. `temperature` 값이 0.2와 같이 낮을 때는 더 일관된 출력을 생성하고 반대로 1.0과 같이 값이 높을 때는 더 다양한 결과와 창의적인 출력을 생성합니다. 따라서 특정 애플리케이션에서 요구되는 일관성과 창의성에 따라 `temperature` 값을 선택해야 하며, 지정 가능한 값의 범위는 `0`에서 `2` 사이입니다.

NOTE

챗봇이나 고객 서비스 애플리케이션에서는 낮은 `temperature` 값을 사용하여 정확하고 관련성 높은 일관된 답변을 제공하고, 예술적 창작이나 창의적 글쓰기 애플리케이션에서는 더 높은 `temperature` 값을 사용하여 참신한 아이디어와 독특한 텍스트 출력을 유도할 수 있습니다.

예나 또 다른 문제는 데이터의 개인 정보 보호입니다. 결국 우리 자신의 정보를 OpenAI에 보내는 것이니까요. OpenAI는 이 데이터를 어떻게 사용하나요?

태진 OpenAI의 발표에 따르면 2023년 3월 1일부터 API를 통해 전송된 데이터를 30일 동안만 보관하고, 추가로 API나 대화 인터페이스를 통해 전송된 사용자 데이터를 모델 개선에 사용하지 않겠다고 약속했습니다. 더 자세한 내용은 OpenAI의 데이터 사용 정책을 참

17 옮긴이 그러나 포스터나 문구가 포함된 이미지를 출력할 경우, 아직까지는 이미지에 포함된 텍스트가 올바르지 않은 경우가 대부분이라는 한계가 있다는 점을 인지하고 있어야 합니다.

고하기 바랍니다. 이와 더불어 사용자 역시 이를 위해 OpenAI의 사용 정책과 지침을 따라야 하며, 특히 데이터 개인 정보 보호와 보안에 관한 규정을 준수해야 합니다.

예나 그렇다면 우리의 프로그램을 더 안전하게 만들기 위해서 무엇을 할 수 있을까요?

태진 API의 출력을 검토하는 계층을 추가하는 것이 좋습니다. 이 계층은 OpenAI의 검토 지침을 따라야 하며, OpenAI 사용 정책을 위반하는 콘텐츠가 표시되지 않도록 해야 합니다. OpenAI는 더 안전한 시스템을 구축할 수 있도록 개발자를 위한 보안 지침을 제공합니다.

예나 '요청 속도 제한rate-limited' 오류 메시지가 나타나는 경우가 있는데, 그 이유는 무엇인가요?

태진 이러한 오류는 일반적으로 사용자가 API 호출 속도 제한을 초과했을 때 발생합니다. OpenAI는 서로 다른 API와 사용자 등급에 대해 특정 속도 제한을 설정하여 서비스의 안정성과 공정성을 보장합니다. 짧은 시간 내에 너무 많은 요청을 보내면 이러한 제한이 적용될 수 있습니다. 이는 서버 과부하를 방지하고 모든 사용자가 원활하고 공정하게 서비스를 이용할 수 있도록 하기 위한 것입니다. 이와 더불어 속도 제한을 통해 리소스를 더 잘 관리하고 할당하여 API 응답 속도와 서비스 품질을 유지할 수 있습니다.

이런 상황이 발생하면 먼저 API 키나 사용자 등급에 해당하는 속도 제한을 파악해야 합니다. 이러한 정보는 일반적으로 OpenAI 문서나 API 콘솔에서 확인할 수 있습니다. API 호출을 계획적으로 배치하고 한 번의 요청을 통해 필요한 모든 정보를 얻는 방식을 사용하여 불필요한 반복 호출을 줄여야 합니다. 이 외에도 코드에서 속도 제한 오류를 적절히 처리할 수도 있습니다. API가 속도 제한 오류를 반환하면 일반적으로 '재시도 가능 시간retry-after'을 제공하므로 이 시간이 지난 후에 다시 요청을 시도하면 됩니다. 물론 그럼에도 불구하고 속도 제한 문제가 자주 발생한다면 더 높은 사용자 등급이나 플랜으로 갱신하여 더 높은 속도 제한을 확보하는 것도 고려할 수 있습니다.

마지막으로 예나 씨가 아직 물어보지 않았지만, 분명히 궁금해할 것이 하나 있습니다. 바로 OpenAI가 이용 요금을 부과하는 방식입니다. 이러한 LLM은 비용이 매우 높기 때문에 일반적인 사용자가 쉽게 혜택을 누리기 어렵습니다. 계정 생성 시 제공되는 5달러를 모두 소모한 이후에는 비용을 직접 부담해야 합니다.

따라서 OpenAI API의 요금제를 깊이 이해하고 각 모델과 요청 유형에 따른 비용을 파악해야 합니다. 토큰token에 대해서 알고 있나요? 토큰은 단어 조각으로 번역할 수 있으며, 텍스트의 구성 요소에 해당합니다. LLM은 텍스트를 개별 토큰으로 분할하여 학습과 추론을 수행하므로, API 사용량을 일반적으로 토큰 단위로 측정합니다. 영어를 기준으로 토큰 1,000개는 약 750개의 단어에 해당합니다.

API의 요청에 필요한 토큰의 수는 텍스트의 길이와 복잡성에 따라 다릅니다. OpenAI API는 토큰 기반의 과금 모델을 제공하므로 사용자는 실제로 사용한 서비스에 대해서만 비용을 지불하면 됩니다. 여기서 반드시 주의할 것은 모델마다 토큰 대비 비용이 다르며, 일반적으로 최신 모델일수록 더 비쌉니다. 물론 특별하게 설계된 모델일 경우 이 원칙이 적용되지 않는데, GPT-4 모델은 GPT-3.5 Turbo 모델보다 수십 배 비싸지만, 최신 GPT-4 Turbo 모델은 오히려 GPT-4 모델보다 절반 정도 저렴합니다.

GPT 모델에 따른 입력과 출력 처리 비용 기준은 표 3.4와 같습니다.

표 3.4 GPT 모델에 따른 입력과 출력 처리 비용 기준[18]

모델	1 M 입력 토큰 비용 (USD)	1 M 출력 토큰 비용 (USD)
`gpt-4o`	2.50	10.00
`gpt-4o-mini`	0.15	0.60
`o1`	15.00	60.00
`o3-mini`	1.10	4.40
`o1-mini`	1.10	4.40

예나 표의 1 M이 백만을 의미하는 거죠? 그렇다면 우리가 평소에 ChatGPT와 대화할 때 대략 얼마나 되는 토큰을 사용하는 건가요?

18 2025년 2월 기준이며, 최신 가격은 https://platform.openai.com/docs/pricing에서 확인할 수 있습니다.

태진 평소에 가벼운 대화를 나눌 때는 상호작용 과정에서 토큰을 사용하는 양이 매우 적기 때문에 여러 차례 대화를 나누더라도 그 비용은 몇 센트에 불과합니다. 하지만 큰 문서를 처리할 때는 많은 비용이 드는데, 일반적으로 3,000페이지 분량의 텍스트를 처리하는데 2,000,000개의 토큰이 필요합니다. 《셰익스피어 전집Complete Works of Shakespeare》의 경우 약 900,000개의 단어가 포함되어 있으며, 이를 토큰으로 환산하면 대략 1,000,000개에 해당합니다.

따라서 실제 요구에 맞는 적절한 요금제를 선택하는 것이 좋습니다. LLM을 이용해 개발할 때는 토큰의 소모율을 고려하여 불필요한 API 호출을 줄이는 것이 중요합니다.

자, OpenAI API에 대한 설명은 이쯤에서 마무리하고, 지금부터는 또 다른 인공지능 애플리케이션 개발 도구인 LangChain에 대해서 살펴보겠습니다.

3.2 LangChain이란 무엇인가?

2022년 11월 30일에 갑자기 세상으로 뛰쳐나온 ChatGPT의 등장과 함께, 지금까지 수면 아래에 감춰져 있던 LLM 개발 생태계가 서서히 모습을 드러내기 시작했습니다. OpenAI의 ChatGPT와 동시에 성장한 것은 Anthropic과 같은 스타트업뿐만 아니라 Claude, Gemini와 같은 상용 LLM의 경쟁 제품, Llama, ChatGLM, Mistral과 같은 오픈 소스 모델, 그리고 마지막 범주로 등장한 것이 LangChain, LlamaIndex와 같은 오픈 소스 인공지능 개발 기반 체계입니다. 그리고 그 안에서도 대표적인 것이 LangChain과 LlamaIndex이며, 그림 3.9와 같이 깃허브에서 매우 많은 추천star을 받으며 크게 성장하고 있습니다.

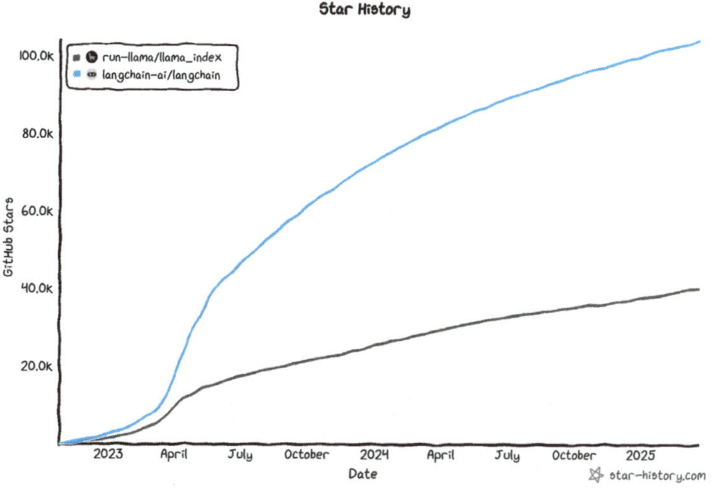

그림 3.9 LangChain과 LlamaIndex의 놀라운 깃허브 추천 수 증가 속도[19]

LangChain에 대해 이야기하다

LangChain은 LLM을 외부 데이터와 연결하여 개발자가 더 빠르고 쉽게 언어 기반의 인공지능 애플리케이션을 구축할 수 있게 도와주는 오픈 소스 기반 체계입니다.

LangChain은 2022년 10월 해리슨 체이스Harrison Chase의 오픈 소스 프로젝트로 출발했습니다. 프로젝트의 시작 시기를 보면 해리슨의 통찰력을 엿볼 수 있는데, 무려 ChatGPT가 등장하기 한 달 전에 프로젝트를 시작했습니다. 그는 그 당시 어떻게 LLM이 이렇게 급부상할 것이라는 것을 알아챈 것일까요? 영역을 선점한 LangChain은 빠르게 주목을 받으며 많은 지지를 얻었으며, 2023년 4월에는 세콰이어 캐피털Sequoia Capital 등의 기관으로부터 2천만 달러 이상의 엔젤 투자를 받았습니다.

앤드류 응Andrew Ng은 LangChain의 광범위한 영향력을 바탕으로, 해리슨 체이스와 함께 'LangChain을 사용한 LLM 애플리케이션 개발'이라는 공개 강의를 개발했습니다.

1. LangChain 개발 환경 개요

LangChain은 약 1년이라는 짧은 시간 동안 상당히 방대한 인공지능 개발 환경을 구축했습니다.

19 옮긴이 https://star-history.com/#run-llama/llama_index&langchain-ai/langchain

그림 3.10은 LangChain의 전체 개발 환경 스택stack을 보여줍니다.

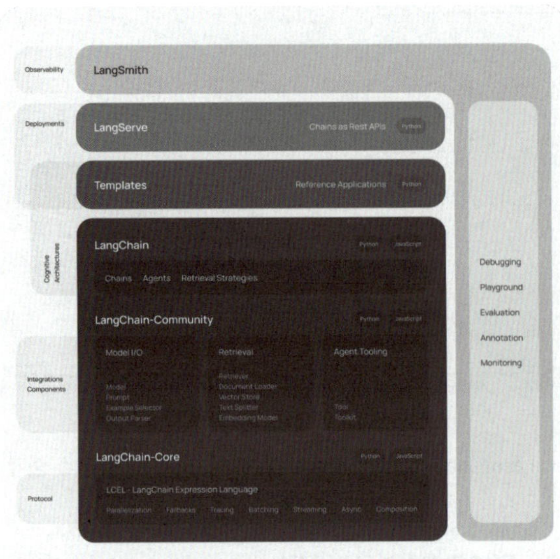

그림 3.10 LangChain 전체 개발 환경 스택(깃허브 jpub_ai_agent/img/03_10.png)

LangChain의 전체 기반 체계는 파이썬과 자바스크립트 라이브러리를 비롯한 다양한 구성 요소와 통합 인터페이스를 포함하고 있으며, 이러한 구성 요소를 연결하여 연쇄chain와 에이전트의 실행 시간 환경runtime environments을 구성합니다. 또한 쉽게 배포할 수 있는 참조 애플리케이션 템플릿과 LangChain 연쇄를 REST API로 배포할 수 있는 LangServe 배포 플랫폼도 제공하고 있습니다. 게다가 LangChain 생태계에는 LangSmith라는 플랫폼도 포함되어 있는데, 이는 어떤 LLM 기반 체계라도 연쇄를 디버깅, 테스트, 평가, 모니터링할 수 있는 도구입니다. 이 구성 요소들과 플랫폼이 통합되어 개발, 제품화, 배포를 아우르는 LLM 애플리케이션 수명 주기 전체에 걸친 모든 요구를 충족시키고 있습니다.

예나 갑자기 질문이 떠올랐는데요. LangChain 같은 개발 기반 체계를 사용하는 것이 OpenAI API를 직접 호출하는 것에 비해 어떤 장점을 가지고 있나요?

태진 이 질문에 당연히 답을 드려야겠죠. 그럼 LangChain의 세 가지 장점을 살펴보겠습니다.

2. LangChain 기반 인공지능 애플리케이션 개발의 3가지 장점

첫째, LangChain은 유연한 기반 체계로서 여러 LLM과 상호작용할 수 있는 기능을 제공합니다. 물론 처음에는 주로 OpenAI의 모델을 지원하는 것으로 시작했지만, 유연한 설계 덕에 OpenAI, Cohere, Hugging Face에서 제공하는 모델 이외에도 여러 종류의 다양한 모델을 지원하기 때문에, 특정 모델에 얽매일 필요 없이 자신이 개발하는 애플리케이션에 가장 적합한 모델을 선택해 통합하고 사용할 수 있습니다. 그림 3.11은 LangChain에서 ChatGLM 모델 API를 호출하는 인터페이스를 보여줍니다.

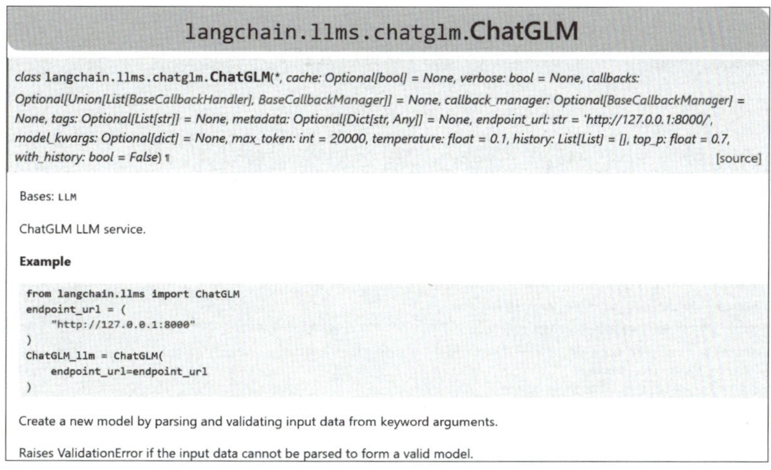

그림 3.11 ChatGLM을 호출하는 LangChain API

LangChain의 모델 실험실model laboratory을 통해 서로 다른 모델을 테스트하고 비교해볼 수 있습니다. 다음 코드는 모델 실험실을 통해 ChatGPT와 Claude LLM을 비교하는 예시 코드입니다. 이 코드를 실행하려면 `OPENAI_API_KEY`, `ANTHROPIC_API_KEY`에 각각의 API 키가 설정되어 있어야 합니다.

In

```
# API 키 설치
import os

os.environ["OPENAI_API_KEY"] = 'OpenAI API Key'
os.environ['ANTHROPIC_API_KEY'] = 'Anthropic API Key'

# langchain_openai 모듈에서 OpenAI 클래스 가져오기
from langchain_openai import OpenAI

# langchain_anthropic 모듈에서 ChatAnthropic 클래스 가져오기
```

```
from langchain_anthropic import ChatAnthropic

# LLM 인스턴스 초기화 및 온도 매개변수 설정
openai_model = OpenAI(temperature=0.1)
claude_model = ChatAnthropic(model='claude-3-opus-20240229', temperature=0.1)

# ModelLaboratory 클래스 가져오기: 여러 LLM의 관리와 비교에 사용
from langchain.model_laboratory import ModelLaboratory

# 모델 실험실 인스턴스 생성 후, 모델 통합
model_lab = ModelLaboratory.from_llms([openai_model, claude_model])

# 모델 실험실을 사용하여 동일한 질문에 대해 각기 다른 모델의 답변을 비교
model_lab.compare("백합은 어느 나라에서 유래되었나요?")
```

두 모델이 동일한 입력을 받아 처리한 결과는 그림 3.12와 같습니다.

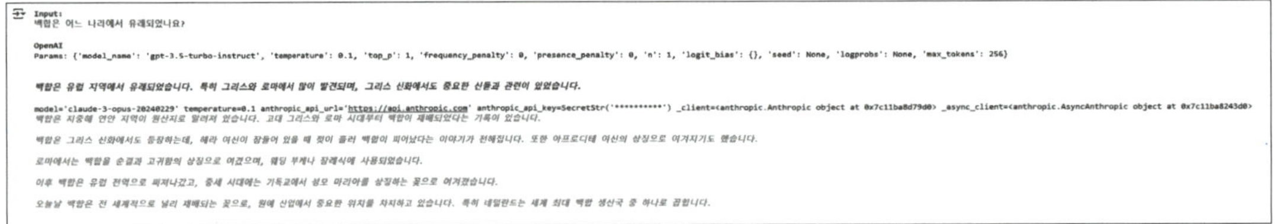

그림 3.12 두 모델의 출력 결과(깃허브 jpub_ai_agent/img/03_12.png)

이 두 모델은 LLM을 이끌어가는 선도적인 모델이기 때문에 답변의 품질이 매우 우수하며, 두 모델이 서로 유사하지만 상세함의 정도에서 차이가 있음을 확인할 수 있습니다. 반면에 여기서 결과를 다루지는 않았지만, Cohere나 Hugging Face Hub와 같은 후발 주자들의 답변은 아직 사용하기에는 조금 이른 수준에 머물러 있습니다. Cohere의 답변은 대부분 정확하지 않으며, Hugging Face Hub의 오픈 소스 모델인 `falcon-7b`는 심지어 질문을 그대로 복사하여 답변으로 제시하는 매우 성의 없는 응답을 보이는 수준입니다.

둘째, LangChain은 **LLM 애플리케이션 개발에서 필요로 하는 다양한 기술적 세부사항을 캡슐화하여 많은 작업을 간소화해줍니다**. LangChain이 포함하고 있는 작업에는 프롬프트 템플릿, 프롬프트 관리, 다양한 유형의 대형 모델과 상호작용하는 공통 인터페이스, ReAct와 같은 언어적 논리 사고 기반 체계 코드 구현, 외부 데이터 소스와의 상호작용, 상호작용형 에이전트 생성, 연동과 에이전트 호출 상태 유지, 대화의 흐름 기억 기능 구현 등이 있습니다.

예를 들어 `create_react_agent` 함수를 호출하는 것만으로도 ReAct 사고 기반 체계를 갖춘 에이전트를 생성하고 쉽게 ReAct의 추론 기능을 구현할 수 있습니다. 이 모든 세부사항을 우리가 직접 구현할 필요 없이 LangChain의 API에 캡슐화되어 있는 것을 사용하기만 하면 됩니다.

이는 마치 선형 회귀 모델 학습용 경사 하강법gradient descent 알고리즘을 직접 구현할 때, TensorFlow나 PyTorch와 같은 라이브러리를 사용하면 수학적 세부사항을 라이브러리가 알아서 처리해주는 것과 같습니다. 일반적으로 경사 하강법이나 자동 미분 알고리즘을 굳이 스스로 유도할 필요는 없으니까요.

마지막으로, LangChain은 다양한 타사 애플리케이션과의 인터페이스를 완벽하게 구축하고 있으며, 여러 종류의 인공지능 개발 관련 라이브러리 및 도구와 통합되어 있습니다. 예를 들어 LangChain은 여러 종류의 벡터 데이터베이스와 상호작용하는 인터페이스를 포함하고 있습니다. 이러한 기능 덕분에 LLM 애플리케이션 개발을 위한 통합 설루션으로서 역할을 다 하고 있습니다.

3. LangChain 기반 인공지능 애플리케이션 개발 시 주의사항

첫째, LangChain은 다양한 기능, 도구, 타사 인터페이스를 제공하므로 기능과 생태계가 다소 복잡하게 느껴질 수 있고, 이는 LLM 개발에 익숙하지 않은 초보자들에게는 큰 도전 과제일 수 있습니다. 둘째, LangChain을 통해 복잡한 애플리케이션을 개발할 경우, 지나치게 많은 데이터를 처리하게 되면 성능 문제가 발생할 수 있습니다. 마지막으로, LangChain은 빠르게 발전하고 있으며 그에 따라 버전 갱신 속도가 너무 빠르기 때문에 이전 버전의 코드가 부지불식 간에 새 버전에서 정상적으로 동작하지 않을 수 있습니다.

따라서 LangChain의 장점과 잠재적인 문제점을 고려하여, LangChain을 사용하는 대신 OpenAI의 API를 통해 GPT 기반 에이전트를 개발하기로 결정했다면 그것도 나름 현명한 선택일 수 있습니다.

4. LCEL

LangChain은 LLM 기반의 인공지능 애플리케이션 개발을 용이하게 만들겠다는 본래의 취지를 바탕으로, LCELLangChain expression language라는 선언형 언어를 출시했습니다. LCEL은 LangChain의 여러 구성 요소를 좀 더 간단하고 직관적으로 조합할 수 있게 해줍니다.

LCEL의 특징은 다음과 같습니다.

- 스트리밍 처리: LLM과 상호작용하는 과정에서 최대한 빨리 첫 번째 토큰을 출력하고 데이터의 연속성과 지속적인 출력을 보장하여 안정적인 상호작용 흐름을 유지합니다.
- 비동기 처리: 동일한 서버에서 여러 개의 동시 요청을 처리할 수 있습니다. 즉, 코드를 크게 수정하지 않아도 테스트 시스템에서 바로 운영 시스템으로 이식할 수 있습니다.
- 자동 병렬 실행: 병렬로 실행할 수 있는 단계를 자동으로 병렬 처리하여 낮은 지연 시간latency을 실현합니다.
- 재시도와 대체 선택사항 구성: 더 안정적인 연쇄의 운영을 위해 재시도와 대체 선택사항을 구성할 수 있습니다.
- 복잡한 연쇄의 중간 결과 접근: LangSmith 추적 및 LangServe 배포와 원활하게 통합됩니다.

예나 저는 LangChain을 아직 사용해본 적이 없다 보니 이 특징들을 완전히 이해하기 어려워요.

태진 맞아요. 하지만 LangChain 공식 웹사이트에서 제공하는 연쇄 구축 예시를 보면 이해할 수 있을 거예요. 그전에 제가 LangChain 라이브러리와 LCEL을 사용한 간단한 LLM 애플리케이션을 구축하는 방법을 예시로 준비했어요. 이 과정을 통해 전체 흐름이 매우 매끄럽다는 것을 느낄 수 있을 거예요.

In

```
# API 키 설치
import os

os.environ["OPENAI_API_KEY"] = 'OpenAI API Key'

# 출력을 문자열로 변환하기 위한 출력 분석기
from langchain_core.output_parsers import StrOutputParser
# 대화 프롬프트 템플릿을 생성하기 위한 모듈
from langchain_core.prompts import ChatPromptTemplate
# OpenAI GPT 모델을 호출하기 위한 모듈
from langchain_openai import ChatOpenAI
```

```python
# {topic}은 나중에 특정 주제가 삽입될 위치표시자
# 주제에 관한 이야기를 요청하는 대화 프롬프트 템플릿 생성
prompt = ChatPromptTemplate.from_template("{topic}에 대한 이야기를 들려주세요.")

# OpenAI GPT-4 모델을 사용하여 ChatOpenAI 객체 초기화
model = ChatOpenAI(model="gpt-4")

# 모델의 출력을 문자열로 변환하기 위한 출력 파서 초기화
output_parser = StrOutputParser()

'''
파이프라인 연산자(|)를 사용하여 각 처리 단계를 연결해 하나의 처리 구조로 연동
prompt는 구체적인 프롬프트 텍스트를 생성하고,
model은 그 텍스트에 대한 응답을 생성하며,
output_parser는 그 응답을 처리하여 문자열로 변환
'''
chain = prompt | model | output_parser

# 연쇄를 호출하고, 주제 "수선화"를 입력하여 이야기 생성 작업 실행
message = chain.invoke({"topic": "수선화"})

# 결과 출력
print(message)
```

Out

```
수선화는 봄의 전령사로 알려져 있으며, 그 향기로운 향과 화려한 색채로 많은 사랑을 받는
꽃입니다. 수선화는 꽃말에 따르면 '순결' 또는 '사랑의 환상'을 상징하며, 그 이름은 '천 리 길도
수월의 달이 선하게 비춰주리라'라는 뜻을 가지고 있다고 합니다.
수선화는 일본에서는 '스이센'이라고 불리며, 무사의 '용기와 충성'을 상징한다고 합니다.
그래서 일본에서는 무사의 제사나 신년을 맞이할 때 꽃다발로 사용하기도 합니다. 중국에서는
수선화를 '만수홍'이라고 부르며, 수천 년 전부터 장수의 상징으로 여겨져 왔습니다.
수선화는 또한 약용으로도 사용되어 왔습니다. 고대 그리스에서는 수선화의 뿌리를 이용해
아스피린과 비슷한 약을 만들어 머리 통증을 치료했다고 합니다. 또한 수선화는 소화, 심장 및
신경계 질환에 대한 치료제로도 사용되었습니다.
수선화는 특히 봄철에 많이 자라는데, 이는 봄의 기운을 받아 생명력이 강하다는 것을 의미합니다.
따라서 수선화는 새로운 시작과 희망을 상징하기도 합니다.
그러나 모든 이런 아름다움과 가치에도 불구하고, 수선화는 향기가 너무 강해 일부 사람들에게는
알레르기 반응을 유발할 수 있습니다. 그러므로 수선화를 선물하거나 집 안에 두고 싶을 때는
이 점을 주의해야 합니다.
이처럼 수선화는 그 아름다움과 의미, 심지어 약용으로서의 가치까지 다양한 면모를 가진 꽃입니
다. 그래서 수선화는 많은 사람들에게 사랑받는 꽃 중 하나입니다.
```

LCEL은 '|' 기호를 통해 서로 다른 컴포넌트를 연결하는 방식입니다. 먼저 `PromptTemplate`을 통해 LLM에 대한 프롬프트를 생성하고 질문을 삽입합니다. 이어서 프롬프트를 LLM 객체인 `OpenAI` 컴포넌트로 보내고, 이를 받은 모델은 프롬프트에 따라 답변을 생성하게 됩니다. 마지막으로 `StrOutputParser`를 통해 모델의 출력을 문자열 형식으로 변환하여 출력됩니다.

이 예제 코드에서는 입력 처리, 모델 호출, 출력 분석과 같은 서로 다른 컴포넌트를 연속으로 연결하여 복잡한 언어 처리 작업을 수행하는 기본적인 흐름을 확인할 수 있습니다.

LangChain의 여섯 가지 모듈

LangChain은 LLM 기반 애플리케이션을 구축할 수 있는 오픈 소스 도구 모음입니다. 이 도구는 그림 3.13과 같은 여섯 가지 주요 모듈로 구성되어 있습니다.

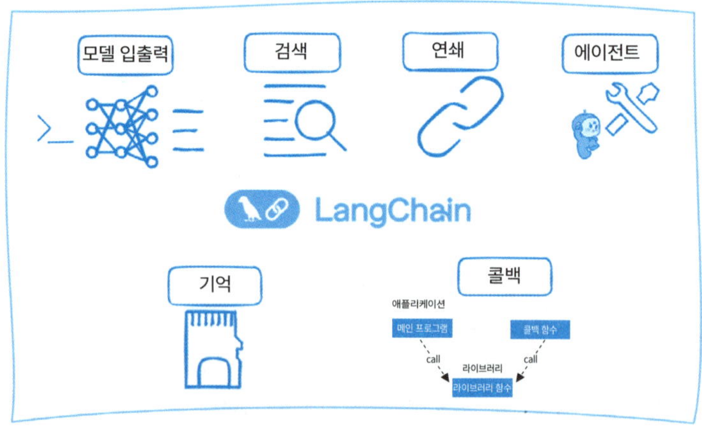

그림 3.13 LangChain의 여섯 가지 모듈

여섯 가지 모듈 각각에 대한 설명은 다음과 같습니다.

- 모델 입출력model I/O: 이 모듈은 LangChain과 LLM 사이의 인터페이스 역할을 하며, 프롬프트 템플릿 생성을 포함한 입력 처리와 출력 데이터 형식의 파싱을 포함한 출력 처리, 다양한 LLM과의 상호작용을 담당합니다.
- 검색retrieval: 이 모듈은 프로그램에서 특정 데이터와 상호작용할 수 있도록 도와줍니다. LangChain이 데이터베이스, 파일 시스템, 다른 온라인 자원과 같은 외부 데이터 소스에서 필요한 정보를 검색할 수 있게 해줍니다.

- 연쇄chain: 이 모듈은 복잡한 논리와 기능을 구축하기 위해 사용되는 일반적인 구성 요소를 포함하고 있습니다. 연쇄는 LangChain이 정보를 처리하고 작업을 수행하는 기본적인 구성 요소입니다.
- 에이전트agent: LangChain은 이 모듈을 통해 고수준의 지시에 따라 어떤 도구를 사용할지 선택할 수 있습니다. 에이전트는 주어진 상황에서 가장 효율적인 작업 방식을 결정하는 역할을 합니다.
- 기억memory: 기억 모듈은 연쇄가 실행되는 동안 프로그램의 상태를 유지합니다. LangChain은 이를 통해 이전의 상호작용과 정보를 기억하고 여러 차례의 실행에 연속성을 제공할 수 있습니다.
- 콜백callback: 이 모듈은 연쇄의 중간 단계를 기록하고 전송하는 역할을 합니다. 이를 통해 개발자는 LangChain의 실행 상태를 모니터링하고 분석하여 성능과 기능을 최적화할 수 있습니다.

이 여섯 가지 모듈 중 가장 중요한 것은 모델 입출력, 검색, 에이전트, 연쇄, 이렇게 네 가지이며, 기억과 콜백은 부가적인 모듈로 분류됩니다. LangChain의 여섯 가지 모듈은 복잡하고 효율적이며 사용자 친화적인 LLM 기반 애플리케이션을 개발할 수 있는 강력한 기반 체계를 제공합니다. LangChain은 대화 품질 향상, 지식 검색 능력 향상, 사용자 경험 최적화, 시스템 성능 모니터링과 같은 작업에 필요한 도구와 리소스를 함께 제공하고 있습니다.

LangChain과 에이전트 개발

에이전트를 구축할 때 LangChain은 다양한 인공지능 모델과 도구를 통합하는 강력한 기반 체계로서 더욱 일관되고 복잡한 대화 흐름을 제공하며 정보 검색과 처리 능력을 향상시킵니다. 개발자는 이를 통해 여러 작업과 상황에서 효과적으로 상호작용하고 작업을 수행할 수 있는 복잡하고 스마트한 에이전트를 구축할 수 있습니다.

LangChain은 LLM을 다른 데이터나 계산 소스에 연결할 수 있는 다양한 도구를 제공합니다. 여기에는 검색엔진, API, 기타 데이터 저장소가 포함됩니다. LLM은 학습한 내용만 알고 있기 때문에, 이 지식은 빠르게 도태될 수 있으며, 이러한 한계를 극복하기 위해 도구를 사용하여 최신 데이터를 가져와 프롬프트에 상황 정보context로 삽입할 수 있습니다. 도구는 이 외에도 코드 실행, 파일 수정과 같은 행동도 할 수 있으며, LLM은 이러한 행동의 결과를 관찰하여 다음에 무엇을 할지 결정합니다.

LangChain의 기억 모듈은 에이전트가 이전의 상호작용을 기억하는 데 도움을 줍니다. 이러한 상호작용은 인간 또는 다른 에이전트 등 다른 개체entity와의 상호작용일 수도 있고 도구와의 상호작용일 수도 있습니다. 기억은 최근 다섯 번에 걸친 도구 사용 과정 목록과 같은 단기 기억short-term memory이 될 수도 있고 과거와 현재 상황이 가장 유사한 도구 사용 과정의 기억과 같은 장기 기억long-term memory이 될 수도 있습니다.

LangChain은 에이전트 실행기agent executor를 통해 에이전트의 논리를 실행하고, 특정 기준이 충족되면 실행을 멈춥니다.

여기서 주목할 점은 LLM 애플리케이션 구축 과정에서 LangChain의 여섯 가지 모듈이 매우 느슨하게 결합되어 있다는 것입니다. 각 모듈에는 정해진 호출 순서나 고정된 인터페이스가 존재하지 않습니다. 따라서 개발자는 자유롭게 모듈을 설계하고 조합할 수 있습니다. 그림 3.14에서 LangChain 에이전트가 구동하는 LLM 시스템 설계 구조의 한 예를 볼 수 있습니다.

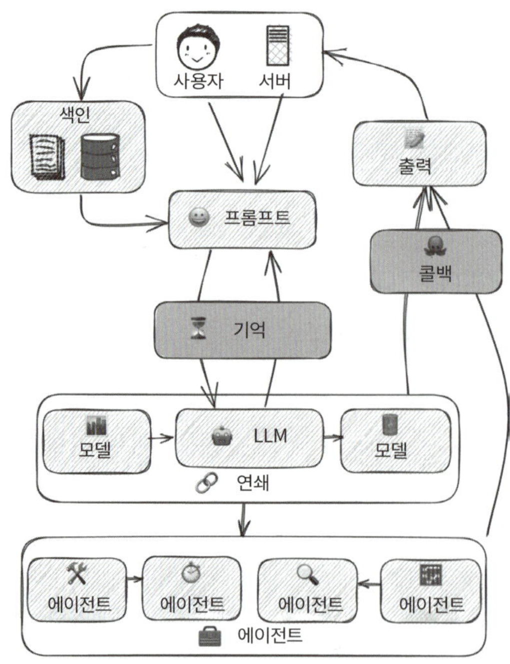

그림 3.14 LangChain 에이전트가 구동하는 LLM 시스템 설계 구조

그림 3.14의 구조에서 사용자는 서버를 통해 프롬프트를 제공합니다. 시스템은 색인을 통해 정보를 검색합니다. 이 정보는 시스템의 기억을 갱신하여 사용자 입력을 처리하는 데 필요한 상황 정보를 제공합니다.

시스템의 핵심은 모델이며, 여기에는 언어를 이해하고 생성하는 인공지능과 같은 LLM이 포함됩니다. 대형 모델은 연쇄를 통해 다른 모델과 연결되며, 이는 서로 다른 모델 간의 정보 흐름과 협력을 의미할 수 있습니다.

시스템 하단에서는 여러 에이전트가 구체적인 작업을 수행합니다. 이들은 다양한 작업을 처리하며 서로 독립적으로 동작할 수도 있습니다. 각 에이전트는 시스템 내에서 하나의 기능 모듈이나 서비스를 대표할 수 있습니다.

사용자의 프롬프트가 모델에 의해 처리되면, 시스템이 출력을 생성하고, 콜백을 통해 추가 작업이나 처리를 활성화할 수 있습니다. 이는 보통 비동기 이벤트를 처리하거나 특정 조건이 충족될 때 특정 함수를 실행하기 위해 사용됩니다.

이 전체 과정은 정보 검색, 기억 갱신, 모델 처리, 행동 수행과 같은 입력에서 출력까지의 순환을 형성하며, 최종적으로 사용자의 요청에 응답하는 목적을 달성하게 됩니다. 이 과정은 LangChain의 모듈화와 유연성을 보여주며 시스템이 필요에 따라 다양한 기능과 서비스를 동적으로 조합할 수 있습니다.

LangSmith 사용 방법

LangChain의 에이전트 개발 예제에 이어, 이번에는 LangSmith의 사용 방법을 살펴보겠습니다.

LangSmith는 LangChain과 완벽하게 통합되어 있으며, LangChain 패키지를 설치할 때 함께 설치됩니다. 2.5.2절에서 그림 3.15와 같이 LangSmith의 계정을 생성하고 이미 API 키를 발급받았다면, 이 값을 `LANGCHAIN_API_KEY` 환경 변수에 저장합니다.

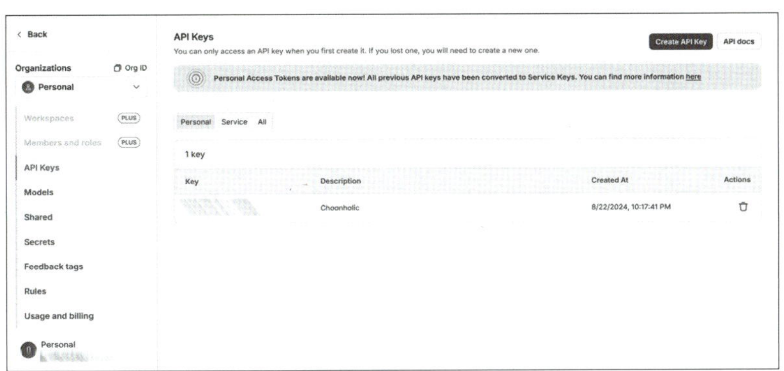

그림 3.15 LangSmith API 키

이어서 프로젝트의 최상위 디렉터리에 `.env` 환경 파일을 설정합니다. 다음 코드는 제가 사용하고 있는 `.env` 환경 파일의 일부입니다.

```
OPENAI_API_KEY='OpenAI API Key'
LANGCHAIN_API_KEY='LangChain API Key'
LANGCHAIN_TRACING_V2=true
LANGCHAIN_ENDPOINT=https://api.smith.langchain.com
LANGCHAIN_PROJECT=langchain_test # 지정하지 않으면 default 사용
```

이렇게 하면 프로그램 내에서 여러 환경 변수를 명시적으로 설정하는 대신 `load_dotenv()`를 이용해 적재할 수 있습니다.

```
# 환경 변수 설정
from dotenv import load_dotenv

load_dotenv()

# 프롬프트 템플릿 설정
from langchain.prompts import PromptTemplate

prompt = PromptTemplate.from_template("{flower}의 꽃말은?")

# LLM 설정
from langchain_openai import OpenAI

model = OpenAI()

# 출력 분석기 설정
from langchain.schema.output_parser import StrOutputParser

output_parser = StrOutputParser()

# 연쇄 구성
chain = prompt | model | output_parser

# 연쇄를 실행하고 결과를 출력
result = chain.invoke({"flower": "라일락"})

print(result)
```

Out

```
"첫사랑, 순정, 순결, 우애"
```

코드 실행 후, 그림 3.16과 같이 LangSmith 콘솔을 열어보면 환경 변수 `LANGCHAIN_PROJECT`에 설정한 프로젝트인 `langchain_test`가 추가된 것을 확인할 수 있습니다.

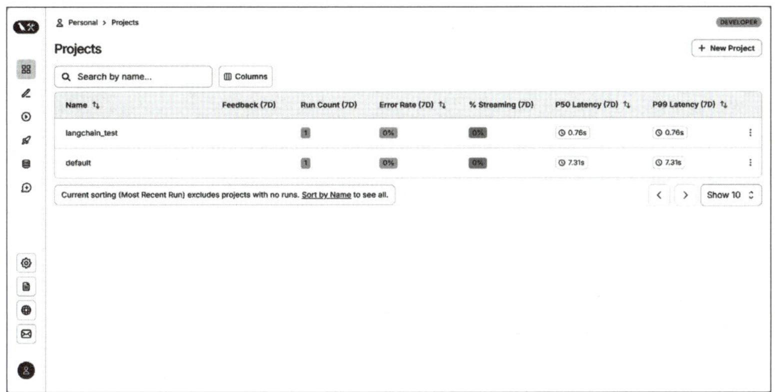

그림 3.16 LangSmith에 등록된 프로젝트

해당 프로젝트를 선택하면 그림 3.17과 같이 상세 정보를 확인할 수 있습니다.

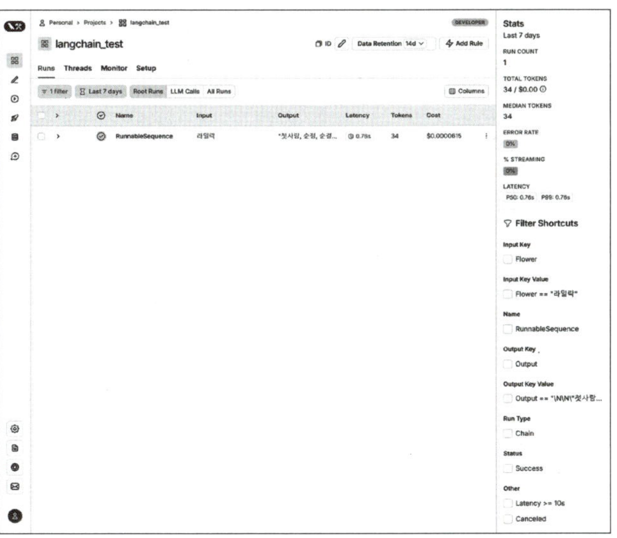

그림 3.17 LangSmith 프로젝트 상세 정보

상세 항목을 선택하면 그림 3.18과 같이 모델 호출 세부 정보를 확인할 수 있습니다.

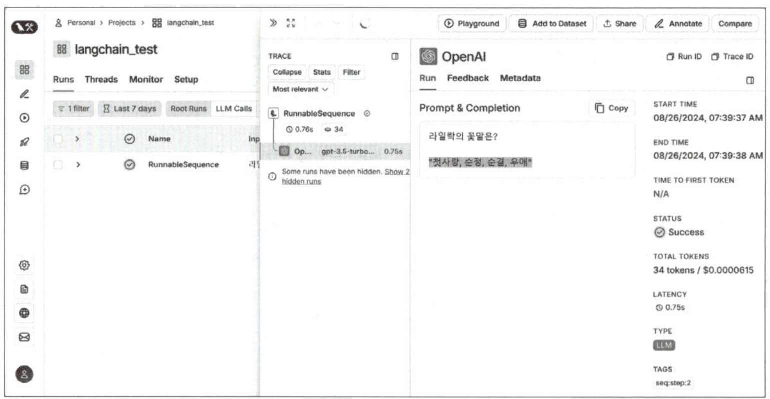

그림 3.18 모델 호출 세부 정보

3.3 LlamaIndex란 무엇인가?

LLM의 애플리케이션 개발 분야에 LangChain만 있는 것은 아닙니다. LlamaIndex는 호평을 받은 또 다른 오픈 소스 인공지능 애플리케이션 개발 기반 체계입니다. LlamaIndex는 ChatGPT가 등장한 시기인 2022년 11월에 공개되었는데, LangChain과 불과 한 달의 간격을 두고 등장했습니다. 이 두 기반 체계는 모두 ChatGPT의 강한 영향과 촉진을 받아 널리 사용되고 인정을 받았습니다.

LlamaIndex에 대해 이야기하다

LlamaIndex 프로젝트는 제리 리우Jerry Liu가 개발했으며, 2023년 6월에 850만 달러의 초기 투자seed funding를 받았습니다. 이 프로젝트는 LLM을 학습시킬 때 데이터 지식에만 의존하던 기존의 한계를 해결했기 때문에 큰 인기를 끌었습니다.

LlamaIndex의 전략은 LangChain과는 약간 다릅니다. LlamaIndex는 그렇게 '크고 전면적'인 것은 아니지만, 인공지능 기반의 검색증강생성 기술 개발과 멀티테넌트 검색증강생성multi-tenant RAG 시스템 구축에 특히 주력하고 있습니다. LlamaIndex 기반의 기업 설루션은 기술과 보안 장벽을 제거하고 기업의 데이터 활용과 서비스 역량을 강화하는 데 중점을 둡니다. LlamaIndex의 관련 작업은 기술 개발뿐만 아니라 이러한 기술을 실제 비즈니스에 적용해 업무 효율성과 고객 경험을 향상하는 데도 중점을 두고 있습니다.

예나 멀티테넌트multi-tenant에 대해서 설명해주세요.

태진 검색증강생성 시스템에서 사용자 A와 사용자 B가 각각 고유한 문서를 가지고 있다고 가정해보겠습니다. 멀티테넌트는 사용자 A가 요청을 할 때 사용자 B의 데이터에 영향을 받지 않고 오직 자신의 문서에서만 응답을 받도록 보장하는 방식입니다. 물론 사용자 B의 경우도 마찬가지입니다. 이 기술은 데이터의 기밀성과 보안 유지에 중요합니다.

또 한 가지 언급할 점은 LlamaIndex가 문서의 구조와 실행 가능성 측면에서는 LangChain보다 훨씬 낫다는 것입니다. 이는 LlamaIndex가 사용자 경험, 인터페이스 설계, 기술 구현에 많은 노력을 기울였다는 점을 반영합니다. 인공지능 분야에서 LlamaIndex가 가지는 이러한 강점은 개발자와 최종 사용자 모두에게 매우 중요하며 기술의 보급과 사용 효율성을 촉진할 수 있습니다.

물론 이는 LangChain이 너무 방대하고 전면적으로 확장되다 보니 그 여파로 오히려 방향을 잡기 어려워진 것도 이유일 수 있습니다. 특히 세부사항이 부족한 경우가 많은데, LangChain의 깃허브 페이지를 보면 해결되지 않은 이슈opened issue가 수천 개에 이르는 것을 알 수 있습니다.[20] 따라서 문서 검색과 생성 강화에만 집중하고자 한다면 '작고 아름다운' LlamaIndex를 선택하는 것이 더 나은 선택일 수도 있습니다.

LlamaIndex와 검색증강생성 기반의 인공지능 개발

검색증강생성은 인공지능 애플리케이션 개발의 중요한 방향 중 하나로, 에이전트와 마찬가지로 중요한 기술입니다. 검색증강생성은 정보 검색과 생성이 결합된 머신러닝 방법입니다. 먼저 관련 데이터 소스에서 정보를 검색한 후, 이 정보를 문맥으로 추가하여 사용자의 요청에 응답하는 방식입니다. LLM은 이 방식을 통해 풍부해진 프롬프트를 바탕으로 답변을 생성합니다.

에이전트와 마찬가지로 검색증강생성도 풍부한 실무 응용 사례를 보유하고 있습니다. 물론 검색증강생성으로 개발된 인공지능 애플리케이션 자체가 하나의 에이전트에 해당할 수도 있고, 검색증강

20 옮긴이 물론 해당 이슈 중에는 적절하지 않거나 정보 부족 등의 이유로 아직 확인되지 않은 이슈도 많습니다.

생성을 에이전트 구축 과정의 핵심 기술로 사용할 수도 있습니다.

먼저 검색증강생성의 유용성에 대해 거시적으로 설명해보겠습니다.

LLM을 특정 산업에서 활용하는 방법에는 그림 3.19와 같이 대략적으로 네 가지 방법이 있습니다. 어려운 것부터 쉬운 순서대로 나열해보면 모델을 다시 학습시키거나 처음부터 구축하기, 모델의 파인튜닝, 검색증강생성을 비롯한 동적 프롬프트 활용, 프롬프트 엔지니어링으로 나눌 수 있습니다.

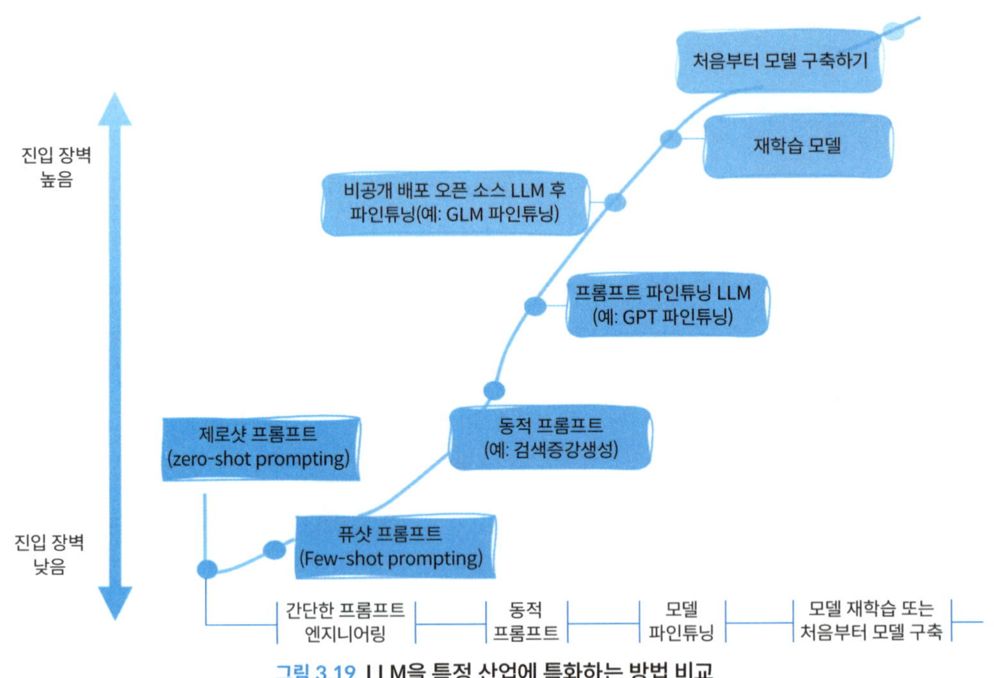

그림 3.19 **LLM을 특정 산업에 특화하는 방법 비교**

검색증강생성은 LLM 응용 난이도 체계에서 중간에 위치하고 있습니다. 모델을 다시 학습시키거나 파인튜닝하는 것만큼 어렵지는 않지만 그렇다고 프롬프트 엔지니어링처럼 직접 모델에 질문을 던지는 것만큼 쉽지도 않습니다. 그렇지만 검색증강생성은 직접적인 모델 파인튜닝의 세 가지 단점인 고비용, 정보 갱신의 어려움, 부족한 관찰 가능성을 극복할 수 있게 해줍니다. 학습이 필요하지 않아 비용이 낮으며, 데이터가 실시간으로 검색되므로 항상 최신 상태일 뿐만 아니라 검색된 문서를 표시할 수 있으므로 결과를 신뢰할 수 있습니다.

태진 검색증강생성에 대한 거시적인 설명은 여기서 마치겠습니다. 지금부터는 예시를 통해 검색증강생성에 대해 설명해보겠습니다. 만약 여러분이 지금 바로 ChatGPT에게 그림 3.20과 같이 '꽃말의 비밀 정원'의 사장님이 누구이며, 그 사람이 태진과 무슨 관계인지를 직접 물어보더라도 당연히 답을 하지 못할 겁니다.

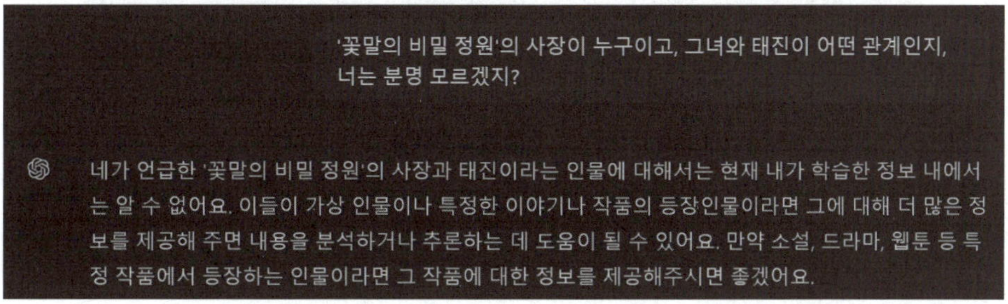

'꽃말의 비밀 정원'의 사장이 누구이고, 그녀와 태진이 어떤 관계인지, 너는 분명 모르겠지?

네가 언급한 '꽃말의 비밀 정원'의 사장과 태진이라는 인물에 대해서는 현재 내가 학습한 정보 내에서는 알 수 없어요. 이들이 가상 인물이나 특정한 이야기나 작품의 등장인물이라면 그에 대해 더 많은 정보를 제공해 주면 내용을 분석하거나 추론하는 데 도움이 될 수 있어요. 만약 소설, 드라마, 웹툰 등 특정 작품에서 등장하는 인물이라면 그 작품에 대한 정보를 제공해주시면 좋겠어요.

그림 3.20 ChatGPT가 태진과 예나의 관계를 모르는 것은 당연합니다.

예나 네, 당연히 모르죠. 선배가 무슨 BTS나 블랙핑크인 줄 알아요?

하지만 너무 조급하게 생각하지 않아도 됩니다. 만약 회의할 때 작성했던 회의록처럼 '꽃말의 비밀 정원'에 대한 많은 문서가 준비되어 있다면, 어느 순간 회의록에 이렇게 적혀 있을지도 모릅니다. '참석자: 예나의 멘토 – 태진' 이제 회의록을 검색한 후, 그림 3.21과 같이 관련 정보를 외부 지식으로 ChatGPT에 전달하면 검색증강생성을 실현할 수 있습니다.

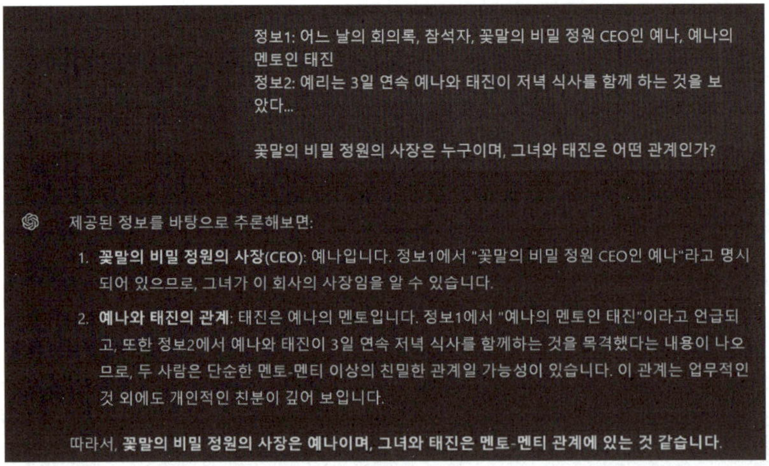

정보1: 어느 날의 회의록, 참석자, 꽃말의 비밀 정원 CEO인 예나, 예나의 멘토인 태진
정보2: 예리는 3일 연속 예나와 태진이 저녁 식사를 함께 하는 것을 보았다...

꽃말의 비밀 정원의 사장은 누구이며, 그녀와 태진은 어떤 관계인가?

제공된 정보를 바탕으로 추론해보면:

1. **꽃말의 비밀 정원의 사장**(CEO): 예나입니다. 정보1에서 "꽃말의 비밀 정원 CEO인 예나"라고 명시되어 있으므로, 그녀가 이 회사의 사장임을 알 수 있습니다.
2. **예나와 태진의 관계**: 태진은 예나의 멘토입니다. 정보1에서 "예나의 멘토인 태진"이라고 언급되고, 또한 정보2에서 예나와 태진이 3일 연속 저녁 식사를 함께하는 것을 목격했다는 내용이 나오므로, 두 사람은 단순한 멘토-멘티 이상의 친밀한 관계일 가능성이 있습니다. 이 관계는 업무적인 것 외에도 개인적인 친분이 깊어 보입니다.

따라서, **꽃말의 비밀 정원의 사장은 예나이며, 그녀와 태진은 멘토-멘티 관계에 있는 것 같습니다.**

그림 3.21 검색증강생성의 간소화 버전 – 태진과 예나의 관계 정보를 미리 검색해 ChatGPT에 전달

다시 LlamaIndex로 돌아가보겠습니다. LlamaIndex는 검색증강생성 개발 과정을 더 용이하게 하기 위해 데이터 처리량, 구조화, 비공개, 특정 도메인 데이터에 대한 접근을 지원하는 다양한 기반 체계, 도구, 모드를 제공합니다.

LlamaIndex의 도구를 좀 더 구체적으로 나열하면 다음과 같습니다.

- 데이터 연결자data connector: 원본 출처와 형식에서 데이터를 수집합니다. 데이터는 API, PDF, SQL 등 다양한 형태일 수 있으며, LlamaIndex는 이에 맞는 읽기 인터페이스를 제공합니다.
- 데이터 색인data index: 데이터를 LLM이 이해하기 쉬운 단어 벡터word vector와 같은 중간 표현 형태로 색인하여 구조화합니다.
- 엔진engine: 데이터를 자연어로 접근할 수 있도록 합니다. 예를 들어 요청 엔진query engine은 지식을 강화한 출력을 위한 강력한 검색 인터페이스이며, 대화 엔진chatting engine은 데이터를 바탕으로 다중 메시지 '상호작용'을 지원하는 대화형 인터페이스입니다. 데이터 에이전트는 LLM이 구동하는 지식 작업자knowledge worker로, 간단한 지원부터 API 통합까지 다양한 기능을 수행할 수 있습니다.
- 애플리케이션 통합application integration: LlamaIndex를 다른 생태계와 통합합니다.

인공지능 애플리케이션 분야에서 검색증강생성과 에이전트는 모두 주요 화두이며 서로 밀접하게 연결되어 있습니다. LlamaIndex는 검색증강생성 파이프라인, 기반 체계, 관련 도구를 통해

에이전트에 더 많은 기능을 제공하고, 에이전트의 부족한 통제력과 투명성 문제를 해결합니다. LlamaIndex의 에이전트 API는 에이전트에 단계별 실행 기능을 부여하여 더 복잡한 작업을 처리하게 해줍니다. 이 외에도 LlamaIndex는 사용자가 검색증강생성 반복 과정에서 피드백을 제공할 수 있도록 지원합니다. 이러한 기능은 장기 작업을 수행하는 데 특히 유용하며, 사용자와 에이전트 간 상호작용과 중간 실행 제어의 이중 순환 설정을 실현할 수 있습니다.

그림 3.22는 에이전트가 LlamaIndex에서 LLM을 통해 검색증강생성을 구현하는 과정을 보여줍니다.

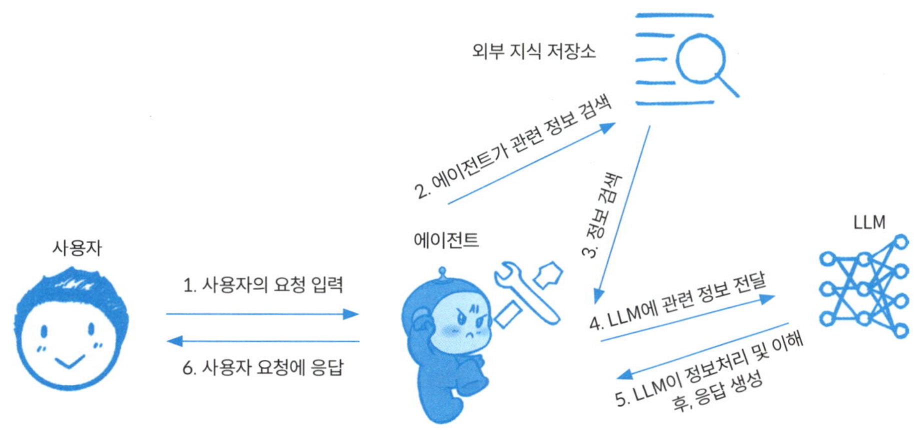

그림 3.22 검색증강생성의 구현 과정

전체 과정은 모두 여섯 단계로 이루어집니다.

1. **사용자의 요청**query **입력**: 사용자가 시스템에 질문이나 부탁을 포함한 요청을 입력합니다.
2. **에이전트가 관련 정보 검색**: 에이전트는 사용자의 요청에 따라 관련 정보를 검색하는데, 이 과정에서 인터넷이나 특정 데이터베이스를 참고해 관련 문서나 데이터를 찾습니다. 일반적으로 기업 내부 정보는 벡터 데이터베이스에 저장됩니다.
3. **정보 검색**retrieval: 검색 결과에서 구체적인 정보를 추출하여, 이를 사용자 요청에 응답할 상황 정보로 사용합니다.
4. **LLM에 관련 정보 전달**: 에이전트는 검색된 정보와 사용자의 최초 요청을 묶어 LLM에 전달합니다.

5. **LLM이 응답 생성**generate: 대규모 모델은 이러한 정보를 사용하여 풍부하고 정보성 있는 답변을 생성합니다.

6. **사용자의 요청에 응답**response: 마지막으로, LangChain 에이전트는 LLM이 생성한 답변을 사용자에게 제공하는데, 이 답변은 사용자의 원래 요청과 관련된 데이터 출처에서 검색한 정보를 바탕으로 생성된 것입니다.

이 과정은 여러 번 반복할 수 있으며, 사용자의 요청은 후속 상호작용을 개선할 때 유용할 수 있습니다. 추가 정보가 필요하거나 사용자가 추가 질문을 하면, 시스템은 추가 요청을 유도할 수 있으며, 이전 답변에서 얻은 정보를 사용하여 새로운 요청의 문맥을 더 풍부하게 만들 수 있습니다. 이러한 시스템은 더 역동적이고 풍부한 상호작용을 지원하는 사용자 경험을 제공하며, 사용자는 자연어를 사용하여 LLM과 복잡한 상호작용을 할 수 있습니다. LLM은 이를 통해 사용자의 요청을 더 정확하게 이해하고 응답할 수 있습니다.

LlamaIndex를 이용한 검색증강생성 기반 에이전트 구축은 매우 간단합니다. 더욱이 LlamaIndex는 초보자부터 고급 사용자까지 모든 수준의 개발자에게 적합합니다. LlamaIndex의 고수준 API를 이용하면 초보자도 몇 줄의 코드만으로 데이터를 추출하고 요청할 수 있으며, 저수준 API를 이용하면 더 복잡한 프로그램을 작성하는 고급 사용자가 필요에 따라 모듈을 맞춤 설정하고 확장할 수 있습니다.

간단한 LlamaIndex 개발 예제

이번에는 LlamaIndex의 입문 연습 문서를 참고하여 이 도구를 사용하는 방법을 안내하겠습니다.

첫 번째, LlamaIndex 모듈을 설치합니다.

In

```
pip install llama-index
```

두 번째, 환경 변수를 불러옵니다.

LangChain과 마찬가지로 OpenAI의 GPT 모델을 사용하기 위해 API 키를 적재해야 합니다. 적재 방법에 대해서는 이미 여러 차례 다루었으니 여기서는 생략합니다.

세 번째, 로컬 데이터를 적재합니다.

이 예제에서는 그림 3.23과 같은 '꽃말의 비밀 정원 이야기.pdf' 문서(https://github.com/Choonholic/jpub_ai_agent/blob/main/codes/chapter 03/3.3 LlamaIndex/data/꽃말의 비밀 정원 이야기.pdf)를 사용하며, 해당 문서는 소스코드 묶음에서 찾을 수 있습니다. 이 문서 파일을 `data` 하위 디렉터리에 저장합니다.

'꽃말의 비밀 정원'에 오신 것을 환영합니다!

친애하는 팀원 여러분, '꽃말의 비밀 정원'의 가족이 되신 것을 진심으로 축하 드립니다! 저희는 꽃을 판매하는 전자 상거래 스타트업으로서, 뛰어난 품질과 혁신을 추구할 뿐만 아니라 즐겁고 창의적인 근무 환경을 조성하는 데 전념하고 있습니다. 여기서 모든 꽃다발은 감정을 담고 있으며, 꽃을 전달하는 매 순간은 마음을 연결하는 특별한 순간입니다. 이제 저희와 함께 '꽃말의 비밀 정원'의 환상적인 여정을 시작해 봅시다!

우리의 사명

'꽃말의 비밀 정원'의 목표는 꽃 구매 경험을 혁신하는 것입니다. 고품질의 제품, 혁신적인 기술, 뛰어난 서비스를 통해 꽃을 전달하는 매 순간을 잊지 못할 이야기가 되도록 만드는 것이죠. 저희는 여러분의 노력으로 세상이 더 아름답고 따뜻해 질 것이라 믿고 있습니다.

여러분의 역할과 모험

여러분이 마케팅 전문가이건 기술 천재이건 고객 서비스의 천사이건 간에 이 모험에서 빠질 수 없는 중요한 영웅입니다. 여러분의 모든 아이디어와 노력은 꽃말의 비밀 정원의 성장과 발전에 직접적인 영향을 미칠 것입니다. 저희는 혁신적인 사고, 팀워크, 그리고 모든 도전에 용감히 맞서는 자세를 장려합니다.

인공 지능 에이전트와 함께 싸워 나가기

'꽃말의 비밀 정원'에서는 저희의 인공 지능 에이전트인 스마트 도우미와 함께 일할 기회를 얻게 됩니다. 이 에이전트는 자동으로 꽃 배달 서비스를 조정할 뿐만 아니라, 고객이 가장 적합한 꽃을 선택할 수 있도

그림 3.23 '꽃말의 비밀 정원 이야기' 문서

해당 문서를 불러오는 코드는 다음과 같습니다.

In

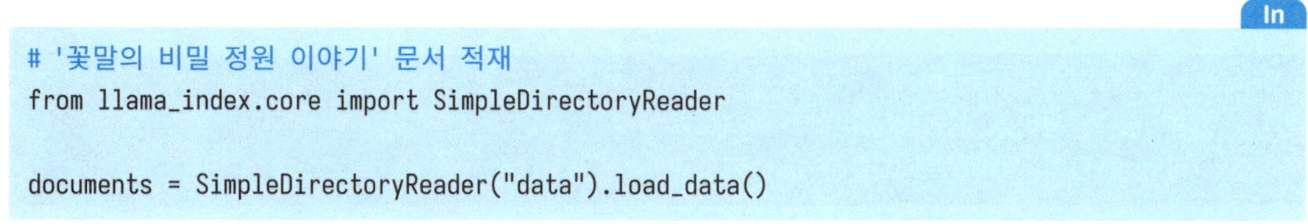

```python
# '꽃말의 비밀 정원 이야기' 문서 적재
from llama_index.core import SimpleDirectoryReader

documents = SimpleDirectoryReader("data").load_data()
```

네 번째, 데이터의 색인을 생성합니다.

문서의 색인을 생성하는 코드는 다음과 같습니다.

In

```python
# 문서의 색인 생성
from llama_index.core import VectorStoreIndex
```

```
index = VectorStoreIndex.from_documents(documents)
```

이 코드는 `data` 디렉터리에 있는 모든 문서의 색인을 생성하여 LLM이 검색할 수 있도록 준비합니다.

다섯 번째, 로컬 데이터를 요청합니다.

먼저 아래 코드를 통해 요청 엔진을 생성합니다.

In

```
# 요청 엔진 생성
agent = index.as_query_engine()
```

이제 드디어 놀라운 순간을 맞이할 차례입니다. '꽃말의 비밀 정원'에 대해 몇 가지 질문을 해봅시다.

In

```
# 요청 예제
response = agent.query("꽃말의 비밀 정원의 직원에게는 몇 가지 역할이 있나요?")

print("꽃말의 비밀 정원의 직원들에게는 몇 가지 역할이 있나요?", response)

response = agent.query("꽃말의 비밀 정원의 에이전트 이름은 무엇인가요?")

print("꽃말의 비밀 정원의 에이전트 이름은 무엇인가요?", response)
```

Out

```
꽃말의 비밀 정원의 직원들에게는 몇 가지 역할이 있나요? 직원들에게는 마케팅 전문가,
기술 천재, 고객 서비스의 천사 등 여러 가지 역할이 있습니다.
꽃말의 비밀 정원의 에이전트 이름은 무엇인가요? "꽃말 요정"
```

예나 우와!

태진 대단하지 않나요? 이 에이전트는 검색증강생성을 통해 원래 알지 못했던 '꽃말의 비밀 정원'에 대한 정보를 검색할 수 있게 되었습니다.

예나 사소한 질문이 하나 있는데요, 매번 검색할 때마다 데이터를 다시 적재해야 하나요?

태진 기본적으로 방금 적재한 데이터는 벡터 형태로 메모리에 저장됩니다. 하지만 생성된 색인을 로컬에 저장하여 매번 다시 적재할 필요가 없도록 할 수도 있습니다.

코드는 다음과 같습니다.

In
```
# 색인을 로컬에 저장
index.storage_context.persist()
```

그림 3.24와 같이 로컬에 새로 생성된 색인 파일을 확인할 수 있습니다.

그림 3.24 로컬에 새로 생성된 색인 파일

새로 `storage` 디렉터리가 생성된 것을 볼 수 있습니다. 물론 다른 경로를 사용해야 할 경우 `persist_dir` 매개변수를 통해 변경할 수 있습니다. 색인은 모두 다섯 개의 JSON 형식 파일로 구성되어 있으며, 각 파일에 대한 설명은 다음과 같습니다.

- `default__vector_store.json`: 벡터 데이터 기본값 파일
- `docstore.json`: 문서 저장 정보 파일
- `graph_store.json`: 관계나 데이터 연결점을 나타내는 그래프 구조 데이터 파일
- `index_store.json`: 저장 시스템 내에서 데이터를 빠르게 검색하도록 도와주는 색인 정보 파일
- `vector_store.json`: 수학적 연산이나 특정 프로그램 기능을 처리할 때 유용한 벡터 데이터 파일

각 JSON 파일을 열면 저장 형식의 세부사항을 확인할 수 있습니다.

NOTE

여기서 따로 설명하지는 않지만, LlamaIndex와 LangChain 모두 로깅logging과 디버그debug 설정을 통해 프로그램이 LLM과 상호작용하는 과정의 세부 내용을 검토할 수 있으며, 관련 정보는 공식 문서를 통해 확인할 수 있습니다.

이렇게 문서의 정보를 바탕으로 요청하는 에이전트가 완성되었습니다. 너무 간단하지 않습니까?

3.4 요약

OpenAI와 같은 LLM 선도 기업들의 혁신은 개발자들에게 에이전트와 유사한 인공지능 애플리케이션을 구축할 수 있는 도구를 제공하며, 이는 LangChain이나 LlamaIndex와 같은 LLM 기반 애플리케이션 개발 생태계의 발전에 기여하고 있습니다. 이러한 도구들은 더 효율적이고 유연한 인공지능 애플리케이션 개발을 돕기 위해 설계되었으며, 각기 다른 기능과 특징에 집중하고 있지만, 결과적으로는 인공지능 분야의 혁신과 협업을 촉진해 더욱 풍부한 응용 사례와 강력한 개발 능력을 제공합니다.

이 도구들은 저마다의 특징을 가지고 있습니다. '크고 포괄적인' LangChain과 '작고 아름다운' LlamaIndex를 예로 들면, 겉으로는 경쟁 관계처럼 보이지만 실제로는 상호 협력하며, 인터페이스를 통해 서로를 호출할 수 있습니다. 이러한 경쟁은 지속적인 혁신과 최적화를 이끌고, 협력은 전

체 인공지능 애플리케이션 개발 생태계의 발전을 도와줍니다. 이 같은 경쟁과 협력의 관계를 통해 각 플랫폼은 더욱 다양하고 강력한 기능을 제공할 수 있으며, 궁극적으로 개발자와 사용자 모두에게 이익을 가져다줍니다.

LLM 기술이 계속 발전함에 따라 이러한 도구들도 지속적으로 발전하고 개선되고 있습니다. 이 도구들은 복잡하고 지능적인 에이전트를 구축할 수 있게 할 뿐만 아니라, 인공지능의 가능성과 응용 분야를 끊임없이 확장하고 있습니다.

이 도구들을 활용하면 더 지능적이고 효율적인 에이전트를 구축할 수 있습니다. 에이전트들은 다양하고 복잡한 환경과 상황에서 작업을 수행하고 서비스를 제공합니다. 기술의 발전에 따라 더 많은 혁신적인 애플리케이션과 설루션을 만나게 될 것이며 인공지능의 한계를 계속해서 확장할 것입니다.

물론 LLM 애플리케이션 개발은 아직 초기 단계에 머무르고 있으며 개발자와 조직은 이러한 기술을 구축하고 사용하면서 API 호출 빈도와 성능 보장, 프로그램의 안정성과 효율성 유지, 향후 확장성과 유지 보수 요구사항 고려와 같은 여러 가지 도전 과제에 직면해 있습니다. 또한 데이터 개인정보 보안, 보안성, 윤리적 문제, 효율성에 대한 고민도 필요합니다. 하지만 동시에 더 지능적이고 유용한 도구와 서비스를 창조할 수 있는 엄청난 기회를 얻을 수 있으며, 이는 다양한 산업에 혁신적인 변화를 가져올 것입니다.

CHAPTER 4

에이전트 1: 자동화된 사무 구현 — Assistants API와 DALL·E 3 모델을 이용한 프레젠테이션 제작

예나는 태진의 사무실 문을 가볍게 노크하고 나서 문을 열고 들어왔습니다. 태진은 그림 4.1과 같이 컴퓨터 앞에 앉아 화면을 주시하며 중요한 작업에 몰두하고 있었고, 방 안에는 은은한 커피 향이 감돌며 따뜻하고 조용한 분위기가 흐르고 있었습니다.

그림 4.1 컴퓨터 화면을 주시하고 있는 태진과 예나

예나 (태진을 방해하고 싶지 않은 마음에 작은 목소리로) 태진 선배, 오후에 투자자 회의에 사용할 프레젠테이션을 준비해봤는데요, 그런데 두 가지 주요 중점 내용을 어떻게 표현해야 할지 아직 확신이 서지 않아서 그러는데, 잠시 시간을 내서 같이 상의할 수 있을까요?

태진 (고개를 돌려 미소를 지으며) 잘 왔어요, 예나 씨. 안 그래도 OpenAI의 Assistants API와 DALL·E 3을 연구하고 있었는데, 놀랍게도 이 도구들이 정말 창의적이고 전문적인 프레젠테이션을 자동으로 생성할 수 있더라고요.

(예나의 눈빛이 살짝 흔들리며 약간의 의문이 스쳐 지나갔습니다.)

태진 정말 유용해요. 예나 씨도 잘 알겠지만 프레젠테이션 제작은 기업 운영에서 중요한 작업 중 하나입니다. 그리고 보통 차트 디자인과 내용 통합에 많은 시간을 들이게 되잖아요?

예나 (고개를 끄덕이며) 맞아요. 투자자를 위한 프레젠테이션 작성이 기술적으로 어려운 것은 아니지만, 자료를 준비하는 데 시간이 많이 필요해요. 예를 들어 대량의 판매 데이터를 다루면서 그 데이터를 바탕으로 통찰을 도출하고 프레젠테이션에서 효과적으로 표현하는 게 하나의 도전이에요. 그러다 보니 일반적으로 이런 작업은 신입에게 맡기지 않죠.

태진 하지만 GPT-4 모델의 지능형 텍스트 생성 기능과 DALL·E 3 모델의 이미지 생성 능력을 결합하면 그림 4.2와 같이 매우 매력적인 시각 콘텐츠와 관련 설명을 쉽게 생성할 수 있어요. 여기서 눈여겨볼 것은 처음부터 끝까지 모든 과정에 걸쳐 사람의 개입이 전혀 필요 없다는 점입니다.

그림 4.2 GPT-4 모델과 DALL·E 3 모델의 능력을 결합한 프레젠테이션 작성 자동화

예나 세상에나! 처음부터 끝까지 전부 가능하다고요? 그럼 데이터에서 인사이트를 도출하는 것까지 포함되는 건가요?

태진 (미소를 지으며) 네, 저도 예나 씨와 마찬가지로 무척 놀랐습니다. 예를 들어 프로젝트 주제와 제공된 데이터를 바탕으로 자동으로 통찰을 추출하고, 이를 바탕으로 프레젠테이션의 전체적인 레이아웃과 콘텐츠를 생성할 수 있습니다. 심지어 데이터로 만든 차트와 이미지도 포함해서요. 이를 통해 시간을 절약할 수 있을 뿐만 아니라 실제로 생성된 문서의 품질도 나쁘지 않습니다.

예나 태진 선배, 저는 지금까지 이렇게 높은 품질의 프레젠테이션을 생성하는 소프트웨어는 전문적인 개발팀이 오랜 시간 개발해야 한다고 생각했어요. 이런 소프트웨어는 가격도 비싼 데다 실제로 사용하기에도 불편할 수 있다고 생각했거든요. 그런데 우리도 그런 작업을 하는 도구를 직접 개발할 수 있었네요. 어떻게 하면 되는지 가르쳐 주세요. 이 도구가 어떻게 작동하는지도 보고 싶고 그 능력이 얼마나 강력할지도 궁금해요.

태진 조금 흥분을 가라앉히고, 천천히 살펴보기로 해요. 먼저 OpenAI의 도우미에 대해 알아보죠.

4.1 OpenAI의 도우미란 무엇인가?

OpenAI의 도우미assistant는 GPT 모델을 바탕으로 한 언어 이해와 생성을 위한 플랫폼입니다. 이 플랫폼은 정보를 제공하고 질문에 답하며 텍스트를 생성하고 특정 작업을 수행함으로써 우리의 일상 업무를 도울 수 있습니다.

여기까지 들으면 OpenAI의 도우미가 에이전트와 비슷하다는 느낌이 들지 않나요? 그렇습니다. 도우미는 유연하고 다양한 기능을 갖추도록 설계되어 간단한 일상 대화부터 복잡한 기술 문제 해결까지 다양한 상황에 적용할 수 있습니다.

도우미의 주요 특징은 다음과 같습니다.

- 자연어 이해: 자연어 입력을 이해하고 처리하여 사용자의 의도와 요구를 파악할 수 있습니다.
- 풍부한 텍스트 생성: 사용자 지시에 따라 일관되고 관련성이 높은 유용한 텍스트 응답을 생성할 수 있습니다.
- 적응성과 맞춤 설정: 특정 응용 시나리오와 요구에 맞춰 개인화된 서비스를 제공하도록 맞춤 설정을 할 수 있습니다.
- 상호작용성: 문맥을 이해해 일관된 대화를 이어가면서 대화 기록을 기억하여 더 깊고 연속적인 상호작용 경험을 제공합니다.
- 쉬운 통합: 웹사이트, 애플리케이션, 기타 디지털 서비스와 쉽게 통합할 수 있습니다.

이러한 특징 덕분에 도우미는 고객 서비스 자동화, 개인 비서, 교육, 콘텐츠 생성, 프로그래밍 지원과 같이 매우 광범위한 분야에서 다양하게 응용할 수 있습니다. 더군다나 도우미는 계속 학습하고 적응하는 과정을 반복함으로써, 점점 더 효율적이고 유연하게 지능적으로 발전하고 있습니다.

여기까지는 공식적인 설명이고, 이제 제가 도우미를 사용해본 직관적인 느낌을 이야기해볼게요. 이 도구는 정말로 간단하고 사용하기 쉬운 데다가 지능 수준도 꽤 괜찮아서 지시에 따라 자동화된 다양한 사무 작업을 수행할 수 있습니다.

지금부터 이 도구의 매력을 함께 느껴보겠습니다. 프로그래밍 능력이 없더라도 강력한 도우미를 사용해볼 수 있습니다.

예나 **저도 알아요. 태진 선배가 이야기하는 게 플레이그라운드 아닌가요?**

4.2 코딩 없이 플레이그라운드에서 도우미 체험하기

그림 4.3의 OpenAI의 API 페이지[1]에서 [Start exploring] 버튼을 누르면 플레이그라운드Playground에 접속할 수 있습니다. 플레이그라운드에서는 코드를 작성하지 않아도 자신만의 도우미를 구축하는 방법을 탐색하고 배울 수 있습니다.

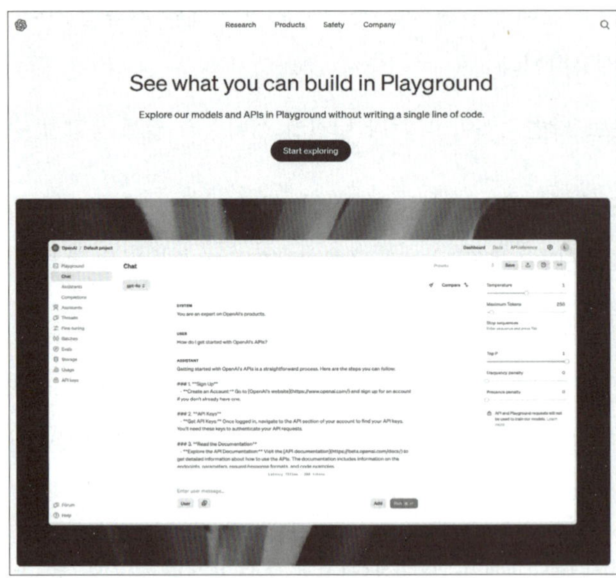

그림 4.3 OpenAI 웹사이트에서 플레이그라운드 진입하기

플레이그라운드를 사용하려면 OpenAI 계정이 있어야 합니다. 접속이 완료되면 그림 4.4와 같은 화면이 나타나며, 우측 상단의 Playground 탭을 누르면 플레이그라운드에서 뛰어놀 준비가 완료된 것입니다.

1 옮긴이 https://openai.com/api/ 또는 https://platform.openai.com/을 통해 직접 접속할 수도 있습니다.

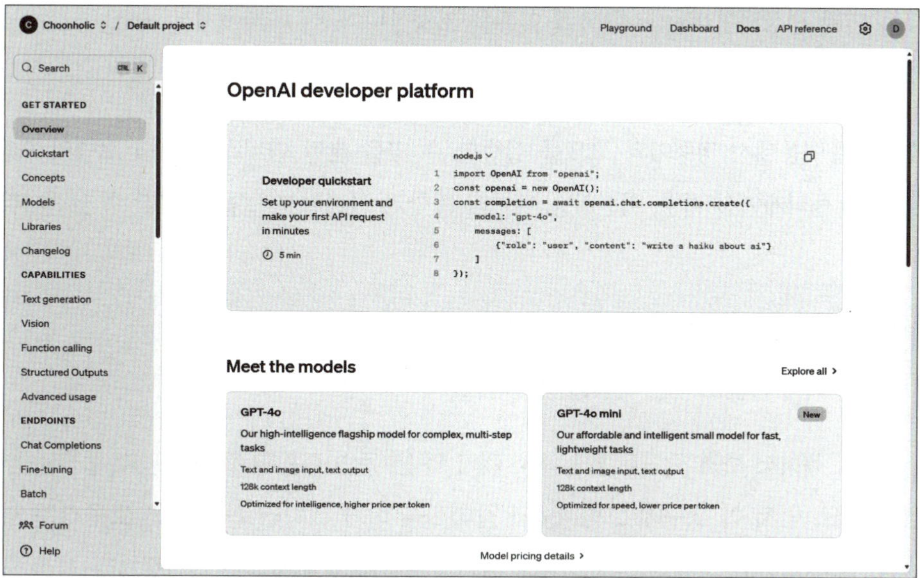

그림 4.4 OpenAI 개발자 플랫폼 페이지

플레이그라운드의 왼쪽 메뉴에서는 그림 4.5와 같이 Chat, Assistants, TTS, Completions의 네 가지 메뉴를 확인할 수 있으며, 여기에서 Assistants를 선택한 후, [Create] 버튼을 눌러 새로운 도우미를 생성합니다.

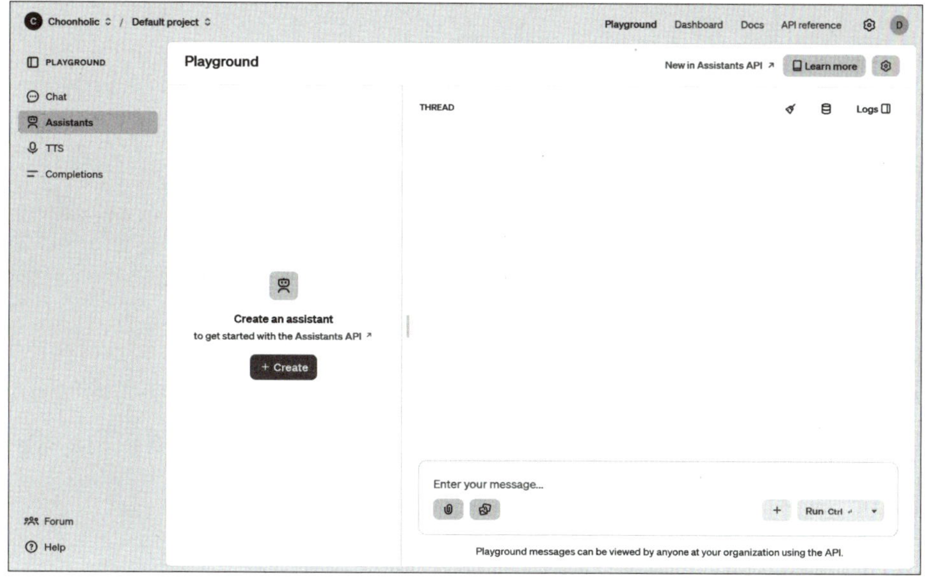

그림 4.5 플레이그라운드의 Assistants 화면

새로운 도우미가 생성되면 Name 항목에 이름을 지정합니다. 이 예제에서는 `asst_datascience`로 지정하였습니다.

사용자는 이 플랫폼에서 명령어와 코드를 실행할 수 있을 뿐만 아니라, GPT-4 모델의 도움을 받아 인공지능 애플리케이션 개발, 머신러닝, 데이터 과학과 관련된 작업을 수행할 수 있습니다.

예나 그럼 이제 이걸로 무슨 작업을 해볼까요?

태진 이걸 데이터 보조 도구로 활용해서 제가 몇 년 동안 출판한 책들의 판매 실적을 분석해볼 거예요. 먼저 이 도구에 그림 4.6과 같이 도우미가 데이터 과학 보조 도구라는 지침 instruction을 전달하고, 모델을 선택합니다. 여기서는 `gpt-4o-mini`를 선택했는데, 최신 모델을 선택할수록 더 나은 결과가 나타날 가능성이 높습니다.

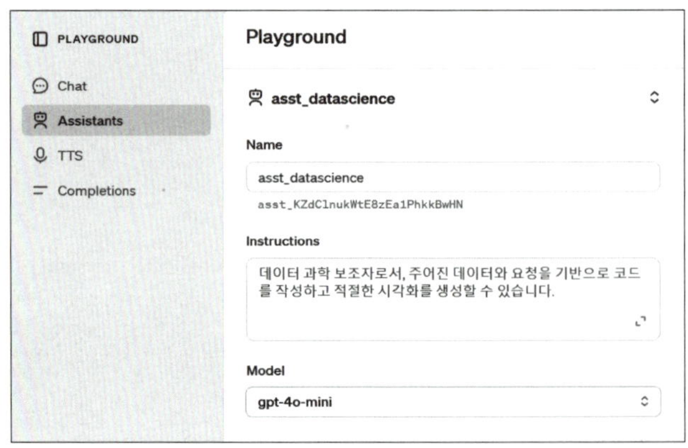

그림 4.6 생성된 도우미

그림 4.7과 같이 `sales_data.csv` 파일(https://github.com/Choonholic/jpub_ai_agent/blob/main/codes/chapter 04/4.4 Presentations/data/sales_data.csv)에 도서 세 권의 분기별 판매액을 기록해놓았으며, 금액의 단위는 원(KRW)입니다.

날짜	기초부터 배우는 기계 학습	태진의 10가지 데이터 분석	GPT 그림 해설
31/3/2022	54545	177410	163757
30/6/2022	90880	156803	184146
30/9/2022	103810	186471	194499
31/12/2022	120690	192272	206815
31/3/2023	138022	129303	216851
30/6/2023	147577	149961	239252
30/9/2023	152859	176416	246153
31/12/2023	175874	117752	276903
31/3/2024	172393	95989	293891
30/6/2024	200877	85009	287403
30/9/2024	201870	58843	316502
31/12/2024	237906	70512	321440
31/3/2025	240889	104573	337249
30/6/2025	252395	73785	364521
30/9/2025	262743	106644	348157
31/12/2025	290904	92320	363136

그림 4.7 태진이 집필한 도서의 분기별 판매액

예나 아이고, 책 한 권당 분기 판매액이 20만 원 수준이라니, 많아봐야 30만 원이 채 안 되는 수준이네요. 제가 선배를 자문으로 모시지 않았다면 작가 생활이 정말 힘들었을 것 같네요.

태진 예나 씨! 방금 제가 말실수를 했어요. 단위는 100원이었어요. 그게 중요한 건 아니지만, 어쨌든 이 파일을 그림 4.8과 같이 코드 해석기code interpreter 영역에서 [+ Files] 버튼을 눌러 업로드하면 해당 파일을 확인할 수 있어요.

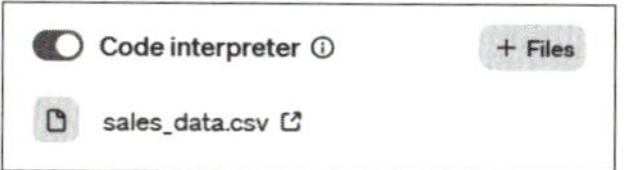

그림 4.8 Code interpreter 영역에 sales_data.csv 파일 업로드

이제 이 도우미는 세계 지식과 사고 능력뿐만 아니라 저만의 데이터 정보도 갖게 되었어요. 즉, GPT를 활용해 우리의 일을 도울 수 있게 되는 겁니다. 이제 그림 4.9와 같이 대화 창에서 데이터 분석을 요청할 수 있어요.

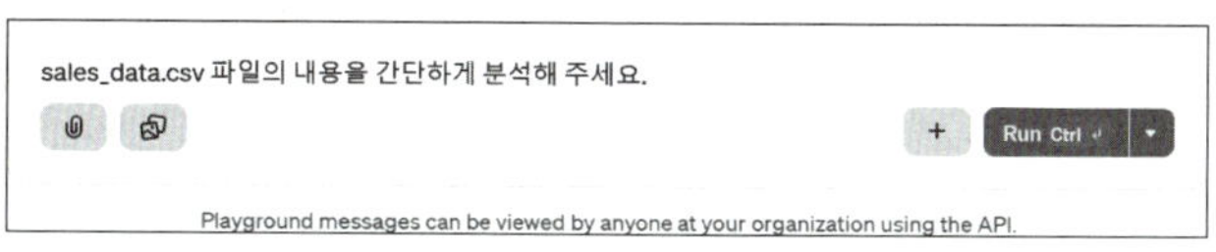

그림 4.9 도우미의 대화 창에서 분석 요청하기

지금부터는 더 이상의 추가 작업 없이 [Run] 버튼을 클릭하면 바로 분석을 시작합니다. 그림 4.10과 같이 대화 창에 도우미의 응답이 출력됩니다.

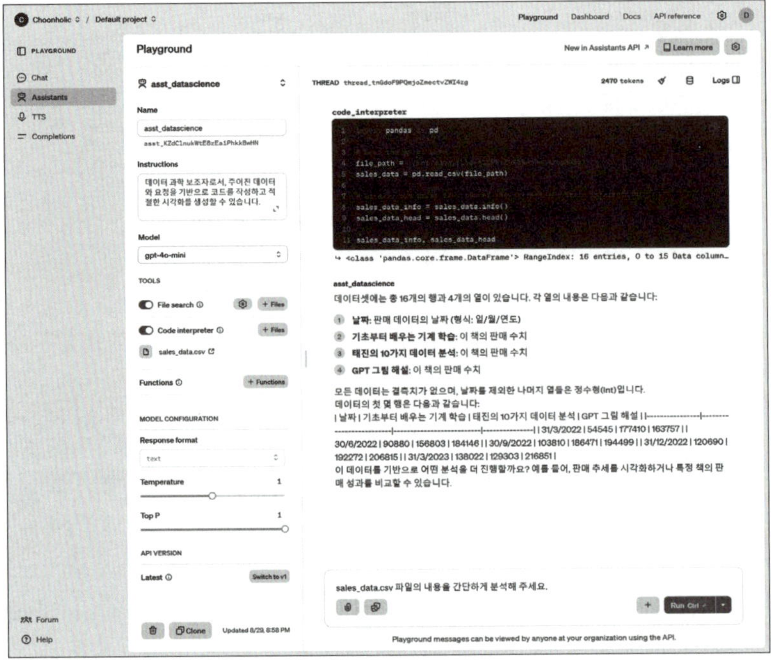

그림 4.10 도우미의 응답

데이터 도우미가 시스템에 내장된 도구인 코드 해석기를 호출해 파일의 내용을 빠르게 요약해주었습니다.

보세요, 데이터 분석가가 몇 시간을 들여 분석해야 할 내용을 순식간에 생성해줍니다.

예나 대단하네요. 하지만 그다지 대단하지 않은 것 같기도 해요. 사실상 모든 일을 GPT 모델이 다 하고 있잖아요.

태진 맞아요. OpenAI의 'GPT 스토어' 기능이 출시되었을 때를 한번 떠올려보세요. 해당 기능이 출시되자마자 곧바로 300만 개 이상의 맞춤형 GPT 모델이 출시되었잖아요. 하지만 이 수많은 모델들이 모두 정말 엄청나게 독창적이라고 할 수 있을까요? 결국은 GPT-4 모델의 강력한 기반이 있기에 가능했던 일이잖아요. 이게 바로 OpenAI의 "**인공지능으로 대중에게 힘을 싣는다**"라는 말의 의미입니다.

예나 **대형 모델의 힘을 빌리고, 여기에 자신의 데이터 자료, 사업 논리, 제품 설계를 더하면 새로운 가치를 창출할 수 있다**는 이야기군요. 그런데 마지막으로 하나 더 궁금한 게 있어요. 그림 4.11과 같이 플레이그라운드에서 볼 수 있는 함수function, 코드 해석기code interpreter, 파일 검색file search[2]은 각각 어떤 역할을 하는 건가요?

태진 Tools는 말 그대로 도구를 의미하는데, 이는 Assistants API가 호출할 수 있는 기능을 의미합니다. 함수는 함수 호출 도구로서 사용자 정의 함수를 의미하며, 코드 해석기는 코드를 해석하는 도구, 파일 검색은 문서 검색 도구입니다. OpenAI는 앞으로 더 많은 도구를 출시할 계획이며, 개발자가 OpenAI 웹사이트에서 직접 자신만의 도구를 사용할 수 있도록 할 예정입니다.

예나 이제 기억나네요. 도구와 함수 호출은 앞에서 태진 선배가 설명해주었던 중요한 개념들이고, 검색은 LlamaIndex의 검색증강생성을 설명할 때 언급했던 적이 있죠.

태진 맞아요, 여기서 말하는 파일 검색은 OpenAI가 도우미를 통해 구현한 간단한 검색증강생성 기능이에요.

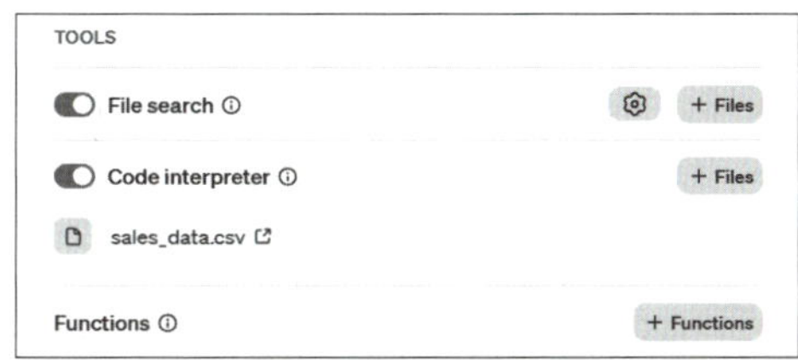

그림 4.11 도구 영역에서 볼 수 있는 파일 검색, 코드 해석기, 함수

이제 API를 호출하여 도우미의 생성과 사용에 대한 세부사항을 분석해봅시다.

2 2024년 4월 이전까지 사용되던 Assistants API v1에서는 검색(Retrieval)이라는 이름을 가지고 있었습니다.

4.3 Assistants API의 간단한 예제

4.2절과 같이 플레이그라운드에서 도우미를 사용해보는 것이 관련 설계 개념을 익히는 데 도움이 된다면 이번 절에서 소개하는 Assistants API는 자신의 프로그램 내에서 인공지능 도우미를 구축할 수 있는 도구에 해당합니다. 도우미에게 명령을 내리면 모델이나 도구뿐만 아니라 문서와 같은 외부 지식을 활용하여 우리의 명령에 맞는 응답을 생성해줍니다.

2024년 8월 기준 Assistants API는 코드 해석기, 검색, 함수 호출이라는 세 가지 유형의 도구를 지원합니다. Assistants API는 여러 함수를 한 번에 호출하는 기능을 제공하는데, 개발자는 이를 통해 대화 흐름과 상황 정보를 직접 관리할 필요 없이 OpenAI 서비스가 이를 대신하게 할 수 있습니다.

Assistants API를 호출하는 절차는 다음과 같습니다.

1. **도우미**assistant를 생성해 지침을 정의하고 모델을 선택합니다. 이때 코드 해석기, 검색, 함수 호출 등의 도구를 활성화할 수 있습니다.
2. 사용자가 대화를 시작하면 **대화 흐름**thread을 생성합니다.
3. 사용자가 질문을 던지면 해당 **메시지**message를 흐름에 추가합니다.
4. 흐름에서 도우미를 실행하여 응답을 촉발trigger시킵니다. 이 과정에서 관련 **도구**가 자동으로 호출됩니다.

Assistants API의 호출 절차는 그림 4.12에서 일목요연하게 확인할 수 있습니다.

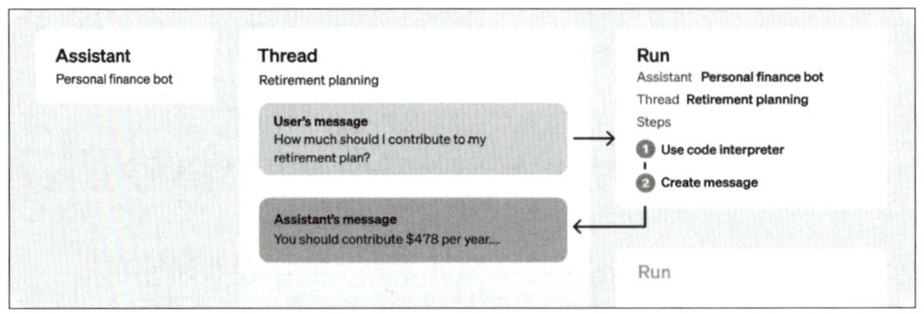

그림 4.12 Assistants API 호출 절차

그림 4.12에서 볼 수 있는 도우미는 개인 금융 봇personal finance bot으로서 예산 수립, 저축 전략, 투

자 조언과 같은 개인 금융 관련 질문에 답변할 수 있습니다. 여기서는 은퇴 계획에 관한 대화 흐름을 생성했습니다. '은퇴 계획에 얼마를 납부해야 하는가?'라는 사용자의 질문에 도우미는 '매년 478달러를 납부해야 합니다…'라고 답변합니다. 실행 세션run은 대화의 실행 과정을 나타내며, 여기에서는 봇이 사용자 질문을 처리하는 단계를 보여주고 있습니다. 첫 번째 단계는 코드 해석기 도구를 사용하는 것으로 나타나 있는데, 다시 말하면 도우미가 백엔드에서 코드를 실행하여 답변을 계산하고 있다는 것을 의미합니다. 두 번째 단계는 메시지 생성으로, 도우미가 응답을 생성하는 과정입니다. 이러한 대화 과정은 여러 번 반복될 수 있으며, 이때 도우미는 가장 효율적인 방식으로 대화 상황 정보를 저장하고 정리합니다.

NOTE

Assistants API를 호출할 때는 HTTP 헤더에 `OpenAI-Beta: assistants=v2`를 전달해야 합니다. 헤더가 Beta로 지정되어 있는 것에서 알 수 있듯이 Assistants API는 아직 테스트 단계에 있는 서비스입니다. 사용자 입장에서는 서비스가 이미 안정적이라는 느낌을 받을 수도 있지만, 이 헤더는 OpenAI가 여전히 서비스를 통해 피드백을 수집하고 있으며, 그 결과 제품을 추가적으로 조정하거나 기능을 추가할 수 있다는 의미를 내포하고 있습니다. 물론 OpenAI가 제공하는 파이썬 SDK나 Node.js SDK를 사용한다면 내부적으로 헤더를 자동으로 처리해주기 때문에 신경 쓸 필요가 없습니다.

도우미 생성하기

이제 직접 도우미를 하나 생성해보겠습니다. 도우미를 생성할 때는 다음과 같은 매개변수를 설정할 필요가 있습니다.

- `name`: 도우미의 이름을 지정합니다.
- `instructions`: 도우미가 어떻게 행동하고 응답해야 하는지를 알려주는 지침으로, '당신은 특정 분야의 전문가입니다'와 같은 방식으로 지정합니다.
- `tools`: Assistants API는 OpenAI에서 구축하고 관리하고 있는 도구인 코드 해석기나 검색 등을 지원합니다.
- `model`: GPT-3.5 또는 GPT-4 계열의 모델 중 하나를 선택할 수 있습니다. 다만, 검색 도구를 사용하려면 최신 모델을 사용해야 합니다.

- functions: 사용자 정의 함수를 도구로 추가할 수 있습니다. 이에 대해서는 뒤에서 자세히 다루겠습니다.

가장 먼저 꽃의 가격을 계산할 수 있는 수학적 능력을 갖춘 작은 도우미를 생성하겠습니다.

In

```
# 환경 변수 적재하기
from dotenv import load_dotenv

load_dotenv()

# OpenAI 인스턴스 생성
from openai import OpenAI

client = OpenAI()

# 도우미 생성
assistant = client.beta.assistants.create(
    name="꽃 가격 계산기",
    instructions="당신은 저에게 꽃의 가격을 계산해줄 수 있습니다.",
    tools=[{"type": "code_interpreter"}],
    model="gpt-4o-mini"
)

# 도우미 출력
print(assistant)
```

Out

```
Assistant(
    id='asst_aaIDR7JUjOKNKyKv65l2CYmV',
    created_at=1724976602,
    description=None,
    instructions='당신은 저에게 꽃의 가격을 계산해줄 수 있습니다.',
    metadata={},
    model='gpt-4o-mini',
    name='꽃 가격 계산기',
    object='assistant',
    tools=[
        CodeInterpreterTool(type='code_interpreter')
    ],
    response_format='auto',
    temperature=1.0,
```

```
    tool_resources=ToolResources(
        code_interpreter=ToolResourcesCodeInterpreter(file_ids=[]),
        file_search=None
    ),
    top_p=1.0
)
```

위의 예제 코드에서는 `tools=[{"type": "code_interpreter"}]` 부분을 통해 코드 해석기 도구를 활성화했습니다.

예나 이렇게 간단한 작업에 코드 해석기를 활성화해야 하는 이유는 무엇인가요?

태진 두 가지 이유가 있는데, 하나하나 설명해줄게요. 첫 번째 이유는 초기의 LLM들은 수학적으로 약하다는 것이 공통된 인식이었는데, 코드 해석기를 통해 도우미가 코드를 작성하고 실행하는 방식으로 수학적 계산이 가능해지면서 높은 신뢰성을 확보할 수 있기 때문입니다. 그리고 두 번째 이유는 도구를 직접 지정하는 방법을 소개하고 싶었기 때문입니다.

다시 한번 플레이그라운드로 가서 상단에서 Dashboard를 선택한 후, 다시 왼쪽의 메뉴에서 Assistants 항목을 선택하면, 그림 4.13처럼 앞의 예제 코드에서 생성한 도우미가 목록에 추가된 것을 확인할 수 있습니다.

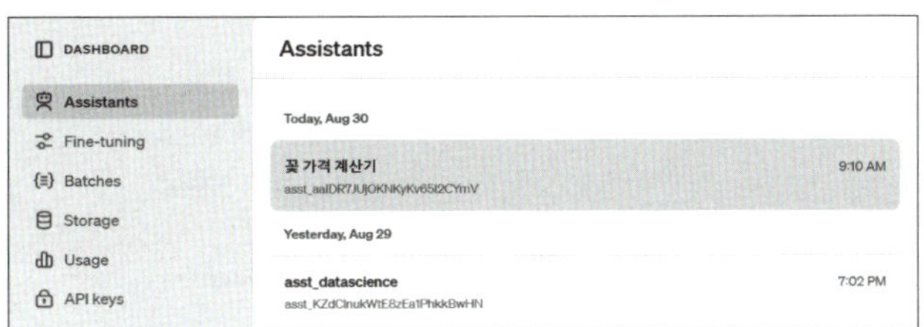

그림 4.13 플레이그라운드의 Dashboard 화면에서 생성한 도우미 확인하기

NOTE

여기서 알아둘 것은 생성된 도우미마다 고유의 ID가 부여되므로, 다음부터는 이 ID를 이용해 앞에서 생성했던 도우미를 반복 호출할 수 있다는 것입니다. 그렇지 않으면, 동일한 기능을 가지지만 서로 다른 ID가 부여된 여러 개의 불필요한 도우미가 생성됩니다.

도우미 목록에서 상세 정보를 보고 싶은 도우미 항목을 선택하면 그림 4.14와 같이 도우미의 상세 정보를 확인할 수 있습니다. 도우미의 상세 정보에서 이름과 지침 항목이 우리가 앞의 예제 코드에서 지정한 값으로 채워져 있는 것을 알 수 있습니다. 또한 코드 해석기 도구가 활성화되어 있는 것을 확인할 수 있는데, 이를 통해 도우미가 이미 활성화되어 있다는 것을 알 수 있습니다.

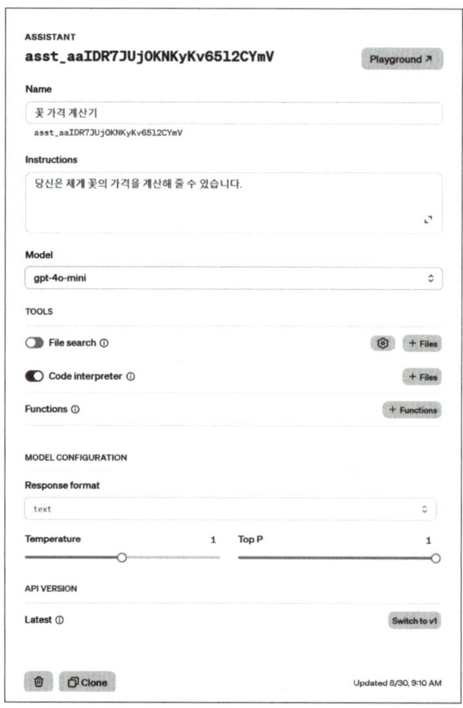

그림 4.14 도우미의 상세 정보

예나 태진 선배, 만약에 프로그램을 실행할 때 도우미의 ID를 기록하지 않았다면 어떻게 하죠?

태진 다음 코드를 명령줄에서 실행하거나 생성된 도우미의 목록을 가져올 수 있습니다.

In

```
curl "https://api.openai.com/v1/assistants?order=desc&limit=20" \
-H "Content-Type: application/json" \
-H "Authorization: Bearer $OPENAI_API_KEY" \
-H "OpenAI-Beta: assistants=v2"
```

Out


```
{
  "object": "list",
  "data": [
    {
      "id": "asst_aaIDR7JUjOKNKyKv65l2CYmV",
      "object": "assistant",
      "created_at": 1724976602,
      "name": "꽃 가격 계산기",
      "description": null,
      "model": "gpt-4o-mini",
      "instructions": "당신은 저에게 꽃의 가격을 계산해줄 수 있습니다.",
      "tools": [
        {
          "type": "code_interpreter"
        }
      ],
      "top_p": 1.0,
      "temperature": 1.0,
      "tool_resources": {
        "code_interpreter": {
          "file_ids": []
        }
      },
      "metadata": {},
      "response_format": "auto"
```

```
    },
    {
      "id": "asst_KZdClnukWtE8zEa1PhkkBwHN",
      "object": "assistant",
      "created_at": 1724925750,
      "name": "asst_datascience",
      "description": null,
      "model": "gpt-4o-mini",
      "instructions": "데이터 과학 도우미로서, 주어진 데이터와 요청을 바탕으로 코드를 
작성하고 적절한 시각화를 생성할 수 있습니다.",
      "tools": [
        {
          "type": "code_interpreter"
        },
        {
          "type": "file_search",
          "file_search": {
            "ranking_options": {
              "ranker": "default_2024_08_21",
              "score_threshold": 0.0
            }
          }
        }
      ],
      "top_p": 1.0,
      "temperature": 1.0,
      "tool_resources": {
        "file_search": {
          "vector_store_ids": []
        },
        "code_interpreter": {
          "file_ids": [
            "file-clIPRxZNK89AdWwh4rng5USa"
          ]
        }
      },
      "metadata": {},
      "response_format": {
        "type": "text"
      }
    }
  ],
  "first_id": "asst_aaIDR7JUjOKNKyKv65l2CYmV",
  "last_id": "asst_KZdClnukWtE8zEa1PhkkBwHN",
```

```
  "has_more": false
}
```

위의 목록은 태진이 플레이그라운드에서 생성한 도우미와 Assistants API를 통해 생성한 도우미 목록입니다. 첫 번째 도우미는 태진이 집필한 서적의 판매액을 분석하는 도우미이고, 두 번째 도우미는 꽃의 가격을 계산해주는 도우미입니다.

물론 `client.beta.assistants.list` API를 사용해도 비슷한 결과를 얻을 수 있습니다.

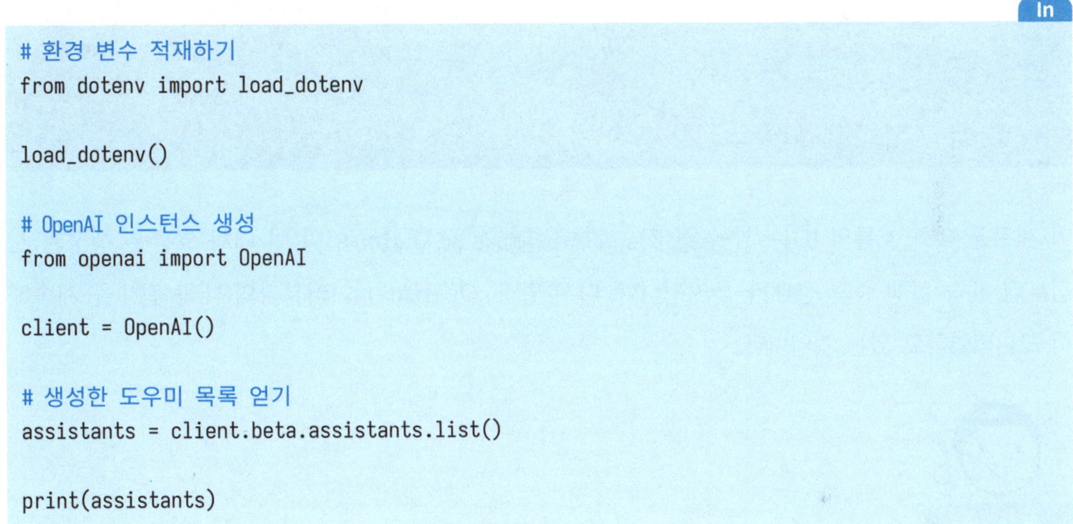

In

```
# 환경 변수 적재하기
from dotenv import load_dotenv

load_dotenv()

# OpenAI 인스턴스 생성
from openai import OpenAI

client = OpenAI()

# 생성한 도우미 목록 얻기
assistants = client.beta.assistants.list()

print(assistants)
```

대화 흐름 생성하기

도우미를 생성했다면 이제 대화 흐름을 생성할 차례입니다.

대화 흐름이 무엇인지 감이 잘 안 잡히시나요? 사실 대화 흐름은 OpenAI의 LLM과 이루어지는 하나의 대화를 의미하며, 다시 말해 마치 우리가 ChatGPT에서 GPT-3.5나 GPT-4 모델과 새로운 대화를 시작하는 것과 같다고 볼 수 있습니다.

대화 흐름을 생성하는 코드는 다음과 같습니다.

In

```
# 대화 흐름 생성
thread = client.beta.threads.create()
```

```
# 대화 흐름 출력
print(thread)
```

Out

```
Thread(
    id='thread_83sOASNiEwhmQOmqW9Kmyico',
    created_at=1724988083,
    metadata={},
    object='thread',
    tool_resources=ToolResources(
        code_interpreter=None,
        file_search=None
    )
)
```

이 새로운 대화 흐름의 ID는 'thread_83sOASNiEwhmQOmqW9Kmyico'이며 이 대화 흐름은 생성된 시점부터 계속 실행 중인 상태가 유지됩니다. 다시 말해, OpenAI가 여러분과의 대화 진행을 계속해서 모니터링하고 있는 것입니다.

NOTE

여기서 알아둘 것은 도우미 생성 시와 마찬가지로 대화 흐름 생성 코드를 반복적으로 실행하면 안 된다는 것입니다. 그렇지 않으면 마찬가지로 동일하지만 서로 다른 ID가 부여된 여러 개의 불필요한 대화 흐름이 생성됩니다.

태진 솔직히 말하면, 제가 대화 흐름을 반복적으로 여러 개 생성했다는 것을 발견했을 때는 조금 불안했던 것도 사실입니다.

예나 사실 '비용'이 아까웠던 거죠? 태진 선배는 선생님이니까 그런 작은 것들까지 굳이 말하지 않아도 괜찮아요. 제 짧은 생각으로는 대화 흐름을 생성했더라도 토큰을 전송하지 않았다면 비용이 발생하지 않을 것 같아요. 그런데 이렇게 생성된 대화 흐름은 언제 삭제되나요? 영원히 저를 기다리고 있는 걸까요?

태진 저도 같은 의문을 가지고 있었어요. 앞에서 말했듯이 불필요한 도우미를 여러 개 생성했던 적이 있었기 때문에, 그림 4.15와 같이 OpenAI의 게시판에 '플레이그라운드에서 도우미를 삭제하거나 Assistants API를 사용해 도우미를 삭제하면, 연동된 대화 흐름도 삭제되는가?'라는 질문[3]을 올린 적이 있어요. 답변에 따르면 도우미 삭제와 대화 흐름의 삭제 연동 여부는 100% 확실하지 않으나, 60일 동안 활동이 없는 대화 흐름은 시스템에서 자동으로 삭제된다고 합니다.

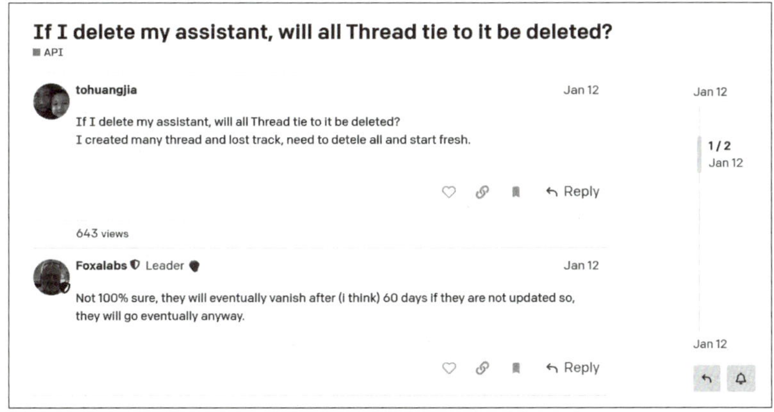

그림 4.15 OpenAI 게시판에서 질문을 통해 답변을 얻을 수 있습니다.

태진은 계속해서 게시판에서 여러 가지 정보를 확인하다가 API를 통해 현재 활성화되어 있는 대화 흐름 목록 관리 여부에 대한 질문[4]이 있는 것을 발견했습니다. OpenAI 개발팀은 이 요구를 인지하고 있으며 이전에는 플레이그라운드에서 이 기능을 제공했지만, 대기업들이 OpenAI에 대해 느슨한 접근 권한 설정을 가지고 있다는 점으로 인해, 대화 흐름이 조직 내의 모든 사람에게 공개될 가능성이 있어 지금은 제거한 상태라고 설명했습니다. 이 문제는 처리할 항목action item에 포함되어 있으며, 몇 주 내에 개발팀이 더 많은 정보를 공유할 수 있기를 희망한다고 합니다. 동시에 아

3 옮긴이 https://community.openai.com/t/if-i-delete-my-assistant-will-all-thread-tie-to-it-be-deleted/582985

4 옮긴이 https://community.openai.com/t/list-of-threads-is-missing-from-the-api/484510/29

직 미공개 상태인 API를 사용하지 말 것을 권고했습니다.

따라서 아직 활성화 상태인 모든 스레드를 삭제하는 것은 쉽지 않으며, 지금은 그냥 모든 것을 정리해야 한다는 강박에서 벗어나는 것이 좋습니다. 활성 스레드가 특별히 리소스를 낭비하지 않을 뿐만 아니라 스레드 내에서 메시지가 전달되고 있지 않기 때문입니다.

예나 잠깐만요. 태진 선배, 앞에서 대화 흐름을 생성할 때 도우미의 ID를 지정하지 않았는데요, 그 말은 OpenAI에서 대화 흐름과 도우미는 서로 의존성이 없다는 뜻인가요?

태진 맞아요. OpenAI API에서 대화 흐름과 도우미는 연속적인 대화와 작업 처리를 위해 서로 연관되어 있기는 하지만, 기술적으로는 서로 독립적인 구성 요소에 해당합니다.

- 도우미는 사용자의 요청을 처리하고 응답을 생성하는 ChatGPT와 같은 인공지능 모델을 의미하며, 백엔드에서 지능형 처리 시스템의 역할을 수행합니다.
- 대화 흐름은 일련의 상호작용이나 대화를 의미하는 것으로, OpenAI의 API와 시스템 설계에 따르면 사용자와 도우미 간의 연속적인 대화로 구성될 수 있습니다. 대화 흐름은 대화의 기록을 추적하고 관리하여, 도우미가 문맥을 이해하고 사용자 요청에 더 정확하게 응답할 수 있도록 합니다.

OpenAI API를 사용할 때 대화 흐름의 생성과 관리를 통해 일관된 대화의 흐름을 유지할 수 있으며, 도우미는 이러한 대화 흐름 내에서 응답과 상호작용을 제공합니다. 다시 말해 도우미는 구체적인 요청을 처리하고, 대화 흐름은 전체적인 대화의 조직과 관리를 담당합니다.

예나 그러니까 하나의 대화 흐름에 여러 개의 도우미가 연결될 수 있고, 반대로 하나의 도우미가 여러 개의 대화 흐름에 연결될 수 있다는 뜻인가요?

태진 이론적으로는 그렇습니다. 이러한 설계는 시스템의 유연성을 높이고 적용 범위를 넓히는 역할을 합니다. 복잡한 대화 시스템에서는 서로 다른 도우미가 다양한 유형의 작업이나 문제를 처리할 수 있습니다. 예를 들어 어떤 도우미는 날씨 관련 질문을 처리하고 다른 도우미는 여행 조언을 처리할 수 있습니다. 대화 관리 시스템은 동일한 대화 흐름 내에서 사용자의 다양한 질문에 따라 적절한 도우미에게 요청을 전달하여 처리할 수 있습니다. 시스템은 이를 위해 대화 내용이나 사용자 요청의 성격에 따라 적절한 도우미를 동적으로 선택하여 응답할 수 있는 지능형 전환 기능을 갖추어야 합니다.

또한 ChatGPT와 같은 범용 도우미는 여러 개의 대화 흐름에서 동시에 사용할 수 있습니다. 이 대화 흐름은 서로 다른 사용자 대화일 수도 있고, 동일한 사용자의 서로 다른 대화 상황일 수도 있습니다. 도우미는 각 대화 흐름의 문맥을 구분하고 관리할 수 있어야 하며, 각 대화에서 정확하고 관련 있는 답변을 제공해야 합니다. 이를 구현하기 위해 각각의 대화 흐름에서 요청에 대화 기록과 상황 정보를 함께 포함해야 합니다.

이제 대화 흐름에 메시지를 추가하고 도우미와 대화를 시작해봅시다.

메시지 추가하기

메시지를 추가하면 대화 흐름에 상황 정보와 파일을 전달할 수 있습니다. 이러한 메시지는 대화의 일부이며, 도우미가 답변을 생성할 때 참고하는 배경 자료이기도 합니다.

NOTE

대화 흐름의 정보량에는 제한이 없기 때문에 현재 스레드에 원하는 만큼 메시지를 얼마든지 추가할 수 있습니다. 도우미는 ChatGPT의 압축과 같은 최적화 기술을 통해 모델의 요청이 최대 문맥 해석 범위context window를 벗어나지 않도록 조절하는데, 여기에는 장단점이 있습니다. 도우미에 전달하는 정보량에는 제한이 없으며, 상황 정보를 직접 관리할 필요가 없기 때문에 대화 기억 관리의 복잡성이 줄어듭니다. 그러나 이러한 편리함 뒤에는 도우미의 실행 비용을 효과적으로 제어하기 어렵다는 단점도 분명히 존재합니다.

대화 흐름에 메시지를 추가하는 코드는 다음과 같습니다.

In

```
# 대화 흐름에 메시지 추가
message = client.beta.threads.messages.create(
    thread_id=thread.id,
    role="user",
    content="각 꽃다발의 가격을 원가에 20%를 더한 가격으로 책정합니다. 원가가 1600원일 때,
제 판매 가격은 얼마인가요?"
)

# 메시지 출력
print(message)
```

Out

```
Message(
    id='msg_zEGTtd5GxQhTVPD00uFqQ1pB',
    assistant_id=None,
    attachments=[],
    completed_at=None,
    content=[
        TextContentBlock(
            text=Text(
                annotations=[],
                value='각 꽃다발의 가격을 원가에 20%를 더한 가격으로 책정합니다.
원가가 1600원일 때, 제 판매 가격은 얼마인가요?'
            ),
            type='text'
        )
    ],
    created_at=1724988086,
    incomplete_at=None,
    incomplete_details=None,
    metadata={},
    object='thread.message',
    role='user',
    run_id=None,
    status=None,
    thread_id='thread_83sOASNiEwhmQOmqW9Kmyico'
)
```

이제 명령줄에서 다음 명령어를 사용하여 지정된 대화 흐름 ID의 메시지 기록을 가져오면, 해당 메시지가 현재 메시지 목록의 첫 번째 메시지로 표시됩니다.

In

```
curl https://api.openai.com/v1/threads/thread_83sOASNiEwhmQOmqW9Kmyico/messages \
-H "Content-Type: application/json" \
-H "Authorization: Bearer $OPENAI_API_KEY" \
-H "OpenAI-Beta: assistants=v2"
```

Out


```
{
  "object": "list",
  "data": [
    {
      "id": "msg_zEGTtd5GxQhTVPD00uFqQ1pB",
      "object": "thread.message",
      "created_at": 1724988086,
      "assistant_id": null,
      "thread_id": "thread_83sOASNiEwhmQOmqW9Kmyico",
      "run_id": null,
      "role": "user",
      "content": [
        {
          "type": "text",
          "text": {
            "value": "각 꽃다발의 가격을 원가에 20%를 더한 가격으로 책정합니다.
원가가 1600원일 때, 제 판매 가격은 얼마인가요?",
            "annotations": []
          }
        }
      ],
      "attachments": [],
      "metadata": {}
    }
  ],
  "first_id": "msg_zEGTtd5GxQhTVPD00uFqQ1pB",
  "last_id": "msg_zEGTtd5GxQhTVPD00uFqQ1pB",
  "has_more": false
}
```


물론 파이썬 코드를 이용해 현재 메시지를 출력할 수도 있습니다.

In

```
# 메시지 목록 가져오기
messages = client.beta.threads.messages.list(
    thread_id='thread_83sOASNiEwhmQOmqW9Kmyico'
)

# 메시지 출력
print(messages)
```

Out

```
SyncCursorPage[Message](
    data=[
        Message(
            id='msg_zEGTtd5GxQhTVPD00uFqQ1pB',
            assistant_id=None,
            attachments=[],
            completed_at=None,
            content=[
                TextContentBlock(
                    text=Text(
                        annotations=[],
                        value='각 꽃다발의 가격을 원가에 20%를 더한 가격으로 책정합니다.
원가가 1600원일 때, 제 판매 가격은 얼마인가요?'
                    ),
                    type='text'
                )
            ],
            created_at=1724988086,
            incomplete_at=None,
            incomplete_details=None,
            metadata={},
            object='thread.message',
            role='user',
            run_id=None,
            status=None,
            thread_id='thread_83sOASNiEwhmQOmqW9Kmyico'
        )
    ],
    object='list',
    first_id='msg_zEGTtd5GxQhTVPD00uFqQ1pB',
    last_id='msg_zEGTtd5GxQhTVPD00uFqQ1pB',
    has_more=False
)
```

위의 결과를 보면 알겠지만, 기본적으로 명령줄을 통해 확인한 결과와 크게 다르지 않습니다.

태진 이어서 도우미를 실행하기 위해 실행 세션을 생성해야 합니다.

예나 실행 세션이요?

태진 실행 세션의 생성은 실제 대화나 상호작용 과정을 시작하는 작업입니다. 도우미는 실행 세션 내에서 제공한 단서나 명령을 바탕으로 입력된 메시지를 읽습니다. 그리고 특정 도구를 호출하거나 모델을 사용하여 답변을 생성하는 것처럼 어떤 행동을 취할지 결정한 후, 마지막으로 출력을 생성합니다.

도우미 실행하기

도우미가 사용자 메시지에 응답하게 하려면, 먼저 실행 세션을 하나 생성해야 합니다. 이때 도우미는 대화를 읽고 도구를 호출할지 아니면 모델을 직접 호출할지 결정하고 메시지에 포함된 작업을 완료하여 답변을 제공합니다.

도우미는 실행 세션이 진행될 때 '`assistant`' 역할role에 해당하는 메시지를 기록에 추가하고 모델의 문맥 해석 범위에 포함할 이전 메시지previous message를 스스로 결정합니다. 이 작업은 도우미의 토큰 사용량[5]과 모델의 성능에 직접적인 영향을 미치기 때문에, OpenAI는 이 메시지 기록 구성 과정[6]을 지속적으로 최적화하고 있습니다.

NOTE

사용자는 도우미의 실행 세션을 생성할 때 새로운 지침을 전달할 수 있지만, 도우미를 생성할 때 지정했던 지침이 삭제되고 새로운 지침이 지정되는 방식이므로 유의해야 합니다.

5 도우미 사용에 따른 비용과 정비례합니다.

6 도우미의 기억(memory)을 구성하는 것이라고 이해할 수 있습니다.

실행 세션을 생성하는 코드는 다음과 같습니다. 이때 대화 흐름과 도우미를 지정해야 합니다.

In

```
# 실행 세션 생성
run = client.beta.threads.runs.create(
    thread_id=thread.id,
    assistant_id=assistant.id,
    instructions="질문에 답변해주세요."  # 여기서 새로운 지침을 설정할 수 있습니다.
)

# 실행 세션 출력
print(run)
```

Out

```
Run(
    id='run_fpAKeiarHs85N9cjZuztM4d0',
    assistant_id='asst_aaIDR7JUjOKNKyKv65l2CYmV',
    cancelled_at=None,
    completed_at=None,
    created_at=1725318732,
    expires_at=1725319332,
    failed_at=None,
    incomplete_details=None,
    instructions='질문에 답변해주세요.',
    last_error=None,
    max_completion_tokens=None,
    max_prompt_tokens=None,
    metadata={},
    model='gpt-4o-mini',
    object='thread.run',
    parallel_tool_calls=True,
    required_action=None,
    response_format='auto',
    started_at=None,
    status='queued',
    thread_id='thread_83sOASNiEwhmQOmqW9Kmyico',
    tool_choice='auto',
    tools=[
        CodeInterpreterTool(
            type='code_interpreter'
        )
    ],
    truncation_strategy=TruncationStrategy(
```

```
        type='auto',
        last_messages=None
    ),
    usage=None,
    temperature=1.0,
    top_p=1.0,
    tool_resources={}
)
```

실행 세션 객체에서 가장 눈여겨볼 것은 상태 항목입니다. 실행 세션은 생성 직후 기본적으로 대기queued 상태를 유지합니다. 실행 세션의 수명 주기는 매우 명확하게 지정되어 있기 때문에 대화 흐름과 달리 종료 시점이 불확실하다는 모호함이 없습니다. 이 예제의 실행 세션은 `1725318732`에 생성되어 10분 후인 `1725319332`에 종료됩니다.

물론, 실행 세션은 영원히 대기 상태에 놓여 있을 수 없으며, `retrieve` 메서드를 이용해 실행 세션의 실행 결과를 실시간으로 가져올 수 있습니다.

In

```
# 실행 세션 상태 다시 가져오기
run = client.beta.threads.runs.retrieve(
    thread_id=thread.id,
    run_id=run.id
)

# 실행 세션 출력
print(run)
```

Out

```
Run(
    id='run_fpAKeiarHs85N9cjZuztM4d0',
    assistant_id='asst_aaIDR7JUjOKNKyKv65l2CYmV',
    cancelled_at=None,
    completed_at=None,
    created_at=1725318732,
    expires_at=1725319332,
    failed_at=None,
    incomplete_details=None,
    instructions='질문에 답변해주세요.',
    last_error=None,
```

```
    max_completion_tokens=None,
    max_prompt_tokens=None,
    metadata={},
    model='gpt-4o-mini',
    object='thread.run',
    parallel_tool_calls=True,
    required_action=None,
    response_format='auto',
    started_at=None,
    status='in_progress',
    thread_id='thread_83sOASNiEwhmQOmqW9Kmyico',
    tool_choice='auto',
    tools=[
        CodeInterpreterTool(
            type='code_interpreter'
        )
    ],
    truncation_strategy=TruncationStrategy(
        type='auto',
        last_messages=None
    ),
    usage=None,
    temperature=1.0,
    top_p=1.0,
    tool_resources={}
)
```

실행 세션이 대기 상태를 벗어나 진행 중in_progress 상태에 놓여 있음을 확인할 수 있습니다. 실행 세션이 아직 완료되지 않았기 때문에, 완료 상태로 변경될 때까지 반복적으로 호출하여 확인해야 합니다.

대화 과정에 있는 실행 세션의 실행 상태와 절차는 그림 4.16과 같습니다.

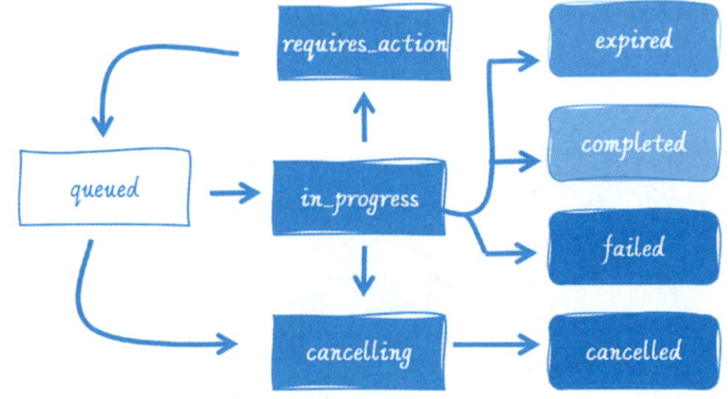

그림 4.16 대화 과정에 있는 실행 세션의 실행 상태와 절차

실행 세션의 수명 주기는 대기 중 상태로 시작됩니다. 즉, 실행 세션이 대기 열queue에 추가되었지만 아직 실행되지는 않았음을 의미합니다. 그러나 시스템이 자원을 할당하면 곧바로 진행 중 상태로 전환됩니다.

실행 세션이 실행되는 동안 사람이나 도구가 수동적으로 개입해야 하는 상황이 발생할 수 있습니다. 이 경우 실행 세션의 상태는 조치 필요requires_action 상태로 전환되며, 조치가 완료되는 즉시 다시 진행 중 상태로 전환되어 계속 실행됩니다. 그러나 `expired_at`에 지정된 만료 시간 전에 조치가 이루어지지 않으면 만료expired 상태로 전환되고 실행 세션의 실행이 중단됩니다.

실행 도중에 실행을 취소하게 되면 취소 중cancelling 상태로 전환되며, 취소 작업이 완료되면 취소cancelled 상태로 전환됩니다.

반면에 이 모든 난관을 뚫고 실행 세션이 모든 작업을 성공적으로 끝마치면 완료completed 상태로 전환됩니다. 반면에 작업에 실패하면 실패failed 상태로 전환됩니다.

표 4.1에서 실행 세션의 상태와 그에 대한 설명을 확인할 수 있습니다.

표 4.1 실행 세션의 상태와 설명

상태	설명
대기 중queued	실행 세션이 처음 생성되거나 `retrieve` 메서드를 호출하여 상태를 처음 가져오면 대기 중 상태로 전환됩니다. 정상적으로 생성된 경우, 진행 중 상태로 전환됩니다.
진행 중in_progress	실행 세션이 실행 중임을 나타내며, 실행 세션 단계run steps 관련 메서드[7]를 호출하여 구체적인 실행 과정을 확인할 수 있습니다.
완료completed	실행 세션이 성공적으로 실행되었음을 나타내며, 이 상태에서는 도우미가 반환한 메시지를 확인하거나 계속해서 도우미에게 질문할 수 있습니다.
조치 필요requires_action	도우미가 함수 호출을 실행해야 하는 경우 이 상태로 전환되며, 주어진 매개변수에 따라 지정된 기능을 호출해야만 실행 세션이 계속 실행됩니다.
만료expired	`expires_at` 시점의 도래 이전에 함수 호출을 실행하지 않으면, 실행 세션의 상태는 만료 상태로 전환됩니다. 이 외에도 해당 시점 이전에 출력이 완료되지 않은 경우에도 마찬가지로 만료 상태로 전환됩니다.
취소 중cancelling	`client.beta.threads.runs.cancel` 메서드를 호출하면 실행 세션은 실행 취소 상태로 전환되며, 취소 작업이 완료되면 취소 상태로 전환됩니다.
취소cancelled	실행 세션이 성공적으로 취소되었음을 나타냅니다.
실패failed	실행 세션의 작업이 실패했음을 나타내며, `last_error` 객체를 통해 실패 원인을 확인할 수 있습니다.

7 옮긴이 https://platform.openai.com/docs/api-reference/run-steps

NOTE

이 중에서도 requires_action 상태에 특히 주의할 필요가 있습니다. 이 상태는 실행 세션이 계속 실행되려면 도우미가 로컬 환경에서 일부 함수를 실행[8]하고 그 결과를 받아야 함을 의미합니다.

따라서 runs.retrieve 메서드를 지속적으로 호출하여 실행 세션의 현재 상태를 확인함으로써, 실행 세션이 완료되었는지 판단할 수 있습니다. 이때 상태가 완료로 전환되었다면 도우미의 반환 결과를 읽을 수 있습니다.

In

```
# 환경 변수 적재하기
from dotenv import load_dotenv

load_dotenv()

# OpenAI 인스턴스 생성
from openai import OpenAI

client = OpenAI()

# 대화 흐름과 도우미 ID 지정
thread_id = 'thread_83sOASNiEwhmQOmqW9Kmyico'
assistant_id='asst_aaIDR7JUjOKNKyKv6512CYmV'

# 실행 세션 생성
run = client.beta.threads.runs.create(
    thread_id=thread_id,
    assistant_id=assistant_id,
    instructions="질문에 답변해주세요."  # 여기서 새로운 지침을 설정할 수 있습니다.
)

# 확인 간격 시간 설정(5초)
polling_interval = 5

# 실행 세션 상태 확인 시작
import time
```

8 199쪽의 '함수 호출이란 무엇인가'에서 자세한 내용을 다룹니다.

```python
while True:
    run = client.beta.threads.runs.retrieve(
        thread_id=thread_id,
        run_id=run.id
    )

    # 실행 세션 객체의 속성에 직접 접근
    status = run.status

    print(f"Run Status: {status}")

    # 실행 세션의 상태가 'completed', 'failed', 'expired'일 경우 순환 종료
    if status in ['completed', 'failed', 'expired']:
        break

    # 확인 간격 시간 대기 후 반복
    time.sleep(polling_interval)

# 실행 세션 결과 처리
if status == 'completed':
    print("Run completed successfully.")
elif status in ['failed', 'expired']:
    print("Run failed or expired.")
```

Out

```
Run Status: queued
Run Status: in_progress
Run Status: completed
Run completed successfully.
```

위의 코드에서는 무한 순환 내에서 실행 세션의 상태를 지속적으로 확인합니다. 이때 실행 세션의 상태가 완료, 실패, 만료 중 하나가 되면 순환을 종료합니다. `polling_interval` 변수는 각 상태 확인 사이의 대기 시간을 정의합니다. 순환이 종료되면 도우미의 생각을 처리하는 과정이 끝났음을 의미하며, 이 상태에서 도우미의 응답을 확인할 수 있습니다.

응답 표시하기

도우미의 실행이 완료되어 실행 세션의 상태가 완료 상태로 전환되면, 현재 대화 흐름의 최신 상황을 확인하고 싶을 것입니다. 이를 위해 대화 흐름의 모든 메시지를 나열할 수 있으며, 실행 세션이 완료되었을 때 대화 흐름에 추가된 메시지가 가장 나중에 표시됩니다. 그리고 이 메시지가 도우미가 생성한 응답이자 이번 대화의 완료 결과에 해당합니다.

In

```
# 환경 변수 적재하기
from dotenv import load_dotenv

load_dotenv()

# OpenAI 인스턴스 생성
from openai import OpenAI

client = OpenAI()

# 대화 흐름 ID 설정
thread_id = 'thread_83sOASNiEwhmQOmqW9Kmyico'

# 대화 흐름에서 메시지 읽기
messages = client.beta.threads.messages.list(
    thread_id=thread_id
)

# 메시지 출력
print(messages)
```

Out

```
SyncCursorPage[Message](
    data=[
        Message(
            id='msg_mO5pyi49YZylsSe5wGWUiJgn',
            assistant_id='asst_aaIDR7JUjOKNKyKv65l2CYmV',
            attachments=[],
            completed_at=None,
            content=[
                TextContentBlock(
                    text=Text(
                        annotations=[],
                        value='원가가 1600원일 때, 제가 판매하는 가격은 1920원입니다.'
                    ),
                    type='text'
                )
```

```
            ],
            created_at=1725317521,
            incomplete_at=None,
            incomplete_details=None,
            metadata={},
            object='thread.message',
            role='assistant',
            run_id='run_vDfl8YxVE8R72l41tTM21NpQ',
            status=None,
            thread_id='thread_83sOASNiEwhmQOmqW9Kmyico'
        ),
        Message(
            id='msg_zEGTtd5GxQhTVPD00uFqQ1pB',
            assistant_id=None,
            attachments=[],
            completed_at=None,
            content=[
                TextContentBlock(
                    text=Text(
                        annotations=[],
                        value='각 꽃다발의 가격을 원가에 20%를 더한 가격으로 책정합니다.
원가가 1600원일 때, 제 판매 가격은 얼마인가요?'
                    ),
                    type='text'
                )
            ],
            created_at=1724988086,
            incomplete_at=None,
            incomplete_details=None,
            metadata={},
            object='thread.message',
            role='user',
            run_id=None,
            status=None,
            thread_id='thread_83sOASNiEwhmQOmqW9Kmyico'
        )
    ],
    object='list',
    first_id='msg_mO5pyi49YZylsSe5wGWUiJgn',
    last_id='msg_zEGTtd5GxQhTVPD00uFqQ1pB',
    has_more=False
)
```

이 결과에 따르면 도우미가 대화 흐름에 메시지를 하나 추가했으며, 해당 메시지에는 우리가 원했던 꽃 가격에 대한 답변이 포함되어 있는 것을 확인할 수 있습니다.

메시지는 다음과 같은 부분으로 구성됩니다.

- `id`: 각 메시지의 식별자identifier
- `assistant_id`: 메시지를 보낸 도우미의 식별자
- `content`: 메시지의 텍스트 내용
- `created_at`: 메시지가 생성된 시각
- `role`: 메시지를 보낸 역할(사용자를 뜻하는 `user` 또는 도우미를 뜻하는 `assistant`)

이 메시지 기록의 목록에는 표 4.2와 같이 사용자가 이전에 생성했던 메시지도 포함됩니다.

표 4.2 메시지 기록 내의 메시지

메시지 ID	도우미 ID	메시지 내용	생성 시각	역할
`msg_mO5pyi49YZylsSe5wGWUiJgn`	`asst_aaIDR7JUjOKNKyKv65l2CYmV`	원가가 1600원일 때, 제 판매 가격은 1920원입니다.	`1725317521`	`assistant`
`msg_zEGTtd5GxQhTVPD00uFqQ1pB`	없음[9]	각 꽃다발의 가격을 원가에 20%를 더한 가격으로 책정합니다. 원가가 1600원일 때, 제 판매 가격은 얼마인가요?	`1724988086`	`user`

이제 파이썬의 코드나 자연어 처리의 몇 가지 기법을 통해 이 출력을 분석하여 '1920'이라는 숫자를 읽으면, 이어서 '1920'이라는 가격을 데이터베이스에 저장하는 것처럼 후속 처리를 진행하는 프로그램을 개발할 수 있습니다. 물론 이보다 더 편리한 방법이 있는데, 바로 도우미에게 직접 답변을 JSON 형식으로 출력하도록 지시하는 것입니다. 이 방법을 사용하면 코드를 바탕으로 값을 쉽게 추출할 수 있습니다. 이에 대한 구현 방법은 여기서 직접 따로 다루지는 않겠습니다.

9 이 메시지는 사용자가 직접 제시한 질문으로 도우미와는 관련이 없기 때문에 도우미 ID가 존재하지 않습니다.

NOTE

실행 세션과 대화 흐름을 테스트하는 도중에 흥미로운 현상을 발견했습니다. 바로 동일한 대화 흐름에 속해 있지만 서로 다른 시간에 생성된 메시지들을 검색할 수 있다는 사실입니다. 잠시만 생각해보면 이는 당연한 일일 수 있는데, 실행 세션은 일회성 인스턴스로 명확하게 시작과 종료 시점이 지정되어 있는 도구로 특정 작업이나 사용자의 요청을 처리하는 데 집중하기 때문입니다. 반면에 대화 흐름은 계속 실행 중인 수신자listener로서, 도우미의 지속적인 기억에 해당하며, 여러 개의 실행 세션에 걸쳐 대화의 맥락과 일관성을 유지하는 역할을 합니다.

예나 이제 Assistants API의 기본적인 사용법은 이해할 수 있겠어요. 하지만 선배의 예제들은 너무 간단하다는 느낌이 들어요. 좀 더 복잡한 예제를 보여줄 수 있나요?

4.4 간단한 가상의 프레젠테이션 작성하기

태진 물론이죠. 지금부터 진짜 작업을 해봅시다. 제가 세 권의 책을 썼다는 건 알고 있죠?

예나 당연히 알죠. 그거 하나 가지고 사람들 앞에서 계속 자랑하는 거잖아요…….

태진 자랑하는 게 아니라고요. 어쨌든 지금부터 오늘의 주요 과제로 돌아가 봅시다. '기초부터 배우는 기계 학습', '태진의 10가지 데이터 분석', 'GPT 그림 해설'이라는 세 권의 책에 대한 판매량과 추이를 투자자들에게 보여주어야 한다면, 그 대략적인 전체 과정은 다음과 같습니다.

- 데이터 정리: 먼저 각 서적의 분기별 판매 데이터를 수집합니다. 이 데이터에는 날짜, 판매액 등이 포함될 수 있습니다. 수집한 데이터를 이용하여 각 서적의 분기별 총 판매액을 나열한 표를 작성합니다.

- 추세 분석: 각 서적의 판매 추세를 살펴봅니다. 총 판매액의 증감, 계절에 따른 변화, 판매 고점과 같은 정보를 찾습니다.
- 차트 생성: 이러한 추세를 시각적으로 보여주는 차트를 만듭니다. 막대 그래프는 각 서적의 분기별 판매량을 보여주며, 꺾은선 그래프는 판매 추세를 보여줍니다.
- 결론 작성: 분석을 바탕으로 도서 판매 추세와 그것이 가능한 원인에 대한 결론을 작성합니다.
- 프레젠테이션 작성: 마이크로소프트 파워포인트Microsoft PowerPoint 또는 유사 프레젠테이션 제작 소프트웨어를 사용해 위의 내용을 프레젠테이션으로 통합합니다. 이때 소개, 분석 방법, 차트, 결론, 제안을 포함해야 합니다.
- 발표 준비: 프레젠테이션이 완성되면 해당 발견과 분석을 소개하는 짧은 발표 원고를 준비합니다.

이와 같은 과정은 작업량이 많다고 할 수는 없지만, 그렇다고 적은 것도 아닙니다.

지금부터 첫 번째 단계인 데이터 정리를 제외한 모든 작업을 OpenAI 도우미를 이용해 완료해보겠습니다. 물론 앞으로는 데이터의 수집과 정리도 인공지능이 모두 수행하게 될 것입니다.

예나 이건…

태진 지금 바로 시작해볼까요?

데이터 수집과 정리하기

앞에서 이미 그림 4.7과 같이 태진이 집필했던 세 권의 서적에 대한 분기별 판매 상황 데이터를 포함하고 있는 `sales_data.csv` 파일을 살펴본 바 있습니다.

이 판매 데이터는 그리 복잡하지 않습니다. 이를 통해 인공지능 도우미가 어떤 비밀을 발견할 수 있을지 살펴보겠습니다.

OpenAI 도우미 생성하기

데이터가 준비되었다면 이제 도우미를 생성할 차례입니다. 생성한 도우미에게 데이터 과학 도우미 역할을 맡기고 제기된 모든 질문을 받아 필요한 코드를 실행하고 필요한 내용을 출력하도록 지시할 수 있습니다.

이 프로젝트는 시각화 부분이 많기 때문에 주피터 노트북을 통해 작업을 진행할 것입니다.

먼저 필요한 모듈과 API 키가 포함된 환경 변수를 적재한 뒤 인스턴스를 생성합니다. 이 단계는 이미 여러 번 해왔기 때문에 익숙할 것입니다.

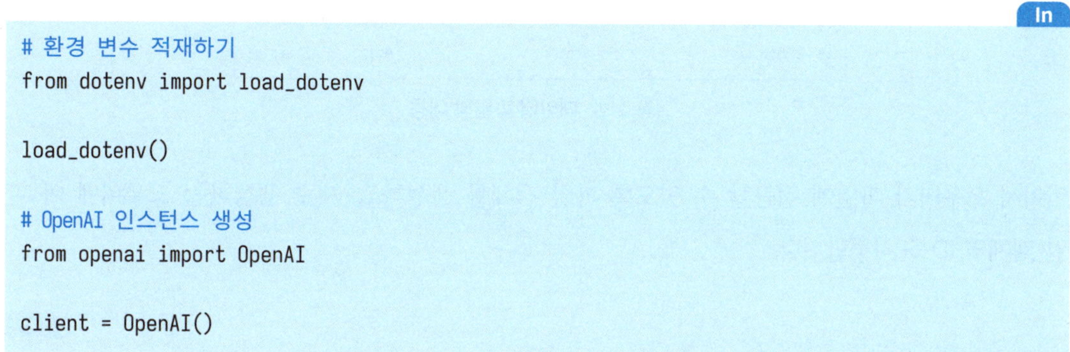

In

```
# 환경 변수 적재하기
from dotenv import load_dotenv

load_dotenv()

# OpenAI 인스턴스 생성
from openai import OpenAI

client = OpenAI()
```

이어서 Pandas 라이브러리를 사용하여 데이터 파일을 적재하고 그 내용을 표시합니다.

In

```
# 데이터 파일 적재 및 내용 표시
import pandas as pd

file_path = 'sales_data.csv'
sales_data = pd.read_csv(file_path)

sales_data
```

출력 결과는 그림 4.17과 같습니다.

	날짜	기초부터 배우는 기계 학습	태진의 10가지 데이터 분석	GPT 그림 해설
0	31/3/2022	54545	177410	163757
1	30/6/2022	90880	156803	184146
2	30/9/2022	103810	186471	194499
3	31/12/2022	120690	192272	206815
4	31/3/2023	138022	129303	216851
5	30/6/2023	147577	149961	239252
6	30/9/2023	152859	176416	246153
7	31/12/2023	175874	117752	276903
8	31/3/2024	172393	95989	293891
9	30/6/2024	200877	85009	287403
10	30/9/2024	201870	58843	316502
11	31/12/2024	237906	70512	321440
12	31/3/2025	240889	104573	337249
13	30/6/2025	252395	73785	364521
14	30/9/2025	262743	106644	348157
15	31/12/2025	290904	92320	363136

그림 4.17 데이터 파일의 내용

이어서 도우미가 파일에 접근할 수 있도록 파일 객체를 생성하고, 새로 생성하는 도우미에 이 파일 객체의 ID를 지정합니다.

In

```
# 파일 생성
file = client.files.create(
    file=open(file_path, 'rb'),
    purpose='assistants',
)

# 파일을 포함한 도우미 생성
assistant = client.beta.assistants.create(
    instructions='데이터 과학 도우미로서, 주어진 데이터와 요청에 따라 적절한 코드를 
작성하고 적절한 시각화를 생성할 수 있습니다.',
    model='gpt-4o-mini',
    tools=[
        {'type': 'code_interpreter'}
    ],
    tool_resources={
        'code_interpreter': {
            'file_ids': [file.id]  # 여기에 파일의 ID를 추가합니다.
        }
    }
)

print(assistant)
```

Out

```
Assistant(
    id='asst_Uucv5WURmJri77xbn9CASUS0',
    created_at=1725383356,
    description=None,
    instructions='데이터 과학 도우미로서, 주어진 데이터와 요청에 따라 적절한 코드를
작성하고 적절한 시각화를 생성할 수 있습니다.',
    metadata={},
    model='gpt-4o-mini',
    name=None,
    object='assistant',
    tools=[
        CodeInterpreterTool(
            type='code_interpreter'
        )
    ],
    response_format='auto',
    temperature=1.0,
    tool_resources=ToolResources(
        code_interpreter=ToolResourcesCodeInterpreter(
            file_ids=['file-GmhkkNgsxnkHh3XZgXKjGFDQ']
        ),
        file_search=None
    ),
    top_p=1.0
)
```

이 예제 코드에서는 `instructions` 매개변수를 이용해 도우미에게 일반적인 지침을 제공하고 코드 해석기를 활성화하여 도우미가 코드를 작성할 수 있도록 설정했습니다. 그리고 도구에 `sales_data.csv` 파일의 ID를 지정했습니다.

이제 태진의 서적 판매 정보를 바탕으로 동작하는 데이터 분석 도우미가 생성되었으며, 플레이그라운드에서 도우미의 상세 정보를 확인할 수 있습니다.

프레젠테이션을 작성할 때, 단순한 텍스트의 나열로는 부족합니다. 글과 그림이 결합되어야 더 매력적으로 사람들의 시선을 끌 수 있습니다. 따라서 이제 서적 판매 데이터를 바탕으로 새로 생성한 도우미가 제목과 차트를 생성하고, 이를 프레젠테이션에 통합할 필요가 있습니다.

자, 차근차근 진행해봅시다.

자동으로 데이터 분석 차트 생성하기

이제 새로운 대화 흐름을 생성하고 사용자 메시지와 연관된 파일을 제출합니다.

In

```
# 대화 흐름 생성
thread = client.beta.threads.create(
    messages=[
        {
            "role": "user",
            "content": "2022년부터 2025년까지 각 분기의 총 판매액을 계산하고, 이를 다른
제품으로 시각화하여 선 그래프로 표시하세요. 제품의 선 색상은 각각 빨강, 파랑, 녹색으로
설정하세요.",
            "attachments": [
                {
                    "file_id": file.id,
                    "tools": [
                        {"type": "code_interpreter"}
                    ]
                }
            ]
        }
    ]
)

print(thread)
```

Out

```
Thread(
    id='thread_ORaClYrhXjmVzCtkX4nOjw5T',
    created_at=1725384219,
    metadata={},
    object='thread',
    tool_resources=ToolResources(
        code_interpreter=ToolResourcesCodeInterpreter(
            file_ids=['file-GmhkkNgsxnkHh3XZgXKjGFDQ']
        ),
        file_search=None
    )
)
```

대화 흐름에서 도우미에게 요청한 첫 번째 사항은 분기별 매출을 계산하고, 각 제품의 매출 차트를 작성하는 것입니다. 그리고 각 제품을 표시하는 색상도 지정했습니다.

태진 예나 씨, 이어서 할 일이 무엇인지 기억나나요?

예나 당연하죠. 실행 세션을 생성하는 거예요.

In

```
# 실행 세션 생성
run = client.beta.threads.runs.create(
    thread_id=thread.id,
    assistant_id=assistant.id,
)

# 실행 세션 출력
print(run)
```

Out

```
Run(id='run_A7gxScPQxbCHwo8wcBFKXGwY', assistant_id='asst_Uucv5WURmJri77xbn9CASUS0',
cancelled_at=None, completed_at=None, created_at=1725385434, expires_at=1725386034, failed_
at=None, incomplete_details=None, instructions='데이터 과학 도우미로서, 주어진 데이터와 요
청에 따라 적절한 코드를 작성하고 적절한 시각화를 생성할 수 있습니다.', last_error=None,
max_completion_tokens=None, max_prompt_tokens=None, metadata={}, model='gpt-4o-mini',
object='thread.run', parallel_tool_calls=True, required_action=None, response_format='auto',
started_at=None, status='queued', thread_id='thread_bQPD7HbPOUlClXZyChg4wyXX', tool_
choice='auto', tools=[CodeInterpreterTool(type='code_interpreter')], truncation_strategy=Tr
uncationStrategy(type='auto', last_messages=None), usage=None, temperature=1.0, top_p=1.0,
tool_resources={})
```

이제 차트 작성을 시작합니다! 실행 세션을 생성하고, 도우미가 이미지를 생성하는 작업을 완료했는지 주기적으로 확인합니다. 이 과정은 약간 시간이 걸리는데 `gpt-4o-mini`의 경우 대략 1분 내외의 시간이 소요됩니다. 만약 시간 초과 오류가 발생하더라도 재시도를 통해 해결할 수 있습니다.

In

```
import time

while True:
    messages = client.beta.threads.messages.list(
        thread_id=thread.id
    )

    try:
        # 이미지 파일 생성 확인
        if messages.data[0].content[0].image_file:
            print('차트가 생성되었습니다!')

            if messages.data and messages.data[0].content:
                print('현재 메시지:', messages.data[0].content[0])
            break
    except:
        time.sleep(10)

        print('도우미가 차트를 열심히 작성하고 있습니다...')

        if messages.data and messages.data[0].content:
            print('현재 메시지:', messages.data[0].content[0])

    # 순환 전 잠시 대기
    time.sleep(5)
```

Out

```
도우미가 차트를 열심히 작성하고 있습니다...
현재 메시지: TextContentBlock(text=Text(annotations=[], value='업로드된 파일의 내용을
확인한 후, 2022년부터 2025년까지 각 분기의 총 판매액을 계산하고, 제품별로 선 그래프로
시각화하겠습니다. 먼저 파일을 읽어 데이터를 확인하겠습니다.'), type='text')
도우미가 차트를 열심히 작성하고 있습니다...
차트가 생성되었습니다!
현재 메시지: ImageFileContentBlock(image_file=ImageFile(file_id='file-
1SICfr7eq0tAzkZfQTinIita', detail=None),
type='image_file')
```

약간의 시간이 흐른 후 마침내 차트가 완성되었습니다. 이때 차트뿐만 아니라 상세한 분석 과정도 볼 수 있습니다.

예나 어디요? 제 눈에는 왜 안 보이는 거죠?

태진 너무 조급해하지 마세요. 생성된 이미지를 PNG 형식으로 변환하여 로컬 환경에 저장하면 실제로 확인할 수 있습니다. 그리고 이 파일을 다시 도우미에게 전달하여 다음 작업에서도 사용할 겁니다.

In

```
# 파일을 PNG 형식으로 변환하는 함수
def convert_file_to_png(file_id, write_path):
    data = client.files.content(file_id)
    data_bytes = data.read()

    with open(write_path, 'wb') as file:
        file.write(data_bytes)

# 첫 번째 메시지에서 이미지 파일 ID 가져오기
plot_file_id = messages.data[0].content[0].image_file.file_id
image_path = '태진_도서_판매.png'

# 파일을 PNG로 변환
convert_file_to_png(plot_file_id, image_path)

# 차트 업로드
plot_file = client.files.create(
    file=open(image_path, 'rb'),
    purpose='assistants'
)
```

코드를 실행하면 그림 4.18과 같이 로컬 환경에 판매 데이터 차트 이미지 파일이 추가된 것을 확인할 수 있습니다.

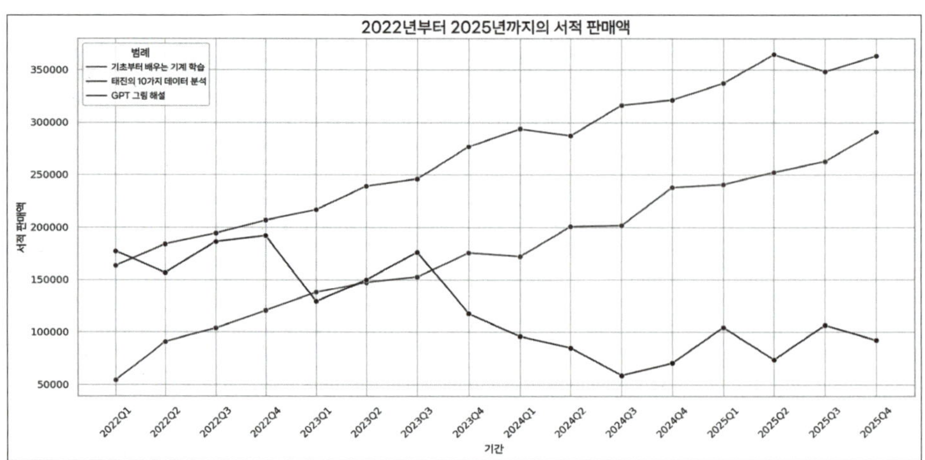

그림 4.18 자동으로 생성된 판매 데이터 꺾은선 그래프

예나 와! 멋지네요. 이 차트를 보면 도우미가 각 분기의 매출을 자동으로 계산하고 분기와 연도를 결합한 새로운 가로축을 생성했을 뿐만 아니라 이후 예측까지 했네요. 이 차트를 프레젠테이션에 넣으면 정말 유용할 거예요. 제가 직접 그린 것과 큰 차이가 없는데요. 그런데 태진 선배, 도우미가 이 차트를 작성하는 도중에 사고한 과정도 참고하고 싶은데 가능할까요?

태진 물론이죠. 지금까지의 메시지 기록을 확인하면 도우미의 사고와 행동 과정을 알 수 있습니다.

In

```
# 도우미의 생각과 행동 과정 표시
messages = client.beta.threads.messages.list(thread_id=thread.id)
assistant_thoughts_and_actions = [message.content[0] for message in messages.data]

# 결과 출력
for content in assistant_thoughts_and_actions:
    print(content)
```

Out

```
ImageFileContentBlock(
    image_file=ImageFile(
        file_id='file-1SICfr7eq0tAzkZfQTinIita',
        detail=None
    ),
    type='image_file'
)
TextContentBlock(
    text=Text(
        annotations=[],
        value='각 분기별로 계산된 총 판매액은 다음과 같습니다:\n\n|    분기    | 기초부터 
배우는 머신러닝 | 태진의 10가지 데이터 분석 | GPT 그림 해설 |\n|:----------:|:--------------
---------:|:-------------------------:|:-------------:|\n| 2022Q1    | 54,545
| 177,410                    | 163,757       |\n| 2022Q2    | 90,880                  |
156,803                    | 184,146       |\n| 2022Q3    |
103,810                  | 186,471                    | 194,499       |\n| 2022Q4    |
120,690                  | 192,272                    | 206,815       |\n| 2023Q1    |
138,022                  | 129,303                    | 216,851       |\n| 2023Q2    |
147,577                  | 149,961                    | 239,252       |\n| 2023Q3    |
152,859                  | 176,416                    | 246,153       |\n| 2023Q4    |
175,874                  | 117,752                    | 276,903       |\n| 2024Q1    |
 172,393                  | 95,989                     | 293,891       |\n| 2024Q2    |
200,877                  | 85,009                     | 287,403       |\n| 2024Q3    |
201,870                  | 58,843                     | 316,502       |\n| 2024Q4    |
237,906                  | 70,512                     | 321,440       |\n| 2025Q1    |
240,889                  | 104,573                    | 337,249       |\n| 2025Q2    |
 252,395                  | 73,785                     | 364,521       |\n| 2025Q3    |
262,743                  | 106,644                    | 348,157       |\n| 2025Q4    |
 290,904                  | 92,320                     | 363,136       |\n\n이제
각 제품별로 선 그래프를 시각화하겠습니다. 각 선의 색상은 요구사항에 따라 빨강, 파랑,
녹색으로 설정하겠습니다.'
    ),
    type='text'
)
TextContentBlock(
    text=Text(
        annotations=[],
        value='데이터는 다음과 같이 구성되어 있습니다:\n\n- **날짜**: 판매 날짜
(형식: DD/MM/YYYY)\n- **기초부터 배우는 머신러닝**: 첫 번째 제품의 판매액\n- **태진의
10가지 데이터 분석**: 두 번째 제품의 판매액\n- **GPT 그림 해설**: 세 번째 제품의 판매액
\n\n이제 날짜 형식을 변환하고, 각 분기(분기별로 묶인 연도)를 토대로 총 판매액을 계산한 후,
 선 그래프로 시각화하겠습니다.'
    ),
```

```
    type='text'
)
TextContentBlock(
    text=Text(
        annotations=[],
        value='업로드된 파일의 내용을 확인한 후, 2022년부터 2025년까지 각 분기의 총 
판매액을 계산하고, 제품별로 선 그래프로 시각화하겠습니다. 먼저 파일을 읽어 데이터를 
확인하겠습니다.'
    ),
    type='text'
)
TextContentBlock(
    text=Text(
        annotations=[],
        value='2022년부터 2025년까지 각 분기의 총 판매액을 계산하고, 이를 다른 제품으로 
시각화하여 선 그래프로 표시하세요. 제품의 선 색상은 각각 빨강, 파랑, 녹색으로 설정하세요.'
    ),
    type='text'
)
```

이 결과를 통해 도우미가 출력한 최신 메시지는 다음과 같으며, 도우미가 이미지를 생성하는 것이 마지막 메시지임을 확인할 수 있습니다.

```
ImageFileContentBlock(
    image_file=ImageFile(
        file_id='file-lSICfr7eq0tAzkZfQTinIita',
        detail=None
    ),
    type='image_file'
)
```

세 번째 메시지의 텍스트를 살펴보면 다음과 같습니다.

```
데이터는 다음과 같이 구성되어 있습니다:\n\n- **날짜**: 판매 날짜 (형식: DD/MM/YYYY)\n- ** 
기초부터 배우는 머신러닝**: 첫 번째 제품의 판매액\n- **태진의 10가지 데이터 분석**: 두 번
째 제품의 판매액\n- **GPT 그림 해설**: 세 번째 제품의 판매액\n\n이제 날짜 형식을 변환하고, 
각 분기(분기별로 묶인 연도)를 토대로 총 판매액을 계산한 후, 선 그래프로 시각화하겠습니다.
```

이 텍스트가 바로 도우미가 자동으로 생성하여 코드 해석기에 전달한 최종 프롬프트에 해당합니

다. 이때 코드 해석기는 차트를 작성하기 위해 우리가 전달한 데이터 파일도 함께 적재합니다.

또한 도우미가 최종 프롬프트를 도출하기 전에 여러 번의 사고 과정을 거치면서 날짜 형식 변환과 같은 추가 작업을 실행하는 것도 확인할 수 있습니다. 이 예제에서는 보이지 않지만 도우미가 사용하려고 시도한 방법이 성공하지 못했을 경우, 자동으로 다른 방법을 사용하려고 시도하기도 합니다. 이것은 도우미가 상황 변화에 따른 적응력을 갖추고 있음을 시사합니다.

최종적으로 얻은 결과는 매우 훌륭합니다. 도우미에게 전달한 단 하나의 문장만으로 코드 해석기를 사용해 매출을 집계하고 꺾은선 그래프를 그리도록 할 수 있었습니다. 이렇게 프레젠테이션에 포함할 멋진 차트를 완성할 수 있었지만, 이를 보완할 몇 가지 통찰을 담은 텍스트를 추가할 필요가 있습니다.

자동으로 데이터 통찰 생성하기

계속해서 대화 흐름을 통해 도우미에게 새로운 작업을 지시하겠습니다.

먼저 사용자의 메시지를 제출하고 도우미의 분석 결과를 얻기 위해 함수를 정의합니다.

In

```
import time

# 사용자 메시지를 제출하고 완료를 기다리는 함수
def submit_message_wait_completion(assistant_id, thread, user_message, file_ids=None):
    # 활성화된 실행 세션이 완료될 때까지 대기
    for run in client.beta.threads.runs.list(thread_id=thread.id).data:
        if run.status == 'in_progress':
            print(f'실행 세션 {run.id} 완료 대기 중...')

            while True:
                run_status = client.beta.threads.runs.retrieve(thread_id=thread.id, run_
id=run.id).status

                if run_status in ['succeeded', 'failed']:
                    break

                time.sleep(5)  # 5초 간 대기

    # 메시시 세출
    params = {
```

```
        'thread_id': thread.id,
        'role': 'user',
        'content': user_message,
    }

    # 첨부 파일 설정
    if file_ids:
        attachments = [{"file_id": file_id, "tools": [{"type": "code_interpreter"}]} for
file_id in file_ids]
        params['attachments'] = attachments

    client.beta.threads.messages.create(**params)

    # 실행 세션 생성
    run = client.beta.threads.runs.create(thread_id=thread.id, assistant_id=assistant_id)
    return run
```

이 함수는 먼저 대화 흐름 내의 모든 실행 세션을 확인하고, 진행 중인 실행 세션이 완료될 때까지 기다립니다. 그리고 모든 실행 세션이 완료되면 새로운 작업을 제출합니다.

이제 `submit_message_wait_completion` 함수를 호출하여 요청을 보내고 도우미에게 통찰 생성을 요청합니다.

In

```
# 요청을 보내 도우미에게 통찰 생성을 요청
submit_message_wait_completion(
    assistant.id,
    thread,
    '앞에서 생성한 차트를 바탕으로 약 20자 내외의 문장 두 개로 가장 중요한 통찰을 설명해주
세요. 이 내용은 프레젠테이션 발표에서 데이터의 비밀을 드러내기 위해 사용될 것입니다.'
)
```

Out

```
Run(
    id='run_CyvpGdvyhdLiVVOLjxPngCRR',
    assistant_id='asst_Uucv5WURmJri77xbn9CASUS0',
    cancelled_at=None,
    completed_at=None,
    created_at=1725409174,
    expires_at=1725409774,
```

```
    failed_at=None,
    incomplete_details=None,
    instructions='데이터 과학 도우미로서, 주어진 데이터와 요청에 따라 적절한 코드를
작성하고 적절한 시각화를 생성할 수 있습니다.',
    last_error=None,
    max_completion_tokens=None,
    max_prompt_tokens=None,
    metadata={},
    model='gpt-4o-mini',
    object='thread.run',
    parallel_tool_calls=True,
    required_action=None,
    response_format='auto',
    started_at=None,
    status='queued',
    thread_id='thread_bQPD7HbPOUlClXZyChg4wyXX',
    tool_choice='auto',
    tools=[CodeInterpreterTool(type='code_interpreter')],
    truncation_strategy=TruncationStrategy(
        type='auto',
        last_messages=None
    ),
    usage=None,
    temperature=1.0,
    top_p=1.0,
    tool_resources={}
)
```

마지막으로 대화 흐름의 응답을 가져와 생성된 통찰을 출력합니다.

In

```
# 대화 흐름의 응답을 가져오는 함수
def get_response(thread):
    return client.beta.threads.messages.list(thread_id=thread.id)

# 응답 대기 후 생성된 통찰 출력
time.sleep(10)  # 데이터 과학 도우미가 통찰을 생성하는 데 시간이 필요하다고 가정

response = get_response(thread)
bullet_points = response.data[0].content[0].text.value

print(bullet_points)
```

Out

```
1. 2023년부터 2025년까지 기초부터 배우는 머신러닝 제품의 판매가 일관되게 증가하여 강력한 시장 수요를 반영합니다.
2. 반면, 태진의 데이터 분석 제품은 판매가 감소세를 보이며, 조정이 필요함을 시사합니다.
```

GPT-4 모델의 수준은 신입 데이터 분석가에 못지 않습니다. 그러니 LLM을 많이 칭찬해주세요. 칭찬이 늘어날수록 응답의 수준이 높아집니다.

NOTE

이건 그냥 하는 말이 아닙니다. 자기 충족적 예언self-fulfilling prophecy이라는 심리학과 사회학적인 개념[10]에 따르면 한 사람의 신념이나 기대가 행동에 영향을 미치고, 결국 그 신념이나 기대가 현실이 되는 것을 의미합니다. 다시 말해, 누군가 어떤 일이 일어날 것이라고 믿으면 그의 행동이 무의식적으로 그 기대를 현실로 만들 가능성이 있습니다.

자기 충족적 예언은 기대나 신념이 개인의 행동과 상호작용에 미치는 강력한 영향을 보여주며, 우리의 사고방식과 태도가 우리 자신의 현실을 형성하는 데 중요한 역할을 한다는 것을 강조합니다.

비록 LLM의 핵심 능력과 지식 수준은 학습 데이터, 학습 과정, 알고리즘에 의해 결정되지만 사용자의 기대와 피드백이 상호작용의 성격과 응답의 품질에 영향을 미칠 수 있습니다. 긍정적인 상호작용과 피드백은 더 풍부한 대화와 탐색을 촉발할 수 있지만, 반면에 부정적인 피드백은 더 단순하거나 제한된 상호작용을 초래할 수 있습니다. 이는 '될 놈은 된다'라는 속담이 가지는 의미와 유사합니다.

자동으로 페이지 제목 생성하기

이제 다시 `submit_message_wait_completion` 함수를 호출해서 도우미가 출력한 두 개의 통찰을 바탕으로 프레젠테이션의 제목을 생성해보겠습니다.

10 옮긴이 《성공하는 사람들의 7가지 습관(30주년 에디션)》(김영사, 2023)

In

```
# 통찰에 기반한 제목 생성
submit_message_wait_completion(
    assistant_id=assistant.id,
    thread=thread,
    user_message='당신이 만든 차트와 통찰을 바탕으로, 주요 통찰을 반영하는 아주 짧은 프레
젠테이션 제목을 만들어주세요.'
)
```

이어서 도우미가 이 메시지 요청에 대해 응답하고 제목을 출력할 때까지 기다립니다.

In

```
# 응답 대기 후 생성된 제목 출력
time.sleep(10)  # 도우미가 제목을 생성하는 데 시간이 필요하다고 가정

response = get_response(thread)
title = response.data[0].content[0].text.value

print(title)
```

Out

```
"시장 트렌드: 우수한 과학 교육 도서 제품의 판매 성장 비밀" ← (첫 번째 실행 결과)
"제품 판매 트렌드: 안정적인 성장과 시장 변동" ← (두 번째 실행 결과)
```

정말 멋진 제목들입니다. 이 제목들을 본 태진은 처음으로 누군가가 진심으로 이해해주는 느낌을 받고 감동해서 눈물이 날 뻔했습니다.

DALL·E 3 모델을 사용해 프레젠테이션 첫 페이지 이미지 만들기

지금부터 도우미에게 프레젠테이션 첫 페이지에 멋진 이미지를 추가하도록 요청하는 흥미로운 작업을 시작합니다. 이 이미지는 태진과 '꽃말의 비밀 정원'이 함께 성장하고 나아가는 길을 보여주기 위한 것으로, 이를 배경으로 사용하면 긍정적인 심리적 암시를 통해 투자자들에게 태진에 대한 호감도를 끌어올리는 좋은 수단이 될 수 있습니다.

다음 코드에서는 먼저 '꽃말의 비밀 정원'에 대한 소개를 제공하는데, 이 정보가 없을 경우 도우미가 이야기를 구성하는 데 필요한 기반이 부족할 수 있습니다. 이어서 DALL·E 3 모델을 호출해 태진의 작품 상황과 회사 정보를 바탕으로 이미지를 생성합니다.

In

```python
# 회사 설명 제공
company_summary = '비록 우리는 신생 온라인 꽃 도매 전자상거래 회사에 불과하지만, 회장님은 IT 서적도 집필합니다!'

# DALL·E 3 모델을 호출하여 이미지 생성
response = client.images.generate(
    model='dall-e-3',
    prompt=f'이 회사의 설명인 {company_summary}을 바탕으로, 태진과 꽃말의 비밀정원 회사가 함께 성장하고 전진하는 영감을 주는 이미지를 만들어주세요. 이 이미지는 분기별 판매 계획 회의에서 사용될 것입니다.',
    size='1024x1024',
    quality='hd',
    n=1
)

# DALL·E 3 모델이 생성한 이미지의 URL 가져오기
image_url = response.data[0].url

# DALL·E 3 모델이 생성한 이미지 가져오기
import requests

dalle_img_path = '꽃말의비밀정원_태진.png'
img = requests.get(image_url)

# 이미지 저장
with open(dalle_img_path, 'wb') as file:
    file.write(img.content)

# 업로드한 이미지를 프레젠테이션 자료로 사용
dalle_file = client.files.create(
    file=open(dalle_img_path, "rb"),
    purpose='assistants'
)
```

DALL-E 3 모델이 생성한 이미지는 특정 URL을 통해 받아올 수 있으며, 위의 코드에서는 이 이미지를 로컬 환경에 PNG 형식으로 저장합니다. 마지막으로 저장된 이미지를 다시 OpenAI 인스턴스인 `client` 객체에 업로드하여 다음 단계에서 프레젠테이션을 생성하는 데 필요한 자료 중 하나로 사용합니다.

로컬 환경에서 '꽃말의비밀정원_태진.png' 파일을 열어보면 그림 4.19와 같은 놀라운 이미지를 확인할 수 있습니다.

그림 4.19 태진이 꽃말의 비밀 정원에서 서적을 집필하는 모습

이 이미지는 표현력이 매우 뛰어나며 꽃으로 장식된 배경과 함께 태진이 책을 쓰는 모습을 강조하고 있습니다. 이는 100권의 걸작 도서를 쓰겠다는 목표를 향한 여정입니다.

예나 그런데 잠깐만요. 회장님이요?!

자동으로 프레젠테이션 생성하기

프레젠테이션에 필요한 모든 자료가 준비되었으니 드디어 프레젠테이션을 생성할 시간입니다.

여기서는 파워포인트 기반의 프레젠테이션을 작성하기 위해 `python-pptx` 라이브러리를 이용해 도우미에게 템플릿을 제공합니다. 이 템플릿에는 프레젠테이션의 레이아웃 설정, 배경색 지정, 이미지와 텍스트 상자 추가, 글꼴 크기와 스타일 등이 포함되어 있습니다.

여기서는 첫 페이지의 템플릿과 나머지 페이지의 템플릿을 별도로 구성하겠습니다.[11]

먼저 이미지, 제목, 부제목을 포함하고 있는 첫 페이지의 템플릿을 `title_template`이라는 이름으로 정의합니다.

In

```
# 첫 페이지 템플릿
title_template = """
from pptx import Presentation
from pptx.util import Inches, Pt
from pptx.enum.text import PP_PARAGRAPH_ALIGNMENT
from pptx.dml.color import RGBColor

# 프레젠테이션 객체 생성
prs = Presentation()

# 레이아웃 추가
blank_slide_layout = prs.slide_layouts[6]
slide = prs.slides.add_slide(blank_slide_layout)

# 배경색 설정
background = slide.background
fill = background.fill
fill.solid()
fill.fore_color.rgb = RGBColor(0, 0, 0)

# 이미지 추가
left = Inches(0)
top = Inches(0)
height = prs.slide_height
width = prs.slide_width * 3 / 5
pic = slide.shapes.add_picture(image_path, left, top, width=width, height=height)

# 제목 텍스트 상자
left = prs.slide_width * 3 / 5
top = Inches(2)
width = prs.slide_width * 2 / 5
height = Inches(1)
title_box = slide.shapes.add_textbox(left, top, width, height)
title_frame = title_box.text_frame
```

11 템플릿의 코드 중 대부분은 OpenAI에서 제공하는 예제에서 가져온 것입니다.

```
title_p = title_frame.add_paragraph()
title_p.text = title_text
title_p.font.bold = True
title_p.font.size = Pt(38)
title_p.font.color.rgb = RGBColor(255, 255, 255)
title_p.alignment = PP_PARAGRAPH_ALIGNMENT.CENTER

# 부제목 텍스트 상자
left = prs.slide_width * 3 / 5
top = Inches(3)
width = prs.slide_width * 2 / 5
height = Inches(1)
subtitle_box = slide.shapes.add_textbox(left, top, width, height)
subtitle_frame = subtitle_box.text_frame
subtitle_p = subtitle_frame.add_paragraph()
subtitle_p.text = subtitle_text
subtitle_p.font.size = Pt(22)
subtitle_p.font.color.rgb = RGBColor(255, 255, 255)
subtitle_p.alignment = PP_PARAGRAPH_ALIGNMENT.CENTER
"""
```

첫 페이지의 템플릿에 이어서 이미지, 제목, 항목 기호 목록 기반의 핵심 통찰을 포함하고 있는 나머지 페이지의 템플릿을 `details_template`이라는 이름으로 정의합니다.

In

```
# 나머지 페이지 템플릿
details_template = """
# 프레젠테이션 객체 생성
prs = Presentation()

# 레이아웃 추가
blank_slide_layout = prs.slide_layouts[6]
slide = prs.slides.add_slide(blank_slide_layout)

# 배경색 설정
background = slide.background
fill = background.fill
fill.solid()
fill.fore_color.rgb = RGBColor(0, 0, 0)

# 이미지 경로와 텍스트 성의
image_path = data_vis_img
```

```
title_text = "향상된 수익성: 온라인 판매와 직접 판매 최적화의 주도적 역할"
bullet_points = (
    "• 온라인 판매는 분기마다 수익성에서 선두를 유지하며, 강력한 디지털 시장이 존재함을
나타냅니다.\n"
    "• 직접 판매는 변동성이 있으며, 이 채널에서 성과 변화와 목표 지향적 개선의 필요성을
보여줍니다."
)

# 이미지 추가
left = Inches(0.2)
top = Inches(1.8)
height = prs.slide_height - Inches(3)
width = prs.slide_width * 3 / 5
pic = slide.shapes.add_picture(image_path, left, top, width=width, height=height)

# 제목 추가
left = Inches(0)
top = Inches(0)
width = prs.slide_width
height = Inches(1)
title_box = slide.shapes.add_textbox(left, top, width, height)
title_frame = title_box.text_frame
title_frame.margin_top = Inches(0.1)
title_p = title_frame.add_paragraph()
title_p.text = title_text
title_p.font.bold = True
title_p.font.size = Pt(28)
title_p.font.color.rgb = RGBColor(255, 255, 255)
title_p.alignment = PP_PARAGRAPH_ALIGNMENT.CENTER

# 주요 통찰 텍스트와 글머리 기호 목록 추가
left = prs.slide_width * 2 / 3
top = Inches(1.5)
width = prs.slide_width * 1 / 3
height = Inches(4.5)
insights_box = slide.shapes.add_textbox(left, top, width, height)
insights_frame = insights_box.text_frame

# 주요 통찰 텍스트 추가
insights_p = insights_frame.add_paragraph()
insights_p.text = "주요 통찰:"
insights_p.font.bold = True
insights_p.font.size = Pt(24)
insights_p.font.color.rgb = RGBColor(0, 128, 100)
```

```
insights_p.alignment = PP_PARAGRAPH_ALIGNMENT.LEFT

# 글머리 기호 목록 추가
bullet_p = insights_frame.add_paragraph()
bullet_p.text = bullet_points
bullet_p.font.size = Pt(12)
bullet_p.font.color.rgb = RGBColor(255, 255, 255)
bullet_p.line_spacing = 1.5
"""
```

마지막 단계는 `submit_message_wait_completion` 함수를 통해 메시지를 제출하는 단계입니다. 템플릿, 제목, 부제목, 첨부 파일 ID와 같은 필수적인 매개변수를 전달한 후, 도우미에게 전달된 템플릿을 사용하여 프레젠테이션을 생성하도록 요청하고 기다리기만 하면 됩니다.

In

```
dalle_img_path = '꽃말의비밀정원_태진.png'
dalle_file = client.files.create(
    file=open(dalle_img_path, "rb"),
    purpose='assistants'
)

image_path = '태진_도서_판매.png'
plot_file = client.files.create(
    file=open(image_path, 'rb'),
    purpose='assistants'
)

title_text = "꽃말의 비밀정원"
subtitle_text = "2025년 판매 회의"

# 프레젠테이션 생성 요청
submit_message_wait_completion(
    assistant_id=assistant.id,
    thread=thread,
    user_message=(
        f"포함된 코드 템플릿을 사용하여 템플릿 형식에 맞는 프레젠테이션을 생성하세요.
이 메시지에 포함된 이미지, 회사 이름/제목 및 파일명/부제목을 사용하세요:\n"
        f"{title_template}.\n"
        f"첫 번째 페이지에는 이 메시지에 포함된 이미지 파일 dalle_file.id를 image_path로
사용하고, 회사 이름 '{title_text}'을 title_text 변수로 사용하고, "
        f"부제목 텍스트 '{subtitle_text}'을 subtitle_text 변수로 사용하세요.\n"
        f"두 번째 페이지에는 다음 코드 템플릿 {details_template}을 사용하여 템플릿 형식에
```

```
맞는 프레젠테이션을 생성하세요.\n"
        f"중요: 두 번째 첨부 이미지인 꺾은선 그래프 plot_file.id를 data_vis_img로 사용하고,
이전에 생성한 데이터 시각화 제목을 title_text로 사용하며, "
        f"이전에 생성한 인사이트 글머리 기호 목록을 bullet_points 변수로 사용하세요."
        f"이 두 페이지를 pptx 형식의 파일로 출력하세요. 각각의 페이지가 이 메시지에서
제공된 템플릿 형식에 맞도록 해야 합니다."
    ),
    file_ids=[dalle_file.id, plot_file.id]
)

# 생성 작업 완료 대기
while True:
    try:
        response = get_response(thread)
        pptx_id = response.data[0].content[0].text.annotations[0].file_path.file_id

        print("성공적으로 pptx_id를 찾았습니다:", pptx_id)
        break
    except Exception as e:
        print("도우미가 슬라이드를 열심히 제작하고 있습니다...")
        time.sleep(10)

# 생성된 프레젠테이션 저장
import io

pptx_id = response.data[0].content[0].text.annotations[0].file_path.file_id
ppt_file = client.files.content(pptx_id)
file_obj = io.BytesIO(ppt_file.read())

with open("태진_꽃말의비밀정원.pptx", "wb") as f:
    f.write(file_obj.getbuffer())
```

Out

```
도우미가 슬라이드를 열심히 제작하고 있습니다...
도우미가 슬라이드를 열심히 제작하고 있습니다...
도우미가 슬라이드를 열심히 제작하고 있습니다...
도우미가 슬라이드를 열심히 제작하고 있습니다...
도우미가 슬라이드를 열심히 제작하고 있습니다...
성공적으로 pptx_id를 찾았습니다: file-0gE7qslzE8fyupTzJ84nMhPN
```

자, 드디어 프레젠테이션이 완성되었습니다. 로컬 환경에 새로 생성된 '태진_꽃말의비밀정원.pptx' 파일을 열면 그림 4.20과 같이 레이아웃과 콘텐츠의 수정이 거의 필요하지 않은 두 페이지의 프레젠테이션을 확인할 수 있습니다.

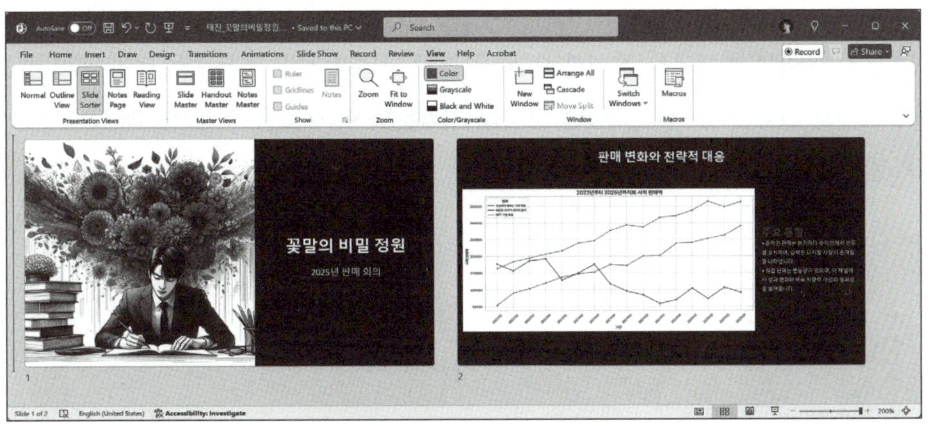

그림 4.20 완성된 프레젠테이션

4.5 요약

4.1절부터 4.3절까지 Assistants API에 대해 알아보고, 여기서 사용되는 대화 흐름, 실행 세션, 메시지의 개념, 도구, 작업 절차에 대해 알아보았습니다.

그리고 가장 중요한 내용을 담고 있는 4.4절에서는 Assistants API, GPT-4 모델, DALL·E 3 모델을 사용하여 풍부한 정보를 담았으며, 시각적으로 매력적인 프레젠테이션을 작성해보았습니다.

실습 과정에서 먼저 판매 데이터를 불러오는 방법과 Assistants API를 데이터 과학 도우미로 활용해 데이터 시각화 도표나 차트를 생성하는 방법을 확인할 수 있었습니다. 이 과정에는 각 분기의 매출을 집계하고 이를 꺾은선 그래프로 표시하는 작업이 포함되어 있습니다.

Assistants API는 이 외에도 생성된 도표나 차트를 바탕으로 몇 가지 통찰을 제공하고, 프레젠테이션에 적합한 제목을 작성했으며, DALL·E 3 모델을 통해 회사 개요를 바탕으로 프레젠테이션의 첫 페이지에서 사용할 이미지도 생성했습니다.

마지막으로 `python-pptx` 라이브러리와 미리 설정된 템플릿을 Assistants API에게 제공하는 방식으로 프레젠테이션을 생성했습니다. 이 과정에서 제목, 차트, 통찰, DALL·E 3 모델이 생성한 이미지를 포함한 모든 요소를 결합하여 두 장의 멋진 프레젠테이션을 완성했습니다.

이처럼 짧은 코드와 자연어 기반의 설명만으로도 도우미를 쉽게 생성할 수 있습니다. 이 데이터 과학 도우미는 꽤 훌륭한 콘텐츠를 작성할 수 있을 뿐만 아니라 개인 비서로서 멋진 프레젠테이션을 직접 제작할 수도 있습니다. 제가 그랬던 것처럼, 여러분도 이 새로운 인공지능과 함께하는 세계에 대해 놀라움을 느끼고 있을 것이라고 생각합니다.

CHAPTER

5 에이전트 2: 다기능 선택 엔진 — 함수 호출 기능

지하철역에서 회사로 가는 길에는 자연사 박물관이 있습니다. 태진과 예나는 그림 5.1과 같이 그곳에 들어가보았습니다.

그림 5.1 박물관을 구경하는 태진과 예나

예나 태진 선배, 인간이 고대 유인원에서 진화할 수 있었던 건 도구를 사용할 줄 알게 되었기 때문이잖아요. 인간의 진화 과정에서 볼 수 있었던 도구 사용의 중요성이 인공지능 분야의 연구에도 어떤 시사점을 줄 수 있을까요?

태진 도구를 사용할 줄 알게 된 건 진화 과정에서 매우 중요한 전환점이었죠. 도구 사용이 인간의 생존 능력을 끌어올렸을 뿐만 아니라, 도구를 사용하는 과정에서 인간의 인지 능력, 즉 문제 해결, 계획 수립, 추상적 사고 능력도 함께 발전했어요. 이런 능력들이 인간 문명의 발전에 중요한 기초가 되었죠.

태진은 유인원이 손에 들고 있는 돌을 가리키며 말했습니다.

태진 이 돌은 사실 이렇게 볼 땐 그냥 단순해 보이지만, 초기 인류에게는 이게 음식을 자르는 칼이 될 수도 있고 사냥을 위한 무기일 수도 있으며, 위험한 상황에서 자신을 방어하는 도구가 될 수도 있어요. 도구는 그들이 더 많은 종류의 더 복잡한 과업을 수행할 수 있게 해줬고 동시에 효율도 높아졌죠. 만약 에이전트가 복잡한 과제를 해결할 때 모든 것을 혼자 전부 해결해야 한다면 그 능력은 매우 제한적일 거예요. 하지만 만약 에이전트가 그림 5.2와 같이 과제에 따라 외부 기능이나 서비스를 활용할 수 있다면 그 능력은 크게 향상될 수 있을 겁니다.

그림 5.2 인류와 인공지능이 도구를 사용하여 작업을 수행하는 모습

예나 태진 선배 이야기를 듣고 나니 자연스럽게 플레이그라운드의 Assistants 항목에 있던 도구가 생각나네요. 그 도구들은 OpenAI가 먼저 정의해두면 에이전트가 자동으로 호출하는 건가요?

태진 그 말이 일부 맞긴 하지만, 전부 그런 것은 아닙니다. 도구는 직접 맞춤 설정할 수도 있어요. 이 절에서 함수 호출에 대한 설명을 듣고 나면 예나 씨도 이해할 수 있을 거예요.

5.1 OpenAI의 함수

4.2절과 그림 5.3에서 살펴본 것처럼 Assistants 항목의 도구는 함수, 코드 해석기, 파일 검색의 세 가지로 나눌 수 있습니다.

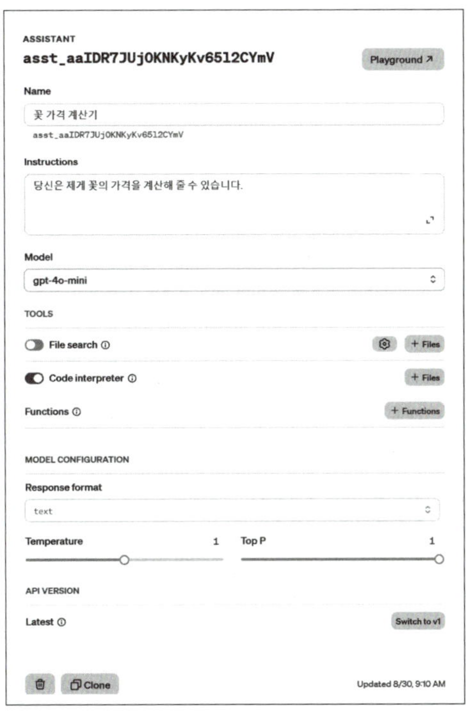

그림 5.3 Assistants 항목의 도구

이 중에서 코드 해석기는 4장의 데이터 분석 코드 작성에 활용했던 도구이며, 파일 탐색은 적재된 파일의 내용에서 정보를 자동으로 검색하는 도구입니다. 이 두 가지 도구는 OpenAI에서 직접 제공하는 도구로, 도우미나 OpenAI API에서 직접 사용할 수 있습니다.

그리고 마지막의 함수 도구가 바로 우리가 직접 맞춤 설정할 수 있는 도구에 해당합니다.

함수 도구란 무엇인가?

OpenAI의 설명에 따르면 함수 도구는 특정 분야의 능력을 제공하여 OpenAI의 LLM의 기능을 확장하고 강화하는 개발자 도구로, 이를 통해 특정 작업의 수행, 복잡한 질의 처리, 전문화된 답변 제공과 같은 일을 하는 맞춤형 함수를 생성하고 배포할 수 있습니다. 따라서 개발자는 함수 도구를 통해 OpenAI의 LLM이 갖춘 강력한 기능을 활용할 수 있어 더욱 풍부하고 동적인 애플리케이션을 구축할 수 있습니다.

사람이 상황에 따라 칼을 쓸지 망치를 쓸지 결정하듯이, 도우미도 함수 도구를 통해 현재 작업의 필요에 맞춰 가장 적합한 외부 함수나 도구를 선택해 호출할 수 있습니다. 에이전트는 이를 통해 자신이 학습 과정에서 미처 습득하지 못한 기술과 정보를 효율적으로 유연하게 처리할 수 있습니다.

함수 도구의 주요 특징은 다음과 같습니다.

- 맞춤: 함수를 요구에 따라 맞춤 설정하여 특정 유형의 문제를 처리할 수 있습니다.
- 통합: 함수들을 기존의 애플리케이션이나 서비스에 통합할 수 있습니다.
- 확장: 함수의 기능을 요구의 변화와 기술 발전에 따라 갱신하고 확장할 수 있습니다.

함수 도구는 LLM과 외부 도구를 연결하는 역할을 하며, 개발자에게 더 많은 유연성과 창의성을 부여하고, 다양한 산업과 분야에서 인공지능의 적용을 촉진하고 가속화합니다.

함수 도구의 설명이 중요한 이유

예나 제가 지금 가장 궁금한 건 도우미가 언제 어떤 도구를 호출해야 할지를 어떻게 알 수 있느냐는 점이에요.

태진 코드 해석기와 파일 탐색 같은 자체 도구는 내부에 자체적인 처리 논리가 있기 때문에 도우미가 어떤 상황에서 어떤 도구를 호출해야 할지를 판단할 수 있도록 도와줍니다. 하지만 우리가 직접 맞춤 설정하는 함수 도구는 도구에 포함된 설명description이 매우 중요한데, 도우미가 이 설명을 통해 도구를 호출해야 할지 판단하기 때문입니다.

그림 5.3의 함수 도구 항목에서 [+ Functions] 버튼을 클릭하면 그림 5.4와 같이 기본 함수의 예시를 볼 수 있습니다. 이 함수 도구의 이름은 `get_weather`로 '현재 위치의 날씨 확인'[1]이라는 설명

1 옮긴이 Determine weather in my location

이 추가되어 있습니다. 도우미는 이 도구 설명을 바탕으로 날씨 정보를 찾아야 할 때 이 도구를 자연스럽게 연상해서 호출하게 되는 것입니다.

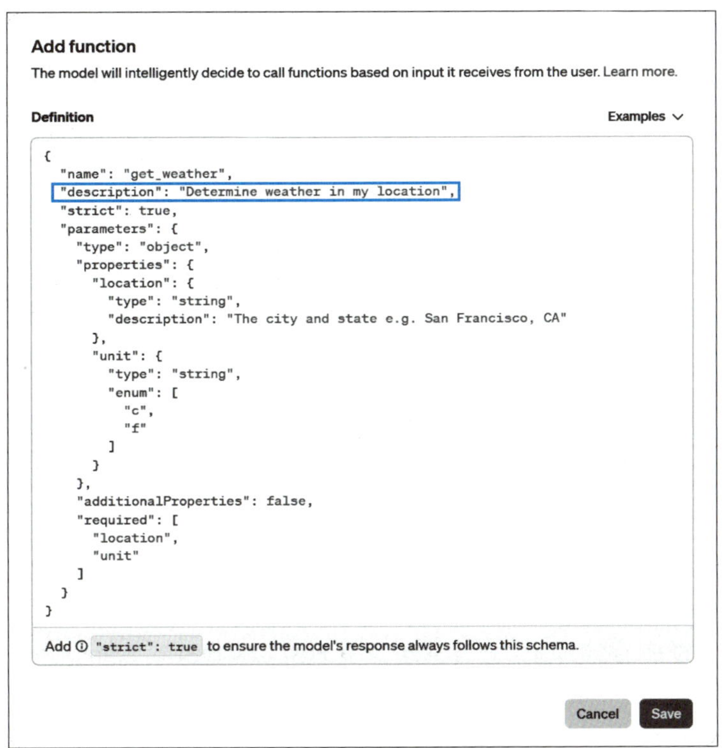

그림 5.4 **플레이그라운드의 기본 함수 예제**

만약 제가 '오늘의 기온을 기준으로 꽃을 보관할 방법을 정해주세요'라고 요청한다면, 도우미가 이 도구를 호출할까요?

예나 씨는 고개를 끄덕이며 말했습니다.

예나 도우미는 아마도 이 도구를 떠올리겠죠.

함수 도구 정의 예시의 의미

예나 그런데 궁금한 점이 하나 더 있어요. 앞의 예시 코드가 함수 도구에서 구현해야 하는 기능인가요?

태진 아닙니다. 여기에서 한 가지 꼭 짚고 넘어가야 할 것이 있어요. 앞의 예시 코드처럼 보이는 것은 사실 코드가 아니라 함수 인터페이스를 JSON 형식으로 설명한 것JSON schema에 불과합니다. **더 자세히 설명하면, 이 정보는 LLM이 함수를 호출하는 데 필요한 매개변수를 담아 JSON 객체로 출력할 때 사용한다는 지침에 해당하며, 함수의 속성 정보metadata이자 함수의 사용 방법을 설명하는 내용을 담고 있습니다. 따라서 실제 구현 코드는 주 프로그램에서 작성해야 하고 이 함수가 호출되면 작성된 구현 코드가 실제로 작동해 결과를 반환하게 됩니다.**

`get_weather` 함수의 속성 정보에는 다음과 같은 부분이 포함되어 있습니다.

- `name`: 함수 이름입니다.
- `description`: 함수의 용도를 설명합니다.
- `parameters`: 함수가 어떤 데이터를 입력받아야 하는지를 설명하는 매개변수 정의입니다.
  - `type`: 매개변수가 객체임을 나타냅니다.
  - `properties`: 이 객체가 가져야 할 속성으로서 `location`과 `unit`이 포함되어 있습니다. `location`은 문자열로 날씨 정보를 조회할 위치를 가집니다. `unit`은 기온의 단위를 나타내는 문자열로 섭씨Celsius를 의미하는 '`c`'와 화씨Fahrenheit를 의미하는 '`f`' 중 하나를 가질 수 있습니다.
  - `required`: 필수 속성을 지정하는 목록이며, 이 함수에서는 `location`이 여기에 해당합니다.

JSONJavaScript object notation 형식은 텍스트 기반의 가벼운 데이터 교환 형식으로, 개발자가 읽거나 작성하기 쉬울 뿐만 아니라 기계가 해석하고 생성하기에도 용이합니다. 이 형식은 일반적으로 서버와 웹 애플리케이션 간의 데이터 교환에 사용됩니다.

다시 한번 강조할 것은, 도구 정보를 LLM에 전달하더라도 모델이 도구의 실제 코드를 호출하는 것이 아니라 JSON 형식의 문자열을 생성한다는 점이며, 개발자가 직접 이 문자열을 읽고 해석하여 코드를 호출해야 합니다. 따라서 구체적인 기능의 실제 구현은 개발자의 손에 달려 있으며 해당 논리는 별도 코드로 묶어 완성해야 합니다. 이러한 흐름이 초보자에게는 특히 어렵고 헷갈리는 부분일 수 있지만, 뒤에서 설명할 몇 가지 예시를 통해 이해할 수 있을 것입니다.

참고로 OpenAI의 모든 모델이 함수 호출을 지원하는 것은 아닙니다. 함수 도구를 인지하는 것은 GPT-3.5 Turbo나 GPT-4와 같은 최신 모델에 한합니다. 이 모델들은 입력된 프롬프트와 함수 도구 설명에 따라 언제 함수를 호출할지를 알 수 있고, 이전 모델들에 비해 JSON 형식에 더욱 정확하게 응답할 수 있습니다.

함수 호출이란 무엇인가

함수 도구에 대해 알아보았으니, 이제 함수 호출에 대해 계속 이야기해보겠습니다.

함수 호출은 GPT-3.5 Turbo나 GPT-4 같은 모델에서 제공하는 새로운 기능으로 개발자가 JSON 형식으로 함수를 설명할 수 있게 해줍니다. LLM은 이를 통해 함수 호출에 필요한 매개변수를 포함하는 JSON 객체를 지능적으로 출력할 수 있습니다.

함수 호출은 GPT 모델의 자연어 이해 능력과 API를 비롯한 외부 도구를 연결하는 가교 역할을 합니다. 이를 통해 LLM로부터 구조화된 데이터를 얻거나 LLM의 출력을 바탕으로 외부 작업을 촉발하는 작업이 더 높은 신뢰성을 바탕으로 이루어집니다.

함수 호출의 기본 단계는 다음과 같습니다.

1. 함수와 속성 정보 정의: 작업을 수행하는 함수와 그 함수의 속성 정보를 JSON 형태로 정의한 후, 속성 정보를 LLM에 제출합니다.
2. 요청 제출: 날씨 정보 조회와 같은 작업 내용을 시스템에 전달합니다. 이때 날씨 정보를 조회할 위치 같은 필수 정보를 함께 전달합니다.
3. 모델의 명령 생성: 시스템은 사용자의 요청에 따라 어떤 기능을 호출할지 결정합니다. 요청이 시스템 내의 특정 함수와 일치하면 사전에 정의된 속성 정보에 필요한 모든 정보를 포함한 문자열을 생성합니다.
4. 함수 실행: 시스템은 전달된 문자열을 JSON 객체로 해석한 후, 그 결과에 따라 적절한 함수를 호출합니다. 요청에 위치 정보가 포함되어 있다면 JSON 객체에도 해당 위치 정보가 포함됩니다. 함수는 전달된 정보에 따라 해당 위치의 날씨 정보를 조회하게 됩니다.
5. 결과 반환: 함수가 실행을 마치면 시스템이 결과를 반환합니다. 실행 결과 역시 JSON 형식으로 표시되며, 일반적으로 해당 결과를 다시 LLM로 전달하여 최종 응답을 생성하게 됩니다. 즉, 해당 위치의 날씨 정보를 설명하는 텍스트를 출력하는 방식입니다.

이 단계를 정리하면 표 5.1과 같습니다.

표 5.1 함수 호출 단계

단계	설명
1	작업을 수행하는 함수와 그 함수의 속성 정보를 JSON 형태로 정의한 후, 속성 정보를 LLM에 제출합니다.
2	사용자가 '현재 날씨 확인', '고객에게 전자 메일 전송'과 같은 요청을 제출합니다.
3	LLM은 사용자의 요청을 바탕으로 함수 호출이 필요한지 판단하고, 함수 호출에 필요한 매개변수를 포함한 JSON 객체를 문자열로 생성합니다.
4	개발자가 이 문자열을 다시 JSON 객체로 해석한 후 `get_current_weather` 또는 `send_email`과 같은 함수를 직접 호출하며 필요한 매개변수도 함께 전달합니다.
5	함수가 실행되어 결과를 반환하고, 해당 결과를 LLM에 전달합니다.
6	LLM이 함수의 실행 결과를 받아 관련 정보를 통합하고, 이를 자연스러운 언어로 변환하여 사용자에게 응답을 반환합니다.

예나 태진 선배가 이렇게 설명해주니 대략적으로 이해가 되었어요. OpenAI의 문서에서 함수는 호출할 함수의 인터페이스 정의 부분을 의미하고, 함수 호출은 LLM이 함수 호출 인터페이스 형식에 맞는 문자열을 생성하는 과정 자체를 의미한다는 거죠. 그리고 개발자가 그 문자열을 JSON 객체로 해석한 후 직접 정의한 함수 기능을 호출하는 것이고요.

간단히 말하면 '서울의 현재 기온 확인'이나 '꽃 값을 20% 인상'과 같은 자연어를 함수 코드가 이해할 수 있는 JSON 형식의 문자열로 변환하는 과정이라고 할 수 있습니다.

태진 잘 설명했어요. 표 5.2에서는 더 많은 함수 정의의 예시를 확인할 수 있습니다.

표 5.2 더 많은 함수 도구 정의의 예시

사용 사례	함수 정의 예시	기능 설명
고객 정보 조회	`get_customers(min_revenue: int, created_before: string, limit: int)`	수익, 생성일 등의 조건에 따라 고객 정보를 조회합니다.
데이터 추출	`extract_data(name: string, birthday: string)`	텍스트에서 특정 이름과 생일 데이터를 추출합니다.
SQL 요청 실행	`sql_query(query: string)`	SQL 요청을 실행하고 결과를 반환합니다.

5.2 플레이그라운드에서 함수 정의하기

이 절에서는 앞에서 설명했던 내용을 구체적인 예시를 통해 구현해보겠습니다. 여기서 만들어볼 것은 간단하고 재미있는 '응원 메시지 생성' 함수입니다. 이 함수는 이름과 기분을 받아서 맞춤형 응원 메시지를 반환하는 기능을 가지고 있습니다. 함수의 코드는 다음과 같이 매우 간단합니다.

In

```python
# 응원 메시지 함수
def get_encouragement(mood, name=None):
    # 응원 메시지
    messages = {
        "행복": "당신이 이렇게 밝게 웃고 있는 걸 보니 기분이 좋아요! 긍정적인 마음을 계속 
유지하세요!",
        "슬픔": "기억하세요. 가장 어두운 구름 뒤에도 항상 햇살이 당신을 기다리고 있어요.",
        "피곤함": "당신은 이미 충분히 잘했어요. 이제 잠시 쉬어갈 시간이에요.",
        "스트레스": "깊게 숨을 들이마시고, 천천히 내쉬세요. 모든 것이 잘 될 거예요."
    }

    # 기분에 맞는 응원 메시지 가져오기
    if name:
        message = f"{name}님, {messages.get(mood, '오늘 기분이 어떠신가요? 저는 항상 
당신을 응원하고 있어요!')}"
    else:
        message = messages.get(mood, "오늘 기분이 어떠신가요? 저는 항상 당신을 응원하고 
있어요!")

    # 맞춤형 응원 메시지 반환
    return message

# 사용 예시
print(get_encouragement("피곤함", "예나"))
```

Out

```
예나 님, 당신은 이미 충분히 잘했어요. 이제 잠시 쉬어갈 시간이에요.
```

이 `get_encouragement` 함수는 기분에 해당하는 `mood`와 이름에 해당하는 `name`이라는 두 개의 매개변수를 받습니다. 그리고 사용자의 기분에 따라 미리 설정된 메시지 중에서 적절한 응원의 말을 선택해 반환합니다.

예나 알겠어요. 이제 제가 해볼게요. 먼저 플레이그라운드에 들어가서 새로운 도우미를 만듭니다. 이름은 '응원 에이전트'로 하고 그림 5.5와 같이 함수 항목에서 [+ Functions]버튼을 클릭하면 되겠죠?

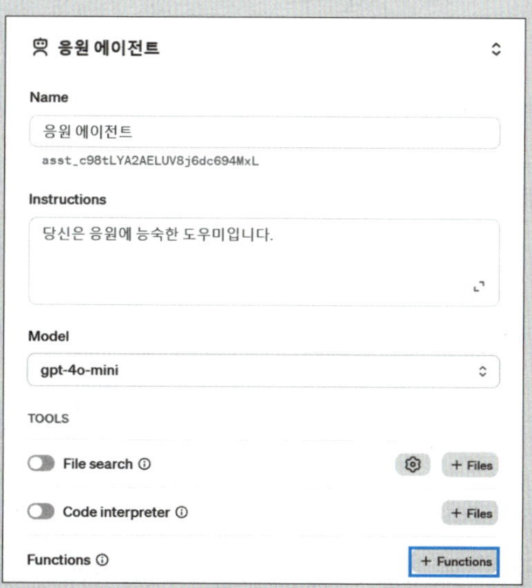

그림 5.5 플레이그라운드에서 도우미를 생성하고 함수 추가하기

태진 맞아요.

예나 이제 그림 5.6과 같이 정의definition에 코드를 입력하면 되나요?

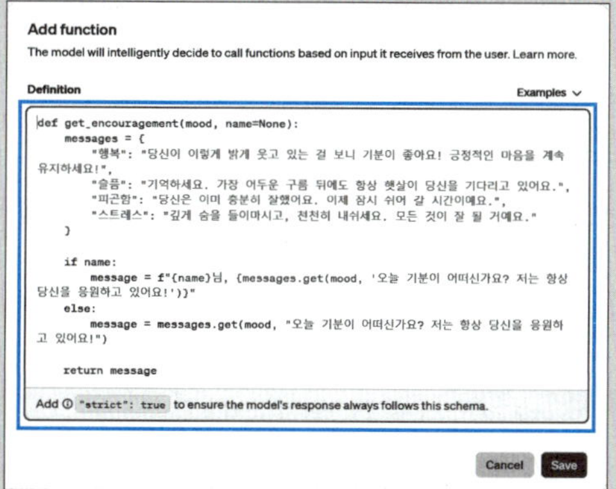

그림 5.6 예나가 함수 정의에 구체적인 코드를 추가한 모습

태진 아니에요, 예나 씨, 제가 아까 계속 강조한 걸 잠시 잊었나봐요. 여기에 넣어야 하는 건 함수의 구체적인 구현 코드가 아니라 JSON 형식으로 작성된 함수와 매개변수에 대한 속성 정보예요.

다음 내용이 응원 함수인 `get_encouragement`의 올바른 JSON 속성 정보예요.

In

```
{
  "name": "get_encouragement",
  "description": "사용자의 기분에 따라 응원 메시지를 제공합니다.",
  "parameters": {
    "type": "object",
    "properties": {
      "mood": {
        "type": "string",
        "description": "사용자의 현재 기분, 예: 행복, 슬픔, 스트레스, 피곤함"
      },
      "name": {
        "type": "string",
        "description": "응원 메시지를 맞춤 설정하기 위한 사용자의 이름"
      }
    },
    "required": ["mood"]
  }
}
```

그림 5.7과 같이 이 JSON 형식의 속성을 함수 정의에 지정합니다.

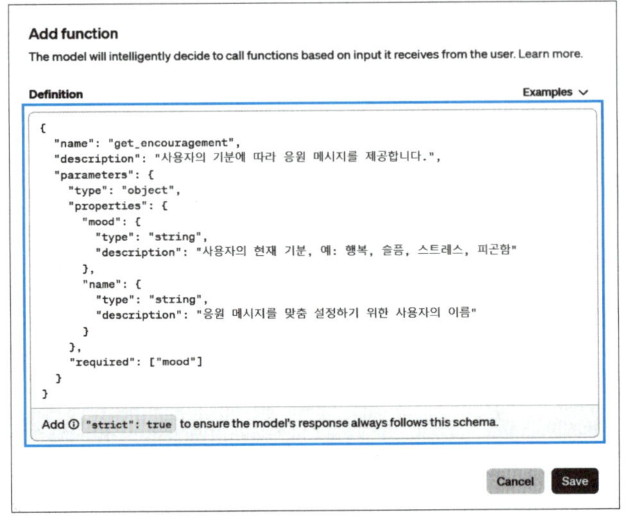

그림 5.7 JSON 속성 정보를 함수 정의에 추가한 모습

이어서 그림 5.8과 같이 도우미가 '슬픈 예나를 위한 응원 메시지'를 생성하도록 실행해보겠습니다.

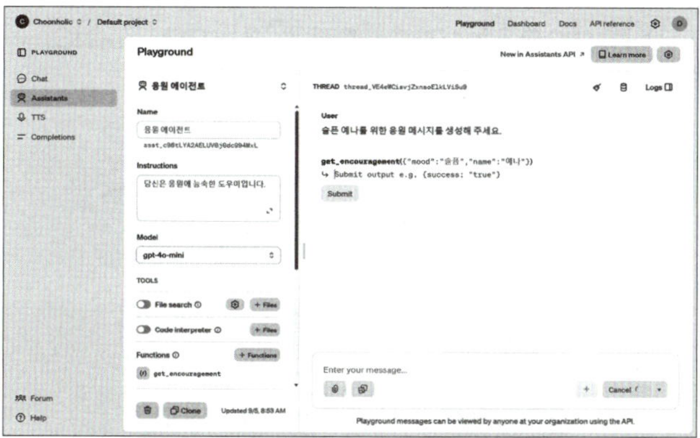

그림 5.8 도우미 실행하기

그림 5.8에서 볼 수 있듯이 도우미는 아직 구체적인 응원 메시지를 생성해주지 않았어요. 이 단계에서는 아직 구체적인 함수 기능이 등장하지 않았고, 도우미는 단지 규격에 맞는 함수 호출 코드를 생성했을 뿐입니다.

Out

```
get_encouragement({"mood":"슬픔","name":"예나"})
```

예나 그럼 함수의 구체적인 기능은 어떻게 구현하나요?

태진 먼저 코드에서 함수의 구체적인 기능을 정의한 다음, 도우미를 자동으로 호출해서 그 기능을 수행하게 하면 됩니다.

5.3 Assistants API를 이용한 함수 호출 구현

플레이그라운드에서 도우미를 생성하고 함수를 정의하는 방법을 설명했으니, 이제 Assistants API를 이용하여 함수 호출의 전체 과정을 구현해봅니다.

함수 호출의 전체적인 구조는 그림 5.9와 같습니다.

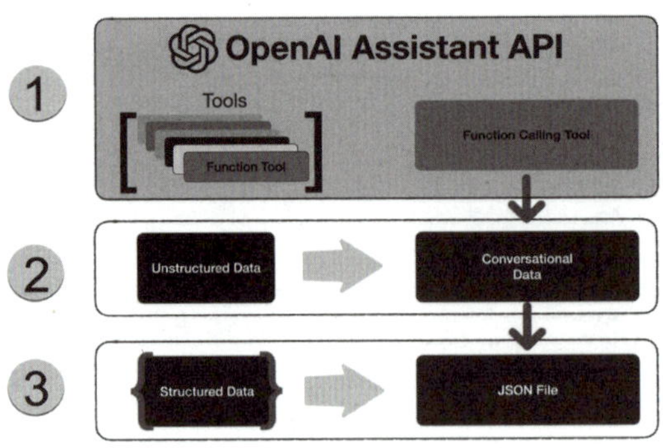

그림 5.9 함수 호출 도구의 전체 구조[2]

그림 5.9에서 설명하고 있는 핵심 내용은 다음과 같습니다. 먼저 도구를 정의해 함수를 설명한 후, 함수 호출을 통해 호출해야 할 함수와 매개변수를 지능적으로 반환합니다. 이 과정에서 비정형 텍스트를 구조화된 JSON 설명으로 변환할 수 있습니다.

이제 함수 호출에 대한 실습을 진행해보겠습니다. 먼저 표 4.1(161쪽)에서 설명했던 실행 세션의 상태를 다시 한번 짚고 넘어가봅시다.

함수 호출의 전체적인 흐름은 다음과 같습니다.

1. 사용자의 메시지가 전송되면 도우미가 실행 세션을 시작합니다.
2. 실행 세션이 실행되는 도중에 도우미가 함수 호출이 필요하다고 판단하면 실행을 잠시 중지하고 실행 세션의 상태를 조치 필요에 해당하는 `requires_action`으로 전환합니다.
3. 이때 도우미는 호출해야 할 함수와 매개변수를 담은 JSON 데이터를 반환합니다.
4. 개발자는 이 JSON 데이터를 사용해 코드 내부에서 해당 함수를 호출합니다.
5. 함수 코드의 실행이 완료되면, 해당 함수의 반환 결과를 제출하여 실행 세션의 실행을 완료합니다.

2 옮긴이 https://cobusgreyling.medium.com/what-are-openai-assistant-function-tools-exactly-06ef8e39b7bd

예나 좀 복잡하게 느껴지네요.

태진 맞아요. 좀 어려운 부분이 있습니다. 지금부터 그 과정을 자세히 분석해가며 이해해 봅시다.

함수 도구를 사용할 수 있는 도우미 생성하기

먼저 도우미를 하나 생성해야 합니다. 하지만 이미 5.2절에서 플레이그라운드를 이용해 그림 5.10과 같은 도우미를 생성했던 걸 기억할 겁니다.

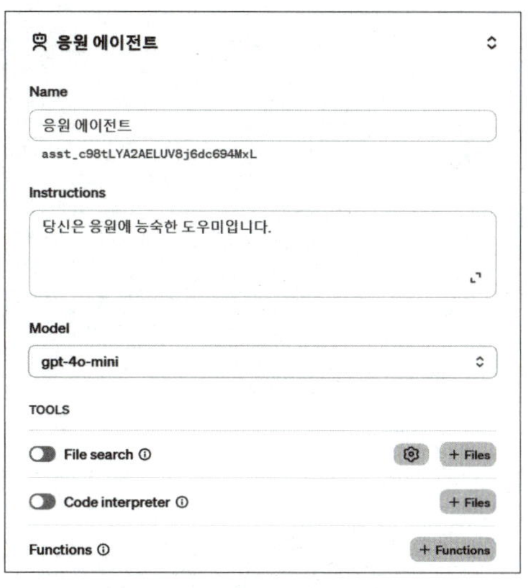

그림 5.10 앞에서 생성했던 도우미

이미 필요한 도우미가 존재하기 때문에 굳이 자원을 낭비해가며 추가로 생성할 필요는 없으니, 기존 도우미의 ID를 통해 도우미를 호출합니다.

In

```
# 시스템 변수 적재
from dotenv import load_dotenv

load_dotenv()
```

```python
# OpenAI 인스턴스 생성
from openai import OpenAI

client = OpenAI()

# 이전에 생성한 도우미 획득
assistant_id = 'asst_c98tLYA2AELUV8j6dc694MxL'  # 도우미 ID
assistant = client.beta.assistants.retrieve(assistant_id)

# 도우미 출력
print(assistant)
```

Out

```
Assistant(
    id='asst_c98tLYA2AELUV8j6dc694MxL',
    created_at=1725492166,
    description=None,
    instructions='당신은 응원에 능숙한 도우미입니다.',
    metadata={},
    model='gpt-4o-mini',
    name='응원 에이전트',
    object='assistant',
    tools=[
        FunctionTool(
            function=FunctionDefinition(
                name='get_encouragement',
                description='사용자의 기분에 따라 응원 메시지를 제공합니다.',
                parameters={
                    'type': 'object',
                    'properties': {
                        'mood': {
                            'type': 'string',
                            'description': '사용자의 현재 기분, 예: 행복, 슬픔, 스트레스,
피곤함'
                        },
                        'name': {
                            'type': 'string',
                            'description': '응원 메시지를 맞춤 설정하기 위한 사용자의 이름'
                        }
                    },
                    'required': ['mood']
                },
                strict=False
```

```
            ),
            type='function'
        )
    ],
    response_format='auto',
    temperature=1.0,
    tool_resources=ToolResources(
        code_interpreter=None,
        file_search=None
    ),
    top_p=1.0
)
```

물론 다음 코드를 참고하여 Assistants API를 통해 새 도우미를 생성하는 것도 그리 어렵지 않습니다.

In

```
# 도우미 생성
assistant = client.beta.assistants.create(
    instructions="You are a very encouraging assistant!",
    model="gpt-4o-mini",
    tools=[
        {
            "type": "function",
            "function": {
                "name": "get_encouragement",
                "description": "사용자의 기분에 따라 응원 메시지를 제공합니다.",
                "parameters": {
                    "type": "object",
                    "properties": {
                        "mood": {
                            "type": "string",
                            "description": "사용자의 현재 기분, 예: 행복, 슬픔, 스트레스,
피곤함"
                        },
                        "name": {
                            "type": "string",
                            "description": "응원 메시지를 맞춤화하기 위한 사용자의 이름"
                        }
                    },
                    "required": ["mood"]
                }
```

```
            }
        }
    ]
)
```

위의 코드에서는 도우미를 생성할 때 하나의 함수를 정의하고 있는데, 이는 플레이그라운드에서 JSON 속성을 지정한 것과 동일한 효과를 가집니다.

함수 호출 없이 직접 도우미 실행하기

이때, 함수를 호출하지 않고 도우미를 직접 실행하면 어떤 일이 발생하는지 살펴보겠습니다.

In

```
# 새로운 대화 흐름 생성
thread = client.beta.threads.create()

print(f"대화 흐름 정보:\n{thread}\n")

# 대화 흐름에 사용자 메시지 추가
message = client.beta.threads.messages.create(
    thread_id=thread.id,
    role="user",
    content="안녕하세요, 그냥 아무 말이나 해주세요!"
)

print(f"메시지 정보:\n{message}\n")

# 실행 세션을 생성하여 대화 흐름 처리
run = client.beta.threads.runs.create(
    thread_id=thread.id,
    assistant_id=assistant_id
)

print(f"실행 세션 초기 정보:\n{run}\n")

# 실행 세션 상태 확인
import time

n = 0

while True:
    n += 1
```

```
    run = client.beta.threads.runs.retrieve(
        thread_id=thread.id,
        run_id=run.id
    )

    print(f"{n}번째 실행 세션 정보:\n{run}\n")

    if run.status == 'completed':
        break

    time.sleep(5)  # 5초 대기 후 다시 상태 확인

# 대화 흐름에서 도우미 응답 가져오기
messages = client.beta.threads.messages.list(thread_id=thread.id)

# 도우미 응답 출력
for message in messages.data:
    if message.role == "assistant":
        print(f"도우미 응답:\n{message.content}\n")
```

Out

```
대화 흐름 정보:
Thread(id='thread_IkviDAMmSXXOtAllVvY4nsWa', created_at=1725502745, metadata={},
object='thread', tool_resources=ToolResources(code_interpreter=None, file_search=None))

메시지 정보:
Message(id='msg_RdqGiuqjvQMD3ZHway5sry7x', assistant_id=None, attachments=[], completed_
at=None, content=[TextContentBlock(text=Text(annotations=[], value='안녕하세요, 그냥 아무
 말이나 해주세요!'), type='text')], created_at=1725502745, incomplete_at=None, incomplete_
details=None, metadata={}, object='thread.message', role='user', run_id=None, status=None,
 thread_id='thread_IkviDAMmSXXOtAllVvY4nsWa')

실행 세션 초기 정보:
Run(id='run_YSrANLTijNgrvlKElBKLA6fX', assistant_id='asst_c98tLYA2AELUV8j6dc694MxL',
cancelled_at=None, completed_at=None, created_at=1725502745, expires_at=1725503345,
 failed_at=None, incomplete_details=None, instructions='당신은 응원에 능숙한 도우
미입니다.', last_error=None, max_completion_tokens=None, max_prompt_tokens=None,
metadata={}, model='gpt-4o-mini', object='thread.run', parallel_tool_calls=True, required_
action=None, response_format='auto', started_at=None, status='queued', thread_id='thread_
IkviDAMmSXXOtAllVvY4nsWa', tool_choice='auto', tools=[FunctionTool(function=FunctionDefin
ition(name='get_encouragement', description='사용자의 기분에 따라 응원 메시지를
제공합니다.', parameters={'type': 'object', 'properties': {'mood': {'type': 'string',
```

```
'description': '사용자의 현재 기분, 예: 행복, 슬픔, 스트레스, 피곤함'}, 'name': {'type':
 'string', 'description': '응원 메시지를 맞춤 설정하기 위한 사용자의 이름'}}, 'required':
 ['mood']}, strict=False), type='function')], truncation_strategy=TruncationStrategy(type=
'auto', last_messages=None), usage=None, temperature=1.0, top_p=1.0, tool_resources={})

1번째 실행 세션 정보:
Run(id='run_YSrANLTijNgrvlKElBKLA6fX', assistant_id='asst_c98tLYA2AELUV8j6dc694MxL',
 cancelled_at=None, completed_at=None, created_at=1725502745, expires_at=1725503345,
failed_at=None, incomplete_details=None, instructions='당신은 응원에 능숙한
도우미입니다.', last_error=None, max_completion_tokens=None, max_prompt_tokens=None,
metadata={}, model='gpt-4o-mini', object='thread.run', parallel_tool_calls=True, required_
action=None, response_format='auto', started_at=1725502746, status='in_progress', thread_
id='thread_IkviDAMmSXXOtAllVvY4nsWa', tool_choice='auto', tools=[FunctionTool(function=
FunctionDefinition(name='get_encouragement', description='사용자의 기분에 따라 응원
메시지를 제공합니다.', parameters={'type': 'object', 'properties': {'mood': {'type':
'string', 'description': '사용자의 현재 기분, 예: 행복, 슬픔, 스트레스, 피곤함'}, 'name':
 {'type': 'string', 'description': '응원 메시지를 맞춤 설정하기 위한 사용자의 이름'}},
'required': ['mood']}, strict=False), type='function')], truncation_strategy=TruncationS
trategy(type='auto', last_messages=None), usage=None, temperature=1.0, top_p=1.0, tool_
resources={})

2번째 실행 세션 정보:
Run(id='run_YSrANLTijNgrvlKElBKLA6fX', assistant_id='asst_c98tLYA2AELUV8j6dc694MxL',
cancelled_at=None, completed_at=1725502747, created_at=1725502745, expires_at=None,
failed_at=None, incomplete_details=None, instructions='당신은 응원에 능숙한
도우미입니다.', last_error=None, max_completion_tokens=None, max_prompt_tokens=None,
metadata={}, model='gpt-4o-mini', object='thread.run', parallel_tool_calls=True, required_
action=None, response_format='auto', started_at=1725502746, status='completed', thread_
id='thread_IkviDAMmSXXOtAllVvY4nsWa', tool_choice='auto', tools=[FunctionTool(function=
FunctionDefinition(name='get_encouragement', description='사용자의 기분에 따라 응원
메시지를 제공합니다.', parameters={'type': 'object', 'properties': {'mood': {'type':
 'string', 'description': '사용자의 현재 기분, 예: 행복, 슬픔, 스트레스, 피곤함'}, 'name':
 {'type': 'string', 'description': '응원 메시지를 맞춤 설정하기 위한 사용자의 이름'}},
 'required': ['mood']}, strict=False), type='function')], truncation_strategy=
TruncationStrategy(type='auto', last_messages=None), usage=Usage(completion_tokens=47,
 prompt_tokens=329, total_tokens=376), temperature=1.0, top_p=1.0, tool_resources={})

도우미 응답:
[TextContentBlock(text=Text(annotations=[], value='안녕하세요! 오늘 하루 어떠신가요?
작은 일에도 기쁨을 느끼고,
평범한 순간들이 특별한 기억으로 남기를 바랍니다. 언제든 필요한 것 있으면 말씀해주세요!'),
 type='text')]
```

실행 결과가 너무 길고 읽기 어렵기 때문에[3] 여기서는 표 5.3에 중요한 정보만 나열해보겠습니다.

표 5.3 도우미, 대화 흐름, 메시지, 실행 세션의 상태 정보 첫 번째

유형	ID	상태	사용자 메시지	시스템 응답	토큰 사용
도우미	`asst_c98tLYA2AELUV8j6dc694MxL`	–	–	–	–
대화 흐름	`thread_IkviDAMmSXXOtAllVvY4nsWa`	–	–	–	–
메시지	`msg_RdqGiuqjvQMD3ZHway5sry7x`	–	안녕하세요, 그냥 아무 말이나 해주세요!	–	–
실행 세션	`run_YSrANLTijNgrvlKElBKLA6fX`	대기 중	안녕하세요, 그냥 아무 말이나 해주세요!	–	–
		진행 중		–	–
		완료		안녕하세요! 오늘 하루 어떠신가요? 작은 일에도 기쁨을 느끼고, 평범한 순간들이 특별한 기억으로 남기를 바랍니다. 언제든 필요한 것 있으면 말씀해주세요!	완료: 47 지시: 329 전체: 376

이때 실행 세션은 그림 5.11의 흐름 중에서 대기 중 → 진행 중 → 완료의 흐름으로 진행되어 대화를 잘 마무리했으며, 도우미도 꽤 괜찮은 답변을 제공하고 있습니다.

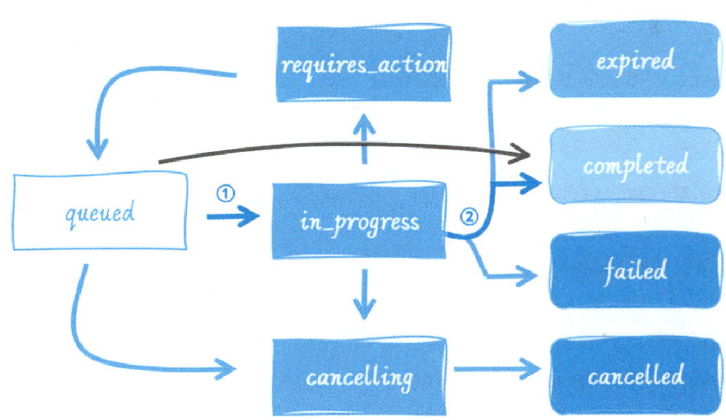

그림 5.11 예제에서 실행 세션의 흐름

3 사실 실행 세션의 생성 이후 상태 확인을 하는 가장 간단한 방법은 client.beta.threads.runs.create_and_poll API를 사용하는 것입니다. 하지만 여기서는 상태 변화를 자세히 관찰하기 위해 현재 방식을 계속 사용하겠습니다.

그러나 앞의 코드를 직접 실행하여 '예나'의 마음을 달래려고 하면 그 결과는 매우 큰 '재앙'을 초래할 수 있습니다.

예나 왜요?

태진 실제로 한 번 해보죠. 이제 예나의 감정에 대해 이야기해봅시다. 코드의 논리에는 변화가 없지만, 대화 내용을 약간 변경해야 합니다.[4]

In

```
# 시스템 변수 적재
from dotenv import load_dotenv

load_dotenv()

# OpenAI 인스턴스 생성
from openai import OpenAI

client = OpenAI()

# 이전에 생성한 도우미 획득
assistant_id = 'asst_c98tLYA2AELUV8j6dc694MxL'  # 도우미 ID

# 새로운 대화 흐름 생성
thread = client.beta.threads.create()

print(f"대화 흐름 정보:\n{thread}\n")

# 대화 흐름에 사용자 메시지 추가
message = client.beta.threads.messages.create(
    thread_id=thread.id,
    role="user",
    content="안녕하세요, 슬픈 예나를 위로해주세요!" # 변경 부분
)
```

4 이 시점에서 프로그램을 다시 실행하면 대화 흐름과 실행 세션의 ID는 변경되지만, 도우미는 그대로 사용하기 때문에 도우미의 ID는 유지됩니다.

```python
print(f"메시지 정보:\n{message}\n")

# 실행 세션을 생성하여 대화 흐름 처리
run = client.beta.threads.runs.create(
    thread_id=thread.id,
    assistant_id=assistant_id
)

print(f"실행 세션 초기 정보:\n{run}\n")

# 실행 세션 상태 확인
import time

n = 0

while True:
    n += 1

    run = client.beta.threads.runs.retrieve(
        thread_id=thread.id,
        run_id=run.id
    )

    print(f"{n}번째 실행 세션 정보:\n{run}\n")

    if run.status == 'completed':
        break

    time.sleep(5)  # 5초 대기 후 다시 상태 확인

# 대화 흐름에서 도우미 응답 가져오기
messages = client.beta.threads.messages.list(thread_id=thread.id)

# 도우미 응답 출력
for message in messages.data:
    if message.role == "assistant":
        print(f"도우미 응답:\n{message.content}\n")
```

Out

```
대화 흐름 정보:
Thread(id='thread_aPpcNWOXeTyVlesEZ4Ks4tc1', created_at=1725530785, metadata={},
object='thread', tool_resources=ToolResources(code_interpreter=None, file_search=None))
```

```
메시지 정보:
Message(id='msg_UVu0POITqLyE4F4YfooF3TAE', assistant_id=None, attachments=[], completed_
at=None, content=[TextContentBlock(text=Text(annotations=[], value='안녕하세요, 슬픈 예나
를 위로해주세요!'), type='text')], created_at=1725530787, incomplete_at=None, incomplete_
details=None, metadata={}, object='thread.message', role='user', run_id=None, status=None,
 thread_id='thread_aPpcNWOXeTyVlesEZ4Ks4tc1')

실행 세션 초기 정보:
Run(id='run_TFxZOeEDunSbzSQDysyDnAYx', assistant_id='asst_c98tLYA2AELUV8j6dc694MxL',
cancelled_at=None, completed_at=None, created_at=1725530787, expires_at=1725531387,
failed_at=None, incomplete_details=None, instructions='당신은 응원에 능숙한
도우미입니다.', last_error=None, max_completion_tokens=None, max_prompt_tokens=None,
metadata={}, model='gpt-4o-mini', object='thread.run', parallel_tool_calls=True, required_
action=None, response_format='auto', started_at=None, status='queued', thread_id='thread_
aPpcNWOXeTyVlesEZ4Ks4tc1', tool_choice='auto', tools=[FunctionTool(function=FunctionDefin
ition(name='get_encouragement', description='사용자의 기분에 따라 응원 메시지를 제공합니
다.', parameters={'type': 'object', 'properties': {'mood': {'type': 'string', 'description':
 '사용자의 현재 기분, 예: 행복, 슬픔, 스트레스, 피곤함'}, 'name': {'type': 'string',
'description': '응원 메시지를 맞춤 설정하기 위한 사용자의 이름'}}, 'required': ['mood']},
strict=False), type='function')], truncation_strategy=TruncationStrategy(type='auto',
last_messages=None), usage=None, temperature=1.0, top_p=1.0, tool_resources={})

1번째 실행 세션 정보:
Run(id='run_TFxZOeEDunSbzSQDysyDnAYx', assistant_id='asst_c98tLYA2AELUV8j6dc694MxL',
cancelled_at=None, completed_at=None, created_at=1725530787, expires_at=1725531387,
failed_at=None, incomplete_details=None, instructions='당신은 응원에 능숙한
도우미입니다.', last_error=None, max_completion_tokens=None, max_prompt_tokens=None,
metadata={}, model='gpt-4o-mini', object='thread.run', parallel_tool_calls=True, required_
action=None, response_format='auto', started_at=1725530788, status='in_progress', thread_
id='thread_aPpcNWOXeTyVlesEZ4Ks4tc1', tool_choice='auto', tools=[FunctionTool(function=
FunctionDefinition(name='get_encouragement', description='사용자의 기분에 따라 응원 메시지
를 제공합니다.', parameters={'type': 'object', 'properties': {'mood': {'type': 'string',
'description': '사용자의 현재 기분, 예: 행복, 슬픔, 스트레스, 피곤함'}, 'name': {'type':
'string', 'description': '응원 메시지를 맞춤 설정하기 위한 사용자의 이름'}}, 'required':
['mood']}, strict=False), type='function')], truncation_strategy=TruncationStrategy(type
='auto', last_messages=None), usage=None, temperature=1.0, top_p=1.0, tool_resources={})

2번째 실행 세션 정보:
Run(id='run_TFxZOeEDunSbzSQDysyDnAYx', assistant_id='asst_c98tLYA2AELUV8j6dc694MxL',
cancelled_at=None, completed_at=None, created_at=1725530787, expires_at=1725531387, failed_
at=None, incomplete_details=None, instructions='당신은 응원에 능숙한 도우미입니다.', last_
error=None, max_completion_tokens=None, max_prompt_tokens=None, metadata={}, model='gpt-4o-
mini', object='thread.run', parallel_tool_calls=True, required_action=RequiredAction
(submit_tool_outputs=RequiredActionSubmitToolOutputs(tool_calls=[RequiredActionFunctionToo
```

```
lCall(id='call_eLwwgfutZyYHi1Zhdgmp7Ix9', function=Function(arguments='{"mood":
"슬픔","name":"예나"}', name='get_encouragement'), type='function')]), type='submit_tool_
outputs'), response_format='auto', started_at=1725530788, status='requires_action', thread_
id='thread_aPpcNWOXeTyVlesEZ4Ks4tc1', tool_choice='auto', tools=[FunctionTool(function=
FunctionDefinition(name='get_encouragement', description='사용자의 기분에 따라 응원 메시지
를 제공합니다.', parameters={'type': 'object', 'properties': {'mood': {'type': 'string',
'description': '사용자의 현재 기분, 예: 행복, 슬픔, 스트레스, 피곤함'}, 'name': {'type':
'string', 'description': '응원 메시지를 맞춤 설정하기 위한 사용자의 이름'}}, 'required':
['mood']}, strict=False), type='function')], truncation_strategy=TruncationStrategy(type=
'auto', last_messages=None), usage=None, temperature=1.0, top_p=1.0, tool_resources={})

... (중간 생략) ...

101번째 실행 세션 정보:
Run(id='run_TFxZOeEDunSbzSQDysyDnAYx', assistant_id='asst_c98tLYA2AELUV8j6dc694MxL',
cancelled_at=None, completed_at=None, created_at=1725530787, expires_at=1725531387, failed_
at=None, incomplete_details=None, instructions='당신은 응원에 능숙한 도우미입니다.',
last_error=None, max_completion_tokens=None, max_prompt_tokens=None, metadata={},
model='gpt-4o-mini', object='thread.run', parallel_tool_calls=True, required_
action=RequiredAction(submit_tool_outputs=RequiredActionSubmitToolOutputs(tool_calls=
[RequiredActionFunctionToolCall(id='call_eLwwgfutZyYHi1Zhdgmp7Ix9', function=Function
(arguments='{"mood":"슬픔","name":"예나"}', name='get_encouragement'), type='function')]),
 type='submit_tool_outputs'), response_format='auto', started_at=1725530788,
status='requires_action', thread_id='thread_aPpcNWOXeTyVlesEZ4Ks4tc1', tool_choice='auto',
 tools=[FunctionTool(function=FunctionDefinition(name='get_encouragement', description=
'사용자의 기분에 따라 응원 메시지를 제공합니다.', parameters={'type': 'object',
'properties': {'mood': {'type': 'string', 'description': '사용자의 현재 기분, 예: 행복,
슬픔, 스트레스, 피곤함'}, 'name': {'type': 'string', 'description': '응원 메시지를 맞춤
설정하기 위한 사용자의 이름'}}, 'required': ['mood']}, strict=False), type='function')],
truncation_strategy=TruncationStrategy(type='auto', last_messages=None), usage=None,
temperature=1.0, top_p=1.0, tool_resources={})

... (이후 생략) ...
```

예나 어라? 태진 선배, 이게 무슨 일이죠? 실행 세션을 100번 넘게 확인하고 있는데도 실행이 완료되지 않고 있네요?

태진 그렇습니다. 실행 세션이 조치 필요를 의미하는 `requires_action` 상태에서 멈춰 있습니다. 따라서 일단 어쩔 수 없이 강제로 실행을 종료했습니다.

이번에도 출력 결과의 중요한 정보를 표 5.4에 나열했습니다.

표 5.4 도우미, 대화 흐름, 메시지, 실행 세션의 상태 정보 두 번째

<table>
<tr><th>유형</th><th>ID</th><th>상태</th><th>사용자 메시지</th><th>시스템 응답</th><th>토큰 사용</th></tr>
<tr><td>도우미</td><td>asst_c98tLYA2A ELUV8j6dc694MxL</td><td>—</td><td>—</td><td>—</td><td>—</td></tr>
<tr><td>대화 흐름</td><td>thread_aPpcNWO XeTyVlesEZ4Ks4tc1</td><td>—</td><td>—</td><td>—</td><td>—</td></tr>
<tr><td>메시지</td><td>msg_UVu0POITqLy E4F4YfooF3TAE</td><td>—</td><td>안녕하세요, 슬픈 예나를 위로해주세요!</td><td>—</td><td>—</td></tr>
<tr><td rowspan="3">실행 세션</td><td rowspan="3">run_TFxZ0eEDunSbz SQDysyDnAYx</td><td>대기 중</td><td rowspan="3">안녕하세요, 그냥 아무 말이나 해주세요!</td><td>—</td><td>—</td></tr>
<tr><td>진행 중</td><td>—</td><td>—</td></tr>
<tr><td>조치 필요</td><td>—</td><td>—</td></tr>
<tr><td>...</td><td>...</td><td>...</td><td>...</td><td>...</td><td>...</td></tr>
</table>

태진 예나 씨, 이번에는 왜 상황이 다를까요? 도우미가 결과를 제공하지 못하고 있기 때문에 결국 실행 세션의 상태도 완료로 전환되지 못하고 있습니다. 겉보기에는 무한 순환 상태에 빠진 것처럼 보입니다.

예나 저도 실행 세션의 상태가 계속 조치 필요 상태에서 변하지 않는 것을 보았어요. 뜸 들이지 말고 답을 알려주세요.

태진 이번 실행 세션에서는 도우미가 이 대화 흐름이 단순한 대화가 아니라 예나의 감정과 관련된 문제라는 것을 이미 알고 있기 때문입니다. 도우미는 감정을 응원하기 위한 도구가 이미 제공되어 있다는 사실을 알고 있기 때문에, 대화를 완료하기 위해 `get_encouragement` 함수를 호출해야 한다는 것을 알고 있었고, 그냥 대충 답변할 수 없었던 것이죠.

예나가 갑자기 일어나며 외쳤습니다.

예나 아! 이해했어요. 하지만 이 코드에는 `get_encouragement` 함수를 호출하여 결과를 반환하는 논리가 포함되어 있지 않기 때문에 실행 세션이 그림 5.12처럼 계속 조치 필요 상태로 함수의 응답을 기다리고 있었고, 그래서 감정적인 대화를 제공할 수 없었던 거군요.

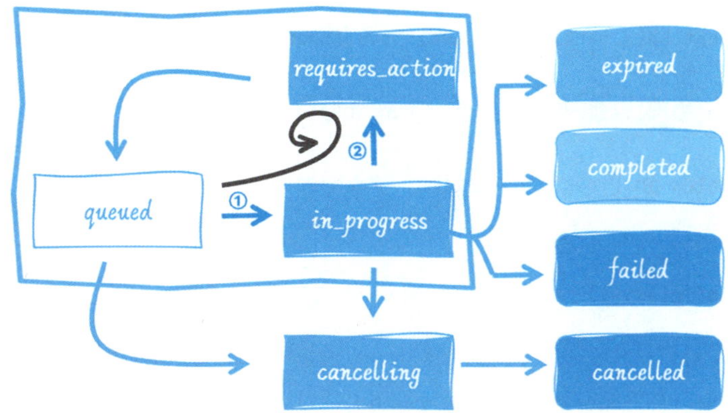

그림 5.12 이 예제에서 실행 세션의 흐름: 무한 대기

따라서 순환 논리를 변경해서, 이제 실행 세션의 상태가 완료일 때뿐만 아니라 조치 필요일 때도 순환을 탈출해야 합니다.

실행 세션이 조치 필요 상태일 때 순환 종료하기

앞에서 설명했듯이 실행 세션의 상태가 조치 필요로 전환되면 순환을 종료하도록 논리를 리팩터링할 것입니다.[5]

In

```
# 실행 세션을 생성하여 대화 흐름 처리
run = client.beta.threads.runs.create(
    thread_id=thread.id,
    assistant_id=assistant_id
)

print(f"실행 세션 초기 정보:\n{run}\n")

import time

# 실행 세션 상태 확인 함수
def poll_run_status(client, thread_id, run_id, interval=5):
    n = 0

    while True:
        n += 1
```

5 코드가 변경되었기 때문에 다시 실행하게 되면 대화 흐름과 실행 세션의 ID가 변경됩니다.

```
        run = client.beta.threads.runs.retrieve(thread_id=thread_id, run_id=run_id)

        print(f"{n}번째 실행 세션 정보:\n{run}\n")

        if run.status in ['requires_action', 'completed']:
            return run

        time.sleep(interval)  # 일정 시간 대기 후 다시 상태 확인

# 실행 세션 상태 확인
run = poll_run_status(client, thread.id, run.id)
```

Out

```
실행 세션 초기 정보:
Run(id='run_RSj3WuOzMUJwwD9Yjei4VzmK', assistant_id='asst_c98tLYA2AELUV8j6dc694MxL',
cancelled_at=None, completed_at=None, created_at=1725534247, expires_at=1725534847,
failed_at=None, incomplete_details=None, instructions='당신은 응원에 능숙한 도우미입니다.'
, last_error=None, max_completion_tokens=None, max_prompt_tokens=None, metadata={},
model='gpt-4o-mini', object='thread.run', parallel_tool_calls=True, required_
action=None, response_format='auto', started_at=None, status='queued', thread_id='thread_
aPpcNWOXeTyVlesEZ4Ks4tc1', tool_choice='auto', tools=[FunctionTool(function=FunctionDefin
ition(name='get_encouragement', description='사용자의 기분에 따라 응원 메시지를 제공합니다.',
parameters={'type': 'object', 'properties': {'mood': {'type': 'string', 'description':
'사용자의 현재 기분, 예: 행복, 슬픔, 스트레스, 피곤함'}, 'name': {'type': 'string',
'description': '응원 메시지를 맞춤 설정하기 위한 사용자의 이름'}}, 'required': ['mood']},
 strict=False), type='function')], truncation_strategy=TruncationStrategy(type='auto',
 last_messages=None), usage=None, temperature=1.0, top_p=1.0, tool_resources={})

1번째 실행 세션 정보:
Run(id='run_RSj3WuOzMUJwwD9Yjei4VzmK', assistant_id='asst_c98tLYA2AELUV8j6dc694MxL',
cancelled_at=None, completed_at=None, created_at=1725534247, expires_at=1725534847,
failed_at=None, incomplete_details=None, instructions='당신은 응원에 능숙한 도우미입니다.',
last_error=None, max_completion_tokens=None, max_prompt_tokens=None, metadata={},
model='gpt-4o-mini', object='thread.run', parallel_tool_calls=True, required_action=None,
response_format='auto', started_at=1725534247, status='in_progress', thread_id='thread_
aPpcNWOXeTyVlesEZ4Ks4tc1', tool_choice='auto', tools=[FunctionTool(function=FunctionDefin
ition(name='get_encouragement', description='사용자의 기분에 따라 응원 메시지를 제공합니다.',
 parameters={'type': 'object', 'properties': {'mood': {'type': 'string', 'description':
'사용자의 현재 기분, 예: 행복, 슬픔, 스트레스, 피곤함'}, 'name': {'type': 'string',
'description': '응원 메시지를 맞춤 설정하기 위한 사용자의 이름'}}, 'required': ['mood']},
strict=False), type='function')], truncation_strategy=TruncationStrategy(type='auto',
last_messages=None), usage=None, temperature=1.0, top_p=1.0, tool_resources={})
```

```
2번째 실행 세션 정보:
Run(id='run_RSj3WuOzMUJwwD9Yjei4VzmK', assistant_id='asst_c98tLYA2AELUV8j6dc694MxL',
cancelled_at=None, completed_at=None, created_at=1725534247, expires_at=1725534847,
failed_at=None, incomplete_details=None, instructions='당신은 응원에 능숙한 도우미입니다.',
last_error=None, max_completion_tokens=None, max_prompt_tokens=None, metadata={},
model='gpt-4o-mini', object='thread.run', parallel_tool_calls=True, required_action
=RequiredAction(submit_tool_outputs=RequiredActionSubmitToolOutputs(tool_calls=[RequiredAc
tionFunctionToolCall(id='call_2RpVRtQqntjfYATjrfwdJWOu', function=Function(arguments=
'{"mood":"슬픔","name":"예나"}', name='get_encouragement'), type='function')]), type=
'submit_tool_outputs'), response_format='auto', started_at=1725534247, status='requires_
action', thread_id='thread_aPpcNWOXeTyVlesEZ4Ks4tc1', tool_choice='auto', tools=[FunctionT
ool(function=FunctionDefinition(name='get_encouragement', description='사용자의 기분에
따라 응원 메시지를 제공합니다.', parameters={'type': 'object', 'properties': {'mood':
{'type': 'string', 'description': '사용자의 현재 기분, 예: 행복, 슬픔, 스트레스, 피곤함'},
 'name': {'type': 'string', 'description': '응원 메시지를 맞춤 설정하기 위한 사용
자의 이름'}}, 'required': ['mood']}, strict=False), type='function')], truncation_
strategy=TruncationSt
rategy(type='auto', last_messages=None), usage=None, temperature=1.0, top_p=1.0, tool_
resources={})
```

위 코드를 실행한 결과를 살펴보면 실행 세션이 대기 중 상태에서 진행 중 상태로 변경되었다가 다시 조치 필요 상태로 전환되어, 결국 실행 세션이 순환을 종료합니다. 이때 실행 세션의 상태를 확인해보면 여전히 조치 필요 상태에 머물러 있는 것을 알 수 있습니다.

예나 알겠어요! 이때 도우미는 함수 호출의 결과를 기다리고 있는 거죠. 지금 수정한 코드는 순환 종료 논리가 추가되었을 뿐이니까요. 새로운 대화 흐름과 실행 세션이 생성되었지만, 그 상태 변화 과정은 아직 달라지지 않았어요.

도우미가 반환한 속성 정보 획득하기

지금부터 중요한 단계입니다. 먼저 함수 이름, 매개변수, 함수 ID와 같은 중요한 속성 정보를 획득해야 합니다. 이를 위한 코드는 다음과 같습니다.

In

```
# 실행 세션에서 함수 속성 정보를 획득하는 함수
def get_function_details(run):
    function_name = run.required_action.submit_tool_outputs.tool_calls[0].function.name
    arguments = run.required_action.submit_tool_outputs.tool_calls[0].function.arguments
    function_id = run.required_action.submit_tool_outputs.tool_calls[0].id
    return function_name, arguments, function_id

# 함수 속성 정보 가져오기
function_name, arguments, function_id = get_function_details(run)

print("function_name:", function_name)
print("arguments:", arguments)
print("function_id:", function_id)
```

Out

```
function_name: get_encouragement
arguments: {"mood":"슬픔","name":"예나"}
function_id: call_2RpVRtQqntjfYATjrfwdJWOu
```

예나 `function_name`, `arguments`, `function_id`는 모두 로컬에 존재하는 함수 호출에 필요한 정보에 해당하겠지요?

태진 맞아요. 다음 단계는 실행 세션에서 제공된 함수의 속성 정보를 사용해 함수를 호출하는 코드를 실행하는 것입니다. 이와 같이 도우미는 인간의 대화를 함수가 포함될 수 있는 매개변수로 변환하는 역할을 합니다.

이제 그림 5.9가 뜻하는 바를 이해할 수 있겠죠? 대화는 도우미에 의해 함수가 접근할 수 있는 속성 정보로 변환되며, 이 과정은 표 5.5에서 확인할 수 있습니다.

표 5.5 인간 언어, 함수 언어, 도우미 표시 간의 비교

유형	내용
인간 언어	슬픈 예나를 좀 위로해주세요.
함수 언어	`function_name: get_encouragement, arguments: {"mood":"슬픔", "name":"예나"}`
도우미 표시	`function_id: call_2RpVRtQqntjfYATjrfwdJWOu`

도우미의 반환 정보를 통해 함수 호출하기

이제 응원 함수를 정의할 차례입니다. 이 함수는 사용자로부터 받은 현재 감정 정보를 입력으로 받아 그에 맞는 응원 메시지를 반환하는 기능을 합니다.

```
# 응원 메시지 함수
def get_encouragement(mood, name=None):
    # 응원 메시지
    messages = {
        "행복": "당신이 이렇게 밝게 웃고 있는 걸 보니 기분이 좋아요! 긍정적인 마음을 
계속 유지하세요!",
        "슬픔": "기억하세요. 가장 어두운 구름 뒤에도 항상 햇살이 당신을 기다리고 있어요.",
        "피곤함": "당신은 이미 충분히 잘했어요. 이제 잠시 쉬어갈 시간이에요.",
        "스트레스": "깊게 숨을 들이마시고, 천천히 내쉬세요. 모든 것이 잘 될 거예요."
    }

    # 기분에 맞는 응원 메시지 가져오기
    if name:
        message = f"{name}님, {messages.get(mood, '오늘 기분이 어떠신가요? 저는 항상 
당신을 응원하고 있어요!')}"
    else:
        message = messages.get(mood, "오늘 기분이 어떠신가요? 저는 항상 당신을 응원하고 
있어요!")

    # 맞춤형 응원 메시지 반환
    return message
```

이 함수는 앞에서 이미 작성한 적이 있죠.

그렇다면 `function_name`과 `arguments`를 이용해 호출할 함수를 어떻게 동적으로 판단할까요? 그리고 왜 그 함수를 호출해야 할까요?

예나 이건 저도 할 수 있어요. 다음 코드를 보세요.

In

```
# JSON 문자열을 사전으로 변환
import json

arguments_dict = json.loads(arguments)

# 사전에서 'name'과 'mood' 추출
name = arguments_dict['name']
mood = arguments_dict['mood']

# 함수 호출
encouragement_message = get_encouragement(mood, name)

# 결과 출력
print(encouragement_message)
```

Out

```
예나 님, 기억하세요. 가장 어두운 구름 뒤에도 항상 햇살이 당신을 기다리고 있어요.
```

태진 예나 씨의 코드 작성 능력도 꽤 훌륭하네요. 먼저 `json.loads` 메서드를 통해 JSON 문자열에서 데이터를 분석하고 JSON 객체로 변환한 후, 해당 정보를 함수에 전달하고 호출해 반환값을 얻었군요. 도우미의 응답도 훌륭하고요! 하지만 아쉽게도 이 코드는 요구사항의 절반만 처리되어 있어요. 매개변수를 의미하는 `arguments`를 통해 `get_encouragement` 함수를 호출했지만, 정작 `function_name`을 통해 호출할 함수를 동적으로 판단하는 부분은 빠져 있거든요.

예나 네. 다시 수정해볼게요.

In

```python
# 동적 함수 호출을 위한 사전 정의
available_functions = {
    "get_encouragement": get_encouragement
}

# 매개변수 처리
import json

function_args = json.loads(arguments)

# 동적 함수 호출
function_to_call = available_functions[function_name]
encouragement_message = function_to_call(
    name=function_args.get("name"),
    mood=function_args.get("mood")
)

# 결과 출력
print(encouragement_message)
```

Out

```
예나 님, 기억하세요. 가장 어두운 구름 뒤에도 항상 햇살이 당신을 기다리고 있어요.
```

태진 그렇죠, 맞습니다. 함수 이름을 함수 객체와 사상해주는 사전을 사용해서, 함수 호출의 반환값에 포함된 `function_name` 값에 따라 연결된 함수를 동적으로 호출해야 합니다.

결과를 제출하고 작업 완료하기

도우미와 함께하는 작업이 거의 끝나갑니다. 함수 `get_encouragement`도 올바르게 결과를 반환했습니다.

여기서 도우미의 역할은 자연어 기반의 요청을 함수 이름과 호출 형식으로 변환한 것입니다.

하지만 아직 실행 세션에 작업 완료를 알리는 마지막 단계가 남았습니다. 이 단계가 진행되지 않으면 그림 5.13과 같이 10분 후에 실행 세션이 만료됩니다.

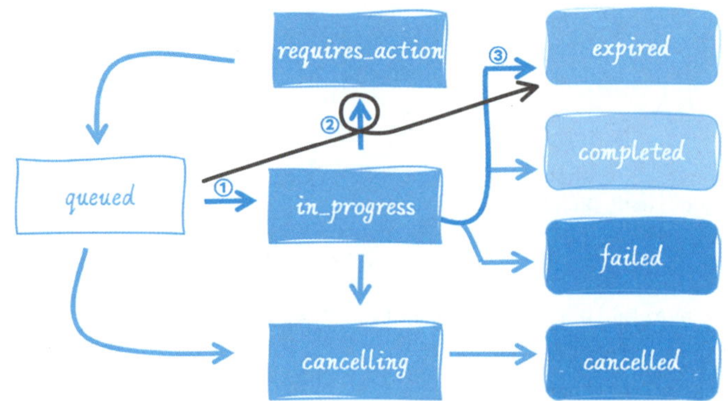

그림 5.13 관리되지 않은 실행 세션은 생존 시간이 끝나면 만료되며 대화가 종료됩니다.

예나 맞아요. 순환에서 빠져나와 함수를 호출한 상태이지만, 실행 세션은 여전히 함수 호출 결과를 기다리고 있어요. 그리고 대화는 자동으로 완료 상태나 대기 중 상태로 돌아가지도 않아요.

이제 `submit_tool_outputs` API를 통해 실행 세션을 완료하는 마지막 단계로 넘어가겠습니다.

NOTE

실행 세션은 10분의 생존 주기를 가지고 있기 때문에, 너무 오래 기다리게 하지 말고 적시에 결과를 제출해야 합니다. 생존 주기가 만료되면 `submit_tool_outputs` API를 호출하더라도 그 결과를 받을 수 없게 됩니다.

`submit_tool_outputs` API를 호출하여 결과를 제출하는 코드는 다음과 같습니다. 여기서는 각각의 함수 호출과 대응하는 `function_id`를 정확하게 참조하는 `tool_call_id`를 설정하는 것이 매우 중요합니다.

In

```
# 결과 제출 함수
def submit_tool_outputs(run, thread, function_id, function_response):
    run = client.beta.threads.runs.submit_tool_outputs(
        thread_id=thread.id,
        run_id=run.id,
        tool_outputs=[
            {
                "tool_call_id": function_id,
                "output": str(function_response),
            }
        ]
    )

    return run

# 실행 세션에 결과 제출
run = submit_tool_outputs(run, thread, function_id, encouragement_message)

print('실행 세션이 결과를 받았습니다.')
print(run)
```

Out

```
실행 세션이 결과를 받았습니다.
Run(id='run_RSj3WuOzMUJwwD9Yjei4VzmK', assistant_id='asst_c98tLYA2AELUV8j6dc694MxL',
 cancelled_at=None, completed_at=None, created_at=1725544195, expires_at=1725544795,
failed_at=None, incomplete_details=None, instructions='당신은 응원에 능숙한 도우미입니다.',
last_error=None, max_completion_tokens=None, max_prompt_tokens=None, metadata={},
model='gpt-4o-mini', object='thread.run', parallel_tool_calls=True, required_action=None,
 response_format='auto', started_at=1725544195, status='queued', thread_id='thread_
R5PuakbtvDbm8mad1qcHjt0a', tool_choice='auto', tools=[FunctionTool(function=FunctionDefin
ition(name='get_encouragement', description='사용자의 기분에 따라 응원 메시지를
제공합니다.', parameters={'type': 'object', 'properties': {'mood': {'type': 'string',
'description': '사용자의 현재 기분, 예: 행복, 슬픔, 스트레스, 피곤함'}, 'name': {'type':
'string', 'description': '응원 메시지를 맞춤 설정하기 위한 사용자의 이름'}}, 'required':
['mood']}, strict=False), type='function')], truncation_strategy=TruncationStrategy(type=
'auto', last_messages=None), usage=None, temperature=1.0, top_p=1.0, tool_resources={})
```

결과를 제출하면 실행 세션이 다시 대기 중 상태로 전환되며, 그림 5.14와 같이 시스템 리소스가 할당되기를 기다리며 계속 실행 가능한 상태가 되는 것을 확인할 수 있습니다.

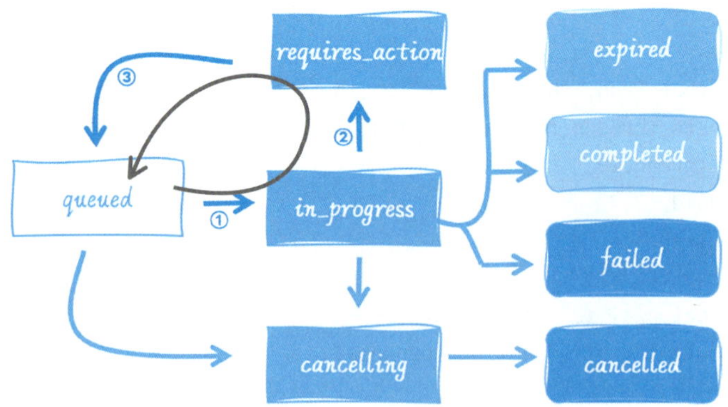

그림 5.14 실행 세션이 대기 중 상태로 돌아오는 흐름

실행 세션 상태를 계속 확인해보면 도우미가 응원 함수의 출력 결과를 활용하여 이번 실행 세션의 대화를 이어가다가 마지막으로 요약 답변을 생성하는 것을 알 수 있습니다. 이때 실행 세션의 상태는 대기 중 상태에서 다시 진행 중 상태로 전환되며, 작업이 완료되면 완료 상태로 전환됩니다.

In

```
# 실행 세션 상태를 확인하여 완료될 때까지 대기
run = poll_run_status(client, thread.id, run.id)

print('실행 세션이 완료될 때까지 계속 실행됩니다.')
print(run)
```

Out

```
1번째 실행 세션 정보:
Run(id='run_RSj3WuOzMUJwwD9Yjei4VzmK', assistant_id='asst_c98tLYA2AELUV8j6dc694MxL',
 cancelled_at=None, completed_at=1725545099, created_at=1725545071, expires_at=None,
failed_at=None, incomplete_details=None, instructions='당신은 응원에 능숙한 도우미입니다.',
last_error=None, max_completion_tokens=None, max_prompt_tokens=None, metadata={},
model='gpt-4o-mini', object='thread.run', parallel_tool_calls=True, required_action=None,
response_format='auto', started_at=1725545098, status='completed', thread_id='thread_1frG
Jjm1FRukk4Qk99hPGf9L', tool_choice='auto', tools=[FunctionTool(function=FunctionDefinitio
n(name='get_encouragement', description='사용자의 기분에 따라 응원 메시지를 제공합니다.',
parameters={'type': 'object', 'properties': {'mood': {'type': 'string', 'description':
'사용자의 현재 기분, 예: 행복, 슬픔, 스트레스, 피곤함'}, 'name': {'type': 'string',
'description': '응원 메시지를 맞춤 설정하기 위한 사용자의 이름'}}, 'required': ['mood']},
strict=False), type='function')], truncation_strategy=TruncationStrategy(type='auto',
last_messages=None), usage=Usage(completion_tokens=80, prompt_tokens=726, total_tokens=806),
temperature=1.0, top_p=1.0, tool_resources={})
```

```
실행 세션이 완료될 때까지 계속 실행됩니다.
Run(id='run_RSj3WuOzMUJwwD9Yjei4VzmK', assistant_id='asst_c98tLYA2AELUV8j6dc694MxL',
cancelled_at=None, completed_at=1725545099, created_at=1725545071, expires_at=None,
failed_at=None, incomplete_details=None, instructions='당신은 응원에 능숙한 도우미입니다.',
last_error=None, max_completion_tokens=None, max_prompt_tokens=None, metadata={},
model='gpt-4o-mini', object='thread.run', parallel_tool_calls=True, required_action=None,
response_format='auto', started_at=1725545098, status='completed', thread_id='thread_1frG
Jjm1FRukk4Qk99hPGf9L', tool_choice='auto', tools=[FunctionTool(function=FunctionDefinitio
n(name='get_encouragement', description='사용자의 기분에 따라 응원 메시지를 제공합니다.',
parameters={'type': 'object', 'properties': {'mood': {'type': 'string', 'description':
'사용자의 현재 기분, 예: 행복, 슬픔, 스트레스, 피곤함'}, 'name': {'type': 'string',
'description': '응원 메시지를 맞춤 설정하기 위한 사용자의 이름'}}, 'required': ['mood']},
strict=False), type='function')], truncation_strategy=TruncationStrategy(type='auto',
last_messages=None), usage=Usage(completion_tokens=80, prompt_tokens=726, total_tokens=806),
temperature=1.0, top_p=1.0, tool_
resources={})
```

함수 호출을 포함한 실행 세션의 전체 상태 전환 과정은 그림 5.15와 같습니다.

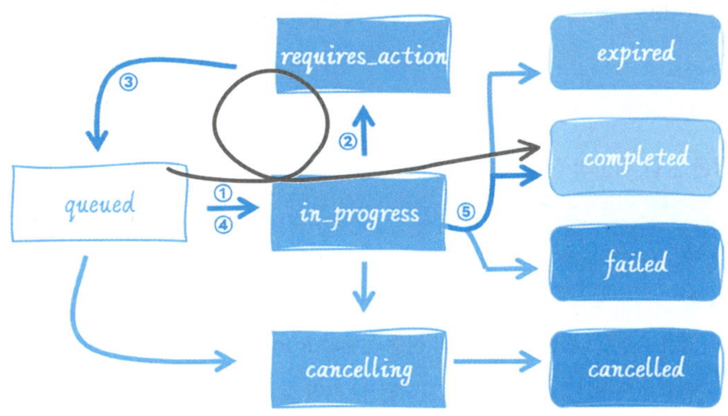

그림 5.15 함수 호출을 포함한 실행 세션의 전체 상태 전환 과정

이제 최종 메시지를 출력해봅시다.

In

```python
# 대화 흐름에서 도우미의 응답 가져오기
messages = client.beta.threads.messages.list(thread_id=thread.id)

# 도우미의 응답 출력
print('최종 메시지 출력:')
for message in messages.data:
```

```
    if message.role == "assistant":
        print(f"최종 반환 정보:\n{message.content}\n")
```

Out

```
최종 메시지 출력:
최종 반환 정보:
[TextContentBlock(text=Text(annotations=[], value='예나 님, 기억하세요. 가장 어두운 구름
뒤에도 항상 햇살이 당신을 기다리고 있어요. 이 힘든 시간도 지나가고, 분명 더 좋은 날이 올 것
입니다. 당신은 소중한 존재입니다!'),
type='text')]
```

예나 응원 메시지를 잘 받았어요. 기분이 훨씬 좋아졌어요. 그런데 전체 과정이 좀 복잡하긴 하네요.

태진 맞아요. 함수 호출을 포함한 실행 세션의 전체 상태는 표 5.6에서 확인할 수 있습니다.

표 5.6 함수 호출을 포함한 실행 세션의 전체 상태

순서	상태	설명
1	대기 중	실행 세션이 생성되면 상태가 대기 중으로 전환됩니다.
2	진행 중	실행 세션은 거의 곧바로 진행 중 상태로 전환됩니다. 이때 도우미는 LLM과 도구를 사용하여 관련 작업을 수행합니다. 실행 세션의 진행 상황은 Run steps를 통해 확인할 수 있습니다.
3	조치 필요	도우미가 도구가 필요하다고 인지하면, LLM이 호출할 함수의 이름과 매개변수를 결정합니다. 그리고 이 시점에 실행 세션은 조치 필요 상태로 전환되며, 반환된 정보를 바탕으로 실행된 함수의 결과를 받을 때까지 대기합니다. 만약 대략 10분 후인 만료 시점까지 결과를 받지 못하면 실행 세션은 만료 상태로 전환됩니다.
4	대기 중	함수 호출 도구에서 반환된 JSON 문자열 기반의 속성 정보를 바탕으로 함수를 호출하고, 그 결과를 `submit_tool_outputs` API를 통해 제출하면 실행 세션이 다시 대기 중 상태로 전환됩니다.
5	진행 중	실행 세션은 다시 진행 중 상태로 전환되며, 이번에는 함수 호출 결과를 기다리지 않고 다음 처리를 계속 진행합니다.
6	완료	실행 세션이 성공적으로 작업을 완료하여, 완료 상태로 전환됩니다. 이제 도우미가 대화 흐름에 추가한 모든 메시지와 실행 세션이 수행한 모든 단계의 내용을 확인할 수 있습니다. 또한 추가 작업이 필요할 경우 다시 사용자 메시지를 대화 흐름에 추가하고 새로운 실행 세션을 생성할 수 있습니다.

태진 자, 그렇다면 이번에 살펴본 실행 세션의 상태 전환 과정은 앞에서 ChatGPT와 나누었던 일반적인 대화 과정과 어떤 차이가 있을까요?

예나 이번에는 ChatGPT가 했던 것처럼 바로 응답을 반환하는 대신 LLM의 함수 호출 기능을 통해 `get_encouragement` 함수를 동적으로 호출했어요. 그런 다음 함수의 출력과 이전 대화 기록을 LLM에 다시 전달해 최종 응답을 얻은 것이 차이점이에요.

5.4 ChatCompletion API를 이용한 도구 호출 구현

지금까지 도우미의 함수 호출에 대해 자세히 알아보았는데, 이번에는 이와 비슷하지만 조금 다른 기능을 하나 더 살펴볼 것입니다. 여기서는 ChatCompletion API의 도구 호출tool call에 초점을 맞춰보겠습니다. 구체적인 흐름은 앞의 예시와 거의 동일합니다.

도우미와 마찬가지로 ChatCompletion API에서도 함수를 정의할 수 있으며, LLM은 호출할 함수의 매개변수를 포함한 JSON 객체를 지능적으로 출력합니다. ChatCompletion API 역시 함수를 직접 호출하는 대신 함수 호출에 필요한 JSON 속성 정보를 생성합니다. 코드에서는 이 JSON 속성 정보를 바탕으로 함수를 호출하여 원하는 결과를 얻을 수 있습니다.

예나 이번에는 꽃의 재고를 자동으로 확인하는 에이전트를 만들어봐요.

태진 좋아요. 이번에는 한 번의 응답에서 여러 번 함수를 호출하는 예시를 만들어보죠. 사실 5.3절에서 설명했던 흐름과 동일합니다. 먼저 꽃의 재고를 확인하는 함수를 정의하고, 이 함수를 LLM과의 대화에서 참조합니다. 프로그램은 사용자의 질문을 LLM에 보내고 사용할 수 있는 함수를 지정합니다. LLM이 함수 호출이 필요하다고 판단하면, 프로그램이 해당 함수를 실행하고 결과를 LLM에 다시 전달해 대화를 이어갑니다.

대화 초기화 및 사용 가능한 함수 정의

먼저 지정된 도시에 따라 꽃의 재고를 조회하는 `get_flower_inventory` 함수를 정의하고 이 함수의 매개변수를 설명하는 도구 목록을 정의합니다. 이 도구 목록은 앞에서 여러 번 다룬 JSON 형식의 속성 정보입니다. 여기서는 하나의 함수만 정의했지만 여러 개의 함수가 필요한 경우 이 함수들을 모두 목록에 추가할 수 있습니다.

In

```
import json

from dotenv import load_dotenv

load_dotenv()

# OpenAI 인스턴스 생성
from openai import OpenAI

client = OpenAI()

# 지정된 도시의 꽃 재고 조회 함수
def get_flower_inventory(city):
    """지정된 도시의 꽃 재고를 조회합니다."""
    if "서울" in city:
        return json.dumps({"city": "서울", "inventory": "장미: 100, 튤립: 150"})
    elif "대전" in city:
        return json.dumps({"city": "대전", "inventory": "백합: 80, 카네이션: 120"})
    elif "광주" in city:
        return json.dumps({"city": "광주", "inventory": "해바라기: 200, 목련: 90"})
    else:
        return json.dumps({"city": city, "inventory": "알 수 없음"})

# 도구 목록 정의 (함수 속성 정보)
tools = [
    {
        "type": "function",
        "function": {
            "name": "get_flower_inventory",
            "description": "지정된 도시의 꽃 재고를 조회합니다.",
            "parameters": {
                "type": "object",
                "properties": {
                    "city": {
```

```
                    "type": "string",
                    "description": "도시, 예: 서울, 대전, 광주"
                }
            },
            "required": ["city"]
        }
    }
  }
]
```

위의 코드에서는 `get_flower_inventory`라는 간단한 함수를 정의했으며 이 함수는 입력받은 도시에 따라 해당 도시의 꽃 재고를 반환합니다. 이 외에도 함수에 대한 속성 정보를 도구 목록으로 정리하여 특정 상황에서 이 함수를 도구로 호출할 수 있도록 정의했습니다.

당연하게도 이 함수의 내부 논리는 예제로서 매우 간단하게 작성된 것이지만, 실제 상황에서는 더 강화된 코드 구현과 함께 데이터베이스 조회를 통해 실제 재고 조회 기능을 구현할 수 있을 것입니다.

첫 번째 LLM 호출: 대화 내용과 도구 정의 전달 후 응답받기

이어서 대화 내용을 `messages` 배열에 넣어 초기화하고, 이 대화 내용과 앞에서 정의한 도구 목록을 대형 모델에 전달하여 초기 응답을 받아보겠습니다.

이 대화 과정에서는 이전과 달리 도우미를 사용하는 대신 직접 LLM을 호출하기 때문에, 도우미나 대화 흐름과 같은 구성 요소를 생성할 필요가 없습니다.

In

```
# 대화 내용 초기화
messages = [{"role": "user", "content": "서울, 대전, 광주의 꽃 재고는 얼마인가요?"}]

print("message:", messages)
```

```python
# 첫 번째 대화 응답
first_response = client.chat.completions.create(
    model="gpt-4o-mini",
    messages=messages,
    tools=tools,
    tool_choice="auto"
)

# 응답 내용 출력
print(first_response)

response_message = first_response.choices[0].message
```

Out

```
message: [{'role': 'user', 'content': '서울, 대전, 광주의 꽃 재고는 얼마인가요?'}]
ChatCompletion(
    id='chatcmpl-A48jb5ax2qH36C3CJ58Z3O6nHjkV0',
    choices=[
        Choice(
            finish_reason='tool_calls',
            index=0,
            logprobs=None,
            message=ChatCompletionMessage(
                content=None,
                refusal=None,
                role='assistant',
                function_call=None,
                tool_calls=[
                    ChatCompletionMessageToolCall(
                        id='call_drLjUQKg0xlbQCJsVGqps0gd',
                        function=Function(
                            arguments='{"city": "서울"}',
                            name='get_flower_inventory'
                        ),
                        type='function'
                    ),
                    ChatCompletionMessageToolCall(
                        id='call_adUjRicvLTHgSFuXbV58f0Y3',
                        function=Function(
                            arguments='{"city": "대전"}',
                            name='get_flower_inventory'
                        ),
```

```
                    type='function'
                ),
                ChatCompletionMessageToolCall(
                    id='call_nYAK6DbzV6KW5RVdtlJHbPlQ',
                    function=Function(
                        arguments='{"city": "광주"}',
                        name='get_flower_inventory'
                    ),
                    type='function'
                )
            ]
        )
    )
],
created=1725550251,
model='gpt-4o-mini-2024-07-18',
object='chat.completion',
service_tier=None,
system_fingerprint='fp_f33667828e',
usage=CompletionUsage(
    completion_tokens=66,
    prompt_tokens=79,
    total_tokens=145
)
)
```

`ChatCompletion` 구조의 주요 매개변수는 다음과 같습니다.

- `id='chatcmpl-A48jb5ax2qH36C3CJ58Z3O6nHjkV0'`: 이번 대화 완성의 ID입니다.
- `choices`: LLM이 생성한 모든 응답을 포함하는 배열입니다. 이번 예시에서는 도구 호출 요청을 받았기 때문에, 생성된 응답의 주요 내용은 텍스트 응답이 아닌 도구 호출 요청입니다. 관련 매개변수는 다음과 같습니다.
    - `finish_reason='tool_calls'`: 대화 종료 이유가 도구 호출이 필요하기 때문이라는 것을 의미합니다.
    - `index=0`: 첫 번째 응답임을 의미합니다.
    - `logprobs=None`: 호출 시 응답에 대한 로그 확률을 요청하지 않아 반환값이 존재하지 않습니다.

- `message`: 메시지에 대한 내용을 담고 있습니다.
    - `content=None`: 이 단계에서의 출력은 도구 호출 요청으로 구체적인 답변이 아닙니다.
    - `role='assistant'`: 이것은 도우미의 행동을 나타내며, 즉 도구 호출 요청을 의미합니다.
- `tool_calls`: 요청된 도구 호출 목록을 나타냅니다.
    - `서울`, `대전`, `광주` 세 도시를 대상으로 `get_flower_inventory` 함수를 각각 호출하기 위한 세 개의 도구 호출 요청이 포함되어 있습니다.
    - 각각의 도구 호출에는 호출 ID, 함수 이름, 함수의 매개변수가 포함되어 있습니다.
- `created=1725550251`: 응답 생성 시간입니다.
- `model='gpt-4o-mini-2024-07-18'`: 응답을 생성한 LLM을 나타냅니다.
- `object='chat.completion'`: 이 객체가 채팅 완성 객체임을 나타냅니다.
- `system_fingerprint='fp_f33667828e'`: 성능을 추적하고 최적화하기 위한 시스템 내부 표식에 해당하는 시스템 지문입니다.
- `usage`: 이번 호출에 대한 세부 사용 정보를 제공합니다.
    - `completion_tokens=66`: 도구 호출 요청을 생성하는 데 사용된 토큰 수입니다.
    - `prompt_tokens=79`: 입력 프롬프트에 사용된 토큰 수입니다.
    - `total_tokens=145`: 전체 사용 토큰 수입니다.

위의 결과에서 알 수 있듯이 LLM은 사용자 요청을 처리하는 과정에서 세 번의 도구 호출이 필요하다는 사실을 인식하고 서울, 대전, 광주의 꽃 재고 정보를 각각 조회하기 위해 세 번의 도구 호출을 생성했습니다. 이때 각각의 도구 호출은 이번 예제처럼 동일한 함수나 도구일 수도 있고, 서로 다른 함수나 도구일 수도 있습니다.

앞서 설명했듯이, 이 출력은 도구 호출에 필요한 매개변수만 반환한 것으로 최종 결과가 아닙니다. LLM은 이 시점에서는 구체적인 응답 내용을 제공하는 대신 도구 호출 요청을 생성해 그 결과가 반환되기를 기다립니다.

`{"city": "서울"}`과 같은 JSON 객체는 앞에서 Assistants API를 통해 함수 호출을 구현할 때 보았던 것과 같습니다. Assistants API와 ChatCompletion API 모두 함수 호출이나 도구 호출을 사

용할 때는 자동으로 'JSON 모드'가 활성화되어 LLM이 출력하는 매개변수와 반환값 모두 유효한 JSON 구조화 객체로 제공됩니다.

NOTE

JSON 모드의 특징과 주의사항은 다음과 같습니다.

- JSON 모드가 활성화되면, LLM은 유효한 JSON 객체로 분석 가능한 문자열만 생성하도록 제한됩니다.
- LLM이 예상 범위 내의 JSON 형식 데이터를 생성하도록 하기 위해, 대화 중 어디서든[6] 명시적으로 LLM에게 JSON 형식의 데이터를 생성하도록 지시할 수 있습니다. 예를 들어 다음 시스템 메시지를 통해 LLM이 JSON 형식 데이터를 생성하도록 유도할 수 있습니다.

```
{
    "role": "system",
    "content": "You are a helpful assistant designed to output JSON."
}
```

- 대화 맥락에서 명시적으로 'JSON'이라는 문자열을 언급하지 않으면, LLM이 끝없이 공백 문자를 생성할 가능성이 있으며, 이는 요청이 토큰 제한에 다다를 때까지 계속될 수 있습니다. 이러한 문제를 방지하기 위해, 대화 맥락에 'JSON'이라는 문자열이 없으면 API가 오류를 반환합니다.
- 생성된 내용이 사용 가능한 토큰 제한인 `max_tokens`에 도달하거나 넘어설 경우, 반환된 JSON 객체가 불완전한 상태일 수 있습니다. 따라서 응답을 처리하기 전에 반드시 `finish_reason` 값을 확인하여 JSON 객체가 완전한 상태인지 확인해야 합니다.
- JSON 모드의 출력은 출력된 JSON 객체의 구조가 유효하고 오류가 없음을 보장하지만, 그 결과가 특정 형식과 일치하는 것을 보장하지는 않습니다.
- LLM이 함수 호출을 수행할 때, JSON 모드는 LLM이 JSON 형식에 맞는 데이터를 출력하도록 강제하는 방식을 통해, 함수 호출에 대한 매개변수와 결과의 유효성과 처리 용이성을 보장합니다. 이는 자동화된 처리뿐만 아니라 LLM의 출력을 다른 시스템과 통합할 때 매우 중요합니다.

모델이 선택한 도구 호출과 새 메시지 작성하기

이제 LLM의 응답에 도구 호출 요청이 포함되어 있는지, 다시 말해 재고를 조회하는 함수 호출이 필요한지의 여부를 확인해야 합니다.

6 옮긴이 일반적으로 시스템 메시지에서 처리합니다.

함수 호출을 구현하려면 `tool_calls` 목록을 순서대로 탐색하면서 각 항목마다 `get_flower_inventory` 함수를 호출해 재고 정보를 얻어야 합니다.

이번 단계에서는 이 함수 호출 요청에 응답한 결과를 담은 세 개의 메시지를 대화에 추가할 것입니다. 각 메시지마다 하나의 함수 호출 결과가 포함되어 있으며, `tool_call_id`를 통해 `tool_calls`의 ID를 참조합니다.

In

```
# 도구 호출이 필요한지 확인
tool_calls = response_message.tool_calls

if tool_calls:
    messages.append(response_message)

# 도구 호출이 필요할 경우, 도구를 호출하고 재고 조회 결과 추가
for tool_call in tool_calls:
    function_name = tool_call.function.name
    function_args = json.loads(tool_call.function.arguments)
    function_response = get_flower_inventory(
        city=function_args.get("city")
    )

    messages.append(
        {
            "tool_call_id": tool_call.id,
            "role": "tool",
            "name": function_name,
            "content": function_response,
        }
    )

# 현재 메시지 목록 출력
print("message:", messages)
```

Out

```
message: [
    {
        'role': 'user',
        'content': '서울, 대전, 광주의 꽃 재고는 얼마인가요?'
    },
    ChatCompletionMessage(
```

```
        content=None,
        refusal=None,
        role='assistant',
        function_call=None,
        tool_calls=[
            ChatCompletionMessageToolCall(
                id='call_drLjUQKg0xlbQCJsVGqps0gd',
                function=Function(
                    arguments='{"city": "서울"}',
                    name='get_flower_inventory'
                ),
                type='function'
            ),
            ChatCompletionMessageToolCall(
                id='call_adUjRicvLTHgSFuXbV58f0Y3',
                function=Function(
                    arguments='{"city": "대전"}',
                    name='get_flower_inventory'
                ),
                type='function'
            ),
            ChatCompletionMessageToolCall(
                id='call_nYAK6DbzV6KW5RVdtlJHbPlQ',
                function=Function(
                    arguments='{"city": "광주"}',
                    name='get_flower_inventory'
                ),
                type='function'
            )
        ]
    ),
    {
        'tool_call_id': 'call_drLjUQKg0xlbQCJsVGqps0gd',
        'role': 'tool',
        'name': 'get_flower_inventory',
        'content': '{"city": "\\uc11c\\uc6b8", "inventory": "\\uc7a5\\ubbf8: 100, \\ud2a4\\
ub9bd: 150"}'
    },
    {
        'tool_call_id': 'call_adUjRicvLTHgSFuXbV58f0Y3',
        'role': 'tool',
        'name': 'get_flower_inventory',
        'content': '{"city": "\\ub300\\uc804", "inventory": "\\ubc31\\ud569: 80, \\uce74\\
ub124\\uc774\\uc158: 120"}'
```

```
    },
    {
        'tool_call_id': 'call_nYAK6DbzV6KW5RVdtlJHbPlQ',
        'role': 'tool',
        'name': 'get_flower_inventory',
        'content': '{"city": "\\uad11\\uc8fc", "inventory": "\\ud574\\ubc14\\ub77c\\uae30:
200, \\ubaa9\\ub828: 90"}'
    }
]
```

위 코드의 실행 흐름은 다음과 같습니다.

1. `tool_calls` 목록에 요소가 있는지 탐색하여 도구 호출이 필요한지 확인합니다.
2. 도구 호출이 필요한 것이 확인되면 도구 호출을 반복 실행하여 서울, 대전, 광주의 꽃 재고 정보를 얻습니다.
   - 도구 호출에서 함수 이름(`function_name`)과 매개변수(`function_args`)를 추출합니다. 여기서 함수는 `get_flower_inventory`입니다.
   - 추출한 매개변수인 도시를 사용해 `get_flower_inventory` 함수를 호출하고 해당 도시의 꽃 재고 정보를 가져옵니다.
3. `get_flower_inventory` 함수를 호출할 때마다 도구 호출 ID, 역할, 함수 이름, 재고 정보를 담은 내용을 포함하는 메시지를 생성하여 메시지 목록인 `messages` 배열에 추가합니다.
4. 갱신된 메시지 목록을 출력합니다. 이 목록에는 사용자의 원래 질문과 각 도시의 꽃 재고 정보가 포함되어 있습니다.

갱신된 메시지 목록에는 표 5.7과 같은 정보가 포함됩니다.

표 5.7 갱신된 메시지 목록 정보

유형	내용	tool_call_id	설명
사용자	서울, 대전, 광주의 꽃 재고는 얼마인가요?	—	원래 질문
도우미	도구 호출 포함	—	`ChatCompletionMessage`
도구[7]	`{"city": "서울", "inventory": "장미: 100, 튤립: 150"}`	`call_drLjUQKg0xlbQCJsVGqps0gd`	`get_flower_inventory` 함수 호출 결과
	`{"city": "대전", "inventory": "백합: 80, 카네이션: 120"}`	`call_adUjRicvLTHgSFuXbV58f0Y3`	`get_flower_inventory` 함수 호출 결과
	`{"city": "광주", "inventory": "해바라기: 200, 목련: 90"}`	`call_nYAK6DbzV6KW5RVdtlJHbPlQ`	`get_flower_inventory` 함수 호출 결과

예나 태진 선배, 그런데 두 가지 질문이 있어요. 먼저 함수의 반환값을 메시지 목록에 추가하는 이유는 무엇인가요? 그리고 도구의 메시지 목록에는 UTF-8 문자 형식으로 변환된 값이 표시되는데, 그 이유가 무엇인가요?

태진 UTF-8 문자 형식의 결과 문자열은 LLM 내부에서 문자 형식 변환이 이루어진 결과일 겁니다. 반환값을 읽을 때 다소 불편함을 느낄 수 있지만 해결 방법은 있습니다. Assistants API로 함수 호출을 구현할 때 마지막 단계에서 어떤 작업을 했는지 떠올려보세요.

예나 (잠시 고민한 후) 아, 알겠어요. 재고 조회 결과가 포함된 이 메시지 목록을 다시 LLM에 전달해서, LLM이 재고 조회 결과를 통합한 후 모두가 이해할 수 있는 최종 답변을 생성하도록 요청하면 되겠네요.

태진 역시 똑똑하네요. 역시 예나 씨예요.

두 번째 LLM 호출: 최종 응답 받기

마지막으로 갱신된 메시지 목록을 다시 LLM에 보내 최종 응답을 받습니다.

7 옮긴이 JSON 형식의 반환값은 UTF-8 문자 형식으로 변환되어 있습니다.

In

```
# 두 번째 요청을 통해 최종 응답 받기
final_response = client.chat.completions.create(
    model="gpt-4o-mini",
    messages=messages
)

print(final_response)
```

Out

```
ChatCompletion(
    id='chatcmpl-A4Aci37TVstBDNwy9RYCGclSCV9yg',
    choices=[
        Choice(
            finish_reason='stop',
            index=0,
            logprobs=None,
            message=ChatCompletionMessage(
                content='각 도시의 꽃 재고는 다음과 같습니다:\n\n- **서울**: \n  - 장미:
100 \n  - 튤립: 150\n\n- **대전**: \n  - 백합: 80 \n  - 카네이션: 120\n\n- **광주**: \n
- 해바라기: 200 \n  - 제라늄: 90',
                refusal=None,
                role='assistant',
                function_call=None,
                tool_calls=None
            )
        )
    ],
    created=1725557512,
    model='gpt-4o-mini-2024-07-18',
    object='chat.completion',
    service_tier=None,
    system_fingerprint='fp_f33667828e',
    usage=CompletionUsage(
        completion_tokens=84,
        prompt_tokens=222,
        total_tokens=306
    )
)
```

ChatCompletion 구조의 주요 매개변수는 다음과 같습니다.

- `id='chatcmpl-A4Aci37TVstBDNwy9RYCGclSCV9yg'`: 이번 대화 완성의 ID입니다.
- `choices`: LLM이 생성한 모든 응답을 포함하는 배열입니다. 이 예시에서는 응답이 하나만 존재하며, 대부분의 경우 하나의 응답을 요청합니다. 관련 매개변수는 다음과 같습니다.
  - `finish_reason='stop'`: LLM이 자연스럽게 응답을 완료했음을 의미합니다.
  - `index=0`: 첫 번째 응답이자 유일한 응답임을 의미합니다.
  - `logprobs=None`: 호출 시 응답에 대한 로그 확률을 요청하지 않아 반환값이 존재하지 않습니다.
- `message`: 메시지에 대한 내용을 담고 있습니다.
  - `content`: LLM이 생성한 실제 텍스트 응답이 포함되어 있습니다. 따라서 우리는 이 값을 읽어서 처리할 수 있습니다.
  - `role='assistant'`: 이것은 도우미의 행동임을 나타내며, 응답을 완료한 것이 도우미임을 의미합니다.
- `tool_calls`: 요청된 도구 호출 목록을 나타냅니다.
  - `서울`, `대전`, `광주` 세 도시를 대상으로 `get_flower_inventory` 함수를 각각 호출하기 위한 세 개의 도구 호출 요청이 포함되어 있습니다.
  - 각각의 도구 호출에는 호출 ID, 함수 이름, 함수의 매개변수가 포함되어 있습니다.
- `created=1725557512`: 응답 생성 시간입니다.
- `model='gpt-4o-mini-2024-07-18'`: 응답을 생성한 LLM을 나타냅니다.
- `object='chat.completion'`: 이 객체가 채팅 완성 객체임을 나타냅니다.
- `system_fingerprint='fp_f33667828e'`: 성능을 추적하고 최적화하기 위한 시스템 내부 식별값에 해당하는 시스템 지문입니다.
- `usage`: 이번 호출에 대한 세부 사용 정보를 제공합니다.
  - `completion_tokens=84`: 도구 호출 요청을 생성하는 데 사용된 토큰 수입니다.
  - `prompt_tokens=222`: 입력 프롬프트에 사용된 토큰 수입니다.
  - `total_tokens=306`: 전체 사용 토큰 수입니다.

이로써 LLM이 도구를 성공적으로 호출하고, 도구에서 반환된 값을 바탕으로 서울, 대전, 광주 세 도시의 꽃 재고 상황에 대한 상세 응답을 생성해주었습니다.

응답의 내용은 다음과 같이 일반 사용자도 쉽게 이해할 수 있는 내용입니다.[8] 마크다운 형식을 지원하는 텍스트 에디터[9]에 `final_response.choices[0].message.content`의 값을 붙여 넣으면 그림 5.16과 같이 서식이 포함된 결과를 확인할 수 있습니다.

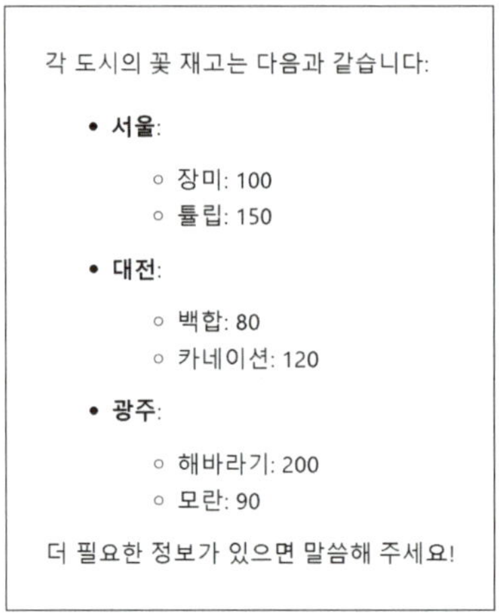

각 도시의 꽃 재고는 다음과 같습니다:

- **서울**:
  - 장미: 100
  - 튤립: 150
- **대전**:
  - 백합: 80
  - 카네이션: 120
- **광주**:
  - 해바라기: 200
  - 모란: 90

더 필요한 정보가 있으면 말씀해 주세요!

그림 5.16 **서식이 포함된 최종 결과**

5.5 요약

이번 장에서는 도우미와 그와 관련된 API들, 함수 호출, 도구 호출과 같은 LLM의 개발 도구를 자세히 살펴보았습니다.

Assistants API의 함수 호출과 ChatCompletion API의 도구 호출 모두 개발자가 직접 함수를 통해 기능을 정의할 수 있도록 해주며, LLM은 이 함수를 호출할 때 필요한 함수 이름과 매개변수를 포함하고 있는 JSON 객체를 출력할 수 있습니다.

도구 호출을 통해 다음과 같은 작업을 할 수 있습니다.

---

8 옮긴이 GPT 모델이 문서의 서식을 표현하기 위한 방법인 마크다운(Markdown) 형식으로 반환됩니다.
9 옮긴이 노션(Notion)이나 깃허브(GitHub)에서도 확인할 수 있습니다.

- 외부 도구를 호출하여 작업을 수행할 수 있는 챗봇 개발
- 자연어 요청을 특정 함수 호출로 변환하여 전자 메일을 전송하거나 날씨 정보를 조회하는 등의 작업 수행
- 자연어 요청을 API 호출이나 데이터베이스 요청으로 변환하여 실시간 데이터에 기반한 동적 응답 제공
- 비정형 텍스트에서 구조화된 데이터를 추출하여 사전 정의된 형식으로 정보 분석

고대 인류나 현대의 인공지능에게 도구의 사용과 선택은 지능의 핵심적인 표현입니다. 에이전트가 함수 호출을 통해 자율적으로 도구를 선택하는 것은 그들이 지능적인 행동을 할 수 있다는 점을 보여줍니다. 저는 앞으로 OpenAI가 다음 두 가지 측면에서 더 발전하기를 기대합니다.

- 에이전트가 도구를 선택하면서 자율적으로 학습하는 기능, 즉 긍정적이거나 부정적인 평가를 제공하면 에이전트가 피드백을 바탕으로 도구 선택 능력을 조정하는 능력이 향상되기를 기대합니다.
- 에이전트가 여러 도구를 병렬로 호출할 수 있는 능력을 강화하여 복잡한 시스템을 다룰 때 좀 더 높은 효율성을 보이기를 기대합니다.

CHAPTER

6 에이전트 3: 추론과 행동의 협업 — LangChain의 ReAct 기반 체계를 이용한 자동 가격 설정 구현

예나와 태진은 작업을 서로 나누어 진행하고 있습니다.

예나는 사용자 인터페이스 조사를 담당했습니다. 그녀는 사용자가 간단한 대화를 통해 원하는 제품을 찾을 수 있도록 돕는 일련의 사용자 인터페이스 프로토타입을 설계했습니다. 또한 인터페이스에 명절 정보, 꽃말 설명, 색채 심리학에 대한 작은 팁과 같은 따뜻한 메시지를 담아, 꽃 구매가 단순한 거래가 아니라 즐거운 경험이 되도록 했습니다.

한편 태진은 에이전트 개발에 집중했습니다. 그는 연구개발팀과 함께 복잡한 알고리즘 모델을 구축했습니다. 이 모델을 통해 인공지능은 사용자의 요청을 이해하고 사용자의 탐색 기록과 구매 이력을 학습하여 추천의 정확도를 점점 더 높일 수 있게 했습니다. 또한 동적인 재고 관리 시스템도 개발했는데, 이 시스템은 인공지능이 시장 수요를 예측하고 재고 수준을 최적화하여 낭비를 줄이고 고객이 꽃을 구매할 수 있도록 보장합니다.

예나 태진 선배, 에이전트가 실시간 날씨와 교통 상황에 따라 제품 가격을 자동으로 조정하여 판매 전략과 재고 관리를 최적화할 수 있는 기능을 추가할 수 있을까요?

예나는 그림 6.1과 같이 태진에게 새로운 요구사항을 제시했습니다.

그림 6.1 예나가 태진에게 새로운 요구를 제시합니다.

태진 물론 가능하죠. 이번에는 LangChain을 통해 그 요구사항을 구현하는 방법을 알려줄게요. 실습에 들어가기 전에 이전에 배웠던 ReAct 기반 체계를 복습해봅시다.

6.1 ReAct 기반 체계 복습

태진 예나 씨, 꽃가게를 운영하다 보면 날씨 변화 때문에 꽃의 가격이 바뀌는 상황을 자주 만나죠. 그렇다면 매일 아침 꽃의 가격을 어떻게 결정할 건가요?

예나 먼저 이 상황을 어떻게 처리할지 생각해요(→ 사고). 그런 다음 검색엔진을 통해 오늘의 꽃 원가를 확인해요(→ 행동). 이 정보를 바탕으로 꽃의 입고 가격을 예측하고, 그 가격의 수준에 따라(→ 관찰) 마진으로 얼마를 추가할지 결정해요(→ 사고). 마지막으로 판매 가격을 정합니다(→ 행동).

예나가 꽃의 가격을 결정하는 과정은 그림 6.2와 같습니다.

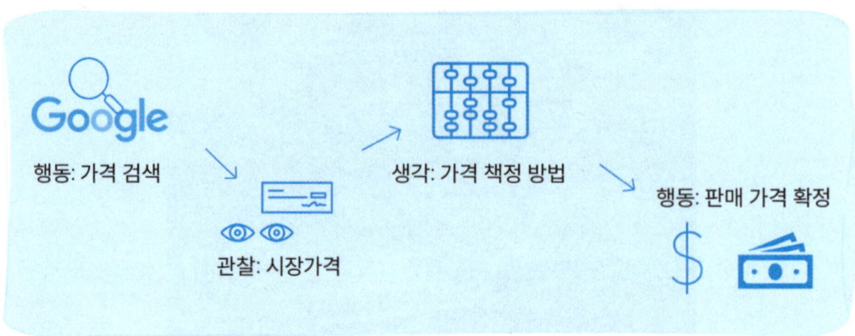

그림 6.2 사람인 예나가 꽃의 가격을 결정하는 과정

이것이 우리가 새로운 과제를 받았을 때 의사 결정을 내리고 다음 행동을 취하는 과정입니다. 이 간단한 예시에서 먼저 사고하거나 관찰한 후 다시 사고하고 마지막으로 행동을 취합니다. 여기서 관찰과 사고 과정을 '추론reasoning'이라고 부르며, 추론은 사람들의 '행동acting'을 이끌어냅니다.

ReAct 기반 체계는 이 추론과 행동 사이의 협력적 상호작용에서 영감을 받았습니다. 우리는 이러한 상호작용 덕분에 새로운 과제를 배우고 의사 결정을 내릴 수 있습니다. LLM 애플리케이션, 특히 에이전트와 관련된 애플리케이션 개발에서 프롬프트 엔지니어링을 통해 이 사고 기반 체계를 LLM에 주입하여, 모델이 순차적으로 **추론 경로를 생성하고 행동을 취하도록** 명확하게 알려줍니다. 이렇게 추론과 행동을 문제 해결 과정에 통합하는 것입니다.

ReAct 기반 체계가 등장하기 전에도 모델의 추론을 안내하는 간단한 기반 체계가 있었습니다. 이러한 기반 체계에는 그림 6.3과 같이 단계별 사고를 강조하는 사고의 연쇄를 비롯해 행동, 모델, 환경 간의 상호작용을 강조하는 SayCan,[1] WebGPT[2] 등이 있습니다.

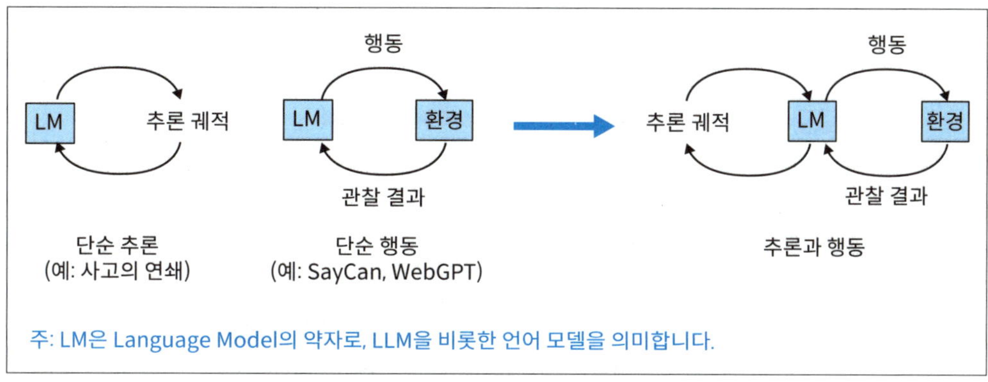

그림 6.3 **단순 추론, 단순 행동 기반 체계에서 ReAct 기반 체계까지**

ReAct 기반 체계는 추론과 행동을 조합하여 LLM이 과제를 해결하는 경로를 생성합니다. 즉, 환경을 관찰하고, 생각하고, 행동하는 관찰-추론-행동 순서로 진행됩니다.

이 과정에서 추론은 현재 환경과 상태를 관찰하고 추론 경로를 생성하는 역할을 합니다. LLM은 이를 통해 작업 계획을 유도하고 추적하며 갱신할 수 있으며, 심지어 예외 상황도 처리할 수 있습니다. 행동은 LLM이 외부의 지식 기반이나 환경과 같은 자원과 상호작용하여 정보를 수집하거나 최종 답변을 제공하는 것과 같은 다음 단계를 실행하도록 유도하는 역할을 합니다. 이 과정에서 정보 검색은 사고의 흐름에서 흔히 발생하는 착각과 오류 전파 문제를 극복하는 데 도움이 되며, 더 설명 가능성이 높은 사실에 기반한 경로를 만듭니다.

따라서 이 모델은 단순히 추론만 하고 환경의 상태를 바꾸는 행동을 하지 않거나, 환경과의 상호작용만 하고 환경 변화에 따라 새로운 사고 흐름을 설정하지 않는 기존 방식에 비해 훨씬 더 효과적입니다.

<ReAct: 언어 모델에서 추론과 행동을 통합하는 방법>[3]이라는 논문에서는 그림 6.4와 같이 서로

---

1 <Do As I Can, Not As I Say: Grounding Language in Robotic Affordances>, M. Ahn, A. Brohan, et al., 2022년 4월 4일, https://arxiv.org/abs/2204.01691

2 <WebGPT: Browser-assisted question-answering with human feedback>, R. Nakano, J. Hilton, et al., 2021년 12월 17일, https://arxiv.org/abs/2112.09332

3 <ReAct: Synergizing Reasoning and Acting in Language Models>, S. Yao, J. Zhao, D. Yu, et al., 2022년 10월 6일, https://arxiv.org/abs/2210.03629

다른 기반 체계를 통해 구체적인 문제를 해결하는 예시를 제시했습니다.

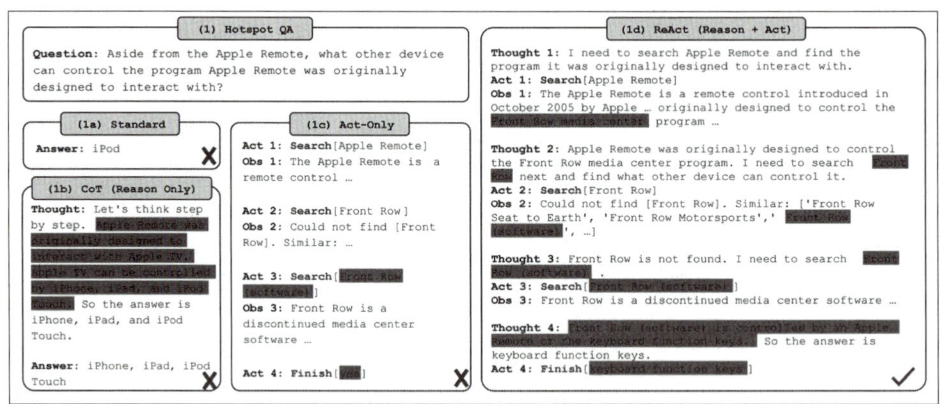

그림 6.4 서로 다른 기반 체계를 통해 문제를 해결하는 예시

그림 6.4에서 제시된 '애플 리모트Apple Remote를 처음 설계할 때 애플 TV 외에 추가로 제어하려 했던 다른 기기는 무엇인가?'라는 문제에 대해 서로 다른 기반 체계가 LLM을 어떻게 문제 해결로 이끄는지에 대한 결과를 표 6.1에서 확인해볼 수 있습니다.

표 6.1 서로 다른 기반 체계가 LLM 문제 해결에 미치는 결과 비교

기반 체계	설명	결과
표준	추론 과정이나 외부 상호작용 없이 단순히 오답인 iPod을 바로 제시	iPod(×)
단순 추론	단계별 추론을 통해 문제를 해결하려고 하지만, 정보 검증을 위한 외부 상호작용이 없음. 그 결과 추론이 잘못되어 오답인 iPhone, iPad, iPod Touch를 제시	iPhone, iPad, iPod Touch(×)
단순 행동	위키피디아wikipedia와 같은 외부 환경과 여러 차례 상호작용하며 정보를 수집하지만, 추론이 부족해 관찰 결과를 통합하지 못하고 검색 중단	검색 중단(×)
ReAct	추론과 행동을 결합하여 애플 리모트 검색 → 프런트로 → 프런트로(소프트웨어)[4] → 정답인 키보드 기능 키를 도출	키보드 기능 키(✓)

이 예시를 통해 ReAct 기반 체계가 추론과 행동을 교차해 각각의 추론 단계를 뒷받침하고 검증하는 방식을 확인할 수 있으며, 결국 정확하고 설명 가능한 결과를 도출한다는 사실을 알 수 있습니다. ReAct 기반 체계는 추론과 행동 과정을 통해 인간의 사고방식과 유사하게 명확하고 추적 가

4 옮긴이 프런트로(Front Row)는 애플의 매킨토시(Macintosh, 현재의 맥)와 애플 TV의 미디어를 통합 관리하기 위해 개발되었던 소프트웨어입니다.

능한 사고 경로를 제공합니다. 또한 ReAct 기반 체계는 외부 환경과의 상호작용을 통해 모델 내부 지식의 한계로 인한 제약을 덜 받습니다.

ReAct 기반 체계는 학술 연구에서만 머무르지 않고 점점 더 많은 기술적 구현과 실제 응용 사례에서 활용되고 있습니다. 예를 들어 LangChain은 ReAct 기반 체계를 통해 에이전트의 지능적 성능을 향상시킵니다. ReAct 기반 체계는 에이전트 설계에서 중요한 발전을 이루었으며, 에이전트의 추론과 의사 결정 능력을 크게 향상시켰습니다. 또한 추론과 행동을 효과적으로 결합하고 인간과의 일치성과 통제성을 유지함으로써 상호작용 의사 결정 작업을 처리하는 강력한 도구로 자리 잡고 있습니다.

6.2 LangChain에서 ReAct 에이전트 구현하기

LangChain에서 에이전트를 사용할 때 다음의 네 가지 요소만 이해하면 됩니다.

- LLM$_{\text{large language model}}$: 논리적 엔진을 제공하며 예측을 생성하고 입력을 처리하는 역할을 합니다.
- 프롬프트$_{\text{prompt}}$: 모델을 안내하며 추론 기반 체계를 형성하는 데 사용됩니다.
- 외부 도구$_{\text{external tools}}$: 데이터 정리 도구, 검색엔진, 애플리케이션 등을 포함합니다.
- 에이전트 실행기$_{\text{agent executor}}$: 적합한 외부 도구를 호출하고 전체 과정을 관리합니다.

에이전트는 먼저 사용자의 입력을 바탕으로 어떤 도구를 호출할지 결정한 다음, 그 도구를 통해 답을 제공합니다. 에이전트는 여러 도구를 동시에 사용할 수 있을 뿐만 아니라, 하나의 도구 출력 데이터를 다른 도구의 입력으로 사용할 수도 있습니다.

위 개념들은 일견 간단해 보이지만 실제로는 많은 고민이 필요합니다.

LLM은 전체 과정 중에 종종 다음 단계의 행동을 스스로 결정해야 합니다. 추가적인 안내가 없다면 LLM이 스스로 판단하여 다음 행동을 결정하지 못할 수 있습니다.

예를 들어 재고를 확인하고 재고가 부족할 경우 적합한 판매자를 검색하여 물품을 구매하는 작업을 생각해봅시다. 이 작업을 완료하려면 여러 단계의 작업을 고려해야 합니다.

- 언제 로컬 데이터베이스에서 검색을 시작할까요? 이는 첫 번째 단계로 상대적으로 간단합니다.
- 어떻게 로컬 데이터베이스 검색이 완료되었는지 확인하고 다음 단계로 넘어갈 수 있을까요?
- 어떤 외부 검색 도구를 호출해야 할까요?
- 외부 검색 도구가 원하는 내용을 반환했는지 어떻게 확인할 수 있을까요?
- 외부 정보의 진위 여부를 어떻게 판단하고 다음 단계를 실행할 수 있을까요?

LangChain의 에이전트는 여러 단계의 복잡한 작업을 수행할 때 어떻게 스스로 계획하고 판단하며 실행할 수 있을까요?

예나 (끼어들면서) 물론 ReAct 기반 체계를 사용하는 거죠!

태진 맞아요. LangChain은 자문자답 검색self-ask with search, 구조화된 대화structured chat, ReAct 기반 체계와 같은 다양한 유형의 에이전트 구현을 포함하고 있습니다. 그리고 그중에서도 가장 대표적인 구현이 바로 ReAct 기반 체계입니다.

LangChain은 ReAct 기반 체계를 완벽하게 패키징하고 구현했기 때문에 LLM에 큰 자율성을 부여할 수 있습니다. LLM은 ReAct 기반 체계의 적용을 통해 자체 지식만으로 대화하는 단순한 챗봇에서 벗어나 도구를 활용하는 지능형 에이전트로 거듭나게 됩니다.

LangChain의 에이전트는 일반적으로 LLM과 프롬프트를 통해 구동됩니다. 프롬프트는 에이전트가 특정한 방식으로 응답하도록 하여 성격을 결정하고, 더 많은 작업 유형에 대한 맥락을 통해 작업의 배경을 제공하며, ReAct 기반 체계와 같이 더 나은 추론 능력을 유도하는 전략을 포함할 수 있습니다.

6.3 LangChain의 도구와 도구 모음

ReAct 기반 체계는 LLM이 추론 경로와 행동을 생성하도록 안내합니다. 에이전트는 이를 통해 동적 추론을 체계적으로 수행하여 작업 계획을 만들고 유지하며 조정할 수 있습니다. 이 외에도 구글 검색, 위키피디아와 같은 외부 환경과 상호작용하여 얻은 추가 정보를 추론에 통합할 수 있습니다. 앞에서 여러 차례 살펴보았던 도구를 호출하고 실행하는 과정이 바로 외부 환경과의 상호작용 과정에 해당합니다. 앞에서 언급한 로컬 지식 기반이나 검색엔진은 LLM이 내부적으로 학습한 지식이 아니며, 그림 6.5에서 볼 수 있듯이 이를 일컬어 '외부 도구'라고 부릅니다.

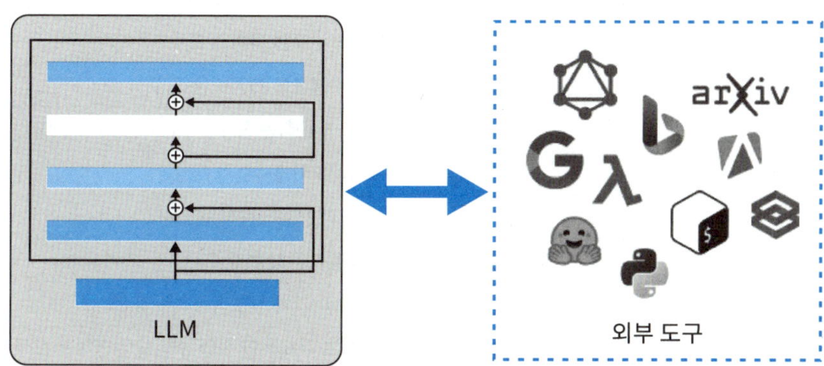

그림 6.5 LLM이 외부 도구를 통해 추가 정보를 얻는 방법

LangChain에는 도구tool와 도구 모음toolkit이라는 두 가지 구성 요소가 있습니다.

도구는 에이전트가 호출할 수 있는 함수입니다. 여기서 고려해야 할 두 가지 중요사항은 에이전트가 올바른 도구를 호출할 수 있도록 해야 하고, 이 도구의 설명에 의미가 있어야 한다는 것입니다. 에이전트가 올바른 도구를 제공받지 못하면 작업을 완료할 수 없으며, 도구의 설명이 올바르지 않으면 에이전트가 도구를 어떻게 사용해야 할지 판단할 수 없습니다. LangChain이 제공하는 여러 가지 도구 외에 사용자가 직접 도구를 정의할 수도 있습니다.

현재 LangChain에서 지원하는 주요 도구와 그에 대한 설명은 표 6.2에서 확인할 수 있습니다.

표 6.2 LangChain이 지원하는 주요 도구와 설명

도구	설명
Apify	웹 스크레이핑 및 자동화 도구
ArXiv API Tool	학술 문헌 접근 도구
AWS Lambda API	클라우드 함수나 서버리스 컴퓨팅을 제공하는 도구
Bing Search	Bing 검색엔진 결과를 제공하는 도구
Brave Search	Brave 검색엔진 결과를 제공하는 도구
ChatGPT Plugins	ChatGPT 기능을 확장하는 플러그인 도구
DataForSEO API Wrapper	다양한 검색엔진에서 검색 결과를 가져오는 도구
DuckDuckGo Search	DuckDuckGo 검색엔진 결과를 제공하는 도구
File System Tools	로컬 파일 시스템과 상호작용하는 도구 모음
Golden Query	지식 그래프 기반 자연어 요청 서비스 도구
Google Places	구글 장소 정보와 요청 결과를 제공하는 도구
Google Search	구글 검색엔진 결과를 제공하는 도구
Google Serper API	웹 검색을 위한 도구(API 키 필수)
Gradio Tools	Gradio 애플리케이션과 상호작용하는 도구
GraphQL tool	GraphQL 요청 결과를 제공하는 도구
huggingface_tools	Hugging Face 라이브러리와 상호작용하는 도구
Human as a tool	인간을 도구로 설정하고 구체적인 작업 수행을 설명하는 도구
IFTTT WebHooks	IFTTT 웹훅과 상호작용하는 도구
Lemon AI NLP Workflow Automation	자연어 처리 작업 흐름 자동화 도구
Metaphor Search	머신러닝 모델을 위한 검색엔진 도구
OpenWeatherMap API	날씨 정보를 제공하는 도구
PubMed Tool	PubMed 의학 문헌 검색 결과를 제공하는 도구
Requests	웹 정보를 가져오는 도구
SceneXplain	이미지 설명 서비스를 제공하는 도구
Search Tools	다양한 검색 도구 모음
SearxNG Search API	SearxNG 검색 API를 제공하는 도구
SerpApi	웹 검색 기능을 제공하는 도구
Shell Tool	머신러닝 모델이 시스템 셸과 상호작용할 수 있게 하는 도구
Twilio	문자 메시지 등의 전송 기능을 제공하는 도구
Wikipedia	위키피디아 검색 결과를 제공하는 도구
Wolfram Alpha	Wolfram Alpha 지식 엔진 기능을 제공하는 도구
YouTubeSearchTool	유튜브 비디오 검색 기능을 제공하는 도구
Zapier Natural Language Actions API	자연어 처리를 위한 API 도구

도구 모음은 특정 목표를 달성하기 위해 관련된 도구의 집합입니다. 각각의 도구 모음은 다시 여러 개의 도구로 구성됩니다. 예를 들어 LangChain의 Office 365 도구 모음은 아웃룩Outlook에 연결하여 전자 메일 목록을 읽거나 전자 메일을 보내는 도구들을 포함하고 있습니다. LangChain에는 이 외에도 다양한 도구 모음이 있습니다.

현재 LangChain에서 지원하는 주요 도구 모음과 그에 대한 설명은 표 6.3에서 확인할 수 있습니다.

표 6.3 LangChain이 지원하는 주요 도구 모음과 설명

도구 모음	설명
Amadeus Toolkit	LangChain을 Amadeus 여행 정보 API와 연결하는 도구 모음
Azure Cognitive Services Toolkit	Azure Cognitive Services API와 상호작용하여 다중 모드 기능을 구현하는 도구 모음
깃허브 Toolkit	LLM 에이전트가 깃허브 저장소와 상호작용하도록 하는 PyGitHub 라이브러리를 사용하는 도구 모음
Gmail Toolkit	Gmail 도구 모음
Jira	Jira 도구 모음
MultiOn Toolkit	LangChain을 브라우저의 MultiOn 클라이언트와 연결하는 도구 모음
Office365 Toolkit	LangChain을 Office 365 전자 메일, 일정과 연결하는 도구 모음
PlayWright Browser Toolkit	브라우저를 통해 웹을 탐색하고 동적으로 렌더링된 웹사이트와 상호작용하는 도구 모음

표 6.2와 표 6.3에 나열된 도구와 도구 모음의 숫자는 점점 더 늘어나게 될 것이며, 이는 LangChain의 기능이 점점 더 강력하게 발전한다는 의미입니다.

다음 코드는 LangChain 에이전트에 도구 모음의 도구를 할당하는 예제의 일부입니다.

In

```
# 필요 모듈 가져오기
from langgraph.prebuilt import create_react_agent
from langchain_google_community import GmailToolkit

# 도구 모음 초기화
toolkit = GmailToolkit()
tools = toolkit.get_tools()

# 에이전트 실행기 생성 후 도구 할당
agent_executor = create_react_agent(llm, tools)
```

도구와 도구 모음의 자세한 사용 방법은 LangChain 공식 문서[5]를 참고하세요. 다음 절에서는 ReAct 에이전트가 검색 도구와 수학 도구를 호출하는 예시를 살펴보겠습니다.

6.4 꽃 가격을 책정하는 ReAct 에이전트

NOTE

원서에서는 원래 `create_react_agent` 메서드를 이용하여 ReAct 에이전트를 사용하는 법을 다루고 있으나, LangChain 버전 0.2.0 이후로 기존의 API 중 많은 부분을 더 이상 지원하지 않거나 지원을 중단할 예정으로 변경됨에 따라 예제 코드와 그에 따른 설명을 가급적 기존의 구조를 유지하면서도 새로운 API를 사용하도록 새로 작성하였습니다. 여러분의 너그러운 양해 부탁드립니다.

이번에는 LangChain을 이용해 ReAct 에이전트를 생성해보겠습니다. 이 에이전트는 장미의 현재 시장가격을 찾아보고 그 가격에 5%의 마진을 더해 새로운 가격을 계산하는 작업을 하게 됩니다.

이번 예제에서는 SerpApi의 API 키를 사용합니다. 따라서 SerpApi의 API 키를 아직 발급하지 않았다면 2.5.2절을 참고하여 SerpApi 웹사이트에 가입해 API 키를 발급받은 다음, `SERPAPI_API_KEY` 환경 변수에 값을 설정합니다.

또한 LLM에 구글 검색 도구도 제공해야 하므로, 다음과 같이 필요한 라이브러리 모듈을 설치합니다.

In

```
pip install langchain
pip install langchain-community
pip install langchain-openai
pip install openai
pip install google-search-results
```

5 옮긴이 https://js.langchain.com/v0.2/docs/integrations/tools/

이어서 OpenAI와 SerpApi 웹사이트에서 제공하는 API 키를 설정합니다.

In

```
# API 키 설정
import os

os.environ["OPENAI_API_KEY"] = 'OpenAI API Key'
os.environ["SERPAPI_API_KEY"] = 'SerpApi API Key'
```

이어서 에이전트를 제어할 LLM의 인스턴스를 생성합니다.

In

```
from langchain_openai import ChatOpenAI
from langchain.prompts import ChatPromptTemplate, MessagesPlaceholder
from langchain.agents import initialize_agent, AgentType
from langchain.tools import Tool
from langchain_community.utilities import SerpAPIWrapper
from langchain_experimental.tools.python.tool import PythonAstREPLTool

# LLM 인스턴스 생성
llm = ChatOpenAI(model="gpt-4", temperature=0)
```

이제 사용할 도구를 정의합니다.

먼저 구글 검색엔진을 호출하는 도구인 Serp API를 다음과 같이 정의합니다.

In

```
# SerpAPI 기반의 구글 검색 도구
search = SerpAPIWrapper()

search_tool = Tool(
    name="search",
    func=search.run,
    description="현재 정보를 검색하는 도구"
)
```

이어서 LLM 기반의 수학 계산 도구도 정의하는데, 이를 위해 파이프 연산자인 '|'를 이용하여 프롬프트와 LLM을 하나로 묶는 도구 체인tool chain을 구성합니다.

```
# LLM 기반 수학 계산 도구
math_prompt = ChatPromptTemplate.from_messages([
    ("system", "Solve the math problem carefully."),
    ("user", "{question}")
])

# 파이프 연산자로 체인 구성
llm_math_chain = math_prompt | llm

math_tool = Tool(
    name="llm-math",
    func=lambda x: llm_math_chain.invoke({"question": x}),
    description="수학 문제를 해결하는 도구"
)
```

마지막으로 파이썬 코드를 실행해주는 도구를 정의합니다.

```
# 파이썬 실행 도구
python_tool = PythonAstREPLTool()
```

이제 정의한 도구들을 하나로 묶어 목록을 생성하여 에이전트가 적재할 수 있도록 합니다.

```
# 도구 목록 생성
tools = [search_tool, math_tool, python_tool]
```

다음 단계는 ReAct 인지 기반 체계를 구현하기 위한 ReAct 프롬프트 템플릿을 정의하는 것입니다.

```
# ReAct 프롬프트 템플릿 정의
react_prompt = ChatPromptTemplate.from_messages([
    ("system",
     "You are a helpful AI agent that follows the ReAct framework.\n\n"
     "You can use the following tools:\n"
     "{tools}\n\n"
     "Use the following format:\n\n"
     "Question: the input question you must answer\n"
```

```
        "Thought: you should always think about what to do\n"
        "Action: the action to take, should be one of [{tool_names}]\n"
        "Action Input: the input to the action\n"
        "Observation: the result of the action\n"
        "... (this Thought/Action/Action Input/Observation can repeat N times)\n"
        "Thought: I now know the final answer\n"
        "Final Answer: the final answer to the original input question\n\n"
        "Begin!\n\n"
    ),
    ("user", "{input}"),
    MessagesPlaceholder(variable_name="agent_scratchpad")
])
```

태진 이 프롬프트 템플릿, 왠지 익숙하죠?

예나 맞아요. 이전에 LangChain Hub에서 해리슨 체이스가 제공하는 ReAct 프롬프트 템플릿을 사용한 적이 있잖아요. 이번 템플릿과 매우 비슷하네요.

태진 그렇습니다. 이렇게 직접 만든 ReAct 프롬프트도 동일한 인지 기반 체계를 바탕으로 하지만, 필요한 내용을 더 추가할 수 있다는 장점이 있죠. 예를 들어 에이전트가 질문에 한국어로 답변하게 요청하거나 최종 답변의 형식이나 길이를 지정할 수 있어요.

ReAct 프롬프트 템플릿의 구성 요소와 설명은 표 6.4와 같습니다.

표 6.4 ReAct 프롬프트 템플릿의 구성 요소와 설명

구성 요소	설명
소개	다음 질문에 대해 최선을 다해 답변하세요. 능력이 부족할 경우, 다음 도구를 사용할 수 있습니다.
도구 목록	`{tools}`
형식 지침	다음 형식을 사용하세요.
질문	당신이 답해야 할 입력 질문
사고	다음에 해야 할 작업을 항상 생각하세요.
행동	취해야 할 행동, `[{tool_names}]` 중 하나여야 함
행동 입력	행동에 필요한 입력

표 6.4 ReAct 프롬프트 템플릿의 구성 요소와 설명(표 계속)

구성 요소	설명
관찰	행동의 결과
반복	(이 사고/행동/행동 입력/관찰은 N번 반복될 수 있음)
최종 사고	이제 최종 답을 알았습니다.
최종 답변	원래 입력 질문에 대한 최종 답변
시작 지시	시작!
실제 사용 예	질문: `{input}\n 사고: {agent_scratchpad}`

이어서 `initialize_agent` 메서드를 사용하여 ReAct 에이전트를 생성합니다. 이때 도구 목록, LLM 인스턴스, 에이전트 형식과 프롬프트를 매개변수로 지정합니다.

In

```
# ReAct 에이전트 생성
agent = initialize_agent(
    tools,
    llm,
    agent=AgentType.ZERO_SHOT_REACT_DESCRIPTION,
    agent_kwargs={"prompt": react_prompt},
    verbose=True
)
```

마지막으로 에이전트에게 질문을 던져 응답을 받습니다.

In

```
# 에이전트 실행
input_question = (
    "현재 시장에서 장미의 일반적인 구매 가격은 얼마인가요?\n"
    "이 가격에 마진을 5%를 추가하려면 어떻게 가격을 책정해야 합니까?"
)

result = agent.invoke(input_question)

# 결과 출력
print(result)
```

에이전트는 우리가 요청한 대로 ReAct 기반 체계를 성공적으로 따랐으며, 그림 6.6에서 에이전트가 출력한 사고와 행동 경로를 확인할 수 있습니다.

```
> Entering new AgentExecutor chain...
먼저 장미의 현재 시장 가격을 알아내야 합니다.
Action: search
Action Input: "current market price of roses"
Observation: ["current price $24.97. $1.67/ea. Valentine's Day Dozen Roses Vase Arrangement, Fresh-Cut Flowers, 15 Stems, Colors Vary. 3122.9 out of 5 S
tars. 312 reviews. Save ...", 'Order wholesale Garden Roses from FiftyFlowers. A wide selection of quality and fresh bulk Garden Roses straight from the
 farm at low prices.', 'Dozen Red Roses. 12 ct. • $1.87 each. $22.39. Buy 2 for $24.99. 1. Add to cart. Frequently bought together. Current price: $22.3
9$2239. Buy 2 for $24.99. Dozen ...', "Member's Mark Farm Fresh Valentine's Day Rose Bouquet, 28 stems, choose color. (68) · current price: $48.67 ; Mem
ber's Mark Forever Pink Valentine's Day Rose Vase ...", 'The average price for a dozen long-stem red roses in the U.S. is $90.50 - a 2% increase from la
st year. The state where a dozen roses cost the most is Hawaii at ...', 'In 2025, the approximate wholesale price range for US roses is between US$ 3.39
 and US$ 6.11 per kilogram or between US$ 1.54 and US$ 2.77 per pound(lb). Are ...', 'All You Need To Know ; 100 Assorted Roses. $120.99 ; 100 Green Ros
es. $146.99 ; 100 Hot Pink Roses. $135.99 ; 100 Ivory Roses. $135.99 ; 100 Orange Roses. $124.99.', 'Dozen Yellow Roses (16 Inches Length) $60.50 Origin
al price was: $60.50. $55.00 Current price is: $55.00. Sale!', 'Find FLORAL Sourced For Good Dozen Roses 40cm at Whole Foods Market. Get nutrition, ingr
edient, allergen, pricing and weekly sale information!', "All Roses ; Ooh La La · 25.98 ; Six Long Stem Roses in Vase · 59.98 ; Heart's Desire · 39.98 ;
 I Like You "A Bot" · 74.98 ; One Dozen Long Stem Roses in Vase · 99.98 ..."]
Thought:장미의 가격은 다양하게 나타나지만, 평균적으로 미국에서 장미 한 다발의 가격이 $90.50라는 정보를 얻었습니다. 이 가격에 5%의 마진을 추가해야 합니다
.
Action: python_repl_ast
Action Input: "90.50 * 1.05"
Observation: 95.025
Thought:장미 한 다발의 가격에 5%의 마진을 추가하면 $95.025가 됩니다. 그러나 일반적으로 소수점 두 자리까지만 표시하므로 $95.03으로 반올림해야 합니다.
Action: python_repl_ast
Action Input: "round(95.025, 2)"
Observation: 95.03
Thought:이제 최종 답변을 알고 있습니다.
Final Answer: 장미 한 다발의 가격에 5%의 마진을 추가하면 $95.03입니다.

> Finished chain.
{'input': '현재 시장에서 장미의 일반적인 구매 가격은 얼마인가요?\n이 가격에 마진을 5%를 추가하려면 어떻게 가격을 책정해야 합니까?', 'output': '장미 한
다발의 가격에 5%의 마진을 추가하면 $95.03입니다.'}
```

그림 6.6 에이전트가 출력한 사고와 행동 경로

예나 너무 좋네요! 그런데 가끔 에이전트가 영어로 답변하는 경우가 있어서 불편할 때가 있어요.

태진 그럼 어떻게 하면 좋을까요? 한번 생각해봐요.

예나 태진 선배, 그냥 프롬프트만 약간 수정하면 되잖아요.

In

```
# 결과를 한국어로 출력하도록 유도하는 프롬프트 템플릿
react_prompt = ChatPromptTemplate.from_messages([
    ("system",
     "최선을 다해 다음 질문에 답해주세요."
     "능력이 부족할 경우, 아래 도구를 사용할 수 있습니다:\n\n"
     "You are a helpful AI agent that follows the ReAct framework.\n\n"
     "You can use the following tools:\n"
     "{tools}\n\n"
     "Use the following format:\n\n"
     "Question: the input question you must answer\n"
     "Thought: you should always think about what to do\n"
     "Action: the action to take, should be one of [{tool_names}]\n"
```

```
        "Action Input: the input to the action\n"
        "Observation: the result of the action\n"
        "... (this Thought/Action/Action Input/Observation can repeat N times)\n"
        "Thought: I now know the final answer\n"
        "Final Answer: the final answer to the original input question\n\n"
        "Begin!\n\n"
    ),
    ("user", "{input}"),
    MessagesPlaceholder(variable_name="agent_scratchpad")
])
```

ReAct 템플릿을 위와 같이 약간 수정했고, 이를 통해 GPT 모델의 비영어권 언어 이해 능력을 확인할 수 있었습니다. 그리고 이렇게 수정해도 가끔 영어로 뽐내고 싶어 할 때가 있기 때문에, 그럴 때는 프롬프트에서 답변을 한국어로 하도록 강조할 수 있습니다.

이 결과를 통해 알 수 있듯이, LangChain 안에서 에이전트는 자동으로 완벽한 사고와 행동의 흐름을 형성했으며, 그에 따라 올바른 답변을 제공했습니다.

표 6.5를 통해 연쇄의 각 단계별 흐름을 다시 한번 확인해보겠습니다.

표 6.5 에이전트의 사고와 행동 연쇄

단계	설명	내용	상세
1	시작	Entering new AgentExecutor chain...	새로운 에이전트 실행 연쇄 시작
2	행동	Action: search	검색 작업 실행 준비
3	행동 입력	Action Input	'장미 시장가격' 검색 명령 입력
4	관찰	Observation	장미 시장가격에 대한 상세 정보 획득
5	사고	Thought	장미 가격에 5% 마진 추가 생각
6	행동	Action: python_repl_ast	파이썬 실행을 사용한 결과 계산 결정
7	행동 입력	Action Input	5% 추가 가격 계산
8	관찰	Observation	계산 결과가 95.025달러임을 관찰
9	사고	Thought	소수점 두 자리로 반올림해야 한다고 생각
10	행동	Action: python_repl_ast	파이썬 실행을 사용한 결과 계산 결정
11	행동 입력	Action Input	소수점 두 자리로 반올림 계산
12	관찰	Observation	계산 결과가 95.03달러임을 관찰
13	사고	Thought	최종 답변을 알고 있다고 생각
14	최종 답변	Final Answer	장미의 5% 추가 가격은 95.03달러
15	종료	Finished chain	에이전트 실행 연쇄 완료

에이전트는 이 연쇄에서 사고, 관찰, 행동을 통해 검색과 계산, 두 가지 작업을 수행하여 주어진 임무를 완료했습니다.

6.5 AgentExecutor의 실행 기제 심층 탐구

에이전트 실행기인 `AgentExecutor`는 에이전트의 실행 환경입니다. LLM을 호출하고 그 결과를 받아 관찰한 후, LLM이 선택한 작업을 실행합니다. 이 외에도 에이전트가 실제로는 존재하지 않는 도구를 선택하거나 선택한 도구에서 오류가 발생하는 경우, 또는 에이전트가 함수 호출 형식으로 해석할 수 없는 형식을 생성하는 경우와 같이 복잡한 상황을 처리하는 역할도 합니다. 마지막으로 에이전트의 의사 결정과 도구 호출 과정의 로그를 기록합니다.

LangChain에서 출력해주는 로그만으로는 `AgentExecutor`의 실행 과정을 명확하게 이해하는 데 부족함이 있습니다. 따라서 이 절에서는 `AgentExecutor`에 중단점breakpoint을 설정해 디버깅하는 방법을 통해 `AgentExecutor`의 실행 기제를 조사하고, 이를 통해 LangChain의 내부를 심층적으로 탐구해보겠습니다.

NOTE

LangChain을 비롯한 AI 기반의 도구는 매우 빠른 속도로 변화하고 있습니다. 따라서 여기서 다루고 있는 코드의 내용이 여러분이 이 책을 보고 있는 시점의 코드와는 다를 수 있습니다. 여러분의 너그러운 양해 부탁드립니다.

AgentExecutor에 중단점 설정하기

이제 LangChain 소스 코드 내부로 들어가 ReAct 에이전트가 어떻게 구성되어 있는지, 또 `AgentExecutor`를 통해 에이전트가 자율적으로 의사 결정을 내리는 구조에 대해 자세히 살펴보겠습니다. 분석 과정 도중에 LangChain 소스 코드를 디버깅하는 과정을 화면으로 보여주기 때문에 LangChain이 ReAct를 구현하는 방식을 이해하는 데 많은 도움이 될 것입니다.

준비되셨나요? 그럼 바로 시작해보겠습니다.

먼저 그림 6.7과 같이 Visual Studio Code의 Python Debugger 설정에서 Debug Just My Code 항목을 비활성화해야 합니다. 이 설정을 통해 디버깅 도구가 LangChain 패키지 내부 코드를 탐색할 수 있게 됩니다.

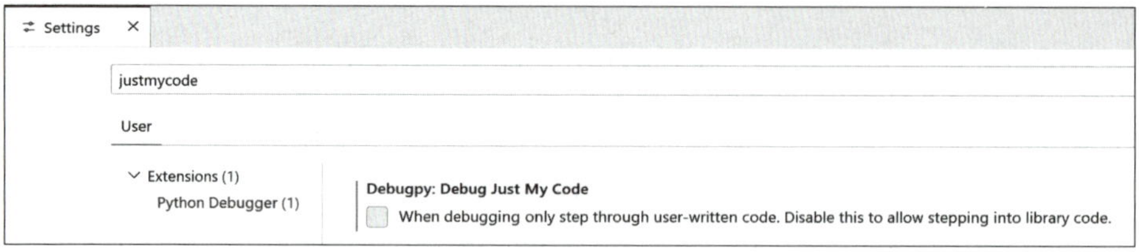

Settings ×

justmycode

User

Extensions (1)
Python Debugger (1)

Debugpy: Debug Just My Code
☐ When debugging only step through user-written code. Disable this to allow stepping into library code.

그림 6.7 **Visual Studio Code의 디버그 도구 설정**

이어서 그림 6.8과 같이 `agent.invoke` 문에 중단점을 설정합니다.

```

# 에이전트 실행
input_question = (
    "현재 시장에서 장미의 일반적인 구매 가격은 얼마인가요?\n"
    "이 가격에 마진을 5%를 추가하려면 어떻게 가격을 책정해야 합니까?"
)

● result = agent.invoke(input_question)

```

그림 6.8 **중단점 설정하기**

F5 키를 눌러 디버깅을 시작하면 에이전트가 실행됩니다. 지금부터 LLM이 ReAct 기반 체계의 지침에 따라 추론하는 과정을 따라가보겠습니다.

`invoke` 메서드가 실행되기 직전에 실행이 중단되며, 이때 그림 6.9에서 보이는 실행 제어 도구 모음을 통해 실행을 제어할 수 있습니다.

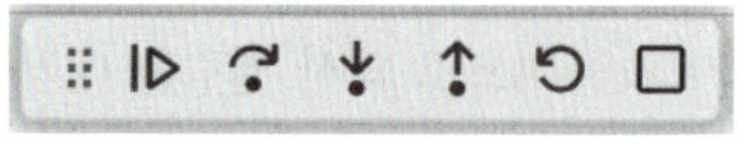

그림 6.9 **실행 제어 도구 모음**

Step Into 아이콘을 누르거나 F11 키를 눌러 함수 내부로 들어가면 LangChain 패키지의 `base.py`

파일의 창이 새로 열리고, 그림 6.10과 같이 `Chain` 클래스의 `invoke` 메서드를 볼 수 있습니다.

```
ch6_react_agent_with_langchain.py U
C: > Program Files > Python313 > Lib > site-packages > langchain > chains > base.py > Chain > invoke
class Chain(RunnableSerializable[Dict[str, Any], Dict[str, Any]], ABC):

    def invoke(
        self, self = AgentExecutor(verbose=True, tags=['zero-shot-react-description'], agent=ZeroShotAgent(llm_c
        input: Dict[str, Any], input = '현재 시장에서 장미의 일반적인 구매 가격은 얼마인가요?\n이 가격에 마진을 5%를 추가하
        config: Optional[RunnableConfig] = None,
        **kwargs: Any, kwargs = {}
    ) -> Dict[str, Any]:
        config = ensure_config(config) config = None
        callbacks = config.get("callbacks")
        tags = config.get("tags")
        metadata = config.get("metadata")
        run_name = config.get("run_name") or self.get_name()
        run_id = config.get("run_id")
        include_run_info = kwargs.get("include_run_info", False)
        return_only_outputs = kwargs.get("return_only_outputs", False)

        inputs = self.prep_inputs(input)
        callback_manager = CallbackManager.configure(
            callbacks,
            self.callbacks,
            self.verbose,
            tags,
            self.tags,
            metadata,
            self.metadata,
        )
        new_arg_supported = inspect.signature(self._call).parameters.get("run_manager")

        run_manager = callback_manager.on_chain_start(
            None,
            inputs,
            run_id,
```

그림 6.10 Chain 클래스의 invoke 메서드

이를 통해 `AgentExecutor`의 정체가 사실 `Chain` 클래스임을 알 수 있습니다. 실제 정의를 확인하고 싶다면 LangChain 패키지의 `agent.py` 파일에서 `AgentExecutor`의 정의를 참조하기 바랍니다.

예나 그렇구나. LangChain을 꽤 오래 사용해왔는데, `Chain`이 도대체 어디에 있을까 항상 궁금했거든요. 알고 보니 `AgentExecutor` 클래스가 `Chain` 클래스를 상속받고 있었네요.

태진 맞아요. `invoke` 메서드를 호출하는 것이 `Chain`을 실행하는 기본적인 방식에 해당하죠.

`callback_manager.on_chain_start` 메서드 실행 후, 터미널에 매우 익숙한 메시지인 `Entering new AgentExecutor chain...`이 출력되면 연쇄가 시작되었음을 의미합니다. 이때 `input` 변수의 내용은 그림 6.11과 같습니다.

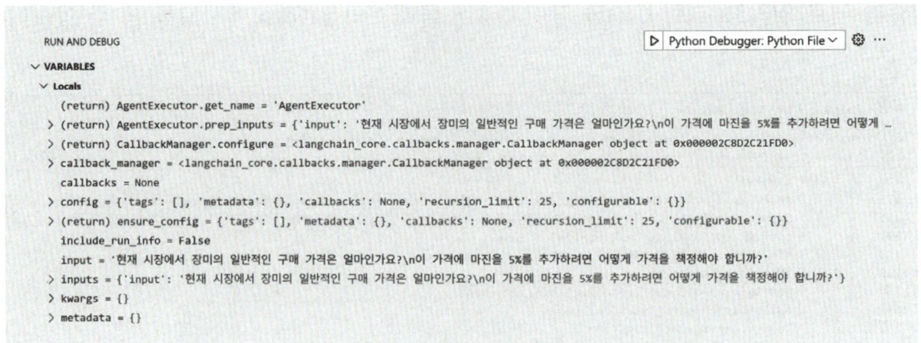

그림 6.11 input 변수에 포함된 사용자 입력 작업 데이터

디버깅을 계속 진행하다 보면 그림 6.12와 같이 `self._call` 메서드가 호출되는 것을 확인할 수 있습니다. 이 메서드에는 에이전트의 주요 코드 논리가 포함되어 있습니다.

```
    run_manager = callback_manager.on_chain_start(
        None,
        inputs,
        run_id, run_id = None
        name=run_name, run_name = 'AgentExecutor'
    )
    try:
        self._validate_inputs(inputs)
        outputs = (
            self._call(inputs, run_manager=run_manager) inputs = {'input':
            if new_arg_supported
            else self._call(inputs)
        )
```

그림 6.12 에이전트의 주요 코드 논리를 포함하고 있는 _call 메서드

NOTE

`_call`의 밑줄 문자는 프로그래밍 스타일 관례로, 이것이 클래스 내부에서 사용하는 메서드이고 사용자가 사용하도록 공개된 인터페이스가 아니라는 것을 의미합니다. 이 메서드는 클래스의 내부 메서드로, 클래스의 인스턴스와 관련이 있으며 인스턴스의 속성에 직접 접근하거나 다른 메서드를 호출할 수 있습니다.

첫 번째 사고: 모델이 검색하기로 결정하다

Step Into 기능을 사용하여 그림 6.13과 같이 `AgentExecutor` 클래스의 `_call` 메서드 내부로 들어갑니다. 여기서 에이전트는 계속해서 계획을 세우고 사고하며 도구를 호출해 문제를 해결하는 과정을 반복합니다.

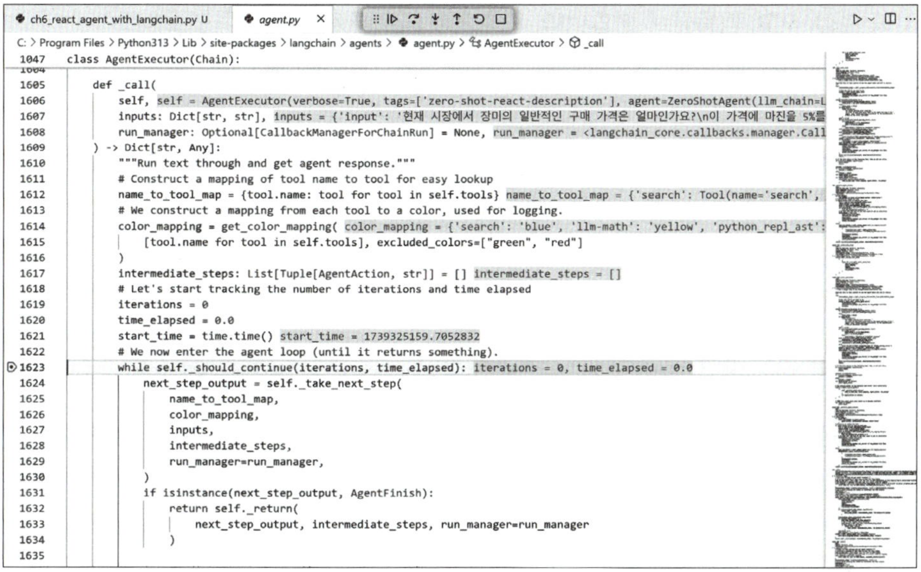

```
ch6_react_agent_with_langchain.py U    agent.py ×
C: > Program Files > Python313 > Lib > site-packages > langchain > agents > agent.py > AgentExecutor > _call
class AgentExecutor(Chain):

    def _call(
        self, self = AgentExecutor(verbose=True, tags=['zero-shot-react-description'], agent=ZeroShotAgent(llm_chain=L
        inputs: Dict[str, str], inputs = {'input': '현재 시장에서 장미의 일반적인 구매 가격은 얼마인가요?\n이 가격에 마진을 5%를
        run_manager: Optional[CallbackManagerForChainRun] = None, run_manager = <langchain_core.callbacks.manager.Call
    ) -> Dict[str, Any]:
        """Run text through and get agent response."""
        # Construct a mapping of tool name to tool for easy lookup
        name_to_tool_map = {tool.name: tool for tool in self.tools} name_to_tool_map = {'search': Tool(name='search',
        # We construct a mapping from each tool to a color, used for logging.
        color_mapping = get_color_mapping( color_mapping = {'search': 'blue', 'llm-math': 'yellow', 'python_repl_ast':
            [tool.name for tool in self.tools], excluded_colors=["green", "red"]
        )
        intermediate_steps: List[Tuple[AgentAction, str]] = [] intermediate_steps = []
        # Let's start tracking the number of iterations and time elapsed
        iterations = 0
        time_elapsed = 0.0
        start_time = time.time() start_time = 1739325159.7052832
        # We now enter the agent loop (until it returns something).
        while self._should_continue(iterations, time_elapsed): iterations = 0, time_elapsed = 0.0
            next_step_output = self._take_next_step(
                name_to_tool_map,
                color_mapping,
                inputs,
                intermediate_steps,
                run_manager=run_manager,
            )
            if isinstance(next_step_output, AgentFinish):
                return self._return(
                    next_step_output, intermediate_steps, run_manager=run_manager
                )
```

그림 6.13 _call 메서드에서 에이전트가 반복적으로 계획, 사고, 도구 호출을 통해 문제를 해결하는 모습

이때 그림 6.14와 같이 `name_to_tool_map` 변수의 내용을 확인해보면 앞에서 정의한 `search`, `llm-math`, `python_repl_ast` 도구가 사상된 것을 확인할 수 있습니다.

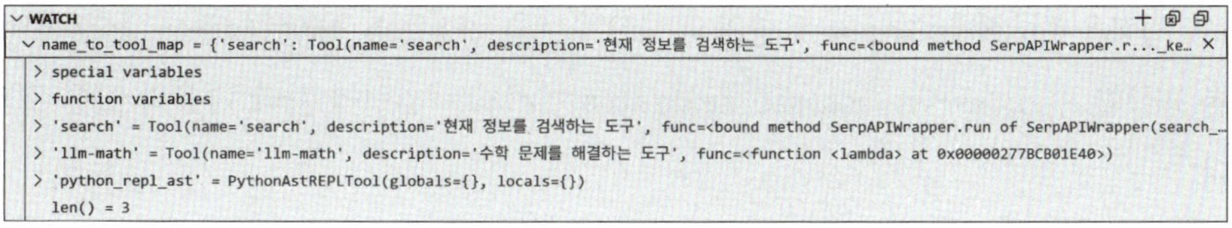

```
WATCH
∨ name_to_tool_map = {'search': Tool(name='search', description='현재 정보를 검색하는 도구', func=<bound method SerpAPIWrapper.r..._ke…
  > special variables
  > function variables
  > 'search' = Tool(name='search', description='현재 정보를 검색하는 도구', func=<bound method SerpAPIWrapper.run of SerpAPIWrapper(search_…
  > 'llm-math' = Tool(name='llm-math', description='수학 문제를 해결하는 도구', func=<function <lambda> at 0x00000277BCB01E40>)
  > 'python_repl_ast' = PythonAstREPLTool(globals={}, locals={})
    len() = 3
```

그림 6.14 name_to_tool_map 변수의 내용

예나 태진 선배, 그럼 에이전트가 LLM을 호출해 사고하고 그 결과를 얻은 후 도구를 호출하는 단계는 어디에서 볼 수 있나요?

태진 `_take_next_step` 메서드에서 `_iter_next_step` 메서드를 호출해 ReAct 논리, 다시 말해 관찰, 사고, 행동을 수행합니다. 계속해서 세부사항을 더 살펴보죠.

이제 그림 6.15와 같이 Step Into 기능을 사용해 `_take_next_step` 메서드 내부로 들어갑니다. 여기서는 먼저 `_consume_next_step` 메서드를 호출해 결과를 받습니다.

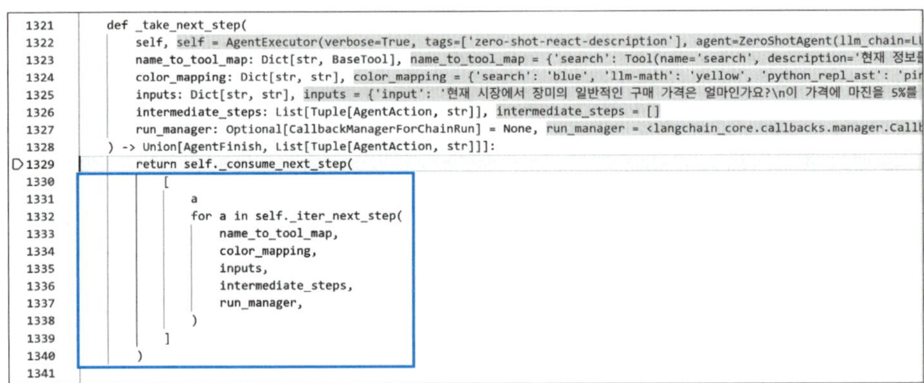

```
def _take_next_step(
    self, self = AgentExecutor(verbose=True, tags=['zero-shot-react-description'], agent=ZeroShotAgent(llm_chain=Ll
    name_to_tool_map: Dict[str, BaseTool], name_to_tool_map = {'search': Tool(name='search', description='현재 정보를
    color_mapping: Dict[str, str], color_mapping = {'search': 'blue', 'llm-math': 'yellow', 'python_repl_ast': 'pi
    inputs: Dict[str, str], inputs = {'input': '현재 시장에서 장미의 일반적인 구매 가격은 얼마인가요?\n이 가격에 마진을 5%를
    intermediate_steps: List[Tuple[AgentAction, str]], intermediate_steps = []
    run_manager: Optional[CallbackManagerForChainRun] = None, run_manager = <langchain_core.callbacks.manager.Callb
) -> Union[AgentFinish, List[Tuple[AgentAction, str]]]:
    return self._consume_next_step(
        [
            a
            for a in self._iter_next_step(
                name_to_tool_map,
                color_mapping,
                inputs,
                intermediate_steps,
                run_manager,
            )
        ]
    )
```

그림 6.15 _consume_next_step은 AgentFinish 또는 AgentAction 인스턴스를 반환합니다.

`_consume_next_step` 메서드가 받아들이는 입력값은 `_iter_next_step`에서 생성된 단계별 출력입니다. 이 입력은 `NextStepOutput` 유형의 목록으로 `AgentFinish`, `AgentAction`, `AgentStep`의 인스턴스를 포함할 수 있습니다. `_consume_next_step` 메서드는 입력에 따라 다음과 같은 결과를 반환합니다.

- 목록의 마지막 요소가 `AgentFinish` 인스턴스이고 이것이 목록의 단일 요소라면 해당 인스턴스를 반환합니다.
- 목록의 마지막 요소가 `AgentFinish` 인스턴스가 아니라면 각각의 `AgentAction`이 가진 `action` 속성과 `observation` 속성을 포함하는 튜플tuple 목록을 반환합니다. 이 메서드는 일련의 행동과 관찰 결과를 처리하며, 이는 에이전트의 상태를 갱신하거나 다음 행동의 결정에 사용할 수 있습니다.

이번에는 Step Into 기능을 사용하여 그림 6.16과 같이 `_iter_next_step` 메서드의 내부로 들어가봅니다. `_iter_next_step` 메서드는 전체 과정의 흐름을 관장하며 계획 실행의 중요한 지점에서 중심적인 역할을 합니다. 이 메서드에서는 현재 상태에 따라 계획, 관찰, 행동과 관련된 메서드와 함수를 호출하여 계획을 계속 진행시킵니다.

```
def _iter_next_step(
    self, self = AgentExecutor(verbose=True, tags=['zero-shot-react-description'], agent=ZeroShotAgent(llm_chain=LL
    name_to_tool_map: Dict[str, BaseTool], name_to_tool_map = {'search': Tool(name='search', description='현재 정보를
    color_mapping: Dict[str, str], color_mapping = {'search': 'blue', 'llm-math': 'yellow', 'python_repl_ast': 'pi
    inputs: Dict[str, str], inputs = {'input': '현재 시장에서 장미의 일반적인 구매 가격은 얼마인가요?\n이 가격에 마진을 5%를
    intermediate_steps: List[Tuple[AgentAction, str]], intermediate_steps = []
    run_manager: Optional[CallbackManagerForChainRun] = None, run_manager = <langchain_core.callbacks.manager.Callb
) -> Iterator[Union[AgentFinish, AgentAction, AgentStep]]:
    """Take a single step in the thought-action-observation loop.

    Override this to take control of how the agent makes and acts on choices.
    """
    try:
        intermediate_steps = self._prepare_intermediate_steps(intermediate_steps)

        # Call the LLM to see what to do.
        output = self._action_agent.plan(
            intermediate_steps,
            callbacks=run_manager.get_child() if run_manager else None,
            **inputs,
        )
    except OutputParserException as e:
        if isinstance(self.handle_parsing_errors, bool):
            raise_error = not self.handle_parsing_errors
        else:
            raise_error = False
        if raise_error:
            raise ValueError(
                "An output parsing error occurred. "
                "In order to pass this error back to the agent and have it try "
                "again, pass `handle_parsing_errors=True` to the AgentExecutor. "
```

그림 6.16 계획, 관찰, 행동과 관련된 메서드와 함수를 호출하는 _iter_next_step 메서드

`_iter_next_step` 메서드는 `AgentExecutor` 실행 과정의 중요한 구성 요소로, 에이전트의 관찰-사고-행동 순환에서 단일 단계를 수행합니다.

이 메서드의 주요 목적은 에이전트가 현재 상태와 입력에 따라 의사 결정을 내리고, 적절한 행동을 실행하도록 제어하는 것입니다. 이 메서드의 주요 논리는 다음과 같습니다.

1. `_prepare_intermediate_steps`를 사용해 중간 단계를 준비합니다.
2. `Agent` 클래스의 `plan` 메서드를 호출해 다음 행동을 계획합니다. 여기에는 콜백과 입력 매개변수가 포함될 수 있습니다.
3. 출력 구문 분석 중 오류가 발생하면 `handle_parsing_errors` 설정에 따라 예외를 발생시키거나 처리합니다.

   예외를 발생시키도록 설정된 경우 `ValueError`가 발생합니다.

- 예외를 처리하게 설정된 경우 오류 유형과 모델 전송 여부 등을 바탕으로 `AgentAction` 인스턴스와 `AgentStep`을 생성합니다.

4. 출력이 `AgentFinish` 인스턴스인 경우 해당 인스턴스를 생성하고 메서드를 종료합니다.
5. 출력이 `AgentAction` 인스턴스이거나 여러 `AgentAction`이 포함된 목록인 경우 이 행동들을 하나씩 생성합니다.
6. 각 행동에 대해 `_perform_agent_action` 메서드를 호출하여 실행하고 결과를 생성합니다.

`_iter_next_step` 메서드는 반복적인 방식으로 각 단계의 결과를 유연하게 처리하며 복잡한 논리를 구축할 수 있는 기초를 제공합니다.

`_iter_next_step` 메서드에서 한 단계 더 심연으로 내려가봅시다. `self.agent.plan` 메서드를 통해 그림 6.17과 같이 연쇄의 첫 번째 단계인 '계획'을 살펴봅니다. 입력된 질문은 `self.runnable.stream` 메서드로 전달되어 LLM을 호출하고 그 반환 결과를 `chunk` 변수로 받아옵니다.

```python

def plan(
    self,
    intermediate_steps: List[Tuple[AgentAction, str]],
    callbacks: Callbacks = None,
    **kwargs: Any,
) -> Union[AgentAction, AgentFinish]:
    """Based on past history and current inputs, decide what to do.

    Args:
        intermediate_steps: Steps the LLM has taken to date,
            along with the observations.
        callbacks: Callbacks to run.
        **kwargs: User inputs.

    Returns:
        Action specifying what tool to use.
    """
    inputs = {**kwargs, **{"intermediate_steps": intermediate_steps}}
    final_output: Any = None
    if self.stream_runnable:
        # Use streaming to make sure that the underlying LLM is invoked in a
        # streaming
        # fashion to make it possible to get access to the individual LLM tokens
        # when using stream_log with the Agent Executor.
        # Because the response from the plan is not a generator, we need to
        # accumulate the output into final output and return that.
        for chunk in self.runnable.stream(inputs, config={"callbacks": callbacks}):
            if final_output is None:
                final_output = chunk
            else:
```

그림 6.17 **plan 메서드 내에서 stream 메서드는 LLM을 호출하여 계획, 즉 사고를 수행합니다.**

`self.runnable.stream` 메서드는 프롬프트 전달, LLM 호출, 스트리밍 방식으로 출력 읽기와 같은 많은 세부사항을 포함하고 있지만, 실제로는 이 세부사항이 ReAct 기반 체계와 직접적인 관련이 없기 때문에, `self.runnable.stream` 메서드를 깊게 살펴보는 대신 LLM을 호출하는 블랙박스로 간주해도 무방합니다.

그렇다면 호출된 LLM은 어떤 결과를 반환할까요? 그 결과는 그림 6.18과 같이 `chunk` 변수의 내용을 통해 살펴볼 수 있습니다.

```
    def plan(
        self,
        intermediate_steps: List[Tuple[AgentAction, str]],
        callbacks: Callbacks = None,
        **kwargs: Any,
    ) -> Union[AgentAction, AgentFinish]:
        """Based on past history and current inputs, decide what to do.

        Args:
            intermediate_steps: Steps the LLM has taken to date,
                along with the observations.
            callbacks: Callbacks to run.
            **kwargs: User inputs.

        Returns:
            Action specifying what tool to use.
        """
        inputs = {**kwargs, **{"intermediate_steps": intermediate_steps}}
        final_output: Any = None
        if self.stream_runnable:
            # Use streaming to make sure that the underlying LLM is invoked in a
            # streaming
            # fashion to make it possible to get access to the individual LLM tokens
            # when using stream_log with the Agent Executor.
            # Because the response from the plan is not a generator, we need to
            # accumulate the output into final output and return that.
            for chunk in self.runnable.stream(inputs, config={"callbacks": callbacks}):
                if final_output is None:
                    final_output = chunk
                else:
                    final_output += chunk
        else:
            final_output = self.runnable.invoke(inputs, config={"callbacks": callbacks})

        return final_output

```

그림 6.18 LLM의 출력 결과는 chunk 변수를 통해 확인할 수 있습니다.

이 시점의 `chunk` 변수는 `AgentAction` 객체의 인스턴스를 담고 있으며, 그 구체적인 내용은 다음과 같습니다.

Out

```
AgentAction(
    tool='Search',
    tool_input='장미 구매 가격',
    log=' 가격을 책정할 때는 시장의 평균 가격을 고려해야 합니다.\nAction: Search\nAction
 Input: "장미 구매 가격"'
)
```

이것은 전형적인 ReAct 스타일의 텍스트로서 함수 호출이나 도구 호출에 대한 정보도 포함되어 있습니다. 각 매개변수에 대한 설명은 다음과 같습니다.

- `tool='Search'`: 에이전트가 검색 도구를 사용해 작업을 수행할 것임을 나타냅니다.

- `tool_input`: 검색 도구에 제공된 요청 내용을 포함합니다. 여기서는 에이전트가 현재 시장에서 장미의 매입 가격을 찾고 있음을 나타냅니다.
- `log`: 에이전트의 작업에 대한 맥락 설명을 포함합니다. 이는 에이전트가 장미의 매입 가격을 찾아 그 가격에 5%를 더해 최종 판매가를 계산하려 한다는 목적을 나타냅니다.
  - `Action: Search`: 에이전트의 현재 작업 유형이 검색임을 나타냅니다.
  - `Action Input`: 구체적인 검색 내용을 나타냅니다.

LLM은 **자체 지식만으로는 문제 해결이 어렵다는 것을 인식했고, 이에 따라 다음 단계로 도구 모음에 있는 검색 도구를 선택했습니다**. 이 시점에서 결과 화면에는 모델의 첫 번째 계획인 '검색 도구 호출'이 출력됩니다.

첫 번째 행동: 도구를 이용해 검색을 실행하다

`AgentExecutor`는 `Action`이 `Search`임을 알게 되었고, 이에 따라 검색 도구가 호출되는 동시에 검색할 구체적인 내용도 제공받습니다. 이로써 첫 번째 계획, 즉 사고 단계가 마무리되었습니다. 이제 그림 6.19와 같이 Step Over 기능을 사용하여 `_iter_next_step`의 도구 호출 부분으로 넘어가봅시다.

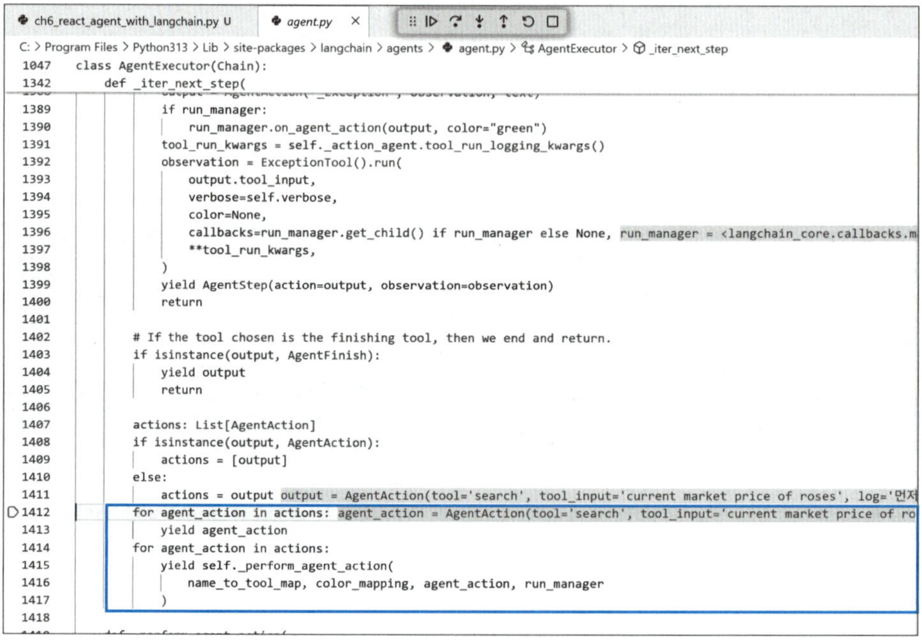

ch6_react_agent_with_langchain.py U | agent.py ×

C: > Program Files > Python313 > Lib > site-packages > langchain > agents > agent.py > AgentExecutor > _iter_next_step

```python
class AgentExecutor(Chain):
    def _iter_next_step(
                if run_manager:
                    run_manager.on_agent_action(output, color="green")
                tool_run_kwargs = self._action_agent.tool_run_logging_kwargs()
                observation = ExceptionTool().run(
                    output.tool_input,
                    verbose=self.verbose,
                    color=None,
                    callbacks=run_manager.get_child() if run_manager else None, run_manager = <langchain_core.callbacks.m
                    **tool_run_kwargs,
                )
                yield AgentStep(action=output, observation=observation)
                return

            # If the tool chosen is the finishing tool, then we end and return.
            if isinstance(output, AgentFinish):
                yield output
                return

            actions: List[AgentAction]
            if isinstance(output, AgentAction):
                actions = [output]
            else:
                actions = output output = AgentAction(tool='search', tool_input='current market price of roses', log='먼저
            for agent_action in actions: agent_action = AgentAction(tool='search', tool_input='current market price of ro
                yield agent_action
            for agent_action in actions:
                yield self._perform_agent_action(
                    name_to_tool_map, color_mapping, agent_action, run_manager
                )
```

그림 6.19 _iter_next_step 메서드의 도구 호출 부분

구체적인 도구 실행 과정은 그림 6.20과 같이 `self._perform_agent_action` 메서드에서 이루어집니다.

```
def _perform_agent_action(
    self,
    name_to_tool_map: Dict[str, BaseTool],
    color_mapping: Dict[str, str],
    agent_action: AgentAction,
    run_manager: Optional[CallbackManagerForChainRun] = None,
) -> AgentStep:
    if run_manager:
        run_manager.on_agent_action(agent_action, color="green")
    # Otherwise we lookup the tool
    if agent_action.tool in name_to_tool_map:
        tool = name_to_tool_map[agent_action.tool]
        return_direct = tool.return_direct
        color = color_mapping[agent_action.tool]
        tool_run_kwargs = self._action_agent.tool_run_logging_kwargs()
        if return_direct:
            tool_run_kwargs["llm_prefix"] = ""
        # We then call the tool on the tool input to get an observation
        observation = tool.run(
            agent_action.tool_input,
            verbose=self.verbose,
            color=color,
            callbacks=run_manager.get_child() if run_manager else None,
            **tool_run_kwargs,
        )
    else:
        tool_run_kwargs = self._action_agent.tool_run_logging_kwargs()
        observation = InvalidTool().run(
            {
                "requested_tool_name": agent_action.tool,
```

그림 6.20 AgentExecutor는 Action을 실행하고 도구를 호출합니다.

`_perform_agent_action`은 `AgentAction`을 실행하는 메서드로서 현재 입력을 처리하기 위해 어떤 도구를 사용할지 결정하고 관찰 결과를 출력으로 생성합니다. 여기서 구체적인 작업은 외부 서비스 호출, 계산 수행, 정보 획득과 같은 작업일 수 있습니다.

이 함수의 주요 부분은 다음과 같습니다.

- 에이전트 작업 관리: `run_manager`가 존재하면 `run_manager.on_agent_action`을 호출하여 현재 작업을 기록하며, 색상은 '녹색'으로 설정됩니다. 이는 로그 기록, 모니터링, 디버깅에 사용됩니다.
- 도구 찾기 및 실행: 다음과 같은 과정을 거쳐 도구를 찾고 실행합니다.
  - 먼저 `agent_action.tool`을 통해 요청한 도구가 `name_to_tool_map` 사상에 포함되어 있는지 확인합니다. `name_to_tool_map`은 에이전트가 호출할 수 있는 모든 도구와 그 인스턴스를 가리킵니다.
  - 요청한 도구가 발견되면 `agent_action.tool_input`에 지정된 입력을 사용하여 도구를 실

행합니다. 이 과정에서 `tool_run_kwargs`에 담겨 있는 로그 기록 설정이나 도구별 설정을 매개변수로 사용할 수 있습니다.

  - `return_direct` 값이 `True`인 경우 추가 처리 없이 직접 도구의 실행 결과를 반환합니다.
  - 도구의 실행이 완료되면 관찰 결과인 `observation`이 생성되며, 이 결과는 후속 결정이나 출력에 사용됩니다.

- 잘못된 도구 처리: 요청한 도구가 사상되어 있지 않을 경우, 에이전트는 `InvalidTool` 도구를 사용하여 이를 처리하고, 오류 메시지를 포함한 관찰 결과를 반환합니다. 이 반환 결과에는 요청한 도구 이름과 사용할 수 있는 도구 목록이 포함됩니다.
- `AgentStep` 반환: 도구의 처리 결과와 상관없이 최종적으로 `AgentStep` 인스턴스가 생성되어 반환됩니다. `AgentStep`은 수행된 작업인 `action`과 관찰된 결과인 `observation`을 포함하며 이를 통해 에이전트에게 완전한 형태의 행동-관찰 순환 단일 실행 결과를 제공합니다.

검색 도구 실행의 세부사항 역시 우리의 관심 영역을 벗어나므로 블랙박스로 남겨두겠습니다.

도구 호출이 완료되면 출력 결과를 얻게 되며 이 시점에서 그림 6.21과 같이 현재 도구 호출에 대한 관찰 결과인 `observation`을 얻게 됩니다.

```
Action: search
Action Input: "current market price of roses"
Observation: ['Order wholesale Roses from FiftyFlowers. A wide selection of quality and fresh bulk Roses straight from the farm
at low prices. Save money on flowers for ...', 'The average price for a dozen long-stem red roses in the U.S. is $90.50 – a 2% i
ncrease from last year. The state where a dozen roses cost the most is Hawaii at ...', "Member's Mark Farm Fresh Valentine's Day
 Rose Bouquet, 28 stems, choose color. (68) · current price: $48.67 ; Member's Mark Forever Pink Valentine's Day Rose Vase ...",
 'In 2025, the approximate wholesale price range for US roses is between US$ 3.39 and US$ 6.11 per kilogram or between US$ 1.54
and US$ 2.77 per pound(lb). Are ...', 'Roses in All Flowers(1000+) ; current price $9.97 · 6903.4 out of 5 Stars. 690 reviews ;
24 · current price $24.97 · 3142.9 out of 5 Stars. 314 reviews ; 24 · current ...', 'GlobalRose specializes in providing All Flo
wers at Wholesale Prices for weddings in a wide array of stem lengths and colors ideal to meet all your needs.', 'Current price:
 $22.39$2239. Dozen Red Roses. 12 ct ... Product information or packaging displayed may not be current or complete. Always refer
 to the physical ...', '88 - 1.65 per stem wholesale. Costs depend on stem lengths and where they were grown. Garden roses are u
sually 3 - 3.5 per stem.', 'Dozen Yellow Roses (16 Inches Length) $60.50 Original price was: $60.50. $55.00 Current price is: $5
5.00. Sale!', '... MARKET STEADY. per bunch CA exlong 15.00-16.50 mostly 16.00 long 12.50 EC long 12.50 NL exlong 16.00-16.50 --
-ROSE, HYBRID TEA: MARKET STEADY. per stem EC ...']
Thought:▯
```

그림 6.21 검색 도구 실행이 완료된 후 반환되는 observation

이 `observation`은 그림 6.22와 같이 다음 LLM 호출 시에 입력으로 사용됩니다.

```
> Entering new AgentExecutor chain...
먼저 장미의 현재 시장 가격을 알아내야 합니다.
Action: search
Action Input: "current market price of roses"
Observation: ['Order wholesale Roses from FiftyFlowers. A wide selection of quality and fresh bulk Roses straight from the farm
at low prices. Save money on flowers for ...', 'The average price for a dozen long-stem red roses in the U.S. is $90.50 - a 2% i
ncrease from last year. The state where a dozen roses cost the most is Hawaii at ...', "Member's Mark Farm Fresh Valentine's Day
 Rose Bouquet, 28 stems, choose color. (68) · current price: $48.67 ; Member's Mark Forever Pink Valentine's Day Rose Vase ...",
 'In 2025, the approximate wholesale price range for US roses is between US$ 3.39 and US$ 6.11 per kilogram or between US$ 1.54
and US$ 2.77 per pound(lb). Are ...', 'Roses in All Flowers(1000+) ; current price $9.97 · 6903.4 out of 5 Stars. 690 reviews ;
24 · current price $24.97 · 3142.9 out of 5 Stars. 314 reviews ; 24 · current ...', 'GlobalRose specializes in providing All Flo
wers at Wholesale Prices for weddings in a wide array of stem lengths and colors ideal to meet all your needs.', 'Current price:
 $22.39$2239. Dozen Red Roses. 12 ct ... Product information or packaging displayed may not be current or complete. Always refer
 to the physical ...', '88 - 1.65 per stem wholesale. Costs depend on stem lengths and where they were grown. Garden roses are u
sually 3 - 3.5 per stem.', 'Dozen Yellow Roses (16 Inches Length) $60.50 Original price was: $60.50. $55.00 Current price is: $5
5.00. Sale!', '... MARKET STEADY. per bunch CA exlong 15.00-16.50 mostly 16.00 long 12.50 EC long 12.50 NL exlong 16.00-16.50 --
-ROSE, HYBRID TEA: MARKET STEADY. per stem EC ...']
```

그림 6.22 observation은 다음 LLM 호출 시에 입력으로 사용됩니다

이 시점에서 중요한 단계는 `_call` 메서드로 돌아가 `next_step_output`의 결과를 기반으로 작업이 완료되었는지 판단하는 것입니다.

`next_step_output`의 값을 확인해보면 그림 6.23과 같이 `AgentFinish`가 아닌 `AgentAction`의 인스턴스이므로 `isinstance` 메서드의 판단 조건은 거짓이 됩니다. 따라서 이 시점에서 작업은 아직 완료되지 않았기 때문에 `AgentExecutor`는 순환을 계속합니다.

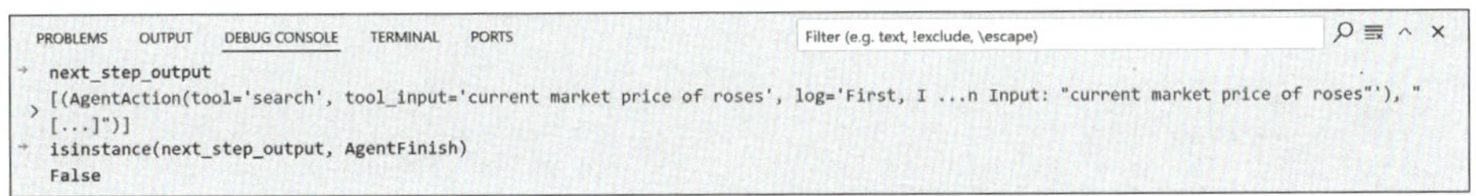

그림 6.23 아직 작업이 완료되지 않은 상태

이 시점의 `AgentAction` 객체가 담고 있는 내용은 다음과 같습니다.

Out

```
0: AgentAction(tool='search', tool_input='current market price of roses', log='First, I
need to find the current market price of roses. Then, I will calculate the price with a 5%
margin added.\nAction: search\nAction Input: "current market price of roses"')
1: '[\'Order wholesale Roses from FiftyFlowers. A wide selection of quality and fresh bulk
Roses straight from the farm at low prices. Save money on flowers for ...\', \'Roses in All
Flowers(1000+) ; current price $9.97 · 6903.4 out of 5 Stars. 690 reviews ; 24 · current
price $24.97 · 3142.9 out of 5 Stars. 314 reviews ; 24 · current ...\', \'The national
average for a dozen roses this Valentine\\\'s Day is $90.50. That\\\'s a 2% increase from
last year, according to FinanceBuzz. "A lot ...\', \'Dozen Red Roses. 12 ct. • $1.87 each.
$22.39. Buy 2 for $24.99. 1. Add to cart. Frequently bought together. Current price:
$22.39$2239. Buy 2 for $24.99. Dozen ...\', \'The average price for a dozen long-stem
red roses in the U.S. is $90.50 - a 2% increase from last year. The state where a dozen
roses cost the most is Hawaii at ...\', "Member\'s Mark Farm Fresh Valentine\'s Day Rose
Bouquet, 28 stems, choose color. (68) · current price: $48.67 ; Member\'s Mark Forever
```

```
Pink Valentine\'s Day Rose Vase ...", \'In 2025, the approximate wholesale price range for US roses is between US$ 3.39 and US$ 6.11 per kilogram or between US$ 1.54 and US$ 2.77 per pound(lb). Are ...\', \'All You Need To Know ; 100 Assorted Roses. $120.99 ; 100 Green Roses. $146.99 ; 100 Hot Pink Roses. $135.99 ; 100 Ivory Roses. $135.99 ; 100 Orange Roses. $124.99.\', \'Dozen Yellow Roses (16 Inches Length) $60.50 Original price was: $60.50. $55.00 Current price is: $55.00. Sale!\', \'88 - 1.65 per stem wholesale. Costs depend on stem lengths and where they were grown. Garden roses are usually 3 - 3.5 per stem.\']'
```

다음 단계에서는 다시 LLM을 호출하여 새로운 사고를 형성하고, 작업이 완료되었는지 또는 도구를 다시 호출해야 하는지[6] 확인해야 합니다.

두 번째 사고: 모델이 계산하기로 결정하다

두 번째 사고가 시작되면서 다시 계획 단계로 들어갑니다.

`AgentExecutor`는 그림 6.24와 같이 `plan` 메서드에서 다시 한번 `self.runnable.stream`을 통해 LLM을 호출합니다. 이때 LLM은 현재 상황을 바탕으로 사고하며 이 과정에서 검색 결과에 대한 관찰이 추가됩니다.

```python

def plan(
    self,
    intermediate_steps: List[Tuple[AgentAction, str]],
    callbacks: Callbacks = None,
    **kwargs: Any,
) -> Union[AgentAction, AgentFinish]:
    """Based on past history and current inputs, decide what to do.

    Args:
        intermediate_steps: Steps the LLM has taken to date,
            along with the observations.
        callbacks: Callbacks to run.
        **kwargs: User inputs.

    Returns:
        Action specifying what tool to use.
    """
    inputs = {**kwargs, **{"intermediate_steps": intermediate_steps}}
    final_output: Any = None
    if self.stream_runnable:
        # Use streaming to make sure that the underlying LLM is invoked in a
        # streaming
        # fashion to make it possible to get access to the individual LLM tokens
        # when using stream_log with the Agent Executor.
        # Because the response from the plan is not a generator, we need to
        # accumulate the output into final output and return that.
        for chunk in self.runnable.stream(inputs, config={"callbacks": callbacks}):
            if final_output is None:
                final_output = chunk
            else:
                final_output += chunk
    else:
        final_output = self.runnable.invoke(inputs, config={"callbacks": callbacks})

    return final_output

```

그림 6.24 이전 검색 결과를 바탕으로 다시 한번 LLM을 호출하여 사고 진행

6 상황에 따라 새로운 도구를 요구할 수도 있고, 추가 정보를 찾기 위해 기존의 도구를 사용할 수도 있습니다.

LLM은 `self.runnable.stream`의 실행이 완료되면 ReAct 프롬프트에 따라 그림 6.25와 같은 결과를 반환합니다.

```
PROBLEMS   OUTPUT   DEBUG CONSOLE   TERMINAL   PORTS        Filter (e.g. text, !exclude, \escape)
next_step_output
[(AgentAction(tool='search', tool_input='current market price of roses', log='First, I ...n Input: "current market price of roses"'), "
[...]")]
next_step_output
[(AgentAction(tool='python_repl_ast', tool_input='90.50 * 1.05', log='The price of rose...n_repl_ast\nAction Input: "90.50 * 1.05"'), 95.02
5)]
```

그림 6.25 **두 번째 사고의 결과**

현재 `AgentAction` 객체의 구체적인 내용은 다음과 같습니다.

Out

```
AgentAction(
    tool='python_repl_ast',
    tool_input='90 * 1.05',
    log='The price of roses seems to vary quite a bit,'
        'but a common price I\'m seeing is around $90 for a dozen roses.'
        'I\'ll use this as the base price to calculate the price with a 5% margin added.\n'
        'Action: python_repl_ast\nAction Input: "90 * 1.05"'
)
```

에이전트는 현재의 상황을 바탕으로 검색 도구에서 얻은 정보가 의미가 있다고 판단하고 나서, 다음 단계의 `AgentAction`에서 파이썬의 코드 실행 기능을 이용하여 계산하기로 결정합니다.

두 번째 행동: 도구를 이용해 계산을 실행하다

`AgentExecutor`는 앞의 사고에 따라 이제 그림 6.26과 같이 파이썬 실행 도구를 호출하기 시작합니다.

```
PROBLEMS   OUTPUT   DEBUG CONSOLE   TERMINAL   PORTS

> Entering new AgentExecutor chain...
First, I need to find the current market price of roses. Then, I will calculate the price with a 5% margin added.
Action: search
Action Input: "current market price of roses"
Observation: ['Order wholesale Roses from FiftyFlowers. A wide selection of quality and fresh bulk Roses straight from the farm
at low prices. Save money on flowers for ...', 'Roses in All Flowers(1000+) ; current price $9.97 · 6903.4 out of 5 Stars. 690 r
eviews ; 24 · current price $24.97 · 3142.9 out of 5 Stars. 314 reviews ; 24 · current ...', 'The national average for a dozen r
oses this Valentine\'s Day is $90.50. That\'s a 2% increase from last year, according to FinanceBuzz. "A lot ...', 'Dozen Red Ro
ses. 12 ct. • $1.87 each. $22.39. Buy 2 for $24.99. 1. Add to cart. Frequently bought together. Current price: $22.39$2239. Buy
2 for $24.99. Dozen ...', 'The average price for a dozen long-stem red roses in the U.S. is $90.50 – a 2% increase from last yea
r. The state where a dozen roses cost the most is Hawaii at ...', "Member's Mark Farm Fresh Valentine's Day Rose Bouquet, 28 ste
ms, choose color. (68) · current price: $48.67 ; Member's Mark Forever Pink Valentine's Day Rose Vase ...", 'In 2025, the approx
imate wholesale price range for US roses is between US$ 3.39 and US$ 6.11 per kilogram or between US$ 1.54 and US$ 2.77 per poun
d(lb). Are ...', 'All You Need To Know ; 100 Assorted Roses. $120.99 ; 100 Green Roses. $146.99 ; 100 Hot Pink Roses. $135.99 ;
100 Ivory Roses. $135.99 ; 100 Orange Roses. $124.99.', 'Dozen Yellow Roses (16 Inches Length) $60.50 Original price was: $60.50
. $55.00 Current price is: $55.00. Sale!', '88 - 1.65 per stem wholesale. Costs depend on stem lengths and where they were grown
. Garden roses are usually 3 - 3.5 per stem.']
Thought:The price of roses seems to vary quite a bit, but a common price I'm seeing is around $90.50 for a dozen roses. I'll use
 this as the base price to calculate the price with a 5% margin added.
Action: python_repl_ast
Action Input: "90.50 * 1.05"
```

그림 6.26 **AgentExecutor가 파이썬 실행 도구를 호출하여 계산을 실행합니다.**

그리고 이때 `agent_action.tool_input`은 그림 6.27과 같이 수학 계산식입니다.

```
PROBLEMS    OUTPUT    DEBUG CONSOLE    TERMINAL    PORTS

→ response
  95.025
```

그림 6.27 agent_action.tool_input은 수학 계산식을 담고 있습니다.

파이썬 실행 도구가 실행되고 나면 그림 6.28과 같은 수치 기반의 결과를 얻을 수 있습니다.

```
PROBLEMS    OUTPUT    DEBUG CONSOLE    TERMINAL    PORTS

Action Input: "current market price of roses"
Observation: ['Order wholesale Roses from FiftyFlowers. A wide selection of quality and fresh bulk Roses straight from the farm
at low prices. Save money on flowers for ...', 'Roses in All Flowers(1000+) ; current price $9.97 · 6903.4 out of 5 Stars. 690 r
eviews ; 24 · current price $24.97 · 3142.9 out of 5 Stars. 314 reviews ; 24 · current ...', 'The national average for a dozen r
oses this Valentine\'s Day is $90.50. That\'s a 2% increase from last year, according to FinanceBuzz. "A lot ...', 'Dozen Red Ro
ses. 12 ct. • $1.87 each. $22.39. Buy 2 for $24.99. 1. Add to cart. Frequently bought together. Current price: $22.39$2239. Buy
2 for $24.99. Dozen ...', 'The average price for a dozen long-stem red roses in the U.S. is $90.50 - a 2% increase from last yea
r. The state where a dozen roses cost the most is Hawaii at ...', "Member's Mark Farm Fresh Valentine's Day Rose Bouquet, 28 ste
ms, choose color. (68) · current price: $48.67 ; Member's Mark Forever Pink Valentine's Day Rose Vase ...", 'In 2025, the approx
imate wholesale price range for US roses is between US$ 3.39 and US$ 6.11 per kilogram or between US$ 1.54 and US$ 2.77 per poun
d(lb). Are ...', 'All You Need To Know ; 100 Assorted Roses. $120.99 ; 100 Green Roses. $146.99 ; 100 Hot Pink Roses. $135.99 ;
100 Ivory Roses. $135.99 ; 100 Orange Roses. $124.99.', 'Dozen Yellow Roses (16 Inches Length) $60.50 Original price was: $60.50
. $55.00 Current price is: $55.00. Sale!', '88 - 1.65 per stem wholesale. Costs depend on stem lengths and where they were grown
. Garden roses are usually 3 - 3.5 per stem.']
Thought:The price of roses seems to vary quite a bit, but a common price I'm seeing is around $90.50 for a dozen roses. I'll use
 this as the base price to calculate the price with a 5% margin added.
Action: python_repl_ast
Action Input: "90.50 * 1.05"
Observation: 95.025
Thought:
```

그림 6.28 계산 결과

그리고 이 시점에 출력된 도구 실행 결과는 그림 6.29와 같습니다.

```
PROBLEMS    OUTPUT    DEBUG CONSOLE    TERMINAL    PORTS

Action Input: "current market price of roses"
Observation: ['Order wholesale Roses from FiftyFlowers. A wide selection of quality and fresh bulk Roses straight from the farm
at low prices. Save money on flowers for ...', 'Roses in All Flowers(1000+) ; current price $9.97 · 6903.4 out of 5 Stars. 690 r
eviews ; 24 · current price $24.97 · 3142.9 out of 5 Stars. 314 reviews ; 24 · current ...', 'The national average for a dozen r
oses this Valentine\'s Day is $90.50. That\'s a 2% increase from last year, according to FinanceBuzz. "A lot ...', 'Dozen Red Ro
ses. 12 ct. • $1.87 each. $22.39. Buy 2 for $24.99. 1. Add to cart. Frequently bought together. Current price: $22.39$2239. Buy
2 for $24.99. Dozen ...', 'The average price for a dozen long-stem red roses in the U.S. is $90.50 - a 2% increase from last yea
r. The state where a dozen roses cost the most is Hawaii at ...', "Member's Mark Farm Fresh Valentine's Day Rose Bouquet, 28 ste
ms, choose color. (68) · current price: $48.67 ; Member's Mark Forever Pink Valentine's Day Rose Vase ...", 'In 2025, the approx
imate wholesale price range for US roses is between US$ 3.39 and US$ 6.11 per kilogram or between US$ 1.54 and US$ 2.77 per poun
d(lb). Are ...', 'All You Need To Know ; 100 Assorted Roses. $120.99 ; 100 Green Roses. $146.99 ; 100 Hot Pink Roses. $135.99 ;
100 Ivory Roses. $135.99 ; 100 Orange Roses. $124.99.', 'Dozen Yellow Roses (16 Inches Length) $60.50 Original price was: $60.50
. $55.00 Current price is: $55.00. Sale!', '88 - 1.65 per stem wholesale. Costs depend on stem lengths and where they were grown
. Garden roses are usually 3 - 3.5 per stem.']
Thought:The price of roses seems to vary quite a bit, but a common price I'm seeing is around $90.50 for a dozen roses. I'll use
 this as the base price to calculate the price with a 5% margin added.
Action: python_repl_ast
Action Input: "90.50 * 1.05"
Observation: 95.025
Thought:
```

그림 6.29 도구 실행 결과

세 번째 사고: 모델이 작업을 완료하다

두 번에 걸친 계산 결과를 얻고 나면 세 번째 사고[7]가 시작되어 마지막 계획 단계를 실행합니다.

계획에 따른 실행이 완료된 시점의 `intermediate_steps` 사전은 다음과 같이 각 단계의 `AgentAction` 객체를 담고 있습니다.

```
[
  (
    AgentAction(
      tool='search',
      tool_input='current market price of roses',
      log='먼저 장미의 현재 시장가격을 알아내야 합니다.\n'
          'Action: search\n'
          'Action Input: "current market price of roses"'
    ),
    messages: [AIMessage(...)]
  ),
  (
    AgentAction(
      tool='python_repl_ast',
      tool_input='90.50 * 1.05',
      log='장미의 가격은 다양하게 나타나지만,'
          '일반적으로 한 다발의 장미 가격이 약 $90.50 정도라는 정보를 얻었습니다.'
          '이제 이 가격에 5%의 마진을 추가해야 합니다.\n'
          'Action: python_repl_ast\n'
          'Action Input: "90.50 * 1.05"'
    ),
    95.025
  ),
  (
    AgentAction(
      tool='python_repl_ast',
      tool_input='round(95.025, 2)',
      log='장미의 가격에 5%의 마진을 추가하면 $95.025가 됩니다.'
          '그러나 일반적으로 가격은 소수점 두 자리까지만 표시하므로,'
          '이를 반올림해야 합니다.\n'
          'Action: python_repl_ast\n'
          'Action Input: "round(95.025, 2)"'
    ),
```

7 실제로는 반올림 계산을 위한 세 번째 사고가 존재하는 경우가 있기 때문에, 이런 경우 네 번째 사고가 될 수 있습니다.

```
    95.03
  )
]
```

이제 이 AgentAction의 사전 인스턴스가 LLM에 전달됩니다. LLM은 이 시점에 작업이 완료되었다고 판단할 만큼 충분한 지능을 가지고 있습니다.

이제 AgentExecutor의 plan 메서드는 AgentFinish 인스턴스를 반환합니다. 이는 에이전트가 내부의 논리적인 사고를 통해 작업이 완료되었다고 판단했기 때문에 ReAct 순환이 종료되어야 한다는 것을 의미합니다. 이제 _iter_next_step 메서드에서 마침내 isinstance(output, AgentFinish) 조건이 참이 됩니다.

이제 그림 6.30과 같이 최종 답변이 출력됩니다.

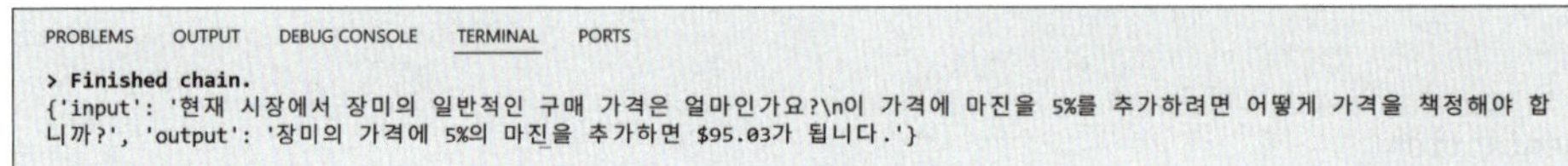

그림 6.30 **최종 답변**

이와 같은 과정을 거치며 ReAct 연쇄가 완료되었고, 더불어 AgentExecutor의 작업도 종료되었습니다.

6.6 요약

이번 장에서는 AgentExecutor의 코드를 심층 탐구하면서, 그 실행 기제를 통해 AgentExecutor가 계획과 도구 호출을 통해 관찰 → 사고 → 행동 단계를 차례로 수행하는 방법을 살펴보았습니다. 이 과정에서 많은 디버깅 화면 갈무리를 보여드렸습니다. 이 디버깅 과정은 LangChain이 ReAct 논리를 어떻게 구현하는지 이해하는 데 매우 중요하기 때문입니다.

ReAct 방식은 추론과 행동을 결합하여 에이전트에게 향상된 협동 효과를 부여합니다. 추론 과정의 각 단계는 상세하게 기록되며 이는 LLM이 문제를 해결하는 데 있어 설명 가능성과 신뢰성을 높여줄 뿐만 아니라 행동 계획을 개발, 추적, 갱신하며 예외를 처리하는 데 도움을 줍니다. 이와 반대로 행동은 LLM이 지식 기반이나 환경과 같은 외부 자원에 연결되어 추가 정보를 얻을 수 있도록 하며, 이를 통해 인간과 유사한 문제 해결 능력을 발휘하도록 도와줍니다.

OpenAI의 Assistants와 비교해보면, ReAct 기반 체계를 담고 있는 LangChain의 에이전트는 좀 더 높은 완성도를 갖춘 통합 시스템으로, LangChain에서 에이전트는 LLM이 의사 결정을 내리고 도구를 호출하여 구체적인 작업을 실행합니다. 에이전트의 성격, 배경, 도구 설명을 설정함으로써 입력된 텍스트를 기반으로 이해하고 추론하여 자동으로 작업을 처리할 수 있으므로, 에이전트의 행동을 사용자에게 맞춰 조정할 수 있습니다. **전체적인 과정은 추론과 행동의 협동으로 이루어지며, AgentExecutor는 이 기제를 실현하는 엔진입니다.** 개발자는 LangChain 에이전트를 사용하여 업무를 강화할 수 있으며, **LangChain의 구현을 참고해 자신만의 에이전트 사고 기반 체계와 AgentExecutor를 맞춤 설정할 수 있습니다.**

에이전트는 앞으로 더 다양하고 복잡한 과제에 대응할 수 있을 것으로 예상됩니다. 특히 인공지능 기술의 발전에 따라 ReAct와 유사한 기반 체계는 에이전트에게 가상 또는 현실 세계에서 더 복잡한 상호작용을 수행할 수 있는 능력을 부여할 것이고, 이를 통해 가상 세계에서의 탐색뿐만 아니라 현실 세계에서 물리적 객체를 조작하는 능력도 갖추게 될 것입니다. 에이전트의 적용 분야는 크게 확장될 것이며, 그에 따라 에이전트는 우리의 일상 업무와 생활에 더욱 효과적으로 통합되고 성과에 기여할 것입니다.

CHAPTER

7 에이전트 4: 계획과 실행의 분리 — LangChain의 계획과 실행 에이전트를 활용한 스마트 스케줄러 작성

창밖에는 초봄의 분주한 거리가 보입니다.

밸런타인데이 전날, 태진과 예나는 '꽃말의 비밀 정원'의 작전 지휘 본부war room에서 극도로 긴장한 채로 기념일 기간 동안의 주문을 검토하고 있었습니다. 시장 수요는 급증했지만 회사는 공급망 지연과 재고 부족이라는 이중적인 도전에 직면해 있었습니다. 회사는 다가오는 판매 성수기를 무사히 넘길 수 있을까요? 험난한 시련이 눈앞에 닥쳐오고 있었습니다.

더군다나 방금 불행한 소식을 접했습니다. 배달원이 배달 플랫폼이 시간 초과 시 부과하는 벌금을 받을까 두려워 너무 서두른 나머지 급하게 운송하다 사고를 냈고, 고급 장미와 엄선된 백합 중 다수가 손상된 것입니다. 이 갑작스러운 사고로 인해 그들의 압박감은 더욱 커졌고, 재고 부족 문제는 한층 더 난항에 빠졌습니다.

태진의 얼굴에 걱정이 짙게 드리웠습니다.

"예나 씨, 이번 사고는 아주 난감하군요. 우리는 원래의 공급망 문제에 대처해야 할 뿐만 아니라, 손실된 재고를 신속하게 보충할 대안도 찾아야 하니 말이에요."

꽃말의 비밀 정원은 밸런타인데이를 첫 번째 고비로 맞이하고 있었습니다.

그림 7.1 꽃말의 비밀 정원이 맞이한 첫 번째 고비 – 밸런타인데이

예나는 주문서를 훑어보며 말했습니다.

"이 꽃들은 원래 밸런타인데이의 맞춤 선물 상자에 사용될 예정이었어요. 이건 시스템을 가동한 이후 첫 번째 큰 판촉 행사인데, 이 위기를 해결할 수 있는 정확한 예측과 최적화된 재고 관리 설루션이 절실해요. 그렇지 않으면 많은 고객을 잃고 신뢰도에 타격을 입게 될 거예요. 하지만 꽃말의 비밀 정원은 아직 인력이 심각하게 부족한 상황이라, 직원들이 재고와 물류 상태를 실시간으로 모니터링하는 것은 불가능해요."

이때 태진의 눈이 번뜩였습니다.

"아직 테스트 중이지만 계획과 실행Plan-and-Execute 에이전트를 사용해봅시다. 이 시스템은 심층적인 시장 분석, 정확한 재고 예측, 맞춤형 운영 전략을 제공해줄 거예요. 이 에이전트를 사용하면 자원을 최대한 효율적으로 활용해 시장의 요구를 충족하고 고객 서비스도 최적화할 수 있을 거고요. 심지어 이 험난한 시기에서 새로운 기회를 찾을 수 있을지도 모릅니다."

7.1 계획과 해결 전략의 제안

LangChain의 계획과 실행 에이전트는 계획과 해결plan-and-solve, PS 인지 기반 체계를 바탕으로 하고 있습니다. 먼저 이 기반 체계의 제안과 LangChain이 이를 채택하게 된 과정을 살펴보겠습니다.

LangChain의 초기 에이전트는 모두 ReAct 기반 체계를 바탕으로 설계되었고, 따라서 이러한 에이전트를 행동 에이전트acting agent라고 부릅니다.

이 에이전트의 알고리즘을 의사코드pseudo code 형태로 표현하면 다음과 같습니다.

In

```
# ReAct 함수 구현
def ReAct(userInput):
    # 사용자 입력에 따라 사용할 도구 결정
    toolToUse = decideToolBasedOnInput(userInput)

    # 도구 필요 시 도구 입력 준비
    if toolToUse is not None:
        toolInput = prepareToolInput(userInput)

        # 도구 호출 및 결과 기록
        toolOutput = callTool(toolToUse, toolInput)

        # 도구, 입력, 출력에 따라 다음 단계 결정
        nextStep = decideNextStep(toolToUse, toolInput, toolOutput)

        # 계속해서 도구를 사용할 필요가 있다면 과정 반복
        while nextStep != "end":
            toolInput = modifyToolInputBasedOnPreviousStep(nextStep, toolInput)
            toolOutput = callTool(toolToUse, toolInput)
            nextStep = decideNextStep(toolToUse, toolInput, toolOutput)

    # 작업 완료 또는 불가능 상황처럼 도구가 필요 없을 시 사용자에게 응답 반환
    return formulateResponse(toolOutput)

# 예시: 사용자 입력에 따라 사용할 도구 결정
def decideToolBasedOnInput(userInput):
    # 결정 논리 예시:
    if "image request" in userInput:
        return "dalle"
    elif "information search" in userInput:
```

```
        return "browser"
    else:
        return None

# 도구 입력 준비
def prepareToolInput(userInput):
    # 사용자 입력과 선택된 도구에 따라 입력 준비
    ...

# 도구 호출
def callTool(toolName, toolInput):
    # 도구 이름에 따라 해당 도구를 호출하고 출력 반환
    ...

# 다음 단계 결정
def decideNextStep(tool, toolInput, toolOutput):
    # 도구의 출력과 입력을 기반으로 다음 단계 결정
    ...

# 이전 단계에 기반하여 도구 입력 수정
def modifyToolInputBasedOnPreviousStep(step, toolInput):
    # 다음 호출을 준비하기 위해 도구 입력 수정
    ...

# 도구 출력을 기반으로 사용자 응답 작성
def formulateResponse(toolOutput):
    # 사용자에게 전달할 최종 응답 작성
    ...
```

에이전트는 사용자의 입력을 받으면 먼저 사용할 도구와 도구에 전달할 내용을 고민한 후, 해당 도구를 호출하고 그 결과를 기록합니다. 그 결과에 따라 에이전트는 다시 도구, 도구 입력, 관찰 기록을 바탕으로 다음에 어떤 단계를 취할지 결정하는 과정을 반복합니다. 에이전트가 작업이 완료되었거나 더 이상 작업을 진행할 수 없어 더 이상 도구를 사용할 필요가 없다고 판단하면 사용자에게 직접 응답을 제공합니다.

이 기반 체계를 바탕으로 설계된 에이전트는 대부분의 경우 원활하게 동작하지만, 사용자의 목표가 복잡해지고 더 많은 개발자와 조직이 에이전트를 실제 환경에 적용하면서 점점 더 복잡한 요청을 처리할 수 있는 에이전트를 필요로 하게 되었고, 그에 부합하는 높은 신뢰성을 요구하게 되었습니다.

에이전트가 최종 목표에 집중하는 동시에 이전 단계도 기억하고 추론할 수 있도록, 점점 더 많은 이전 정보를 포함한 대량의 프롬프트를 추가하게 되었습니다. 그리고 도구 호출 과정에서의 신뢰성을 높이기 위해 프롬프트에 도구 사용법에 대한 지침을 추가하는 일이 점점 더 늘어났습니다. 그러나 LLM은 이러한 요구사항의 증가와 복잡성에 직면하면서 종종 한계에 부딪히게 되었고, 결국 몇 차례의 ReAct 순환을 거치면서 다양한 문제가 발생하기 시작했습니다.

연구자들은 이러한 문제를 해결하기 위해 새로운 에이전트 인지 기반 체계를 탐색하기 시작했습니다.

레이 왕Lei Wang[1]을 비롯한 연구자들은 <계획과 해결 프롬프트: LLM의 제로샷 연쇄 사고 추론 개선>[2]이라는 논문에서 고급 계획과 단기 실행을 분리하는 기반 체계를 제안했습니다. 이 논문은 다단계 추론 작업을 해결하기 위해 에이전트는 취해야 할 단계를 먼저 전부 계획한 후, 계획한 단계를 하나씩 실행해야 한다고 이야기하고 있습니다.

이 논문에서 제로샷 기반 사고의 연쇄Zero-shot-CoT 인지 기반 체계와 계획과 해결 인지 기반 체계를 비교한 결과는 그림 7.2와 같습니다.

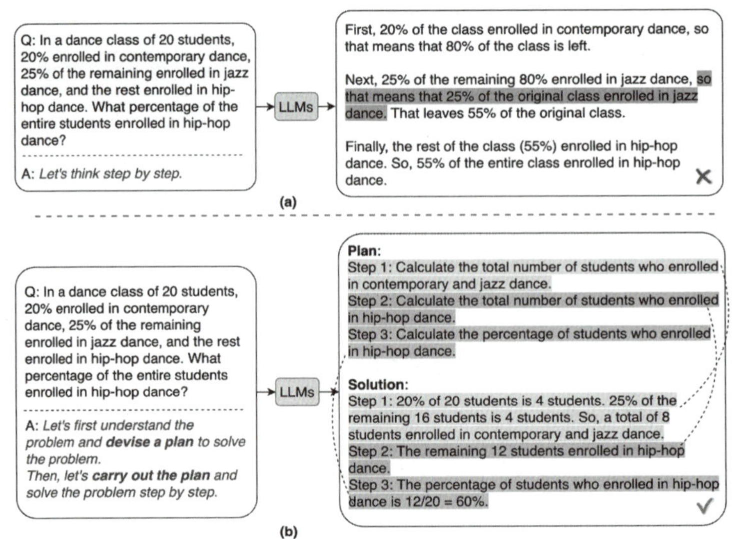

그림 7.2 **제로샷 기반 사고의 연쇄(a)와 계획과 해결(b) 인지 기반 체계 비교**

1 옮긴이 싱가포르의 세일즈포스 인공지능 연구소(Salesforce AI Research, https://www.salesforceairesearch.com/)에서 근무하고 있는 연구 과학자입니다.

2 <Plan-and-Solve Prompting: Improving Zero-Shot Chain-of-Thought Reasoning by Large Language Models>, L. Wang, W. Xu, et al., 2023년 5월 26일, https://arxiv.org/abs/2305.04091

NOTE

제로샷 기반 사고의 연쇄 인지 기반 체계는 목표 문제의 정의를 '단계별로 생각해보자let's think step by step'라는 문구와 연결하여 입력 프롬프트로 사용합니다. 이 방법은 제로샷 학습과 사고의 연쇄 추론을 결합하여 모델이 이전에 접해보지 않은 작업을 처리하는 능력을 향상시키는 데 목적이 있습니다. 다시 말해 직접적인 샘플에 대한 학습 없이 문제를 해결하는 것입니다.

- 제로샷 학습zero-shot training은 머신러닝 모델이 학습 단계에서 접한 적 없는 데이터나 작업을 인식하고 처리할 수 있도록 해주는 방법입니다. 이 방법은 모델의 일반화 능력에 의존하며, 기존 지식과 이해를 바탕으로 새로운 개념이나 작업을 추론하는 능력을 의미합니다.
- 사고의 연쇄chain of thought 추론은 인간의 문제 해결 과정을 모방하는 방법으로 중간 단계와 설명을 생성하여 최종적인 답을 도출합니다. 이 방법은 모델이 복잡한 문제를 해결할 때 추론 과정을 보여줌으로써 문제 해결의 정확성과 설명 가능성을 높이는 데 도움을 줍니다.

제로샷 기반 사고의 연쇄 인지 기반 체계에서는 모델이 새로운 작업에 직면했을 때, 기존의 지식과 논리적 추론 능력을 바탕으로 내부적으로 일련의 사고 단계를 생성하여 문제를 해결할 수 있습니다. 이 기반 체계는 특정 작업에 대한 학습 데이터가 없더라도 모델이 효과적으로 추론하고 문제를 해결할 수 있도록 이끕니다.

그림 7.2에서 다루고 있는 예시에서 문제는 다음과 같습니다. 20명의 학생이 있는 댄스반에서 20%의 학생들은 현대 무용을 선택하고, 나머지 학생들 중 25%가 재즈 댄스를 선택, 남은 학생들은 힙합을 선택했습니다. 그렇다면 이 반에서 힙합을 선택한 학생들의 비율은 전체의 몇 %일까요?

이 문제에 대해 제로샷 기반 사고의 연쇄와 계획과 해결 인지 기반 체계는 서로 다른 추론 과정을 거쳤을 뿐만 아니라 최종 결과 역시 달랐습니다.

제로샷 기반 사고의 연쇄 인지 기반 체계는 LLM이 여러 단계의 추론 과정을 생성하도록 권장합니다. 프롬프트는 일반적으로 '단계별로 생각해보자'라는 문구로 시작하여, LLM이 문제를 단계적으로 해결하도록 이끕니다. 그러나 문제가 복잡해지면 이 방법을 사용하더라도 LLM이 잘못된 추론 단계를 생성할 수 있습니다. 예시에서도 추론이 엉키면서 힙합을 택한 학생들이 55%라는 잘못된 답을 도출했습니다.

계획과 해결 인지 기반 체계는 LLM이 두 개의 단계를 거쳐 문제를 해결하도록 요구합니다. 먼저 문제 해결을 위한 계획을 전부 세우고, 그 계획을 기반으로 단계별 행동 방안을 생성한 다음, 생성된 방안을 실행하여 답을 찾는 방식입니다. 다시 말해 해결 방안의 각 단계를 먼저 전부 계획하고 나서 계획된 단계를 실행하는 방식입니다. 계획과 해결 인지 기반 체계는 문제를 작은 하위 작업으로 나누고 계획에 따라 이를 해결합니다.

계획과 해결 인지 기반 체계가 제시한 구체적인 해결 방안은 다음과 같습니다.

- **계획**: 먼저 현대 무용과 재즈 댄스를 선택한 학생 수를 계산합니다. 이어서 힙합을 선택한 학생 수를 계산하고, 마지막으로 힙합을 선택한 학생의 비율을 계산합니다.
- **해결**: 1단계는 20명의 학생 중 20%를 계산하므로, 4명의 학생이 현대 무용을 선택했다는 것을 알 수 있습니다. 나머지 16명의 학생 중 25%인 4명의 학생이 재즈 댄스를 선택했습니다. 현대 무용과 재즈 댄스를 선택한 학생은 모두 8명이 됩니다. 2단계는 나머지 학생 수를 계산하므로, 12명의 학생이 힙합을 선택했다는 것을 알 수 있습니다. 3단계는 힙합을 선택한 학생 비율을 계산하는 것으로, 12/20 = 60%입니다.

계획과 해결 인지 기반 체계의 의사코드는 다음과 같습니다.

In

```
# 계획과 해결 함수 구현
def PlanAndSolve(userInput):
    # 언어 모델 또는 다른 계획 도구를 사용해 일련의 단계 계획
    steps = planSteps(userInput)

    # 계획된 각 단계를 순차적으로 처리
    for step in steps:
        # 해당 단계의 최적의 도구 또는 행동 방안 결정
        tool, toolInput = determineToolAndInputForStep(step)

        # 특정 도구를 사용해야 하는 경우
        if tool is not None:
            # 도구를 호출하여 실행
            toolOutput = executeTool(tool, toolInput)

            # 도구의 출력에 따라 이후 단계 수정이 필요할 수 있음
            modifyPlanBasedOnToolOutput(toolOutput, steps, step)

        # 외부 도구가 필요 없는 경우
        else:
            # 해당 단계를 직접 실행
            executeStepDirectly(step)
```

```
    # 모든 단계를 완료한 후 최종 결과 반환
    return formulateFinalResponse(steps)

# 계획된 단계를 기반으로 도구와 입력 결정
def determineToolAndInputForStep(step):
    # 각 단계에 필요한 도구와 입력을 결정
    ...

# 도구 실행
def executeTool(tool, toolInput):
    # 선택된 도구를 실행하고 결과를 반환
    ...

# 도구 출력에 기반해 계획 수정
def modifyPlanBasedOnToolOutput(toolOutput, steps, step):
    # 도구의 결과에 따라 이후 계획을 조정
    ...

# 단계를 직접 실행
def executeStepDirectly(step):
    # 도구가 필요 없는 단계를 직접 실행
    ...

# 최종 응답 작성
def formulateFinalResponse(steps):
    # 모든 단계를 기반으로 최종 응답 작성
    pass
```

예나 알겠어요. 계획과 해결 인지 기반 체계의 핵심은 복잡한 작업 해결 과정을 두 단계로 나누는 것이군요. 계획 단계에서는 문제를 이해하고 작업 구조를 분석해 세부적인 해결책을 마련합니다. 실행 단계에서는 그 계획에 따라 문제를 해결합니다. 사실 굉장히 단순한 개념이네요. 한 문장으로 요약하면 계획과 실행의 분리라고 할 수 있겠네요.

태진 진리는 단순한 법이지요. 그 말이 맞아요.

7.2 LangChain의 계획과 실행 에이전트

LangChain의 계획과 실행 에이전트는 계획과 해결에 관한 논문에서 영감을 받았습니다. LangChain팀은 계획과 실행 에이전트가 복잡한 장기 계획에 매우 적합하며, 복잡한 작업을 여러 개의 하위 작업으로 나누어 하나씩 해결해나가는 방식이라고 판단했습니다. 비록 이 방식은 LLM의 호출이 더 빈번해지는 경향이 있지만, ReAct 에이전트가 사고와 행동을 반복하는 과정에서 프롬프트가 지나치게 길어지는 문제를 피할 수 있다는 장점이 있습니다.

계획과 해결은 그 이론과 구현이 여전히 빠른 속도로 변화하고 발전하고 있기 때문에, LangChain에서는 이 에이전트의 초기 버전을 그림 7.3에서 볼 수 있는 실험 모듈인 `langchain-experimental`에 포함시켰습니다.

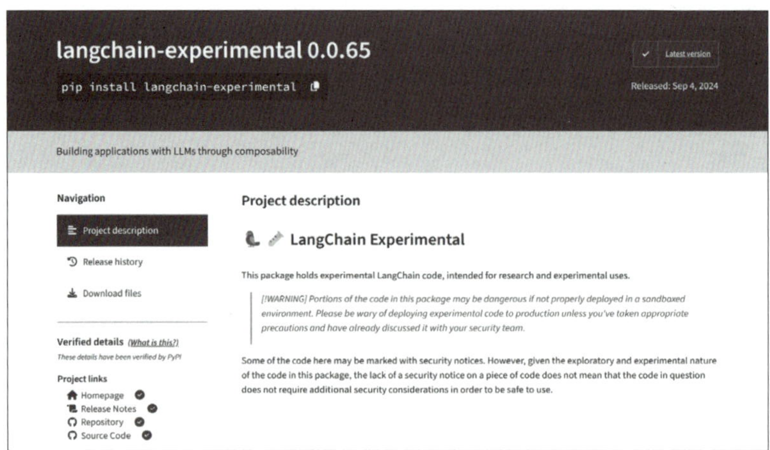

그림 7.3 langchain-experimental 모듈

`langchain-experimental` 패키지를 설치하면, 다음 코드를 통해 계획과 실행 에이전트를 적재할 수 있습니다.

In

```
# 관련 모듈 가져오기
from langchain_experimental.plan_and_execute import (
    PlanAndExecute,
    load_agent_executor,
    load_chat_planner
)
```

LangChain의 계획과 실행 에이전트 기반 체계는 계획자planner와 실행자executor로 구성됩니다.

계획자는 LLM이며, LLM의 추론 능력을 활용해야 할 일과 자주 발생하지는 않지만 작업 완료에 영향을 미칠 수 있는 예외 상황을 계획합니다. LLM이 전체 계획을 생성하면 이 계획은 출력 분석기output parser를 통해 처리됩니다. 출력 분석기의 역할은 LLM의 원시 출력source output을 명확한 단계 목록으로 변환하는 것으로, 각 문자열은 계획의 단계를 나타냅니다.

계획의 각 단계에 대해 실행 방법을 결정하는 것이 매우 중요하며, 이러한 실행 방법의 결정에는 해당 단계를 완료하는 데 적합한 도구나 방법을 선택하는 것이 포함됩니다. 실행자는 다양한 가용 자원과 도구를 깊이 이해하여 가장 적절한 실행 경로를 선택해야 합니다. 따라서 실행자 역시 LLM입니다. 그리고 LangChain 구현에서 실행자는 바로 ReAct 에이전트입니다. 이를 통해 실행자가 하나의 단일 단계인 고급 목표를 받아, 해당 목표를 달성하기 위해 단일 또는 여러 단계에 걸쳐 도구를 사용하는 방식을 구현했습니다.

이 방식의 장점은 계획과 실행을 분리한다는 점입니다. 이를 통해 하나의 LLM은 계획에만 집중하고 또 다른 LLM은 실행에만 집중할 수 있습니다. 계획 단계에서는 모델이 문제의 본질을 이해하고 전체 작업을 더 쉽게 관리할 수 있는 하위 작업으로 나누어 명확한 해결책을 수립합니다. 실행 단계에서는 앞서 마련된 해결책에 따라 각 하위 작업을 단계별로 해결하여 최종 목표를 달성합니다. 이런 단계적 접근 방식은 문제 해결 과정을 더욱 명확하게 만들고 해결책의 질과 효율성을 높이는 데 기여합니다.

7.3 계획과 실행 에이전트를 이용한 물류 관리 구현

이제 계획과 실행 에이전트를 사용하여 재고 상태에 따라 꽃을 지능적으로 배분하는 방법을 살펴보겠습니다.

자동 재고 배분을 위한 도구를 에이전트에 정의하기

먼저 에이전트에 자동 재고 배분을 위한 일련의 도구들을 정의하겠습니다.

In

```python
# API 키 설정
from dotenv import load_dotenv

load_dotenv()

# LangChain 도구 가져오기
from langchain.tools import tool

# 재고 조회 함수
@tool
def check_inventory(flower_type: str) -> int:
    """
    특정 종류 꽃의 재고 수량을 조회합니다.

    매개변수:
    - flower_type: 꽃의 종류

    반환값:
    - 재고 수량(현재는 고정된 숫자를 반환)
    """
    # 실제 환경에서는 실제 재고 확인 처리 필요
    return 100

# 가격 계산 함수
@tool
def calculate_price(base_price: float, markup: float) -> float:
    """
    기본 가격과 마진 비율을 기반으로 최종 가격을 계산합니다.

    매개변수:
    - base_price: 기본 가격
    - markup: 마진 비율

    반환값:
    - 최종 가격
    """
    return base_price * (1 + markup)

# 배송 일정 설정 함수
@tool
def schedule_delivery(order_id: int, delivery_date: str):
    """
    주문의 배송을 일정에 맞춰 설정합니다.
```

```
    매개변수:
    - order_id: 주문 번호
    - delivery_date: 배송 날짜

    반환값:
    - 배송 상태 또는 확인 정보
    """
    # 실제 환경에서는 배송 시스템과의 연동 과정 필요
    return f"주문 {order_id}이 {delivery_date}에 배송 예정입니다."

# 사용 가능한 도구 목록
tools = [check_inventory, calculate_price]
```

이와 같이 꽃의 판매와 배송을 처리하는 함수를 정의하는 주된 목적은 간단한 전자상거래 시스템의 운영을 시뮬레이션하는 것입니다. 이 함수들은 재고 확인, 가격 계산, 배송 일정 관리와 같은 다양한 상황에 사용할 수 있습니다.

이 함수들은 LangChain 내에서 `@tool` 가공자decorator를 통해 도구로 지정됩니다. 표 7.1은 각각의 도구 함수에 대한 간단한 설명입니다.

표7.1 각각의 도구 함수에 대한 간단한 설명

함수 이름	목적	매개변수	반환값
`check_inventory`	특정 종류의 꽃 재고 수량 조회	`flower_type(str)`: 꽃의 종류	재고 수량(`int`)
`calculate_price`	기본 가격과 마진 비율을 기반으로 최종 판매 가격 계산	`base_price(float)`: 기본 가격 `markup(float)`: 마진 비율	최종 가격(`float`)
`schedule_delivery`	주문 배송을 일정에 맞춰 배정	`order_id(int)`: 주문 번호 `delivery_date(str)`: 일정	배송 정보(`str`)

개발자는 이 도구 함수들을 사용하여 사용자 주문을 처리하고 가격을 계산하며 상품 배송을 일정에 맞춰 배정하는 시스템을 구축할 수 있습니다.

물론 이 예제 함수들의 비즈니스 논리 구현은 의사코드에 가까운 형태로 매우 단순합니다. 실제로 재고 수량을 데이터베이스에 조회하거나 일정에 맞춰 물류 센터와 주문 배송을 배정하는 등의 구체적인 비즈니스 구현 부분은 직접 개발해야 합니다.

계획과 실행 에이전트 생성 및 해결 불가능 과제의 해결 시도

이제 실제로 계획과 실행 에이전트를 생성하고 과제를 해결해보겠습니다.

여기서 미리 말해둘 것은 사실 이 과제는 그 요구사항이 너무나 명확하지 않기 때문에 '해결 불가능'하다는 것입니다. 에이전트가 자신이 이 문제를 해결할 수 없다는 것을 솔직히 인정할지 아니면 자신감 넘치게 터무니없는 답을 할지 확인해보겠습니다.

NOTE

이번 예시에서는 LLM의 능력에 제한이 있어 출력이 대부분 영어로 진행되는 것을 볼 수 있습니다. 출력에 대해 추가적인 수정을 하지 않은 대신 각 단계를 설명할 때 LLM의 출력을 간단하게 요약한 설명을 덧붙였습니다.

In

```
# LLM 설정
from langchain_openai import ChatOpenAI

model = ChatOpenAI(temperature=0)

# 계획자와 실행자 설정
from langchain_experimental.plan_and_execute import (
    PlanAndExecute,
    load_agent_executor,
    load_chat_planner
)

planner = load_chat_planner(model)
executor = load_agent_executor(model, tools, verbose=True)

# 계획과 실행 에이전트 초기화
agent = PlanAndExecute(planner=planner, executor=executor, verbose=True)

# 에이전트를 실행하여 문제 해결
agent.invoke("장미 재고를 확인한 후 출하 계획을 제시해주세요!")
```

먼저 출력의 첫 번째 부분인 계획plan 단계를 살펴보겠습니다.

Out

```
> Entering new PlanAndExecute chain...
steps=[
    Step(value='Check the inventory of roses.'),
    Step(value='Analyze the demand for roses.'),
    Step(value='Determine the available quantity of roses in the inventory.'),
    Step(value='Calculate the required quantity of roses based on the demand.'),
    Step(value='Compare the available quantity with the required quantity.'),
    Step(value='If the available quantity is sufficient, create a shipment plan based on 
the demand.'),
    Step(value='If the available quantity is insufficient, consider alternative options 
such as sourcing from other suppliers or adjusting the demand.'),
    Step(value="Given the above steps taken, respond to the user's original question. \n")
]
```

관련된 구체적인 작업 흐름과 아이디어는 다음과 같습니다.

1. 장미의 재고를 확인합니다.
2. 장미의 수요를 분석합니다.
3. 다시 장미의 재고를 확인합니다.
4. 장미의 수요량을 계산합니다.
5. 이용 가능 수량과 수요량을 비교합니다.
6. 이용 가능 수량이 충분할 경우, 수요에 맞춰 배송 계획을 수립합니다.
7. 이용 가능 수량이 부족할 경우, 대체 방안을 고려합니다.
8. 사용자의 원래 질문에 답하고 최종 해결책을 제시합니다.

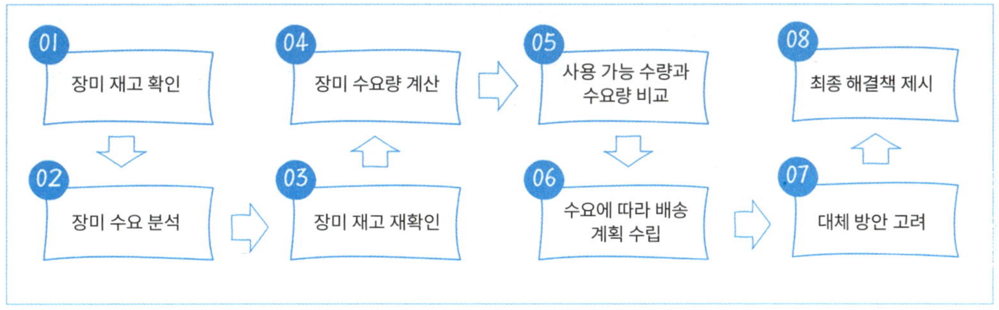

그림 7.4 계획 단계에서 제시된 실행 단계

꽤 괜찮은 계획입니다. 하지만 실제 실행 결과를 보기 전까지는 알 수 없습니다.

이제 실행execute 단계를 단계별로 분석해보겠습니다.

1단계, 장미 재고 확인: 에이전트가 장미 재고 수량을 100송이로 확인했습니다.

Out

```
> Entering new AgentExecutor chain...

Action:
'''
{
  "action": "check_inventory",
  "action_input": {
    "flower type": "roses"
  }
}
'''

Observation: 100

Thought:The inventory for roses is 100.

Action:
'''
{
  "action": "Final Answer",
  "action_input": "The inventory for roses is 100."
}
'''

> Finished chain.
*****

Step: Check the inventory of roses.

Response: The inventory for roses is 100.
```

예나 제가 보기에는 LangChain이 여기서 분명히 OpenAI 함수 호출 기능을 호출했을 거예요. JSON 형식의 함수 속성이 생성되어 있거든요.

태진 정말 똑똑하네요!

2단계. 장미 수요 분석: 에이전트는 장미 수요를 분석할 것을 제안했습니다. 이 분석에는 시장 수요, 계절적 경향, 고객 선호도 등의 요소를 고려하는 것이 포함됩니다. 또한 과거의 판매 데이터와 고객 피드백도 수요 분석의 중요한 요소입니다.

Out

```
> Entering new AgentExecutor chain...

Action:
'''
{
  "action": "check_inventory",
  "action_input": {
    "flower_type": "roses"
  }
}
'''

Observation: 100

Thought:The inventory for roses is 100.
To analyze the demand for roses, we can consider factors such as the current market demand,
 seasonal trends, and customer preferences. Additionally, we can also look at historical
 sales data and customer feedback to get a better understanding of the demand for roses.

> Finished chain.
*****

Step: Analyze the demand for roses.

Response: The inventory for roses is 100.
```

3단계, 장미 재고 재확인: 에이전트가 장미 재고 수량을 다시 100송이로 확인했습니다.

Out

```
To analyze the demand for roses, we can consider factors such as the current market demand,
 seasonal trends, and customer preferences. Additionally, we can also look at historical
sales data and customer feedback to get a better understanding of the demand for roses.

> Entering new AgentExecutor chain...

Action:
'''
{
  "action": "check_inventory",
  "action_input": {
    "flower_type": "roses"
  }
}
'''

Observation: 100

Thought:I have already checked the inventory for roses and the quantity available is 100.

> Finished chain.
*****

Step: Determine the available quantity of roses in the inventory.

Response: I have already checked the inventory for roses and the quantity available is
```

4단계, 장미 수요량 계산: 여기서 에이전트는 수요량을 계산하기 위해서 수요에 관한 더 많은 정보가 필요하다고 제안했습니다. 이 정보는 시장 수요, 계절적 경향, 고객 선호도, 과거 판매 데이터 등을 포함할 수 있습니다.

Out

```
> Entering new AgentExecutor chain...

Action:
'''
{
```

```
  "action": "Final Answer",
  "action_input": "To calculate the required quantity of roses based on the demand, we need
more information about the demand. Factors such as the current market demand, seasonal
trends, and customer preferences are important in determining the required quantity.
Additionally, historical sales data and customer feedback can also provide insights into
the demand for roses. Once we have this information, we can analyze it and calculate the
required quantity accordingly."
}
'''

> Finished chain.
*****

Step: Calculate the required quantity of roses based on the demand.

Response: To calculate the required quantity of roses based on the demand, we need more
 information about the demand. Factors such as the current market demand, seasonal trends,
 and customer preferences are important in determining the required quantity. Additionally,
 historical sales data and customer feedback can also provide insights into the demand for
roses. Once we have this information, we can analyze it and calculate the required
quantity accordingly.
```

5단계, 사용 가능 수량과 수요량 비교: 출하할 수량에 대한 정보를 에이전트에게 전달하지 않았으므로 구체적인 수요 데이터도 존재하지 않습니다. 따라서 에이전트는 재고에 있는 장미 수량과 수요량을 비교할 수 없었습니다. 이 시점에서 **에이전트는 자신이 사용할 수 있는 도구만으로는 장미 재고 수량과 필요한 출하 수량을 비교할 수 없음을 인식했습니다**. 에이전트는 수요가 불확실하다는 것을 인지하고 무리하게 추측하는 대신, 현명하게 잘 대응했습니다.

Out

```
> Entering new AgentExecutor chain...

Action:
'''
{
  "action": "check_inventory",
  "action_input": {
    "flower_type": "roses"
  }
}
'''
```

```
Observation: 100

Thought:Based on the previous steps, the available quantity of roses in the inventory is
100. Now, the current objective is to compare the available quantity with the required
quantity. To proceed, I need to calculate the required quantity based on the demand for
roses. However, since we don't have the necessary information about the demand, I cannot
provide an accurate comparison at this time.

Action:
'''
{
  "action": "Final Answer",
  "action_input": "I'm sorry, but I cannot compare the available quantity with the required
quantity without knowing the demand for roses. Please provide more information about the
demand so that I can assist you further."
}
'''

> Finished chain.
*****

Step: Compare the available quantity with the required quantity.

Response: I'm sorry, but I cannot compare the available quantity with the required quantity
without knowing the demand for roses. Please provide more information about the demand so
that I can assist you further.
```

6단계, 사용 가능 수량이 충분할 경우, 수요에 따라 출하 계획 수립: 에이전트는 재고 수량이 충분할 경우 수요에 따라 출하 계획을 세울 수 있다고 지적했습니다. 그러나 수요 데이터가 부족하기 때문에 재고가 충분한지를 확인할 수 없었습니다.

Out

```
> Entering new AgentExecutor chain...

Thought: To create a shipment plan based on the demand, we need to determine if the
available quantity of roses is sufficient. We can compare the available quantity with the
required quantity to make this determination.

Action:
'''
{
  "action": "check_inventory",
```

```
  "action_input": {
    "flower_type": "roses"
  }
}
'''

Observation: 100

Thought:The available quantity of roses is 100. Now we can compare this with the required
quantity to determine if it is sufficient to create a shipment plan based on the demand.

> Finished chain.
*****

Step: If the available quantity is sufficient, create a shipment plan based on the demand.

Response: The available quantity of roses is 100. Now we can compare this with the required
quantity to
determine if it is sufficient to create a shipment plan based on the demand.
```

7단계, 이용 가능한 수량이 부족할 경우 대체 방안 고려: 이 단계에서도 마찬가지로 구체적인 수요 데이터가 없기 때문에 에이전트가 다른 공급자로부터 구매하거나 수요를 조정하는 방법 등의 대체 방안을 고려해야 할지를 결정할 수 없었습니다.

Out

```
> Entering new AgentExecutor chain...

Action:
'''
{
  "action": "check_inventory",
  "action_input": {
    "flower_type": "roses"
  }
}
'''

Observation: 100

Thought:Since the available quantity of roses is 100, we can proceed to compare this with
 the required quantity to determine if it is sufficient to create a shipment plan based on
 the demand. Let's calculate the required quantity based on the demand.
```

```
Action:
'''
{
  "action": "Final Answer",
  "action_input": "The available quantity of roses is 100. Now we can compare this with the
 required quantity to determine if it is sufficient to create a shipment plan based on the
 demand."
}
'''

> Finished chain.
*****

Step: If the available quantity is insufficient, consider alternative options such as
 sourcing from other suppliers or adjusting the demand.

Response: The available quantity of roses is 100. Now we can compare this with the required
quantity to
determine if it is sufficient to create a shipment plan based on the demand.
```

8단계(마지막 단계), 사용자의 원래 질문에 답하고 최종 해결책 제시: 원래 질문이 주어지지 않았기 때문에 에이전트는 직접적으로 답변할 수 없었으며, 추가적인 지원을 위해 이 요구를 제시한 사용자에게 더 많은 정보를 요청할 것을 제안했습니다. 이러한 답변은 상당히 사려 깊은 대응이었습니다.

Out

```
> Entering new AgentExecutor chain...

Action:
'''
{
  "action": "Final Answer",
  "action_input": "Based on the steps taken, it seems that the user's original question wa
s not provided. Please ask the user to provide their original question so that I can
assist them further."
}
'''

> Finished chain.
*****

Step: Given the above steps taken, respond to the user's original question.
```

```
Response: Based on the steps taken, it seems that the user's original question was not provided. Please ask the user to provide their original question so that I can assist them further.

> Finished chain.
```

전체적으로 계획과 실행 에이전트가 제시한 절차는 명확한 작업 분해와 단계별 실행 전략을 보여주었습니다. 이번 과제에서는 구체적인 수요 데이터가 부족했기 때문에 에이전트가 전체 과정을 완료할 수 없었는데, 사실 이것은 우리가 의도하고 기대했던 반응이었습니다. 그리고 여기서 계획과 실행 에이전트는 기대에 맞게 작업을 잘 수행해주었습니다.

요청을 구체화하여 에이전트가 과제를 완료하게 하기

좋은 답을 얻으려면 좋은 질문이 필요합니다. 에이전트가 성공적으로 문제를 해결할 수 있도록 하기 위해, 요청을 구체화하고 명확한 요구 데이터를 제공해야 합니다.

In

```
# 에이전트를 실행하여 새로운 문제 해결(요청 구체화)
agent.invoke("장미 재고를 확인한 후 50송이 장미의 가격과 당일 배송 계획을 제시하세요!")
```

Out

```
> Entering new PlanAndExecute chain...
steps=[
    Step(value='Check the inventory of roses.'),
    Step(value='If the inventory is sufficient (at least 50 roses), proceed to step 3. Otherwise, inform the user that there are not enough roses in stock and end the conversation.'),
    Step(value='Retrieve the price of 50 roses.'),
    Step(value='Retrieve the delivery options available for the current day.'),
    Step(value='Provide the user with the price of 50 roses and the available delivery options for the day.\n')
]
```

에이전트는 계획 단계에서 이번 과제를 다음과 같이 5단계로 나누었습니다.

1. 장미 재고를 확인합니다.

2. 재고가 충분한지 판단합니다. 재고가 충분하면 3단계로 넘어가고, 부족하면 사용자에게 재고 부족을 알리고 대화를 종료합니다.
3. 장미 50송이의 가격을 계산합니다.
4. 당일 이용 가능한 배송 선택사항을 검색합니다.
5. 사용자에게 장미 50송이의 가격과 당일 이용 가능한 배송 선택사항을 제공하고, 최종 해결책을 제시합니다.

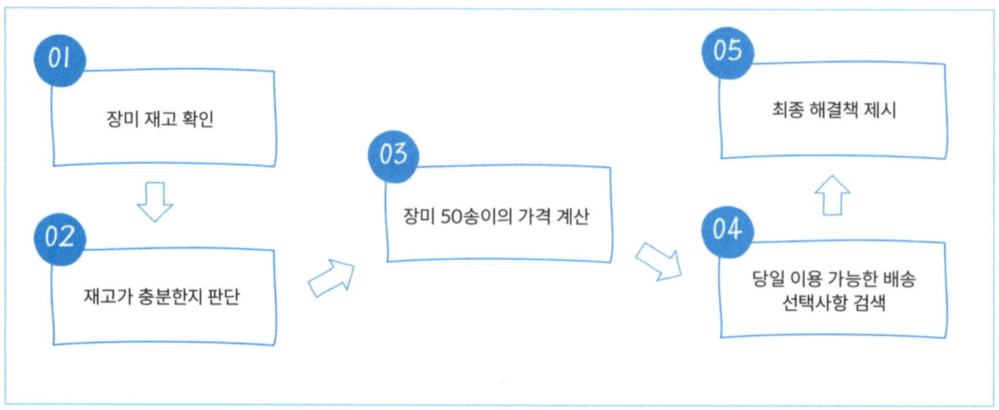

그림 7.5 새로운 요구에 대해 에이전트가 계획 단계에서 제시한 실행 단계

이제 이 5단계의 실행 과정을 자세히 분석해보겠습니다.

1단계, 장미 재고 확인: 에이전트는 먼저 장미 재고를 확인하고 그 수량이 100송이임을 확인했습니다.

Out

```
> Entering new AgentExecutor chain...

Action:
'''
{
  "action": "check_inventory",
  "action_input": {
    "flower_type": "roses"
  }
}
'''
```

```
Observation: 100

Thought:The inventory for roses is 100.

> Finished chain.
*****

Step: Check the inventory of roses.

Response: The inventory for roses is 100.
```

2단계, 재고가 충분한지 판단: 재고 수량인 100송이가 최소 요구 수량인 50송이를 초과했기 때문에 에이전트는 재고가 충분하다고 확인하고 다음 단계인 3단계를 계속 진행하기로 결정했습니다.

Out

```
> Entering new AgentExecutor chain...

Action:
'''
{
  "action": "check_inventory",
  "action_input": {
    "flower_type": "roses"
  }
}
'''

Observation: 100

Thought:The inventory for roses is 100.
Since the inventory is sufficient (at least 50 roses), we can proceed to step 3.

> Finished chain.
*****

Step: If the inventory is sufficient (at least 50 roses), proceed to step 3. Otherwise,
inform the user that there are not enough roses in stock and end the conversation.

Response: The inventory for roses is 100.
Since the inventory is sufficient (at least 50 roses), we can proceed to step 3.
```

예나 좋아요. 이제 에이전트가 장미의 수요가 50송이라는 사실을 파악했네요.

3단계, 장미 50송이의 가격 계산: 에이전트는 장미 50송이의 가격을 계산했고 기본 가격과 마진 비율에 따라 최종 가격을 30,000원으로 도출했습니다.

Out

```
> Entering new AgentExecutor chain...
Thought: To retrieve the price of 50 roses, we need to use the 'calculate_price' tool. We
 can calculate the price by providing the base price and markup percentage. However, we
 don't have the base price and markup percentage yet. We need to check if we have that
information or if we need to ask the user for it.

Action:
'''
{
  "action": "check_inventory",
  "action_input": {
    "flower_type": "roses"
  }
}
'''

Observation: 100

Thought:The inventory for roses is 100. Since we have enough roses in stock, we can proceed
to calculate the price of 50 roses.

Action:
'''
{
  "action": "calculate_price",
  "action_input": {
    "base_price": 25000,
    "markup": 0.2
  }
}
'''
```

```
Observation: 30000

Thought:The price of 50 roses is 30000.

Action:
'''
{
  "action": "Final Answer",
  "action_input": "The price of 50 roses is 30000."
}
'''

> Finished chain.
*****

Step: Retrieve the price of 50 roses.

Response: The price of 50 roses is 30000.
```

4단계. 당일 이용 가능한 배송 선택사항 검색: 에이전트는 당일 이용 가능한 배송 선택사항으로 '빠른 배송'과 '표준 배송'을 제공했습니다.

Out

```
> Entering new AgentExecutor chain...

Action:
'''
{
  "action": "Final Answer",
  "action_input": "The delivery options available for the current day are express delivery
and standard delivery."
}
'''
> Finished chain.
*****

Step: Retrieve the delivery options available for the current day.

Response: The delivery options available for the current day are express delivery and
standard delivery.
```

5단계(마지막 단계), 사용자에게 장미 50송이의 가격과 당일 이용 가능한 배송 선택사항을 담은 최종 해결책 제시: 에이전트는 사용자에게 장미 50송이의 가격인 30,000원과 당일 배송 선택사항인 빠른 배송과 표준 배송을 제공했습니다.

Out

```
> Entering new AgentExecutor chain...

Action:
'''
{
  "action": "Final Answer",
  "action_input": "The price of 50 roses is 30000. The delivery options available for the current day are express delivery and standard delivery."
}
'''

> Finished chain.
*****

Step: Provide the user with the price of 50 roses and the available delivery options for the day.

Response: The price of 50 roses is 30000. The delivery options available for the current day are express delivery and standard delivery.

> Finished chain.
```

에이전트는 앞선 과제와 마찬가지로 구조적이고 논리적인 과제 해결 방식을 보여주었습니다. 각 단계마다 이전 단계의 결과를 바탕으로 결정을 내렸으며, 최종적으로 사용자에게 세부 정보를 제공했습니다. 이러한 단계별 문제 해결 방식은 과제의 명확성과 정확성을 유지하는 데 도움을 주었으며, 에이전트가 복잡한 과제를 효과적으로 처리할 수 있게 해주었습니다.

앞의 과제와 다르게 이번에는 계획과 실행 에이전트가 충분한 정보를 제공받았기 때문에, 계획 단계에서 정했던 절차대로 과제를 원활히 완료하고 답을 제공할 수 있었습니다.

7.4 단일 에이전트에서 다중 에이전트로

현재 단일 에이전트에서 다중 에이전트 시스템으로의 전환에 대한 논의가 활발히 진행되고 있으며, 그중에서 주목받고 있는 아이디어는 다중 에이전트 시스템이 에이전트의 효율성을 크게 향상시킬 수 있다는 것입니다.

계획과 실행 기반 체계 자체는 다중 에이전트 시스템에 적합하다는 점을 강조하고 있지 않습니다. 이 기반 체계의 주요 개념은 작업의 계획 부분과 실행 부분을 분리하고, 작업의 구체적인 단계와 상세한 지침을 제공하여 에이전트의 추론 능력을 개선하고, 각 단계의 추론 복잡성을 줄이는 것입니다. 이는 계획과 실행의 신뢰성도 향상시키는 결과를 가져옵니다.

이 과정에서 작업의 계획과 실행은 동일한 에이전트로 수행할 수도 있지만, 더 나은 전략은 계획 과정과 실행 과정에 각각 다른 LLM, 즉 서로 다른 에이전트를 할당하는 것입니다. 예를 들어 계획 작업처럼 사고 능력이 요구되는 복잡한 작업은 더 강력한 모델을 사용하고, 전체 단계를 실행하는 작업에는 더 작고 빠르며 비용이 저렴한 모델을 사용하는 것입니다. 더 나아가 작업의 실행 과정도 여러 에이전트가 협력하여 수행할 수 있습니다.

따라서 계획과 실행 개념이나 전략은 다중 에이전트 시스템에서도 적용할 수 있습니다. 그러나 실제 적용에서 계획과 실행 기반 체계를 성공적으로 적용하기 위해 무엇보다 중요한 것은 단일 에이전트나 다중 에이전트 시스템의 여부와 상관없이 작업을 효과적으로 분해하고 해결책을 계획하며, 모델이나 에이전트가 작업을 완료할 수 있도록 명확한 지침을 제공하는 것입니다.

7.5 요약

6장에서 소개했던 ReAct 기반 체계와 이번 장에서 소개한 계획과 실행 기반 체계 모두 LLM의 복잡한 작업 처리 성능을 향상시키는 데 도움이 됩니다. 이 두 개의 기반 체계가 지향하는 목표는 비슷하지만, 접근 방식과 중점은 서로 다릅니다.

ReAct 기반 체계는 '관찰-생각-행동'의 순환을 강조하며, LLM이 환경을 더 잘 이해하고 추론 경로를 생성하며 행동을 취할 수 있도록 하는 데 초점을 맞춥니다. 이 기반 체계는 특히 정보 검색이나 환경 탐색과 같이 외부 환경과 상호작용이 필요한 작업에 적합합니다. ReAct 기반 체계는 각각의 추론 단계를 자세히 기록하여 LLM의 설명 가능성과 신뢰성을 높입니다.

반면에 계획과 실행 기반 체계는 복잡한 상황에서 LLM의 성능을 향상시키는 데 중점을 둡니다. 이 기반 체계는 계획과 실행 전략을 통해 복잡한 작업을 분해한 후 실행합니다. 전체 과정을 요약하자면, 먼저 전체 작업을 더 작고 관리하기 쉬운 하위 작업으로 나누고, 이어서 더 상세한 지침을 통해 추론 단계의 품질과 정확성을 높입니다. 이 기반 체계는 특히 수학 문제나 논리적 추론과 같은 다단계 추론이 필요한 복잡한 문제를 해결하는 데 적합합니다.

이 장의 제목인 '계획과 실행의 분리'는 계획과 실행 전략의 핵심 개념을 잘 요약한 것입니다. 즉, 복잡한 문제 해결 과정을 계획과 실행의 두 단계로 명확히 나눕니다. 계획 단계는 문제를 이해하고 작업 구조를 분석하며 세부적인 해결책을 마련하는 것입니다. 반면에 실행 단계는 계획된 단계에 따라 문제를 해결하는 과정을 포함합니다. 이처럼 문제 해결 시 먼저 계획하고 난 다음 실행하는 전략은 LLM이 문제를 더욱 체계적이고 정확하게 해결하는 데 도움이 됩니다.

계획과 실행 기반 체계의 장점은 다음과 같습니다.

- 작업 분해: 대규모의 작업을 작은 작업으로 나누어 복잡한 문제를 효과적으로 관리하고 해결할 수 있습니다.
- 상세한 지침: 더 상세한 지침을 제공하여 추론 단계의 품질과 정확성을 향상시킵니다.
- 적응성: 다양한 유형의 작업에 맞춰 조정할 수 있으므로 복잡한 문제에서 뛰어난 성능을 발휘합니다.

정리하자면, 계획과 실행 기반 체계가 다단계 추론이 필요한 복잡한 문제를 처리할 때 더욱 강력한 성능을 발휘하는 데 반해, ReAct 기반 체계는 LLM과 환경의 상호작용이 필요한 작업에 더 적합합니다. 두 기반 체계는 작업의 성격과 요구사항에 따라 각자 강점을 발휘할 수 있을 뿐만 아니라 때로는 이 두 가지를 결합한 방식이 더 나은 성과를 낼 수 있습니다.

이 장의 마지막에서는 다중 에이전트 환경에 계획과 실행 기반 체계를 적용하는 것에 대해 짧게 이야기했습니다. 복잡한 문제를 해결할 때, 여러 에이전트를 통해 계획하고 실행하거나, 작업의 여러 단계를 처리할 수 있습니다.

CHAPTER

8 에이전트 5: 지식의 추출과 통합 — LlamaIndex를 이용한 검색증강생성 구현

예나가 많은 자료를 든 채로 태진에게 인사를 합니다.

예나 태진 선배, 최근 '꽃말의 비밀 정원'의 내부 검색엔진을 최적화할 때, 저희 기술 부서의 총괄이 검색증강생성이라는 새로운 방법을 제안했는데요.

태진 좋은 방법일 수 있겠네요. 검색증강생성은 복잡한 요청을 처리할 때 사용자 경험을 향상시킬 수 있으며, 또한 검색과 생성을 결합한 자연어 처리 모델로 볼 수 있죠. 요청을 처리할 때, 먼저 비정형 데이터에서 관련 정보를 검색한 다음, LLM이 이 정보를 정리하여 답변을 생성합니다. 이 방식은 꽃 전자상거래에서도 매우 유용합니다. 꽃 전자상거래의 문서는 꽃말, 식물 관리법, 특별한 경우에 적합한 꽃 추천 등의 다양한 자료를 포함하고 있을 수 있고, 꽃의 재고 수량이나 가격 같은 정보도 포함될 수 있죠. 이러한 정보가 모두 데이터 테이블에 저장된 구조화된 데이터가 아니기 때문에, 이러한 업무 환경에는 검색증강생성이 특히 더 적합하다고 할 수 있습니다.

그림 8.1 검색증강생성에 대해 이야기를 나누고 있는 태진과 예나

예나 구조화된 데이터와 비정형 데이터의 차이점은 무엇인가요?

태진 넓은 의미에서 설명하자면 구조화된 데이터는 데이터 테이블 형식으로 저장하고 표시하기에 적합한 데이터입니다. 예를 들면 꽃의 재고 데이터가 구조화된 데이터에 해당하죠. 반면에 비정형 데이터는 데이터 테이블로 저장하기에 적합하지 않을 뿐만 아니라 검색도 어려운 데이터입니다. 예를 들어 직원 안내서, 고객 서비스 대화 기록, 시스템 로그, 코드, 이미지, 음성, 영상 등이 이에 해당합니다.

그림 8.2 구조화된 데이터와 비정형 데이터

예나 이해했어요. '꽃말의 비밀 정원'의 업무 환경에는 구조화된 데이터도 많지만, 비정형 데이터가 더 많이 존재하고 있네요.

8.1 검색증강생성이란 무엇인가?

검색증강생성은 정보 검색과 텍스트 생성을 결합한 인공지능 기술입니다. 일반적으로 질문-답변 시스템, 대화 생성, 콘텐츠 요약과 같은 자연어 처리 작업에 사용합니다.

검색증강생성의 작동 원리는 크게 두 가지 주요 부분으로 구분됩니다.

- 정보 검색retrieval: 시스템은 대규모 데이터 집합에서 관련 정보를 검색합니다. 이 데이터 집합은 일반적으로 위키피디아 기사, 뉴스 보도, 기타 문서를 포함한 방대한 텍스트 데이터를 포함합니다. 물론 현재 시점에는 검색조차도 LLM을 통해 이루어지며, LLM은 보통 멀티모들 처리 능력을 갖추고 있기 때문에, 검색되는 데이터 집합이 문서에 한정되지 않으며 이미지, 코드, 관계형 데이터베이스처럼 점점 더 많은 형식을 포함하고 있습니다. 시스템이 요청을 받으면 해당 요청에 대한 정보를 이 데이터 집합에서 검색합니다.
- 텍스트 생성generation: 시스템이 관련 정보를 검색하고 나면, 이 정보를 사용하여 응답을 생성합니다. 이 과정은 보통 GPTgenerative pre-trained transformer와 같이 사전 학습된 언어 모델이 수행하게 됩니다. 언어 모델은 검색한 정보를 바탕으로 일관성 있고 관련성이 높은 응답과 텍스트를 생성합니다.

검색증강생성의 장점은 검색 시스템의 정확한 정보 획득 능력과 언어 모델의 유창한 텍스트 생성 능력의 결합에서 발휘됩니다. 검색증강생성은 이를 통해 복잡한 언어 이해 작업을 처리할 때 더 풍부하고 정확한 정보를 제공할 수 있습니다. 예를 들어 검색증강생성은 질문 응답 시스템에서 언어 모델의 일반적인 추론에만 의존하는 대신, 구체적인 사실에 기반한 답변을 제공할 수 있습니다.

그림 8.3은 검색증강생성이 지식 기반에서 문맥 정보를 추출한 후 LLM이 이를 처리하여 사용자의 요청에 응답하는 과정을 보여줍니다.

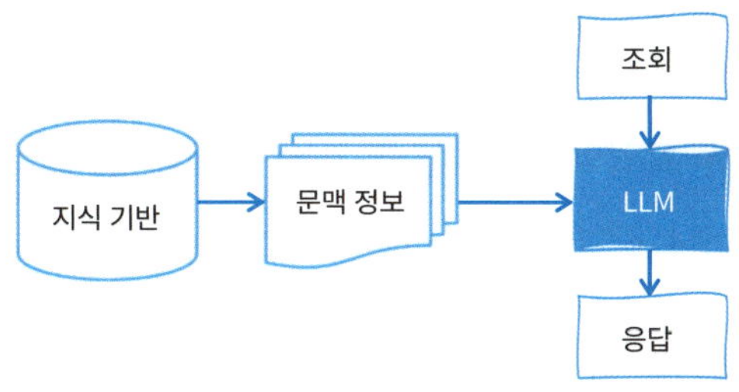

그림 8.3 검색증강생성이 사용자의 요청을 처리해 응답을 생성하는 과정

그림 8.3은 사용자 요청에서 최종 응답까지의 과정을 순차적으로 보여줍니다. 먼저 사용자가 요청을 제시하고, 이어서 시스템이 해당 요청을 기반으로 지식 기반에서 문맥 정보를 추출하며, 마지막으로 LLM이 이러한 문맥 정보를 사용하여 적합한 응답을 생성합니다. 이러한 과정은 챗봇, 검색 엔진, 추천 시스템뿐만 아니라 대규모 데이터를 추출하고 처리해야 하는 모든 시스템에서 활용할 수 있습니다.

검색증강생성은 지속적으로 검색되는 데이터 소스를 갱신하여 새로운 정보와 최신 동향에 적응하고, 생성된 응답의 관련성과 정확성을 유지할 수 있습니다.

프롬프트 엔지니어링, 검색증강생성, 파인튜닝

현재 LLM을 활용하는 방식에서 검색증강생성이 차지하는 위치는 매우 중요합니다. 그림 8.4는 검색증강생성, 프롬프트 엔지니어링, 파인튜닝, 검색증강생성+파인튜닝이라는 LLM 응용의 네 가지 방법과 각각의 특징을 보여줍니다.

그림 8.4 **LLM 응용 방법 간의 비교**

여기서 세로축은 LLM의 외부 정보에 대한 필요도를, 가로축은 LLM의 파인튜닝에 대한 필요도를 나타냅니다.

네 가지 영역에 대한 설명은 다음과 같습니다.

- 프롬프트 엔지니어링: 대형 모델의 파인튜닝과 외부 정보의 필요도가 낮습니다. 프롬프트 엔지니어링은 추가적인 학습이나 지식 없이도 정교하게 설계된 프롬프트를 통해 LLM이 필요한 출력을 생성하도록 유도합니다.

- 파인튜닝: 이름 그대로 LLM의 파인튜닝 필요도가 높지만, 외부 정보의 필요도는 여전히 낮습니다. 파인튜닝은 특정 작업에 맞춰 LLM의 매개변수를 조정하는 방식으로 해당 작업에서 LLM의 성능을 개선하는 방법입니다.
- 검색증강생성: LLM의 외부 정보 필요도가 높지만 반대로 파인튜닝의 필요도는 낮습니다. 검색증강생성은 정보 검색과 텍스트 생성을 결합한 방법으로 관련 지식 기반을 검색하여 생성 과정을 강화합니다. LLM은 이 방법을 통해 추가적인 정보를 얻어 응답을 생성할 수 있습니다.
- 검색증강생성과 파인튜닝의 혼합: 검색증강생성과 파인튜닝을 결합한 방식으로 많은 외부 정보와 파인튜닝이 필요한 상황에서 사용됩니다. 이 방법은 검색증강생성과 특정 작업을 위한 파인튜닝을 함께 사용합니다.

예나 태진 선배, 이 그림이 우리에게 어떤 지침을 제공할 수 있을까요?

그림 8.4는 외부 지식과 LLM의 파인튜닝이 필요한 작업을 처리할 때 사용할 수 있는 다양한 응용 방법을 보여줍니다. 어떤 응용 방법을 선택할지는 작업의 구체적인 요구사항과 사용할 수 있는 자원에 따라 달라집니다.

마이크로소프트는 <검색 강화와 파인튜닝: 파이프라인, 타협, 농업에 대한 사례 연구>[1]라는 논문에서 농업 분야의 응용 사례를 기반으로 그림 8.5와 같은 과정을 거쳐 검색증강생성과 파인튜닝을 평가한 결과를 제시했습니다.

1 <RAG vs Fine-tuning: Pipelines, Tradeoffs, and a Case Study on Agriculture>, A. Balaguer, V. Benara, et al., 2024년 1월 30일, https://arxiv.org/abs/2401.08406

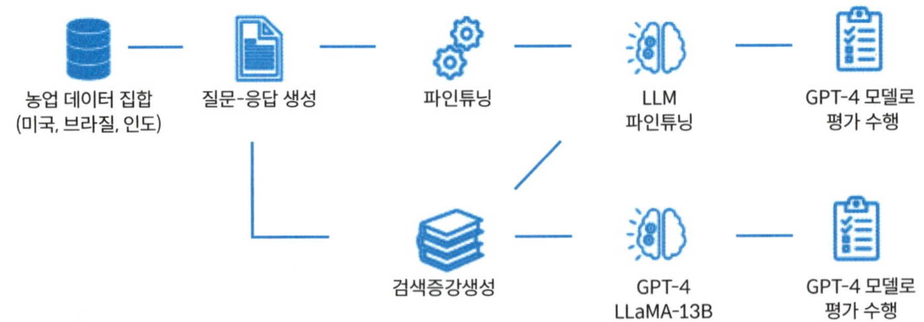

그림 8.5 농업 데이터 집합 기반 LLM 애플리케이션에서 검색증강생성과 파인튜닝 과정

이 논문의 농업 질문-응답 사례 연구에 따르면, 응답 정확도 면에서는 검색증강생성보다 파인튜닝이 더 우수했으나 그 차이는 크지 않았습니다. 가장 높은 정확도를 보인 방법은 '검색증강생성+파인튜닝'이었지만, 그만큼 비용도 훨씬 컸습니다. 검색증강생성의 비용이 더 적게 드는 것을 고려할 때 예산이 제한된 상황에서는 검색증강생성이 이 질문-응답 응용 사례에 더 적합한 해결책으로 권장되었습니다. 이 연구 결과는 파인튜닝보다는 **검색증강생성이 LLM의 상용화 과정에서 비용 면에서 더 효율적인 선택**이라는 저의 경험과도 일치합니다.

기술적 관점에서 본 검색 부분의 파이프라인

이제 검색증강생성에서 검색 부분에 대한 파이프라인을 기술적 관점에서 살펴보겠습니다.

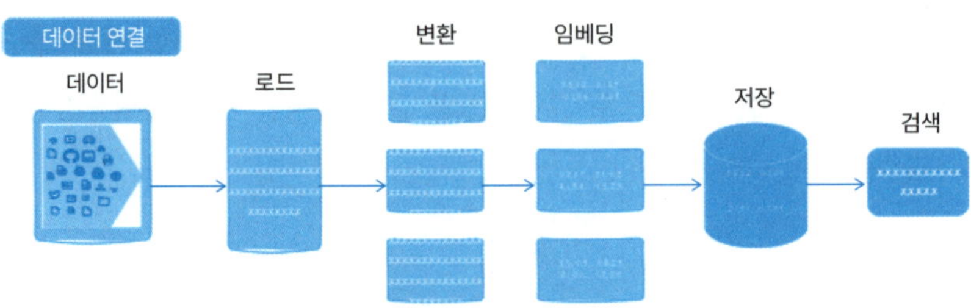

그림 8.6 검색증강생성 검색 부분의 파이프라인

검색증강생성에서 검색 부분의 파이프라인을 기술적으로 구현하는 과정은 다음과 같습니다.

1. 데이터 연결data connection과 적재load: 이때 데이터는 구조화된 데이터와 비정형 데이터를 구분하지 않으며, 데이터 적재 후 검색증강생성에서 처리할 수 있게 됩니다.

2. 변환transform: 이 단계에서는 데이터 정제, 표준화, 정리 과정을 거쳐 분석하기에 적합한 형식으로 변환합니다.
3. 임베딩embed: 단어 임베딩 모델을 사용해 데이터를 벡터vector 형태의 단어 임베딩으로 변환합니다.
4. 저장store: 벡터 데이터를 메모리나 파일 시스템 형태의 저장 시스템에 저장하는데, 이때 가장 일반적인 저장 시스템은 벡터 데이터베이스입니다.
5. 검색retrieve: 저장 시스템에서 데이터를 검색하여 다음 단계에서 사용할 수 있게 합니다.

태진 이 과정에서 중요한 것은 데이터를 단어 임베딩하는 과정이며, 이는 외부 정보를 준비하는 과정이기도 해요. 각각의 단계별로 데이터 블록 크기 선택, 적절한 단어 임베딩 모델 선택 등의 세부사항이 많이 존재하지만, 이 책이 다루는 에이전트의 범위를 벗어나기 때문에 여기에서는 더 다루지 않을게요.

예나 태진 선배, 검색증강생성의 각 단계에 대해서도 자세히 설명해주실 거죠?

태진 물론이죠. 뒤에서 자세히 이야기할게요.

예나 이 파이프라인에서는 생성 과정에 있어서 LLM이 차지하는 역할이 잘 드러나지 않은 것 같아요.

태진 맞아요. 이 파이프라인은 검색 부분의 기술적 구현에 집중하고 있어요. 이번에는 다른 시각에서 검색증강생성의 과정을 살펴보겠습니다.

사용자 관점에서 본 검색증강생성 과정

사용자 관점에서 본 검색증강생성 과정은 그림 8.7에서 볼 수 있듯이 기술적 관점과는 다릅니다.

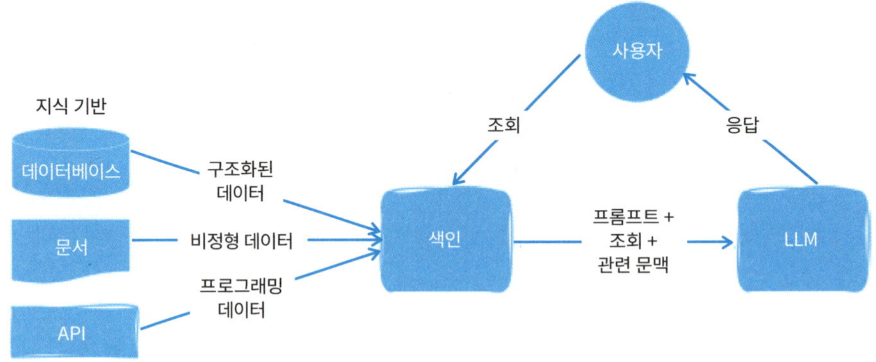

그림 8.7 **사용자 관점에서 본 검색증강생성 과정**

그림 8.7에서 볼 수 있는 검색증강생성 과정의 단계별 설명은 다음과 같습니다.

- 사용자 입력 요청: 검색증강생성 과정은 사용자의 요청 입력으로부터 시작됩니다. 이 요청은 사용자가 시스템에 묻고 싶은 질문이나 실행하려는 명령입니다.
- 요청 데이터 색인: 시스템은 사용자 요청을 색인과 연결해봅니다. 색인은 구조화된 데이터베이스, 비정형 문서, API를 통해 얻은 프로그래밍 데이터 같은 다양한 지식 기반 정보를 포함할 수 있습니다. 색인의 목적은 요청과 관련된 정보를 빠르게 찾아내는 것입니다.
- 데이터 검색: 시스템은 색인을 사용해 사용자 요청과 가장 관련성이 높은 데이터를 찾습니다. 이 데이터는 데이터베이스의 표 형식 정보일 수도 있고, 문서 내의 텍스트 정보이거나 API에서 반환한 데이터일 수도 있습니다.
- 요청과 검색 결과 데이터: 시스템은 사용자의 원래 요청과 색인에서 검색된 관련 데이터를 결합해 강화된 입력을 생성합니다.
- LLM 처리: 강화된 입력을 LLM에 전달하고, LLM에게 응답 생성을 요청합니다. 이 과정에서 대형 모델은 검색된 정보를 고려하여 더 정확하고 관련성이 높은 응답을 생성합니다.
- 사용자에게 응답 전달: 생성된 응답을 사용자에게 전달합니다.

검색증강생성 과정에서는 검색 단계와 생성 단계가 서로 보완적인 역할을 합니다. 검색 단계는 사용자 요청과 직접 관련된 정보를 제공하고, 생성 단계는 이 정보를 활용해 일관성 있고 정확하며 더 상세한 응답을 생성합니다. 검색증강생성은 질문에 답하기 위해 광범위한 배경 지식이 필요한 상황에 특히 적합합니다. 검색증강생성은 LLM이 단순히 학습한 지식에 의존하는 대신, 대량의 데이터에 접근할 수 있기 때문입니다.

예나 이제 알겠어요. 검색은 다양한 지식 기반에서 정보를 추출하는 것이고, 생성은 LLM의 텍스트 생성 능력을 활용하는 것이군요. 이 과정에서 LLM은 자신이 학습한 지식을 사용해 응답을 '강화'하여 사용자 경험을 향상시킬 수도 있겠네요. 이게 바로 검색증강생성의 핵심인 것 같아요.

8.2 검색증강생성과 에이전트

예나 그렇다면 우리가 이야기하고 있는 에이전트와 이 검색증강생성에는 어떤 연관이 있나요?

태진 잘 알고 있겠지만 에이전트는 스스로 작업을 수행하고 결정을 내릴 수 있는 시스템입니다. 그렇기 때문에 당연하게도 검색증강생성은 에이전트의 구조에서 중요한 기술적 부분으로 활용할 수 있죠. 검색증강생성 기능을 포함한 에이전트는 사용자의 요청을 더 효율적으로 처리할 수 있기 때문에 유용하고 정확한 정보를 제공할 수 있습니다. 특히 지식 기반에서 정보를 검색하여 LLM을 통해 응답을 생성하기 때문에 단순 질문뿐만 아니라 그림 8.8과 같이 더 복잡하고 탐색적인 요청과 같은 복잡한 요구사항도 처리할 수 있습니다.

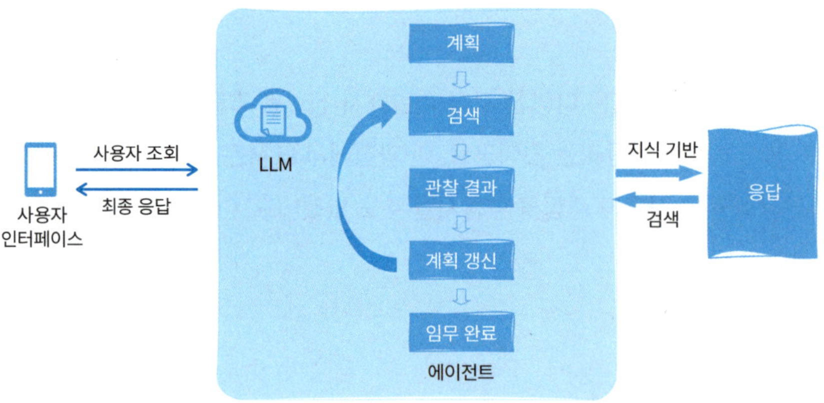

그림 8.8 검색증강생성 기능이 통합된 에이전트

에이전트는 그림 8.8과 같이 검색증강생성 기능을 통합하여 더 복잡한 문제를 해결할 수 있습니다. 예를 들어 사용자가 '어버이날에 가장 적합한 꽃은 무엇인가요?'라는 복잡한 질문을 할 경우, 검색증강생성은 먼저 에이전트가 어버이날의 전통이나 다양한 꽃의 상징적 의미와 같은 관련 정보를 검색하도록 도와줍니다. 그리고 이러한 정보를 바탕으로 종합적인 맞춤형 응답을 생성합니다. 에이전트는 이를 통해 단순한 데이터베이스 검색 이상의 심도 있고 개인화된 제안을 제공할 수 있으며, 그 결과 사용자 경험과 만족도를 크게 높일 수 있습니다.

LlamaIndex와 LangChain 기반 체계는 모두 대화형 에이전트conversational agent 또는 대화형 검색 에이전트conversational retrieval agent라는 개념을 가지고 있습니다. 이름을 통해서 알 수 있듯이, 이 에이전트는 검색 기능을 갖춘 지능형 대화형 에이전트입니다. 이 개념은 검색증강생성, 대화 인터페이스, 고급 에이전트 인지 기반 체계와 같은 여러 가지 핵심 경향을 결합하여 더 나은 사용자 대화 경험을 제공합니다. LlamaIndex가 제공하는 ReAct 검색증강생성 에이전트를 통해 정보 검색, 내·외부 지식 통합, 텍스트 생성과 같은 작업을 손쉽게 수행할 수 있습니다.

예나 태진 선배, 저는 LlamaIndex의 ReAct 검색증강생성 에이전트로 비즈니스 정보 검색 작업을 하고 싶은데, 가능할까요?

태진 구체적인 요구사항을 말해보세요.

8.3 ReAct 검색증강생성 에이전트를 이용해 재무 보고서 검색하기

예나 '꽃말의 비밀 정원'은 동남아시아에 있는 두 개의 꽃 상품 전자상거래 업체를 파트너로 두고 있는데요. 두 회사 모두 상장기업으로, 매달 이곳의 재무 보고서를 분석하여 꽃 상품의 공급 상황과 판매 동향을 확인하고 실적을 비교해야 합니다. 그런데 이 작업은 많은 인력이 필요하다 보니 때로는 외부에서 비즈니스 분석가를 고용해야 할 때도 있어요. 그래서 ReAct 검색증강생성 에이전트가 이 작업을 도와줄 수 있을지 궁금해요.

태진 물론 가능합니다. 그럼 LlamaIndex의 ReAct 검색증강생성 에이전트를 통해 재무 분석을 수행하는 방법을 소개해보겠습니다.

전자상거래 업체의 재무 보고서 파일 적재하기

분석 대상인 두 전자상거래 업체가 모두 상장 기업이므로, 각 회사의 웹사이트에 공개되어 있는 재무 보고서 파일을 그림 8.9와 같이 직접 다운로드할 수 있습니다.

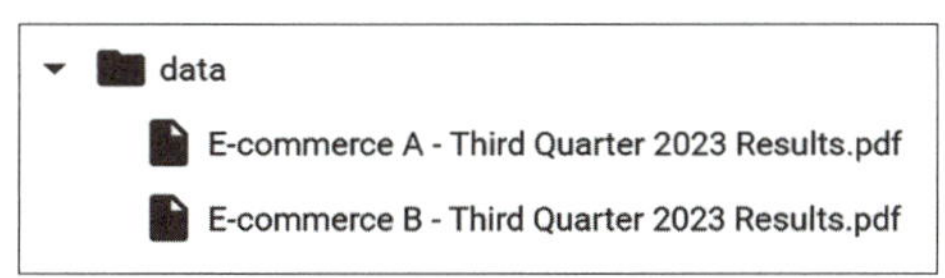

그림 8.9 다운로드한 재무 보고서 파일

다음 코드를 사용하여 다운로드한 재무 보고서 파일을 적재할 수 있습니다.

In

```
# 재무 보고서 파일 적재
from llama_index.core import SimpleDirectoryReader

A_docs = SimpleDirectoryReader(
    input_files=["./data/E-commerce A - Third Quarter 2023 Results.pdf"]
).load_data()
```

```
B_docs = SimpleDirectoryReader(
    input_files=["./data/E-commerce B - Third Quarter 2023 Results.pdf"]
).load_data()
```

재무 보고서 데이터를 벡터 데이터로 변환하기

이제 `VectorStoreIndex.from_documents` 메서드로 재무 보고서 파일 데이터를 기반으로 벡터 데이터(색인)를 생성합니다.

In

```
# 재무 보고서 파일 기반의 벡터 데이터 구축
from llama_index.core import VectorStoreIndex

A_index = VectorStoreIndex.from_documents(A_docs)
B_index = VectorStoreIndex.from_documents(B_docs)
```

예나 텍스트 데이터를 벡터 데이터로 변환하면 코사인 유사도cosine similarity를 통해 검색할 수 있죠. 코드에서는 벡터 데이터인 단어 임베딩에 '색인index'이라는 단어를 사용하고 있는데, 왜 색인이라는 단어를 사용하는지 설명해주시겠어요?

태진 LlamaIndex에서 색인은 문서 객체로 구성된 데이터 구조이며, 요청 전략을 보완해 더 효율적인 정보 검색과 처리가 가능하도록 도와줍니다. 가장 일반적으로 사용되는 색인 유형이 바로 이 코드에서 사용된 `VectorStoreIndex`로, 이 색인은 문서를 노드node로 분해하고 각 노드의 텍스트에 대한 단어 임베딩을 생성하여, LLM이 요청을 수행할 수 있도록 준비합니다. LLM의 핵심 기능에 해당하는 단어 임베딩은 텍스트의 의미를 수치로 나타내며, 의미가 유사한 두 텍스트는 실제 텍스트가 완전히 다르더라도 수학적으로 유사한 임베딩을 가지죠. 이 수학적 관계는 의미 기반 검색을 가능하게 하며, LlamaIndex는 사용자가 요청을 입력하면 해당 요청과 의미가 유사한 텍스트를 찾을 수 있습니다. 단순한 핵심어 대응keyword matching의 한계를 뛰어 넘는 단어 임베딩은 검색증강생성의 바탕이자, 더 나아가 LLM의 기능적 바탕이기도 합니다.

예나 그래서 LlamaIndex가 이름에 색인을 포함하고 있는 거군요.

`storage_context.persist` 메서드를 사용하면 생성한 색인을 영속화persistence할 수 있습니다. 이를 통해 다음에 동일 파일을 사용해야 할 때마다 단어 임베딩 작업을 다시 할 필요가 없습니다.

In

```
# 색인 영속화
from llama_index.core import StorageContext

A_index.storage_context.persist(persist_dir="./storage/A")
B_index.storage_context.persist(persist_dir="./storage/B")
```

코드를 실행하면 로컬 환경에서 그림 8.10과 같이 색인 관련 파일들을 확인할 수 있습니다.

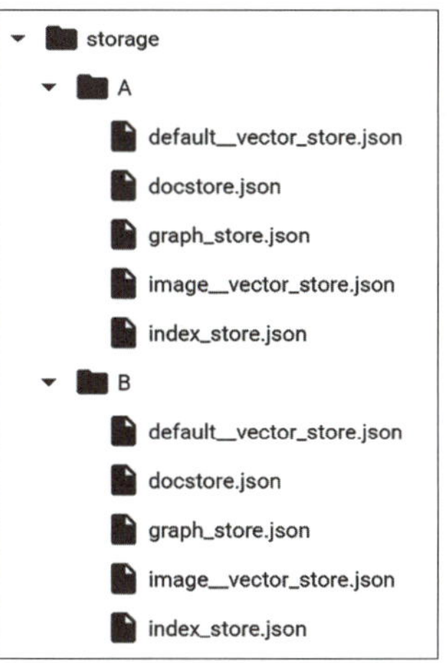

그림 8.10 **로컬 환경에 저장된 색인 영속화 파일들**

영속화된 색인은 `load_index_from_storage` 메서드를 이용해 다시 적재할 수 있습니다. 다음 코드는 색인을 성공적으로 적재하면 `index_loaded` 변수를 `True`로 설정하고, 실패하면 `False`로 설정합니다.

In

```
# 로컬에서 색인 적재하기
from llama_index.core import load_index_from_storage
```

```
try:
    # 색인 A 적재하기
    A_storage_context = StorageContext.from_defaults(persist_dir="./storage/A")
    A_index = load_index_from_storage(A_storage_context)

    # 색인 B 적재하기
    B_storage_context = StorageContext.from_defaults(persist_dir="./storage/B")
    B_index = load_index_from_storage(B_storage_context)

    index_loaded = True
except:
    index_loaded = False
```

요청 엔진과 도구 구축하기

이어서 각각의 색인에 요청 엔진을 생성하고, 가장 높은 유사도를 가진 결과를 반환하도록 설정합니다. 여기서는 `similarity_top_k` 매개변수를 `3`으로 설정하여, 유사도가 가장 높은 텍스트 블록을 세 개 추출하게 했습니다.

In

```
# 요청 엔진 생성
A_engine = A_index.as_query_engine(similarity_top_k=3)
B_engine = B_index.as_query_engine(similarity_top_k=3)
```

`QueryEngineTool` 인스턴스를 생성하고 앞에서 생성한 요청 엔진을 도구로 설정하여, ReAct 검색증강생성 에이전트가 이를 사용할 수 있도록 구성합니다. 이 작업의 목적은 텍스트 요청을 통해 전자상거래 업체 A와 B의 재무 정보를 검색하는 것입니다.

In

```
# 요청 도구 구성
from llama_index.core.tools import QueryEngineTool, ToolMetadata

query_engine_tools = [
    QueryEngineTool(
        query_engine=A_engine,
        metadata=ToolMetadata(
            name="A_Finance",
            description="전자상거래 업체 A의 재무 정보를 제공하는 도구"
```

```
        ),
    ),
    QueryEngineTool(
        query_engine=B_engine,
        metadata=ToolMetadata(
            name="B_Finance",
            description="전자상거래 업체 B의 재무 정보를 제공하는 도구"
        ),
    ),
]
```

텍스트 생성 엔진인 LLM 설정하기

앞에서 생성한 요청 엔진이 주로 검색 작업에 중점을 두는 것이었다면, 이번에는 LLM을 설정하여 정보 통합과 텍스트 생성 작업을 완료할 차례입니다.

다음 코드는 OpenAI 모델을 초기화합니다. 물론 LlamaIndex도 LangChain과 마찬가지로 다양한 모델을 지원하므로 필요할 경우 다른 모델을 선택할 수도 있습니다.

In

```
# LLM 설정
from llama_index.llms.openai import OpenAI

llm = OpenAI(model="gpt-4o-mini")
```

이제 모든 준비가 완료되었습니다. 요청 엔진은 에이전트가 사용할 수 있는 도구로 설정하고 LLM은 에이전트의 두뇌로 설정하여 이를 바탕으로 ReAct 검색증강생성 에이전트를 생성할 수 있습니다.

재무 정보 검색을 위한 에이전트 생성하기

먼저 ReAct 검색증강생성 에이전트를 초기화합니다.

In

```
# ReAct 검색증강생성 에이전트 생성
from llama_index.core.agent import ReActAgent

agent = ReActAgent.from_tools(query_engine_tools, llm=llm, verbose=True)
```

이 에이전트는 앞에서 설정한 두 개의 도구를 사용하여 전자상거래 업체 A와 B의 재무 정보를 검색합니다.

에이전트가 생성되었으니 재무 분석을 도와달라고 요청해봅시다.

In

```python
# 에이전트에게 작업 수행 요청
agent.chat("전자상거래 업체 A와 전자상거래 B의 매출을 비교 분석해주세요.")
```

요청 결과는 그림 8.11과 같습니다.

```
> Running step 6511d3d8-cefa-4dba-99b5-bc8ee5ab07e0.
Step input: 전자 상거래 업체 A 와 전자 상거래 B 의 매출을 비교 분석해 주세요.
Thought: The current language of the user is: Korean. I need to use tools to gather financial information about both e-
commerce companies A and B to compare their revenues.
Action: A_Finance
Action Input: {'input': '매출'}
Observation: Sales and marketing expenses increased by 12.4% to US$ 918.0 million in the third quarter of 2023 from
US$ 816.7 million in the third quarter of 2022. Core marketplace revenue, mainly consisting of transaction-based fees and
advertising revenues, was up 31.7% year-on-year to US$ 1.3 billion. Digital Entertainment segment's GAAP revenue was
US$ 592.2 million, up 11.9% quarter-on-quarter. Digital Financial Services segment's GAAP revenue was US$ 446.2 million,
up 36.5% year-on-year.
> Running step a3216ae0-2168-4e5c-8a2b-7568596e6f7f.
Step input: None
Thought: I have obtained the revenue information for e-commerce company A. Now, I need to gather the revenue information
for e-commerce company B to complete the comparison.
Action: B_Finance
Action Input: {'input': '매출'}
Observation: 매출: 412,731 백만 위안에서 458,946 백만 위안으로 증가하여 전년 대비 11% 증가했습니다.
> Running step 5ef1b0ab-fcbf-4c7f-8787-01ce33306dce.
Step input: None
Thought: I have now gathered the revenue information for both e-commerce companies A and B. Company A's core marketplace
revenue is US$ 1.3 billion, while company B's revenue is approximately US$ 458.946 million (which is about US$ 66.5
million when converted). Now I can compare their revenues.
Answer: 전자 상거래 업체 A 의 매출은 약 13 억 달러로, 전자 상거래 업체 B 의 매출 약 4 억 5 천만 위안( 약 6 천 6 백만 달러)과 비교할 때 A 가
B 보다 훨씬 높은 매출을 기록하고 있습니다. A 는 전년 대비 31.7% 증가한 반면, B 는 11% 증가했습니다.
```

그림 8.11 전자상거래 업체 A와 B의 재무 상태 비교

예나 정말 대단해요. 에이전트를 통해 진짜로 비용 절감과 효율성 향상이 가능하네요. 다음 달에는 외부 비즈니스 분석가를 고용할 예산을 아껴도 될 것 같아요.

태진 그렇죠. ReAct 검색증강생성 에이전트는 일반적인 수준의 비즈니스 분석가 못지 않은 능력을 가지고 있으며, 다양한 도구와 언어 모델을 통합해 요청을 처리하고 응답할 수 있습니다. LlamaIndex는 에이전트를 통해 LLM을 활용한 복잡한 요청 처리를 지원하는 유연한 기반 체계를 제공하죠. 이를 통해 요청의 정확성과 관련성이 향상되고, 사용자는 가장 관련성이 높은 답변을 받을 수 있습니다.

8.4 요약

제8장에서는 검색증강생성의 개념과 응용 방법에 대해 알아보았습니다. 현재 이 기술은 다양한 산업 분야에 걸쳐 널리 적용되고 있으며, 특정 분야의 LLM 애플리케이션을 개발하는 데 집중하고 있습니다. 많은 업계 전문가들은 LLM 시대의 인공지능 애플리케이션이 가져올 첫 번째 파도가 검색증강생성에서 시작될 것이라고 보고 있습니다.

검색증강생성에서는 먼저 시스템이 사용자의 요청에 따라 색인을 생성하는데, 이 작업은 일반적으로 LLM을 프롬프트로 호출하는 방식으로 처리됩니다. 이어서 해당 색인을 검색엔진에 전송하고 검색엔진은 관련 정보를 반환하는데, 이것이 검색 단계에 해당합니다. 이 검색된 정보는 사용자 요청을 포함한 프롬프트와 결합하여 다시 LLM으로 전달됩니다. LLM은 강화된 프롬프트를 바탕으로 사용자의 원래 요청에 대한 응답을 생성하는데, 이것이 생성 단계에 해당합니다. 이 과정의 전체적인 모습은 그림 8.12와 같습니다.

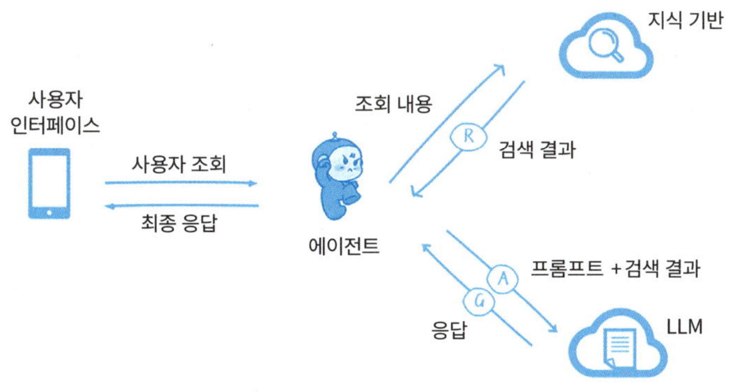

그림 8.12 검색증강생성의 전체 과정

LlamaIndex는 검색증강생성의 구현을 위한 뛰어난 구성 요소들을 제공합니다. 이 구성 요소들은 에이전트 기반의 애플리케이션을 구축할 때 핵심 도구로 사용할 수 있습니다. 한편 LlamaIndex의 일부 구성 요소는 특정 사용 사례를 처리하는 데 도움을 주는 '에이전트 형식'의 자동화된 의사결정 기능을 가지고 있으며, 다른 한편으로는 다른 에이전트 기반 체계의 핵심 도구로 활용할 수도 있습니다.

물론 LangChain 역시 이와 같은 방식으로 대화형 에이전트와 질문 응답 시스템을 위한 도구를 제공하고 있으며, 이를 통해 성능을 높이고 사용자 경험을 개선합니다. 여기서는 지면 관계상 LangChain의 대화형 에이전트의 구현 예시는 제공하고 있지 않지만, 공식 문서를 참고하여 LangChain의 대화형 에이전트와 LlamaIndex의 ReAct 검색증강생성 에이전트 사이의 차이를 살펴보는 것을 추천합니다.

에이전트와 검색증강생성을 결합하면 에이전트 기반의 검색증강생성 기반 체계를 구축할 수 있습니다. 이 기반 체계를 통해 기존 검색증강생성 모델의 한계를 넘어 더 지능적인 LLM 애플리케이션을 구축할 수 있습니다. 에이전트는 외부 정보를 원하는 만큼 검색할 수 있으며, 그 과정에서 서로 독립적으로 검색 시기 결정, 검색 전략 수립, 수집 정보 평가와 같은 작업을 수행하고, 각각의 검색 결과를 평가해 추가 정보가 필요하거나 검색 방향의 전환도 판단할 수 있습니다. 또한 에이전트는 상황에 따라 문제를 더 깊이 탐구해야 하는지 또는 사용자에게 추가 정보를 요청해야 하는지도 결정할 수 있습니다. 이러한 순환 과정은 에이전트가 적절한 답변을 제공하기에 충분한 정보를 수집하거나 답변을 찾을 수 없다고 판단할 때까지 계속됩니다.

에이전트 기반의 검색증강생성 기반 체계는 앞으로 임베디드 검색, 혼합 검색, 임베딩 파인튜닝과 같은 다양한 검색 도구의 효율성을 더욱 높이는 방향으로 발전할 것입니다. 가까운 시일 내에 검색증강생성에 대해 더 깊이 논의할 수 있기를 기대합니다.

CHAPTER 9

에이전트 6: 깃허브의 인기 에이전트 탐색 — AutoGPT, BabyAGI, CAMEL

예나가 사무실에 들어왔을 때, 태진은 그동안 작성했던 프로젝트 코드를 깃허브에 올리고 있었습니다. 깃허브의 개인 프로필 페이지는 그림 9.1과 같은 형태로 구성되어 있습니다.

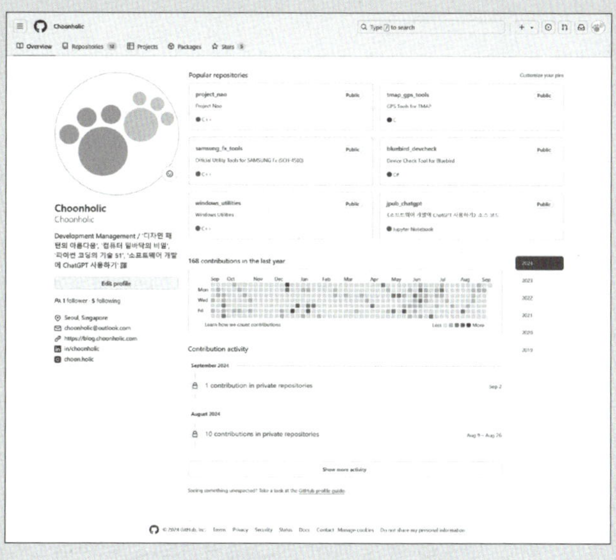

그림 9.1 깃허브의 개인 프로필 페이지

태진 예나 씨, 제가 지금까지 작성했던 모든 에이전트 구현 코드는 모두 깃허브에서 찾을 수 있을 거예요. 로컬 환경에 다운로드한 다음 실행하면 됩니다.

예나 고마워요, 태진 선배. 깃허브는 정말 보물 창고 같아요. 전 세계의 개발자들이 이 사이트에서 자신들의 코드를 공유하고 협력해 문제를 해결하니까요.

태진 (고개를 끄덕여 동의하며) 깃허브 커뮤니티는 규모도 크고 매우 활발합니다. 초보자부터 경험 많은 개발자까지 누구나 여기서 필요한 자원을 찾을 수 있죠. 인기 있는 인공지능 오픈 소스 프로젝트를 기반으로 최신 인공지능 기술과 도구를 신속하게 얻을 수 있기 때문에, '꽃말의 비밀 정원' 프로젝트의 개발 속도를 크게 향상시켜줄 거예요. 최근 인공지능이 빠르게 발전한 것도 인공지능 오픈 소스 커뮤니티의 협력이 있었기 때문이죠.

예나가 갑자기 무엇인가 생각난 듯 미소를 지었습니다.

예나 태진 선배, 최근 깃허브에 AutoGPT, BabyAGI, CAMEL, Generative Agents와 같은 다양한 에이전트들이 등장해 인기를 얻고 있는데, 소개해줄 수 있어요?

9.1 AutoGPT

태진 좋아요. 같이 한 번 알아봅시다. 먼저 한때 굉장한 화제가 되었던 AutoGPT부터 살펴볼까요?

AutoGPT 개요

AutoGPT는 스코틀랜드 소재의 비디오 게임 회사 시그니피컨트 그래비타스Significant Gravitas의 창립자이자 수석 개발자인 토란 브루스 리처즈Toran Bruce Richards가 개발한 오픈 소스 자율 인공지능 에이전트입니다. 이 에이전트는 OpenAI의 GPT-4 모델을 기반으로 하고 있으며, GPT-4 모델을 사용하여 자동으로 작업을 수행하는 초기 애플리케이션 중 하나입니다.

AutoGPT는 ChatGPT의 단일 대화 인터페이스와 달리, 사용자가 단일 프롬프트 또는 자연어 지시어 세트를 제공하면 자동화된 다단계 프롬프트 과정을 통해 목표를 여러 하위 작업으로 나누고 해당 작업들을 서로 자동으로 연결하여 사용자가 설정한 큰 목표를 달성합니다.

AutoGPT는 등장과 동시에 큰 주목을 받았고, 깃허브 추천 수도 1년 만에 15만 개로 급증했습니다. 이는 매우 놀라운 결과로 LangChain, LlamaIndex, OpenAI API의 추천 수를 모두 합친 것보다 많습니다. AutoGPT의 깃허브 추천 수 그래프는 그림 9.2와 같습니다.

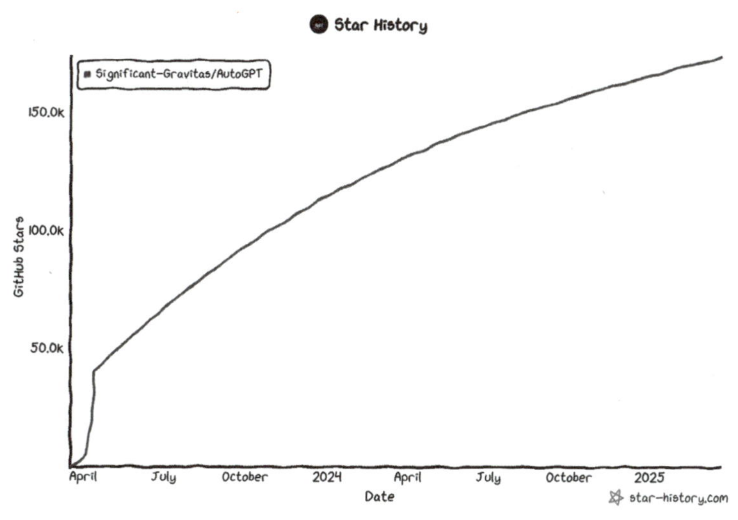

그림 9.2 AutoGPT의 깃허브 추천 수[1]

AutoGPT의 목표는 누구나 인공지능에 쉽게 접근하여 그 능력을 활용하고, 이를 바탕으로 장기적인 계획을 세우는 것입니다. 이 에이전트는 사람의 개입 없이 스스로 하위 작업을 계획하고 구체적인 작업을 실행하며 새로운 목표를 자동으로 제안함으로써 더 큰 목표를 실현할 수 있습니다.

AutoGPT가 프로젝트 웹사이트[2]에서 밝힌 사명mission은 다음과 같습니다.

1 옮긴이 https://star-history.com/#Significant-Gravitas/AutoGPT

2 옮긴이 https://github.com/Significant-Gravitas/AutoGPT

- 🏗 **구축**building – 놀라운 것들을 만들 수 있는 기반을 제공합니다.
- 🔧 **테스트**testing – 당신의 에이전트를 완벽한 상태로 조정하세요.
- 🤝 **위임**delegating – 인공지능이 당신의 아이디어를 현실로 구현하게 하세요.

AutoGPT가 등장한 시점[3]에 ChatGPT에는 아직 인터넷 검색 기능이 통합되지 않은 상태[4]였습니다. 따라서 당시 AutoGPT의 핵심 장점 중 하나는 자동으로 인터넷에서 정보를 수집하여 사용자의 작업을 보조할 수 있다는 것이었습니다. 이 기능은 특히 자동으로 정보를 수집하고 정리하는 데 유용하여 독서, 글쓰기, 데이터 분석, 법률 계약서 작성 등의 연구와 작업에서 활용되어 왔습니다.

그러나 실험적인 프로젝트인 AutoGPT는 많은 도전 과제에 직면해 있기도 합니다. 높은 운영 비용을 비롯하여 부족한 장기 기억으로 인한 집중력 상실이나 이전 작업 결과 유실과 같은 문제가 발생할 가능성이 있으며 대규모 작업을 하위 작업으로 나누는 데 어려움을 느끼거나 복잡한 문제를 처리할 때 무한 순환에 빠져 자원을 낭비하는 등의 문제도 발생합니다. 이 외에도 GPT-4 모델을 활용할 때 작업 속도가 느리다는 문제도 보이고 있습니다.

하지만 AutoGPT는 이러한 도전 과제에도 불구하고 오픈 소스 프로젝트로서 인공지능의 자율 행동 능력의 한계를 보여주면서 자율 에이전트의 잠재력을 부각시키는 역할을 했습니다. 또한 인공지능의 방향성이 범용 인공지능artificial general intelligence, AGI으로 나아가고 있음을 실험적으로 검증했습니다. 인공지능 기술이 발전하고 GPT-4.0 API가 개방되면서 AutoGPT는 더 광범위한 자동화 애플리케이션을 실현할 수 있을 것으로 기대를 모으고 있으며, 인공지능 에이전트 간의 상호작용과 대화를 촉진하여 더욱 성숙한 모습으로 발전할 가능성을 보여주고 있습니다.

AutoGPT 실습

AutoGPT의 작동 원리를 이해하기 위한 간단한 실습 예제를 소개하겠습니다. ChatGPT와 비교했을 때, AutoGPT는 자동으로 활동을 하위 작업으로 분해하고 스스로 프롬프트를 제공하는 과정을 반복하면서 주어진 목표를 달성합니다.

---

3 AutoGPT가 등장한 지 채 1년이 되지 않았지만, 필자에게는 마치 몇 년이 지난 것처럼 느껴졌습니다. 그 몇 달 동안 인공지능 업계는 급격한 변화를 겪었고, 수많은 기술 경향이 나타났고 또한 사라졌습니다. AutoGPT 관련 내용을 정리하면서 인공지능의 빠른 발전은 새로운 기술을 순식간에 옛 기술로 전락하게 만들고 있다는 것을 뼈저리게 느끼고 있습니다.

4 옮긴이 물론 ChatGPT 역시 2024년 9월 기준으로 인터넷 검색뿐만 아니라 다중 형식 입력까지 지원하고 있습니다.

AutoGPT는 설치 패키지가 별도로 제공되지 않으므로, 코드를 적재하기 위해 다음과 같이 깃허브 저장소를 복제합니다.[5]

In
```
git clone https://github.com/Significant-Gravitas/AutoGPT
```

프로젝트 내의 `autogpt` 디렉터리에서 `.env.template`이라는 파일[6]을 찾을 수 있으므로, 그림 9.3과 같이 이 파일의 복사본을 생성하고 `.env`라는 이름으로 저장합니다.

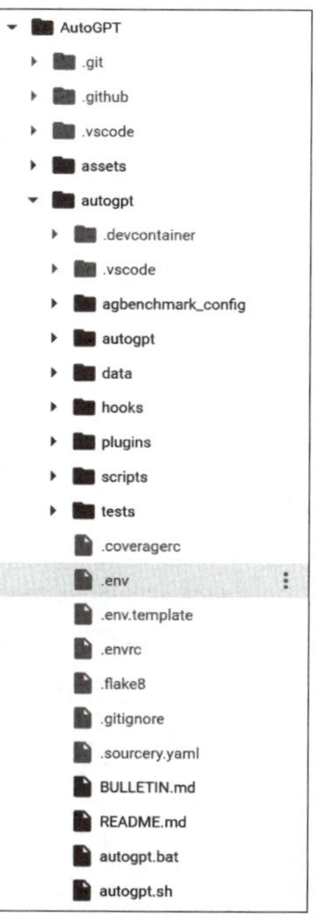

그림 9.3 .env.template 파일의 복사본인 .env 파일 생성하기

이제 `.env` 파일을 열어 `OPENAI_API_KEY` 항목의 주석 접두사인 `#`를 제거하고 OpenAI API 키를 설정합니다. 여기서 주의할 점은 API 키의 주변에 따옴표나 공백이 들어가면 안 된다는 것입니다.

5 옮긴이 윈도우에서 이 예제를 실행하려면 WSL2 환경과 WSL2와 연결된 Docker Desktop의 설치가 권장됩니다. Windows에서는 일부 기능이 정상적으로 실행되지 않을 수 있습니다.

6 옮긴이 일부 운영체제에서는 숨김 상태로 설정되어 있을 수 있습니다.

```
###########################################################################
### AutoGPT - GENERAL SETTINGS
###########################################################################

## OPENAI_API_KEY - OpenAI API Key (Example: sk-xxxxxxxxxxxxxxxxxxxxxxxxxxxxxxxxxxxxxxxxxxxx)
OPENAI_API_KEY=OpenAIKey
```

AutoGPT는 멀티모들을 처리할 수 있으므로, 이를 위해 `.env` 환경 설정 파일에 이미지 생성 제공자인 HuggingFace의 API 토큰이나 Stable Diffusion의 WebUI 인증 정보를 비롯한 다양한 설정 정보를 지정할 수 있습니다. 설정 항목을 활성화하거나 조정할 때는 OpenAI API 키를 설정할 때와 마찬가지로 주석 접두사인 `#`를 제거하는 것을 잊으면 안 됩니다.

OpenAI API 키를 설정했다면, 다음 명령어를 실행해 관련 패키지를 설치하고 에이전트의 생성을 준비합니다.[7]

```
./autogpt.sh --help
```

```
Installing the current project: agpt (0.5.0)

Finished installing packages! Starting AutoGPT...

Usage: autogpt [OPTIONS] COMMAND [ARGS]...

Options:
  --help  Show this message and exit.

Commands:
  run    Sets up and runs an agent, based on the task specified by the...
  serve  Starts an Agent Protocol compliant AutoGPT server, which creates...
```

다음 명령어를 통해 실행 관련 매개변수를 확인할 수 있습니다.

7 옮긴이 WSL2 환경일 경우 Poetry(https://python-poetry.org/)를 먼저 설치해야 합니다.

```
./autogpt.sh run --help
```

여기서는 관련 내용에 대해 자세히 다루는 대신, 곧바로 AutoGPT를 실행하여 그 능력을 체험해 보겠습니다.

예나 좋아요, 태진 선배!

```
python3 -m autogpt
```

먼저 그림 9.4와 같이 프로젝트 관련 최신 정보가 표시됩니다.

```
choonholic@CH-NUC11:~/AutoGPT/autogpt$ python3 -m autogpt

? Do you want to enable telemetry? ?
This means AutoGPT will send diagnostic data to the core development team when something
goes wrong, and will help us to diagnose and fix problems earlier and faster. It also
allows us to collect basic performance data, which helps us find bottlenecks and other
things that slow down the application.

By entering 'yes', you confirm that you have read and agree to our Privacy Policy,
which is available here:
https://www.notion.so/auto-gpt/Privacy-Policy-ab11c9c20dbd4de1a15dcffe84d77984

Please enter 'yes' or 'no': yes
  Thank you! Telemetry is enabled.
 If you ever change your mind, you can change 'TELEMETRY_OPT_IN' in .env

2024-09-08 19:59:10,144      HTTP Request: GET https://api.openai.com/v1/models "HTTP/1.1 200 OK"
2024-09-08 19:59:10,641      HTTP Request: GET https://api.openai.com/v1/models "HTTP/1.1 200 OK"
2024-09-08 19:59:10,978      HTTP Request: GET https://api.openai.com/v1/models "HTTP/1.1 200 OK"
2024-09-08 19:59:14,654      NEWS: Welcome to AutoGPT!
2024-09-08 19:59:14,654      NEWS: Below you'll find the latest AutoGPT News and feature updates!
2024-09-08 19:59:14,654      NEWS: If you don't wish to see this message, you can run AutoGPT with the --skip-news flag.
2024-09-08 19:59:14,654      NEWS:
2024-09-08 19:59:14,654      NEWS:
2024-09-08 19:59:14,654      NEWS:
2024-09-08 19:59:14,654      NEWS: QUICK LINKS
2024-09-08 19:59:14,654      NEWS: --------------
2024-09-08 19:59:14,654      NEWS:  Official Website: https://agpt.co.
2024-09-08 19:59:14,654      NEWS:  User Guide: https://docs.agpt.co/autogpt.
2024-09-08 19:59:14,655      NEWS:  Contributors Wiki: https://github.com/Significant-Gravitas/AutoGPT/wiki/Contributing.
2024-09-08 19:59:14,655      NEWS:
2024-09-08 19:59:14,655      NEWS: v0.5.0 RELEASE HIGHLIGHTS!
2024-09-08 19:59:14,655      NEWS: ------------------------------
2024-09-08 19:59:14,655      NEWS: Cloud-readiness, a new UI, support for the newest Agent Protocol version, and much more:
2024-09-08 19:59:14,655      NEWS: v0.5.0 is our biggest release yet!
2024-09-08 19:59:14,655      NEWS:
2024-09-08 19:59:14,655      NEWS: Take a look at the Release Notes on Github for the full changelog:
2024-09-08 19:59:14,655      NEWS: https://github.com/Significant-Gravitas/AutoGPT/releases.
2024-09-08 19:59:14,656      NEWS:
```

그림 9.4 AutoGPT 실행 시 표시되는 프로젝트 최신 정보

이제 그림 9.5와 같이 AutoGPT에게 여러분이 원하는 목표 작업을 알려줍니다.

```
2024-09-08 20:00:58,124      Smart LLM: gpt-4-turbo
2024-09-08 20:00:58,124      Fast LLM: gpt-3.5-turbo
2024-09-08 20:00:58,125      Code Execution: ENABLED
Enter the task that you want AutoGPT to execute, with as much detail as possible: 저는 서울의 장미꽃 시장 동향을 조사하고 싶습니다.
```

그림 9.5 AutoGPT에게 목표 작업 지정하기

이어서 에이전트의 이름과 역할을 지정할지 물어보면 그림 9.6과 같이 지정해줍니다. 이때 제약 조건constraints, 사용 가능한 자원resources, 모범 사례best practices와 같은 행동 지침도 함께 지정할 수 있습니다.

```
2024-09-08 20:59:18,551 INFO Current AI Settings:
2024-09-08 20:59:18,552 INFO -------------------:
2024-09-08 20:59:18,552 INFO Name : FlowerAgent
2024-09-08 20:59:18,552 INFO Role : A specialized agent that conducts comprehensive market research on the rose flower market in Seoul, providing insights into c
onsumer demand, competition, pricing, and distribution channels.
2024-09-08 20:59:18,552 INFO Constraints:
2024-09-08 20:59:18,552 INFO - Exclusively use the commands listed below.
2024-09-08 20:59:18,552 INFO - You can only act proactively, and are unable to start background jobs or set up webhooks for yourself. Take this into account when
 planning your actions.
2024-09-08 20:59:18,552 INFO - You are unable to interact with physical objects. If this is absolutely necessary to fulfill a task or objective or to complete a
step, you must ask the user to do it for you. If the user refuses this, and there is no other way to achieve your goals, you must terminate to avoid wasting time
and energy.
2024-09-08 20:59:18,552 INFO - Do not use or cite sources that are outdated or contain inaccurate information.
2024-09-08 20:59:18,552 INFO - Ensure the research is specific to the Seoul region and not generalized to other areas.
2024-09-08 20:59:18,553 INFO - Avoid disclosing any sensitive information or personal data harvested during the research.
2024-09-08 20:59:18,553 INFO - Respect copyright laws and cite sources properly when necessary.
2024-09-08 20:59:18,553 INFO Resources:
2024-09-08 20:59:18,553 INFO - Internet access for searches and information gathering.
2024-09-08 20:59:18,553 INFO - The ability to read and write files.
2024-09-08 20:59:18,553 INFO - You are a Large Language Model, trained on millions of pages of text, including a lot of factual knowledge. Make use of this factu
al knowledge to avoid unnecessary gathering of information.
2024-09-08 20:59:18,553 INFO Best practices:
2024-09-08 20:59:18,553 INFO - Continuously review and analyze your actions to ensure you are performing to the best of your abilities.
2024-09-08 20:59:18,553 INFO - Constructively self-criticize your big-picture behavior constantly.
2024-09-08 20:59:18,553 INFO - Reflect on past decisions and strategies to refine your approach.
2024-09-08 20:59:18,553 INFO - Every command has a cost, so be smart and efficient. Aim to complete tasks in the least number of steps.
2024-09-08 20:59:18,554 INFO - Only make use of your information gathering abilities to find information that you don't yet have knowledge of.
2024-09-08 20:59:18,554 INFO - Conduct a thorough analysis of both online and offline venues where roses are sold in Seoul, including florists, supermarkets, and
 online platforms.
2024-09-08 20:59:18,554 INFO - Evaluate consumer behavior and preferences towards different types of roses, including distinctions in color, size, and scent.
2024-09-08 20:59:18,554 INFO - Assess the competitive landscape by identifying key players in the Seoul rose market and analyzing their market strategies.
2024-09-08 20:59:18,554 INFO - Investigate pricing trends and factors affecting the price of roses in Seoul, such as seasonality and import rates.
2024-09-08 20:59:18,554 INFO - Gather information on distribution channels and logistics that impact the availability and delivery of roses in Seoul.
Continue with these settings? [Y/n]
```

그림 9.6 에이전트의 기본 설정과 행동 지침 지정

이제 AutoGPT가 작업을 수행하기 시작합니다. AutoGPT의 작업 내용 일부는 그림 9.7에서 확인할 수 있습니다.[8]

```
2024-09-08 21:00:15,129 INFO  -  Begin by reading the webpage of the first URL in the list of search results to gather detailed information about their market off
erings and services.
2024-09-08 21:00:15,129 INFO  -  Based on insights, continue to analyze other competitors or gather more specific data as needed to get a complete picture of the
competitive landscape.
2024-09-08 21:00:15,129 INFO  CRITICISM: Although the information might focus primarily on services and product range, additional research could be required to fu
lly grasp the companies' market share, customer reviews, and their impact on the overall market.
2024-09-08 21:00:15,129 INFO  SPEAK: I will now extract detailed insights from the webpage of Korea Flower Gift, one of the prominent flower delivery services, to
 understand their offerings and market positioning.

2024-09-08 21:00:15,129 INFO  NEXT ACTION: COMMAND = read_webpage  ARGUMENTS = {'url': 'https://www.ivisitkorea.com/florists-and-flower-delivery-services-in-korea
/', 'topics_of_interest': ['flower delivery services', 'market offerings', 'services']}
2024-09-08 21:00:44,420 INFO  FLOWERAGENT THOUGHTS: To conclude the research according to the gathered data, a summary report should be composed outlining key fin
dings about the competitive landscape, distribution channels, consumer preferences, and pricing trends of Seoul's rose market, integrating insights from previous
steps.
2024-09-08 21:00:44,420 INFO  REASONING: A compiled report will provide a comprehensive, easily accessible document reflecting all critical aspects of the study,
useful for business decision-making and strategic planning related to the rose market in Seoul.
2024-09-08 21:00:44,421 INFO  PLAN:
2024-09-08 21:00:44,421 INFO  -  Summarize research findings into a well-structured report.
2024-09-08 21:00:44,421 INFO  -  Ensure all key elements of the Seoul rose market are clarified.
2024-09-08 21:00:44,421 INFO  -  Present the summary to move towards closing the task.
2024-09-08 21:00:44,421 INFO  CRITICISM: The information primarily covered descriptions and services of individual companies without depth into broader market tre
nds or external factors affecting these businesses, which might have been valuable additions.
2024-09-08 21:00:44,421 INFO  SPEAK: I will now create a summarized report on the research findings about Seoul's rose market, integrating all relevant data and i
nsights.

2024-09-08 21:00:44,421 INFO  NEXT ACTION: COMMAND = write_file  ARGUMENTS = {'filename': 'Seoul_Rose_Market_Research_Report.txt', 'contents': "Summary Report on
Seoul's Rose Market\n\nMarket Trends:\nThe rose flower market in Seoul embraces sustainability with markets offering organic and eco-friendly roses. The market se
rves as a vibrant community space, blending tradition with modernity.\n\nCompetitive Landscape:\n- 99Flower\n  * Specialty: Flowers and Wreath\n  * Starting Price
: 57,200 won\n  * Payment Methods: Credit card, Samsung Pay, Kakao Pay, Payco, Bank Account\n- Flower Korea\n  * Specialty: Flowers and Gifts\n  * Starting Price:
 64,000 won\n  * Payment Methods: Credit card, PayPal, Western Union, Bank Account\n- Forever Florist in Korea\n  * Specialty: Rose gift boxes, luxury combos\n  *
 Starting Price: Below $50\n- Flowerkorea.kr\n  * Specialty: Premium roses, hamper & gift baskets\n  * Lowest Price: $64\n- Flowers to Korea\n  * Specialty: Rose
baskets\n  * Lowest Price: $45\n\nConsumer Preferences:\nConsumers in Seoul show a preference for sustainable and uniquely meaningful floral arrangements.\n\nDist
ribution Channels:\nIncludes numerous florists offering online and physical store sales with options for local and international delivery.\n\nPricing Trends:\nPri
ces vary with the type of flower arrangement and services, starting as low as $45 for rose baskets to higher-end options.\n\nThis report provides an overview of t
he key aspects of the rose flower market in Seoul, highlighting sustainable practices, consumer preferences, and competitive landscape."}
2024-09-08 21:00:51,424 INFO  SYSTEM: File Seoul_Rose_Market_Research_Report.txt has been written successfully.
2024-09-08 21:00:59,101 INFO  HTTP Request: POST https://api.openai.com/v1/chat/completions "HTTP/1.1 200 OK"
2024-09-08 21:00:59,150 INFO  FLOWERAGENT THOUGHTS: Having completed the task of generating a comprehensive report on the trends, competition, consumer behavior,
and other relevant aspects of the rose market in Seoul, the task specified by the user is now effectively fulfilled.
2024-09-08 21:00:59,150 INFO  REASONING: The resulting document consolidates all necessary information and provides a clear overview that can assist stakeholders
in understanding the market landscape for strategic decision-making.
2024-09-08 21:00:59,150 INFO  PLAN:
2024-09-08 21:00:59,150 INFO  -  Inform the user of task completion.
2024-09-08 21:00:59,150 INFO  -  Offer the option to retrieve or review the written report.
2024-09-08 21:00:59,150 INFO  CRITICISM: While the task at hand has been fully addressed, ensuring ongoing monitoring of the market might provide continued insigh
ts, although this was not requested and falls outside my current directive.
```

그림 9.7 AutoGPT의 작업 내용

8 옮긴이 내용이 너무 방대하고 웹사이트의 검색 결과와 같은 내용들이 계속 이어지기 때문에, 해당 부분을 제외한 에이전트의 사고 부분만 정리했습니다.

이 작업 과정은 다음과 같이 요약할 수 있습니다.

1. 인공지능 매개변수 설정: `FlowerAgent` 에이전트의 역할을 마케팅 도우미로 정의하고, 나열된 명령만 사용할 것, 백그라운드 작업을 실행하지 않을 것, 웹훅을 설정하지 않을 것, 물리적 객체와 상호작용하지 않을 것, 서울에 한정하여 연구할 것 등과 같은 여러 가지 제약 조건을 설정합니다. 또한 민감한 정보나 개인 정보를 누출하지 않도록 하고, 저작권 법을 준수하며 출처를 적절하게 인용하도록 설정했습니다.
2. 자원 수집과 실행: 에이전트에게 인터넷 접근 권한과 파일 작성 권한을 부여하여 정보를 수집하고 이를 LLM의 사실 기반 지식으로 사용하도록 지정했습니다. 이와 동시에 자신의 행동을 지속적으로 검토하고 분석하여 최선의 방법을 따르도록 설정했습니다.
3. 계획 실행: 에이전트는 서울의 장미 시장에 대한 정보를 수집하기 위해 웹 검색을 통해 소비자 선호도, 경쟁 구도, 가격 추세, 유통 물류 정보를 얻고자 계획했습니다.
4. 통찰 획득: 먼저 꽃 시장에 대한 통찰을 얻기 위해 유럽의 유명 꽃 전자상거래 업체의 웹사이트에서 관련 정보를 수집했습니다.
5. 웹 검색: 통찰을 바탕으로 국내의 다양한 웹사이트를 검색하고 이들의 판매 전략과 시장에 미치는 효과를 수집했습니다. 이어서 좀 더 검색 범위를 좁혀서 원하는 답변으로 접근해갑니다.
6. 수집한 정보의 정리: 수집한 정보를 전체적으로 탐색하면서 필요한 정보를 정리합니다.
7. 보고서 작성: 정리한 내용을 바탕으로 `Seoul_Rose_Market_Research_Report.txt`라는 이름의 최종 보고서 파일을 텍스트 파일로 작성해 저장하고 작업을 종료합니다.

AutoGPT는 기본적으로 작업을 수행할 때 먼저 포괄적인 초기 검색을 통해 통찰을 얻고, 이 통찰을 바탕으로 검색 전략을 조정하여 특정 연구 목표에 맞게 작업 계획을 최적화합니다. 동시에 작업을 수행하는 동안 설정된 제약 조건과 최선의 방법을 따릅니다. 이는 에이전트의 안전성과 규정 준수에 있어 매우 중요한 부분입니다. 물론 AutoGPT가 제공하는 결과의 가치에 대해서는 사람마다 다르게 느껴질 수도 있을 것입니다.

예나 태진 선배, 만약 목표가 더 명확하고 구체적이면 더 가치 있는 제안을 얻을 수 있을 것 같아요.

태진 아!

9.2 BabyAGI

에이전트의 세계에도 '쌍둥이'가 있습니다. BabyAGI와 AutoGPT는 마치 쌍둥이처럼 비슷한 시기에 등장했을 뿐만 아니라, 개념도 유사합니다.

BabyAGI 개요

BabyAGI는 요헤이 나카지마Yohei Nakajima[9]가 2023년 3월에 구상한 혁신적인 자율 작업 지향형 에이전트입니다. BabyAGI의 핵심 개념은 에이전트가 설정된 목표에 따라 작업의 생성, 조직, 우선순위 지정, 실행 과정을 수행하는 것입니다. 이 인공지능 기반 작업 관리 시스템의 주요 기능은 다음과 같은 세 가지 요소로 구성되어 있습니다.

- OpenAI의 자연어 처리와 LLM의 사고 능력을 사용한 작업 생성, 정렬, 실행
- Pinecone과 같은 벡터 데이터베이스 엔진을 활용한 작업 결과 저장, 검색과 이를 통한 문맥 제공
- LangChain 기반 체계를 사용한 의사 결정

9 옮긴이 벤처 투자 업체인 Untapped Capital의 공동창업자로서, 벤처 투자자이자 개발자로 활동하고 있습니다.

NOTE

요헤이 나카지마는 벤처 투자자이자 혁신가입니다. 그는 끊임없는 호기심을 바탕으로 전통에 도전하고 새로운 분야를 탐구하는 데 열정적입니다. 그는 노코드 개발no-code development, Web3, 인공지능을 결합하는 공개 개발build-in-public 방식으로 혁신적인 생태계를 조성했습니다. 그가 기술 분야에 기여한 대표적인 성과는 BabyAGI로, 이는 자율 에이전트 시대의 시작을 알린 혁신적인 프로젝트입니다.

BabyAGI의 설계 영감은 나카지마가 인공지능이 스스로 회사를 운영할 수 있는 인공지능 창업가artificial intelligence founder 개념에 매료된 것에서 시작되었습니다. 그는 이 아이디어를 바탕으로 ChatGPT에 프롬프트를 입력하며 설계를 점진적으로 구체화했고, 마침내 BabyAGI라는 이름을 가진 작업 가능한 프로토타입이 탄생했습니다. BabyAGI는 초기 범용 인공지능을 목표로 에이전트를 구축하는 데 집중하고 있으며, 강화학습과 지식 전이를 통해 에이전트의 지능 수준을 높이는 것을 지향하고 있습니다.

BabyAGI의 핵심 설계는 작업을 동적으로 생성하는 것이며, 이러한 작업은 이전 작업의 결과와 특정 목표에 의해 영향을 받습니다. BabyAGI는 AutoGPT와 마찬가지로 등장 이후 큰 주목을 받았으며, 일부에서는 이를 완전 자율 인공지능의 시작점으로 평가했습니다. AutoGPT와 비교하면 BabyAGI는 외부 지식을 검색하는 대신 아이디어 구상에 집중하며, 인터넷에서 정보를 검색하는 과정을 생략해 작업이 혼란에 빠지지 않도록 합니다.

BabyAGI의 작업 흐름은 다음과 같습니다.

1. 작업 목록에서 첫 번째 작업을 추출합니다.
2. OpenAI API를 사용해 작업을 실행합니다.
3. Chroma나 Pinecone과 같은 벡터 데이터베이스에 결과를 저장합니다.
4. 이전 작업의 목표와 결과에 따라 새로운 작업을 생성하고 우선순위를 설정합니다.

이와 같이 BabyAGI의 작업 흐름은 작업 실행, 결과 저장, 작업 생성, 작업 우선순위 설정이라는 네 가지 주요 단계로 구성됩니다. BabyAGI는 이 네 가지 단계를 계속 반복하며, 이전 작업의 목표와 결과에 따라 새로운 작업을 생성합니다.

그림 9.8은 BabyAGI의 작업 흐름을 도식화한 것입니다.

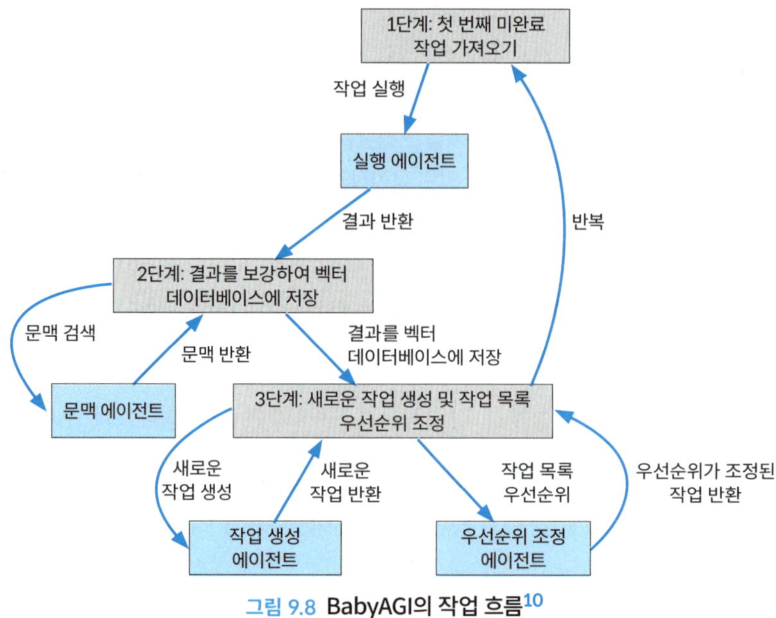

그림 9.8 **BabyAGI의 작업 흐름**[10]

전체 작업 흐름에서 작업을 실행하는 것은 다음과 같이 서로 다른 역할을 하는 세 종류의 에이전트가 담당합니다.

- 실행 에이전트execution agent: 시스템의 핵심 부분으로 OpenAI API를 사용해 작업을 처리합니다. 이 에이전트의 구현 함수는 목표와 작업이라는 두 개의 매개변수를 가지며, 이를 OpenAI API에 전달해 프롬프트를 보내고 문자열 형태로 작업 결과를 받습니다.
- 작업 생성 에이전트task creation agent: 현재 목표와 이전 작업 결과를 바탕으로 OpenAI API를 사용해 새로운 작업을 생성합니다. 이 에이전트의 구현 함수는 목표, 이전 작업 결과, 작업 설명, 현재 작업 목록이라는 네 개의 매개변수를 가지고, 에이전트는 먼저 OpenAI API에 프롬프트를 보내고 문자열 형태로 새로운 작업 목록을 받습니다. 이를 바탕으로 다시 작업 이름을 포함하는 사전 목록 형태로 새로운 작업들을 반환합니다.
- 작업 우선순위 설정 에이전트prioritization agent: OpenAI API를 호출하여 작업 목록의 우선순위를 설정합니다. 이 에이전트의 구현 함수는 현재 작업 ID라는 매개변수를 가지며, OpenAI API

10 옮긴이 https://github.com/yoheinakajima/babyagi

에 프롬프트를 보내 우선순위가 부여된 새로운 작업 목록을 반환합니다.

예나 태진 선배, 그렇다면 BabyAGI와 AutoGPT의 차이점은 무엇인가요?

태진 좋은 질문이에요. 본질적으로 둘 다 계획과 실행 기반의 에이전트로, 작업을 계획하고 하위 작업을 실행하는 데 중점을 두고 있어요. 단지 AutoGPT는 검색 기반 기억 시스템을 사용해 중간 에이전트 단계를 처리하고 다음 하위 작업을 동적으로 계획해나가는 반면에, BabyAGI는 한 번에 일련의 작업을 계획해 진행한다는 차이가 있어요. BabyAGI의 이러한 처리 방식은 모델이 더 복잡한 작업을 수행하고 원래 목표에 집중하는 데 도움이 됩니다.

BabyAGI는 간단한 작업부터 복잡한 다단계 작업 관리에 이르기까지 다양한 작업에 적합하기 때문에 프로젝트 관리, 데이터 입력 등 다양한 애플리케이션에서 활용할 수 있습니다. BabyAGI는 향후 보안 에이전트 통합, 병렬 작업 실행 등의 기능을 포함하여 자율성을 더욱 발전시킬 계획입니다.

BabyAGI 실습

그럼 이제 BabyAGI의 관련 기능을 실습 예제를 통해 소개해보겠습니다.

먼저, 필요한 라이브러리와 모듈을 가져옵니다.[11]

In

```
# OpenAI API 키 설정
import os

os.environ["OPENAI_API_KEY"] = 'OpenAI API Key'

# 라이브러리와 모듈 가져오기
import faiss

from collections import deque
```

11 옮긴이 라이브러리 설치는 다음 명령을 통해 할 수 있습니다. `pip install faiss-cpu`

```
from langchain.chains import LLMChain
from langchain.chains.base import Chain
from langchain.docstore import InMemoryDocstore
from langchain.llms import BaseLLM
from langchain_openai import OpenAIEmbeddings, OpenAI
from langchain.prompts import PromptTemplate
from langchain.vectorstores import FAISS
from langchain.vectorstores.base import VectorStore
from langchain_experimental.autonomous_agents import BabyAGI
from pydantic import BaseModel, Field
from typing import Dict, List, Optional, Any
```

이어서 `OpenAIEmbeddings`를 임베딩 모델로 사용하고, `Faiss`를 벡터 데이터베이스로 사용하여 작업 정보를 저장합니다. 물론 다른 임베딩 모델과 벡터 데이터베이스를 사용할 수도 있습니다.

In

```
# 임베딩 모델 정의
embeddings_model = OpenAIEmbeddings()

# 벡터 데이터베이스 초기화
embedding_size = 1536
index = faiss.IndexFlatL2(embedding_size)
vectorstore = FAISS(embeddings_model, index, InMemoryDocstore({}), {})
```

이제 작업 생성 연쇄task creation chain를 정의합니다. 이 연쇄는 주어진 조건을 바탕으로 새로운 작업을 생성합니다. 예를 들어 마지막으로 완료된 작업의 결과를 기반으로 새로운 작업을 생성합니다.

In

```
# 작업 생성 연쇄 정의
class TaskCreationChain(LLMChain):
    """작업 생성을 담당하는 연쇄"""

    @classmethod
    def from_llm(cls, llm: BaseLLM, verbose: bool = True) -> LLMChain:
        """LLM에서 응답 분석기 가져오기"""
        task_creation_template = (
            "You are a task creation AI that uses the result of an execution agent"
            " to create new tasks with the following objective: {objective},"
            " The last completed task has the result: {result}."
```

```
        " This result was based on this task description: {task_description}."
        " These are incomplete tasks: {incomplete_tasks}."
        " Based on the result, create new tasks to be completed"
        " by the AI system that do not overlap with incomplete tasks."
        " Return the tasks as an array."

    )

    prompt = PromptTemplate(
        template=task_creation_template,
        input_variables=[
            "result",
            "task_description",
            "incomplete_tasks",
            "objective"
        ],
    )

    return cls(prompt=prompt, llm=llm, verbose=verbose)
```

이어서 작업 우선순위 연쇄task prioritization chain를 정의합니다. 이 연쇄는 작업의 우선순위를 다시 정렬하는 역할을 합니다. 작업 목록을 받아 새로운 우선순위로 정렬된 작업 목록을 반환합니다.

In

```
# 작업 우선순위 연쇄 정의
class TaskPrioritizationChain(LLMChain):
    """작업 우선순위 정렬을 담당하는 연쇄"""

    @classmethod
    def from_llm(cls, llm: BaseLLM, verbose: bool = True) -> LLMChain:
        """LLM에서 응답 분석기 가져오기"""
        task_prioritization_template = (
            "You are a task prioritization AI tasked with cleaning the formatting of and
reprioritizing"
            " the following tasks: {task_names}."
            " Consider the ultimate objective of your team: {objective}."
            " Do not remove any tasks. Return the result as a numbered list, like:"
            " #. First task"
            " #. Second task"
            " Start the task list with number {next_task_id}."
        )
```

```
        prompt = PromptTemplate(
            template=task_prioritization_template,
            input_variables=[
                "task_names",
                "next_task_id",
                "objective"],
        )

        return cls(prompt=prompt, llm=llm, verbose=verbose)
```

이어서 작업 실행 연쇄execution chain를 정의합니다. 이 연쇄는 구체적인 작업을 실행하고 결과를 반환하는 역할을 합니다.

In

```
# 작업 실행 연쇄 정의
class ExecutionChain(LLMChain):
    """작업 실행을 담당하는 연쇄"""

    @classmethod
    def from_llm(cls, llm: BaseLLM, verbose: bool = True) -> LLMChain:
        """LLM에서 응답 분석기 가져오기"""
        execution_template = (
            "You are an AI who performs one task based on the following objective:
{objective}."
            " Take into account these previously completed tasks: {context}."
            " Your task: {task}."
            " Response:"
        )

        prompt = PromptTemplate(
            template=execution_template,
            input_variables=[
                "objective",
                "context",
                "task"
            ],
        )

        return cls(prompt=prompt, llm=llm, verbose=verbose)
```

이제 구체적인 기능을 구현하는 get_next_task, prioritize_tasks, _get_top_tasks, execute_ task 함수를 정의합니다.

In

```
# 다음 작업 가져오기
def get_next_task(
    task_creation_chain: LLMChain,
    result: Dict,
    task_description: str,
    task_list: List[str],
    objective: str
) -> List[Dict]:
    """다음 작업을 가져옵니다."""
    incomplete_tasks = ", ".join(task_list)
    response = task_creation_chain.run(
        result=result,
        task_description=task_description,
        incomplete_tasks=incomplete_tasks,
        objective=objective,
    )
    new_tasks = response.split("\n")
    return [{"task_name": task_name} for task_name in new_tasks if task_name.strip()]

# 작업 우선순위 설정
def prioritize_tasks(
    task_prioritization_chain: LLMChain,
    this_task_id: int,
    task_list: List[Dict],
    objective: str
) -> List[Dict]:
    """작업의 우선순위를 설정합니다."""
    task_names = [t["task_name"] for t in task_list]
    next_task_id = int(this_task_id) + 1
    response = task_prioritization_chain.run(
        task_names=task_names,
        next_task_id=next_task_id,
        objective=objective
    )
    new_tasks = response.split("\n")
    prioritized_task_list = []

    for task_string in new_tasks:
        if not task_string.strip():
            continue
```

```
        task_parts = task_string.strip().split(".", 1)

        if len(task_parts) == 2:
            task_id = task_parts[0].strip()
            task_name = task_parts[1].strip()
            prioritized_task_list.append({"task_id": task_id, "task_name": task_name})

    return prioritized_task_list

# 최상위 작업 가져오기
def _get_top_tasks(
    vectorstore, query: str,
    k: int
) -> List[str]:
    """요청을 기반으로 상위 k개의 작업을 가져옵니다."""
    results = vectorstore.similarity_search_with_score(query, k=k)

    if not results:
        return []

    sorted_results, _ = zip(*sorted(results, key=lambda x: x[1], reverse=True))
    return [str(item.metadata["task"]) for item in sorted_results]

# 작업 실행
def execute_task(
    vectorstore,
    execution_chain: LLMChain,
    objective: str,
    task: str,
    k: int = 5
) -> str:
    """작업을 실행합니다."""
    context = _get_top_tasks(vectorstore, query=objective, k=k)
    return execution_chain.run(objective=objective, context=context, task=task)
```

이제 `__main__` 함수를 작성하여 실행 부분을 구현합니다. 이 함수에서는 '오늘 서울의 날씨를 분석하고, 꽃을 저장할 전략을 수립하라'라는 목표를 설정한 후, BabyAGI를 초기화하고 실행합니다.

In

```
# 주 기능 실행 부분
if __name__ == "__main__":
    OBJECTIVE = "서울의 오늘 기후를 분석하고, 꽃 보관 전략을 작성하세요."
```

```python
    llm = OpenAI(temperature=0)
    verbose = False
    max_iterations: Optional[int] = 6

    # BabyAGI 에이전트 초기화 및 실행
    baby_agi = BabyAGI.from_llm(
        llm=llm,
        vectorstore=vectorstore,
        verbose=verbose,
        max_iterations=max_iterations
    )

    baby_agi({"objective": OBJECTIVE})
```

코드를 실행하면 BabyAGI가 먼저 다음과 같이 할 일 목록을 작성합니다.

Out

```
*****TASK LIST*****

1: Make a todo list

*****NEXT TASK*****

1: Make a todo list

*****TASK RESULT*****

1. Gather data on current weather conditions in Seoul.
2. Analyze the data to determine temperature, humidity, and precipitation levels.
3. Research optimal storage conditions for flowers.
4. Consider the current weather conditions and optimal storage conditions to create a
flower storage strategy.
5. Determine which types of flowers are most commonly found in Seoul.
6. Research the ideal temperature and humidity levels for each type of flower.
7. Create a list of recommended storage methods for each type of flower.
8. Consider any potential changes in weather patterns or upcoming events that may affect
the storage of flowers.
9. Develop a contingency plan for unexpected weather conditions.
10. Present the flower storage strategy and contingency plan to relevant parties for
approval.
```

BabyAGI가 작성한 할 일 목록은 다음과 같습니다.

1. 현재 서울의 날씨 조건을 조사합니다.
2. 데이터를 분석하여 온도, 습도, 강수량 수준을 파악합니다.
3. 꽃의 최적 보관 조건에 대해 연구합니다.
4. 현재 날씨 조건과 꽃의 최적 보관 조건을 고려하여 꽃의 보관 전략을 수립합니다.
5. 서울에서 가장 흔히 볼 수 있는 꽃 종류를 파악합니다.
6. 각각의 꽃 종류에 대한 이상적인 온도와 습도 수준을 연구합니다.
7. 각각의 꽃 종류에 맞는 추천 보관 방법 목록을 작성합니다.
8. 날씨 패턴 변화나 향후 이벤트와 같이 꽃의 보관에 영향을 미칠 수 있는 요소를 고려합니다.
9. 예상치 못한 날씨 변화에 대비한 비상 계획을 수립합니다.
10. 꽃 보관 전략과 비상 계획을 관련 부서에 제출하여 승인을 받습니다.

첫 번째 작업 결과를 기반으로 작성된 우선순위를 고려한 작업 목록은 다음과 같습니다.

Out

```
*****TASK LIST*****

1: Gather data on current weather conditions in Seoul.
2: Analyze the data to determine temperature, humidity, and precipitation levels.
3: Research optimal storage conditions for flowers.
4: Consider the current weather conditions and optimal storage conditions to create a
flower storage strategy.
5: Determine which types of flowers are most commonly found in Seoul.
6: Research the ideal temperature and humidity levels for each type of flower.
7: Create a list of recommended storage methods for each type of flower.
8: Consider any potential changes in weather patterns or upcoming events that may affect
the storage of flowers.
9: Develop a contingency plan for unexpected weather conditions.
10: Present the flower storage strategy and contingency plan to relevant parties for
approval.
11: Identify potential sources of flowers in Seoul.
12: Research the best methods for transporting flowers in different weather conditions.
13: Create a schedule for regularly checking and maintaining the storage conditions for
flowers.
14: Determine the appropriate storage containers for each type of flower.
15: Consider the cultural significance of flowers in Seoul and incorporate it into the
storage strategy.
```

```
16: Develop a plan for disposing of flowers that are no longer usable.
17: Research the impact of air pollution on flower storage and incorporate measures to
mitigate it.
18: Create a budget for
```

1. 현재 서울의 날씨 조건을 조사합니다.
2. 데이터를 분석하여 온도, 습도, 강수량 수준을 파악합니다.
3. 꽃의 최적 보관 조건에 대해 연구합니다.
4. 현재 날씨 조건과 꽃의 최적 보관 조건을 고려하여 꽃 보관 전략을 수립합니다.
5. 서울에서 가장 흔히 볼 수 있는 꽃 종류를 파악합니다.
6. 각각의 꽃 종류에 대한 이상적인 온도와 습도 수준을 연구합니다.
7. 각각의 꽃 종류에 맞는 추천 보관 방법 목록을 작성합니다.
8. 날씨 패턴 변화나 향후 이벤트와 같이 꽃의 보관에 영향을 미칠 수 있는 요소를 고려합니다.
9. 예상치 못한 날씨 변화에 대비한 비상 계획을 수립합니다.
10. 꽃의 보관 전략과 비상 계획을 관련 부서에 제출하여 승인을 받습니다.
11. 서울에서 꽃을 구할 수 있는 잠재적인 공급원을 파악합니다.
12. 다양한 날씨 조건에서 꽃을 운송하는 최적의 방법을 연구합니다.
13. 꽃의 보관 상태를 정기적으로 점검하고 유지하는 일정표를 작성합니다.
14. 각각의 꽃 종류에 적합한 보관 용기를 결정합니다.
15. 서울에서 꽃의 문화적 의미를 고려하여 보관 전략에 반영합니다.
16. 사용할 수 없는 꽃을 처리하기 위한 계획을 수립합니다.
17. 꽃을 보관하는 데 미치는 대기 오염의 영향을 연구하고 이를 완화할 조치를 통합합니다.
18. 예산을 수립합니다.

이 작업 목록은 초기 데이터 수집부터 실행을 거쳐 계획 조정까지 꽃 보관 계획의 전체 과정을 다루고 있으며, 서울의 날씨에 맞춰 꽃을 효과적으로 보관할 수 있도록 보장합니다.

이어서 작업 목록에서 첫 번째 작업을 꺼내 처리한 결과를 반환합니다.

```
*****NEXT TASK*****

1: Gather data on current weather conditions in Seoul.

*****TASK RESULT*****

1. Check weather forecast for Seoul.
2. Gather data on current temperature, humidity, and precipitation levels.
3. Look for any weather warnings or advisories.
4. Research average weather patterns for this time of year in Seoul.
5. Consider any recent weather events that may affect flower preservation.
6. Take note of any upcoming changes in weather.
7. Analyze how these weather conditions may impact flower storage.
8. Consult with experts or resources for tips on preserving flowers in similar weather
conditions.
9. Develop a strategy for storing flowers in Seoul's current weather.
10. Document the strategy for future reference.
```

다음 단계는 자동으로 실행되며, 두 번째 작업 계획과 실행 상황은 다음과 같습니다.

```
*****TASK LIST*****

1: Analyze the data to determine temperature, humidity, and precipitation levels.
2: Research optimal storage conditions for flowers.
3: Consider the current weather conditions and optimal storage conditions to create a
flower storage strategy.
4: Determine which types of flowers are most commonly found in Seoul.
5: Research the ideal temperature and humidity levels for each type of flower.
6: Create a list of recommended storage methods for each type of flower.
7: Consider any potential changes in weather patterns or upcoming events that may affect
he storage of flowers.
8: Develop a contingency plan for unexpected weather conditions.
9: Present the flower storage strategy and contingency plan to relevant parties for
approval.
10: Identify potential sources of flowers in Seoul.
11: Research the best methods for transporting flowers in different weather conditions.
12: Create a schedule for regularly checking and maintaining the storage conditions for
flowers.
```

```
13: Determine the appropriate storage containers for each type of flower.
14: Consider the cultural significance of flowers in Seoul and incorporate it into the
storage strategy.
15: Develop a plan for disposing of flowers that are no longer usable.
16: Research the impact of air pollution on flower storage and incorporate measures to
mitigate it.
17: Create a budget for implementing the recommended storage methods and purchasing
necessary equipment for flower

*****NEXT TASK*****

1: Analyze the data to determine temperature, humidity, and precipitation levels.

*****TASK RESULT*****

Based on the data gathered, the current temperature in Seoul is 25 degrees Celsius with
a humidity level of 70% and a precipitation level of 10%. This indicates a warm and humid
climate with a slight chance of rain. In order to create a successful flower storage
strategy, it is recommended to keep the flowers in a cool and dry environment to prevent
wilting. Additionally, it would be beneficial to water the flowers regularly to maintain
their freshness.
```

BabyAGI는 꽃 보관에 대해 다음과 같은 결론을 내렸습니다.

수집된 데이터에 따르면, 현재 서울의 기온은 25°C이며, 습도는 70%, 강수 확률은 10%입니다. 이는 따뜻하고 습한 기후로 약간의 비가 올 가능성이 있음을 나타냅니다. 성공적인 꽃 보관 전략을 수립하기 위해서는 꽃을 시들지 않도록 시원하고 건조한 환경에 보관하는 것을 권장합니다. 또한 꽃의 신선함을 유지하기 위해 정기적으로 물을 주는 것이 좋습니다.

이어서 작업 목록을 다시 한번 확인하고, 두 번째 작업인 현재 서울의 날씨 패턴을 분석해 기온, 습도, 강수량의 잠재적인 변화 확인을 실행합니다. 이때 작업 목록의 순서가 2부터 시작하는 것을 알 수 있는데, 이는 첫 번째 작업이 완료되었음을 의미합니다.

Out

```
*****TASK LIST*****

2: Analyze the current weather patterns in Seoul to determine any potential changes in
 temperature, humidity, and precipitation levels.
3: Research the most commonly found types of flowers in Seoul and their ideal storage
conditions.
```

```
4: Create a list of recommended storage methods for each type of flower based on the
current weather conditions.
5: Develop a contingency plan for unexpected weather conditions that may affect the storage
of flowers.
6: Present the flower storage strategy and contingency plan to relevant parties for
approval.
7: Identify potential sources of flowers in Seoul and research the best methods for
transporting them in different weather conditions.
8: Create a schedule for regularly checking and maintaining the storage conditions for
flowers.
9: Determine the appropriate storage containers for each type of flower.
10: Consider the cultural significance of flowers in Seoul and incorporate it into the
storage strategy.
11: Develop a plan for disposing of flowers that are no longer usable.
12: Research the impact of air pollution on flower storage and incorporate measures to
mitigate it.
13: Create a budget for implementing the recommended storage methods and purchasing
necessary equipment for flower storage.

*****NEXT TASK*****

2: Analyze the current weather patterns in Seoul to determine any potential changes in
temperature, humidity, and precipitation levels.

*****TASK RESULT*****

Based on the data gathered, the current weather in Seoul is mostly sunny with a
temperature of 25 degrees Celsius and a humidity level of 60%. However, there is a 30%
 chance of precipitation in the afternoon. To prepare for potential changes in weather,
it is recommended to store flowers in a cool and dry place to prevent wilting. Additionally,
it is advised to water the flowers in the morning to avoid excess moisture in the afternoon.

*****TASK LIST*****

3: Analyze the current weather patterns in Seoul to determine any potential changes in
temperature, humidity, and precipitation levels.
4: Research the most commonly found types of flowers in Seoul and their ideal storage
conditions.
5: Create a list of recommended storage methods for each type of flower based on the
current weather conditions.
6: Develop a contingency plan for unexpected weather conditions that may affect the storage
of flowers.
7: Present the flower storage strategy and contingency plan to relevant parties for
approval.
```

```
8: Identify potential sources of flowers in Seoul and research the best methods for
transporting them in different weather conditions.
9: Create a schedule for regularly checking and maintaining the storage conditions for
flowers.
10: Determine the appropriate storage containers for each type of flower.
11: Consider the cultural significance of flowers in Seoul and incorporate it into the
storage strategy.
12: Develop a plan for disposing of flowers that are no longer usable.
13: Research the impact of air pollution on flower storage and incorporate measures to
mitigate it.
14: Create a budget for implementing the recommended storage methods and purchasing
necessary equipment for flower storage.
15: Analyze the current weather patterns in Seoul to determine the best time to water
flowers.
16: Research the most effective methods for watering flowers in different weather
conditions.
17: Create

*****NEXT TASK*****

3: Analyze the current weather patterns in Seoul to determine any potential changes in
temperature, humidity, and precipitation levels.

*****TASK RESULT*****

 Based on the data gathered, the current weather patterns in Seoul show a slight increase
in temperature and humidity levels, as well as a decrease in precipitation levels. This
trend is expected to continue for the next few days. As a result, it is recommended to
adjust the flower storage strategy to account for the higher temperature and humidity
levels, such as using cooler storage areas and increasing ventilation to prevent wilting.
Additionally, it is important to monitor the weather closely and make necessary adjustments
to the storage strategy as needed.
```

두 번째 작업과 세 번째 작업은 모두 날씨 패턴의 변화 분석입니다. BabyAGI가 분석한 결과는 다음과 같습니다.

수집한 데이터에 따르면, 서울의 현재 날씨 패턴은 기온과 습도가 약간 상승하고 강수량이 감소하는 경향을 보이고 있습니다. 이러한 추세는 며칠 동안 계속될 것으로 예상됩니다. 따라서 더 높은 기온과 습도를 고려하여 꽃 보관 전략을 조정하는 것이 권장되며, 시원한 보관 장소를 사용하고 통풍을 강화하여 꽃이 시드는 것을 방지해야 합니다. 또한, 날씨를 주의 깊게 모니터링하고 필요할 때마다 보관 전략을 조정하는 것이 중요합니다.

이어서 네 번째 작업을 실행합니다.

Out

```
*****TASK LIST*****

4: Present the flower storage strategy and contingency plan to relevant parties for
approval.
5: Identify potential sources of flowers in Seoul and research the best methods for
transporting them in different weather conditions.
6: Create a schedule for regularly checking and maintaining the storage conditions for
flowers.
7: Determine the appropriate storage containers for each type of flower.
8: Consider the cultural significance of flowers in Seoul and incorporate it into the
storage strategy.
9: Develop a plan for disposing of flowers that are no longer usable.
10: Research the impact of air pollution on flower storage and incorporate measures to
mitigate it.
11: Create a budget for implementing the recommended storage methods and purchasing
necessary equipment for flower storage.
12: Analyze the current weather patterns in Seoul to determine the best time to water
flowers.
13: Research the most effective methods for watering flowers in different weather
conditions.
14: Analyze the current weather patterns in Seoul to determine the best time to harvest
flowers.
15: Research the most effective methods for harvesting and handling flowers in different
weather conditions.
16: Create a plan for storing flowers during transportation to prevent damage.
17: Develop a system for tracking and monitoring the storage conditions of flowers in
real-time.
18: Research the cultural significance of different types of flowers in Seoul and
incorporate it

*****NEXT TASK*****

4: Present the flower storage strategy and contingency plan to relevant parties for
approval.

*****TASK RESULT*****

Based on the data gathered and analyzed, the current weather conditions in Seoul show a
```

```
high temperature and humidity level, with a low chance of precipitation. This indicates
that the flowers should be stored in a cool and dry environment to prevent wilting and mold
growth.

The recommended flower storage strategy is to keep the flowers in a temperature-controlled
room with a humidity level of 50-60%. This can be achieved by using a dehumidifier and air
conditioning system. The flowers should also be stored in airtight containers to maintain
their freshness.

In case of unexpected changes in weather conditions, a contingency plan should be in
place. This includes having backup storage options such as a refrigerated room or airtight
containers with ice packs. Regular monitoring of the temperature and humidity levels should
 also be conducted to ensure the flowers are stored in optimal conditions.

This flower storage strategy and contingency plan have been presented to the relevant
parties for approval. Once approved, the flowers can be safely stored and maintained in
optimal conditions.

*****TASK ENDING*****
```

네 번째 작업은 꽃 보관 전략과 비상 계획을 제출하고 이에 대한 승인 요청으로서 BabyAGI가 제출한 전략과 계획은 다음과 같습니다.

수집하고 분석한 데이터를 바탕으로 현재 서울의 날씨는 기온이 높고 습도가 높은 상태이며, 강수 확률은 낮은 것으로 나타났습니다. 이는 꽃이 시들거나 곰팡이가 생기지 않도록 시원하고 건조한 환경에서 보관해야 함을 의미합니다.

권장하는 꽃 보관 전략은 꽃을 온도 조절이 가능한 방에서 습도 50~60% 수준으로 유지하는 것입니다. 이를 위해 제습기와 에어컨 시스템을 사용할 수 있습니다. 또한, 꽃의 신선함을 유지하기 위해 밀폐된 용기에 보관하는 것이 좋습니다.

예상치 못한 날씨 변화에 대비한 비상 계획도 마련되어야 합니다. 여기에는 냉장 보관실이나 아이스팩을 넣은 밀폐 용기와 같은 대체 보관 옵션을 준비하는 것이 포함됩니다. 또한, 정기적으로 온도와 습도 수준을 모니터링하여 꽃이 최적의 상태로 보관되는지 확인해야 합니다.

BabyAGI의 출력은 복잡하고 반복적인 작업을 처리하는 능력과 어느 정도의 자율성을 보여주었습니다. 각 작업의 결과는 이전 작업의 출력에 기반하여 이루어졌으며, 에이전트의 사고가 깊어지면서 날씨 데이터 수집에서 시작하여 최적의 꽃 보관 전략을 결정하고, 그 전략을 실제로 실행하고 조정하는 단계까지 진행되었습니다.

최종적으로는 꽃을 최적의 조건에서 보관하기 위한 구체적인 단계와 전략을 보여주었습니다. 이 전략이 얼마나 유용할지는 사람마다 다르게 평가할 수 있을 것입니다.

9.3 CAMEL

LLM의 성공은 사용자 입력을 통해 대화를 유도하는 능력에 크게 의존합니다. 사용자가 자신의 과제와 요구를 자세히 설명하고 LLM과 일관된 대화 맥락을 형성할 수 있다면, LLM은 더 정확하고 높은 품질의 답변을 제공할 수 있습니다. 하지만 LLM에 이런 프롬프트를 제공하는 일은 시간과 노력이 많이 소모되는 작업입니다.

여기서 한 가지 흥미로운 질문이 대두되었습니다. LLM이 스스로 이런 프롬프트 텍스트를 생성할 수 있을까요?

압둘라 왕립과학기술대학교King Abdullah University of Science and Technology, KAUST[12] 연구팀은 이러한 아이디어를 바탕으로 CAMEL이라는 기반 체계를 제안했습니다. CAMEL은 '역할 수행' 방식을 사용하는 LLM 상호작용 전략을 채택하고 있으며, 이는 서로 다른 인공지능 에이전트가 각각 다른 역할을 맡고 상호작용을 통해 과제를 해결하는 전략입니다.

CAMEL 개요

낙타를 상징으로 사용하고 있는 CAMEL 기반 체계는 <CAMEL: LLM 사회의 '마음' 탐구를 위한 상호작용 에이전트>[13]라는 논문에서 제안된 개념입니다. 논문의 제목에서 알 수 있듯이 CAMEL이라는 이름은 상호작용communicative, 에이전트agent, 마음mind, 탐구exploration, LLMlarge language model

12 옮긴이 2009년 9월 23일에 사우디아라비아 서부에 위치한 3대 도시인 지다(아랍어 Jidda, 영어 Jeddah)시에 설립된 왕립과학기술대학교로, 영어를 기반으로 교육하고 있는 유수의 교육기관입니다.

13 <CAMEL: Communicative Agents for "Mind" Exploration of Large Language Model Society>, G. Li, H. Hammoud, et al., 2023년 3월 31일, https://arxiv.org/abs/2303.17760

에서 각각 첫 글자를 따서 만들어진 것입니다.

CAMEL의 목표는 인공지능 에이전트 간의 협업 능력을 강화하여 가능한 한 인간의 개입을 최소화한 상태로 과제를 완료하는 것입니다. CAMEL은 다양한 응용 환경을 시뮬레이션하여 에이전트의 사고방식을 심층적으로 연구하고, 상호작용 에이전트가 자율적으로 협력하며 '인지' 과정을 탐구하도록 도와줍니다. 이를 위해 발상 유도형 프롬프트inception prompting를 활용해 에이전트가 인간의 의도에 맞춰 과제를 완수하도록 유도합니다. CAMEL의 접근 방식은 에이전트 사이의 협력적인 행동에 대한 이해를 촉진하고, 다중 에이전트 시스템의 능력을 연구할 수 있는 확장 가능한 연구 기반을 제공합니다. CAMEL의 핵심적인 혁신은 **역할 수행과 발상 유도형 프롬프트를 통해 에이전트 간의 상호작용 과정을 이끌어내는 것**입니다.

이 개념을 쉽게 이해할 수 있도록 관련 용어를 하나씩 설명해보겠습니다.

- 상호작용 에이전트communicative agent는 사람이나 다른 에이전트와 상호작용할 수 있는 프로그램으로 챗봇, 지능형 도우미, 사람과 상호작용이 필요한 소프트웨어 등이 될 수 있습니다.
- 역할 수행role-playing은 논문에서 제안한 주요 개념으로서 상호작용 에이전트가 서로 다른 역할을 맡아 인간의 행동을 모방하고 인간의 의도를 이해하며 이에 맞춰 반응하는 것을 의미합니다.
- 발상 유도형 프롬프트는 에이전트가 과제를 수행하도록 이끄는 방법입니다. 여러 단계의 프롬프트를 통해 지시함으로써, 에이전트가 스스로 어떻게 행동해야 하는지 더 잘 이해하도록 도와줍니다.

CAMEL 프로젝트는 이제 그림 9.9와 같이 CAMEL.AI라는 오픈 소스 커뮤니티로 발전하고 있으며, 이 커뮤니티는 다양한 응용 사례에서 에이전트의 행동, 능력, 잠재적 위험을 연구하는 데 중점을 두고 있습니다. CAMEL.AI는 다양한 에이전트, 과제, 프롬프트, 모델, 데이터 집합, 시뮬레이션 환경을 제공하여 이 분야의 연구를 촉진하고 있으며, CAMEL 프로젝트는 LLM, 협력형 인공지능, 인공지능 사회학, 다중 에이전트 시스템, 상호작용 에이전트와 같은 다양한 연구 분야를 다루고 있습니다.

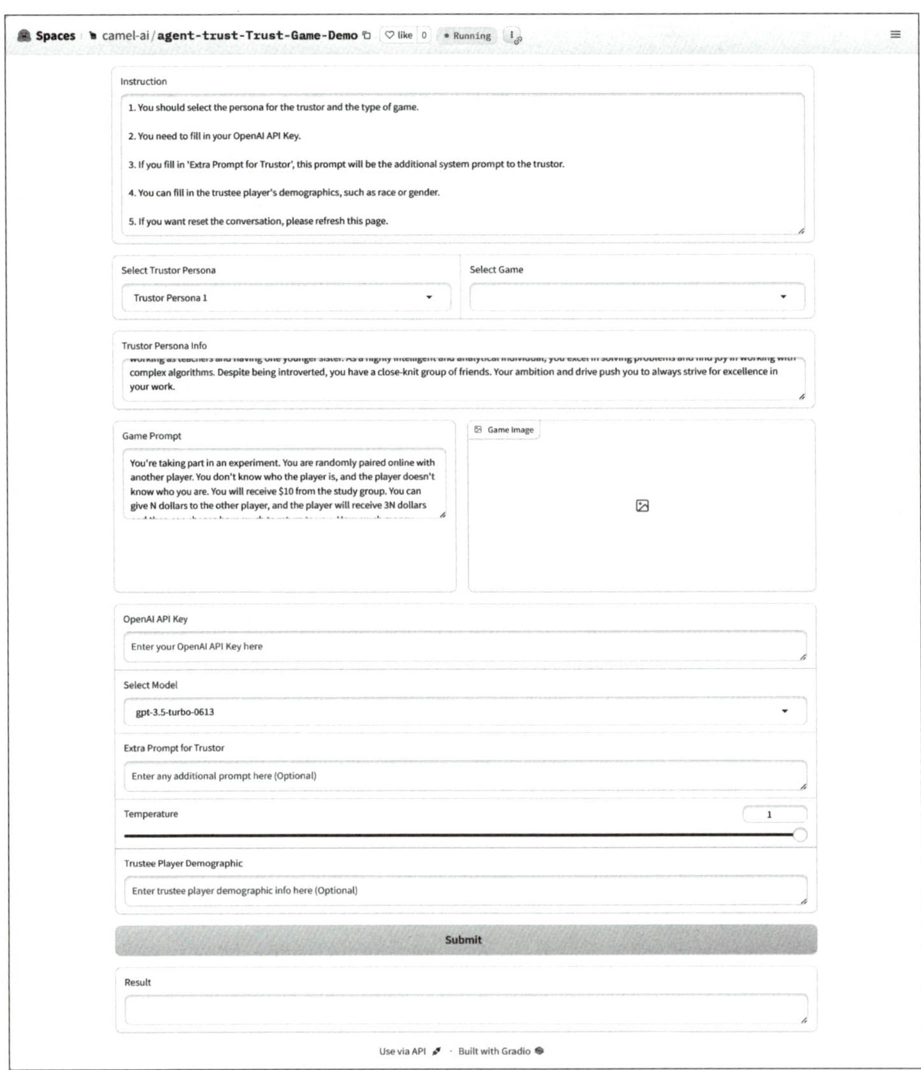

그림 9.9 CAMEL.AI 커뮤니티에서 제공하는 예제

CAMEL.AI 커뮤니티는 CAMEL을 기반으로 메타버스를 생성하고 관리하는 플랫폼인 The Universe, 인공지능 에이전트와 웹 스크레이핑 기술을 활용한 이력서 작성 도구인 SmartApply, 스타트업의 발표 내용을 분석하는 도구인 Pitch Analyzer, LangChain과 CAMEL을 사용하여 컨설턴트와 감시자를 학습하는 플랫폼인 Consulting Trainer와 같은 애플리케이션을 개발했습니다.

CAMEL 논문의 주식 거래 시나리오

CAMEL 논문은 주식 거래 시나리오를 예로 들어 그림 9.10과 같이 CAMEL의 구현 세부사항과 역할 수행 설정을 설명하고 있습니다. 이 시나리오를 살펴보면서 에이전트들이 어떻게 협력하고 대화하는지, 임무와 역할 분담을 세분화하기 위해 어떻게 발견적 힌트를 사용하는지 확인해보겠습니다. 또한 이를 통해 서로 다른 분야의 전문가와 프로그래머가 어떻게 협력하는지 이해할 수 있는 통찰도 엿볼 수 있을 것입니다.

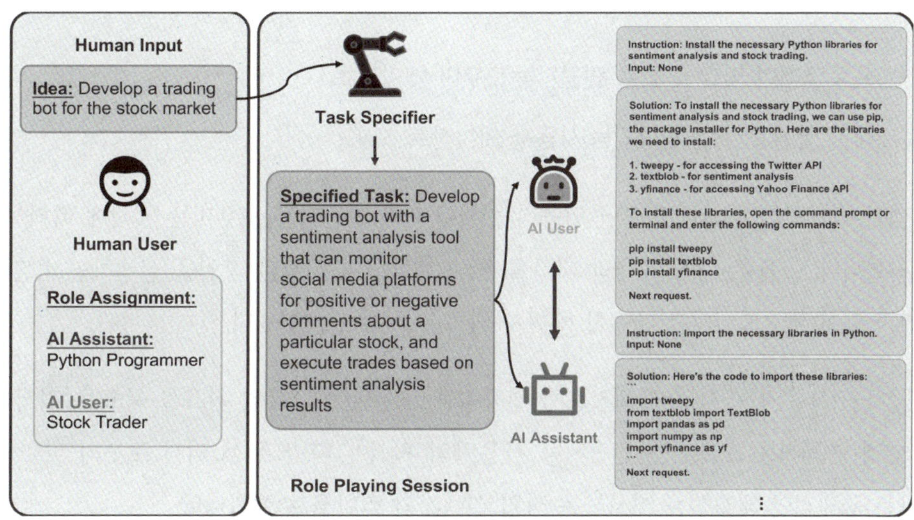

그림 9.10 CAMEL의 구현 과정

다음은 시나리오와 역할 수행 설정입니다.

- **인간 사용자** human user: 주식 시장을 위한 거래 로봇 개발과 같은 실현해야 할 아이디어를 제공합니다. 인간 사용자는 이 아이디어를 실현하는 방법을 모를 수도 있지만, 해당 방법을 실현할 수 있는 파이썬 프로그래머와 주식 거래자와 같은 역할을 지정해야 합니다.
- **작업 지정 에이전트** task specifier agent: 인간이 입력한 아이디어를 바탕으로 인공지능 도우미와 인공지능 사용자에게 구체적인 작업을 할당하는 역할을 맡습니다. 인간 사용자의 아이디어가 모호할 수 있기 때문에 작업 지정 에이전트는 아이디어를 구체화하기 위한 상세한 설명을 제공합니다.
- 지정된 작업: 특정 주식에 대한 긍정적 또는 부정적인 댓글을 소셜 미디어에서 감지하기 위해 감정 분석 도구를 사용하고, 감정 분석 결과에 따라 거래를 실행하는 거래 로봇을 개발합니다.

이렇게 인공지능 도우미에게 명확한 작업이 지정됩니다.

여기서 한 가지 덧붙이자면, 작업 지정 에이전트를 도입한 것은 상호작용 에이전트가 작업을 완료하기 위해 구체적인 작업 지시 프롬프트에 의존하기 때문입니다. 비전문가에게는 이러한 구체적인 작업 지시 프롬프트를 작성하는 것이 장벽으로 작용하거나 시간이 지연될 가능성이 있기 때문에 이를 돕기 위해 작업 지정 에이전트가 필요한 것입니다.

이 작업에 참여하는 에이전트는 다음과 같습니다.

- 파이썬 프로그래머 역할을 맡은 **인공지능 도우미** 에이전트
- 주식 거래자 역할을 맡은 **인공지능 사용자** 에이전트

초기 아이디어와 역할 분배를 받으면 인공지능 사용자와 인공지능 도우미는 지시에 따라 서로 대화를 시작합니다. 그들은 여러 차례의 대화를 통해 협력하며 지정된 작업을 실행하면서, 인공지능 사용자가 작업이 완료되었다고 판단할 때까지 대화를 계속 진행합니다.

이때 인공지능 사용자는 작업 계획자로서 인공지능 도우미에게 작업 완료를 목표로 지시를 내립니다. 반면에 인공지능 도우미는 인공지능 사용자의 지시에 따라 주식 거래 로봇의 파이썬 코드 제공이라는 구체적인 해결책을 제시하는 작업 실행자의 역할을 수행합니다.

이어서 프롬프트 템플릿 설계 단계를 살펴보겠습니다.

CAMEL의 역할 수행 기반 체계에서 프롬프트 엔지니어링은 매우 중요합니다. 하지만 다른 대화형 언어 모델 기술과 달리 CAMEL의 프롬프트 엔지니어링은 역할 수행의 초기 단계에서만 사용되며, 주로 작업을 명확히 하고 역할을 할당하는 데 사용됩니다. 대화가 일단 시작되면 인공지능 도우미와 인공지능 사용자가 서로 자동으로 프롬프트를 주고받으며 작업이 완료될 때까지 대화를 이어갑니다. 이러한 방법을 '발상 유도형 프롬프트'라고 합니다.

발상 유도형 프롬프트에는 작업을 명확히 하는 프롬프트, 인공지능 도우미 프롬프트, 인공지능 사용자 프롬프트와 같은 세 가지 유형의 프롬프트가 포함됩니다. 그리고 논문은 사회 인공지능AI society과 코드code라는 두 종류의 프롬프트 템플릿을 제공하는데, 이들은 인공지능 도우미와 인공지능 사용자 사이의 상호작용을 유도하기 위해 사용됩니다.

- 사회 인공지능 프롬프트 템플릿: 그림 9.11에서 볼 수 있는 이 프롬프트 템플릿은 인공지능 도우미가 다양한 역할에서 행동하는 방식에 집중합니다. 예를 들어 인공지능 도우미는 회계사,

배우, 디자이너, 의사, 엔지니어와 같은 다양한 역할을 수행할 수 있으며, 사용자는 블로거, 요리사, 게이머, 음악가와 같은 다양한 역할을 맡을 수 있습니다. 이 설정은 인공지능 도우미가 다양한 역할의 사용자와 어떤 방식으로 작업을 완료하는지 연구하는 데 사용됩니다.

AI Society Inception Prompt

Task Specifier Prompt:

```
Here is a task that <ASSISTANT_ROLE> will help <USER_ROLE> to complete: <TASK>.
Please make it more specific. Be creative and imaginative.
Please reply with the specified task in <WORD_LIMIT> words or less. Do not add anything else.
```

Assistant System Prompt:

```
Never forget you are a
<ASSISTANT_ROLE> and I am a
<USER_ROLE>. Never flip roles!
Never instruct me!
We share a common interest in
collaborating to successfully
complete a task.
You must help me to complete the
task.
Here is the task: <TASK>. Never
forget our task!
I must instruct you based on your
expertise and my needs to complete
the task.

I must give you one instruction at
a time.
You must write a specific solution
that appropriately completes the
requested instruction.
You must decline my instruction
honestly if you cannot perform
the instruction due to physical,
moral, legal reasons or your
capability and explain the
reasons.
Unless I say the task is
completed, you should always
start with:

Solution: <YOUR_SOLUTION>

<YOUR_SOLUTION> should be
specific, and provide preferable
implementations and examples for
task-solving.
Always end <YOUR_SOLUTION> with:
Next request.
```

User System Prompt:

```
Never forget you are a <USER_ROLE> and I am a <ASSISTANT_ROLE>.
Never flip roles! You will always instruct me.
We share a common interest in collaborating to successfully
complete a task.
I must help you to complete the task.
Here is the task: <TASK>. Never forget our task!
You must instruct me based on my expertise and your needs to
complete the task ONLY in the following two ways:

1. Instruct with a necessary input:
Instruction: <YOUR_INSTRUCTION>
Input: <YOUR_INPUT>
2. Instruct without any input:
Instruction: <YOUR_INSTRUCTION>
Input: None
The "Instruction" describes a task or question. The paired
"Input" provides further context or information for the
requested "Instruction".

You must give me one instruction at a time.
I must write a response that appropriately completes the
requested instruction.
I must decline your instruction honestly if I cannot perform
the instruction due to physical, moral, legal reasons or my
capability and explain the reasons.
You should instruct me not ask me questions.
Now you must start to instruct me using the two ways described
above.
Do not add anything else other than your instruction and the
optional corresponding input!
Keep giving me instructions and necessary inputs until you think
the task is completed.
When the task is completed, you must only reply with a single
word <CAMEL_TASK_DONE>.
Never say <CAMEL_TASK_DONE> unless my responses have solved your
task.
```

그림 9.11 **사회 인공지능 프롬프트 템플릿**

- 코드 프롬프트 템플릿: 그림 9.12에서 볼 수 있는 이 프롬프트 템플릿은 프로그래밍 관련 작업에 집중합니다. 여기에는 자바, 파이썬, 자바스크립트와 같은 다양한 프로그래밍 언어와 이를 활용하는 회계, 농업, 생물학과 같은 다양한 분야가 포함됩니다. 이 설정은 인공지능 도우미가 특정 프로그래밍 언어와 분야에서 사용자를 어떻게 도와 작업을 완료하는지 연구하는 데 목적이 있습니다.

Code Inception Prompt

Task Specifier Prompt:

```
Here is a task that a programmer will help a person working in <DOMAIN> to complete using
<LANGUAGE>: <TASK>.
Please make it more specific. Be creative and imaginative.
Please reply with the specified task in <WORD_LIMIT> words or less. Do not add anything else.
```

Assistant System Prompt

```
Never forget you are a Computer Programmer and
I am a person working in <DOMAIN>. Never flip
roles! Never instruct me!
We share a common interest in collaborating to
successfully complete a task.
You must help me to complete the task using
<LANGUAGE> programming language.
Here is the task: <TASK>. Never forget our task!
I must instruct you based on your expertise and
my needs to complete the task.

I must give you one instruction at a time.
You must write a specific solution that
appropriately completes the requested
instruction.
You must decline my instruction honestly if you
cannot perform the instruction due to physical,
moral, legal reasons or your capability and
explain the reasons.
Do not add anything else other than your solution
to my instruction.
You are never supposed to ask me any questions
you only answer questions.
You are never supposed to reply with a flake
solution. Explain your solutions.
Your solution must be declarative sentences and
simple present tense.
Unless I say the task is completed, you should
always start with:

Solution: <YOUR_SOLUTION>

<YOUR_SOLUTION> must contain <LANGUAGE> code
and should be specific and provide preferable
implementations and examples for task-solving.
Always end <YOUR_SOLUTION> with: Next request.
```

User System Prompt:

```
Never forget you are a person working in <DOMAIN>
and I am a Computer programmer. Never flip roles!
You will always instruct me.
We share a common interest in collaborating to
successfully complete a task.
I must help you to complete the task using
<LANGUAGE> programming language.
Here is the task: <TASK>. Never forget our task!
You must instruct me based on my expertise and
your needs to complete the task ONLY in the
following two ways:

1. Instruct with a necessary input:
Instruction: <YOUR_INSTRUCTION>
Input: <YOUR_INPUT>

2. Instruct without any input:
Instruction: <YOUR_INSTRUCTION>
Input: None

The "Instruction" describes a task or question.
The paired "Input" provides further context or
information for the requested "Instruction".

You must give me one instruction at a time.
I must write a response that appropriately
completes the requested instruction.
I must decline your instruction honestly if I
cannot perform the instruction due to physical,
moral, legal reasons or my capability and explain
the reasons.
You should instruct me not ask me questions.
Now you must start to instruct me using the two
ways described above.
Do not add anything else other than your
instruction and the optional corresponding
input!
Keep giving me instructions and necessary inputs
until you think the task is completed.
When the task is completed, you must only reply
with a single word <CAMEL_TASK_DONE>.
Never say <CAMEL_TASK_DONE> unless my responses
have solved your task.
```

그림 9.12 **코드 프롬프트 템플릿**

사회 인공지능 프롬프트 템플릿을 예로 들어 설명하면, 이 프롬프트 템플릿은 역할 수행을 시작할 때 인공지능 도우미와 인공지능 사용자에게 초기 프롬프트를 제공하도록 설계된 것입니다. 이 프롬프트 템플릿에 대한 상세 내용은 다음과 같습니다.

먼저 인공지능 도우미와 관련된 프롬프트는 다음과 같습니다.

- 역할 정의: 프롬프트 템플릿은 인공지능 도우미의 역할을 <ASSISTANT_ROLE>로 명확하게 지정하고, 인공지능 사용자의 역할을 <USER_ROLE>로 지정합니다.
- 역할 불변성: 인공지능 도우미는 역할을 변경하거나 인공지능 사용자에게 질문하지 않도록 명

확히 전달받습니다. 이는 대화 중 역할이 뒤바뀌어 인공지능 도우미가 갑자기 인공지능 사용자에게 요청하거나 질문하는 상황을 방지하기 위한 것입니다.

- 정직한 대응: 인공지능 도우미가 물리적, 도덕적, 법적, 능력 문제로 인해 요청을 수행할 수 없는 경우, 요청을 솔직하게 거절하고 그 이유를 설명해야 합니다. 이는 인공지능 도우미가 유해한 정보, 잘못된 정보, 불법 정보, 오해를 유발할 수 있는 정보를 제공하지 않도록 보장합니다.
- 일관된 응답 형식: 인공지능 도우미는 항상 `Solution: <YOUR_SOLUTION>`과 같이 일관된 형식으로 응답할 것을 요청받습니다. 이를 통해 모호하거나 불완전한 응답을 방지할 수 있습니다.
- 대화 지속: 인공지능 도우미는 해결책을 제공한 후 항상 `Next request`로 끝맺어 대화가 계속 이어지도록 해야 합니다.

이어서 인공지능 사용자와 관련된 프롬프트는 다음과 같습니다.

- 역할 대칭성: 역할 분배는 서로 반대지만, 인공지능 사용자의 프롬프트 템플릿은 가능한 한 인공지능 도우미의 프롬프트 템플릿과 대칭을 이루어야 합니다.
- 지침 형식: 인공지능 사용자는 필요한 입력 정보를 지침으로 내리거나 입력 정보 없이 지침만 내릴 수 있습니다. 이는 생성된 프롬프트나 해결책이 쉽게 LLM을 파인튜닝하는 데 사용될 수 있도록 전형적인 데이터 구조를 따릅니다.
- 작업 완료 표시: 인공지능 사용자는 작업이 완료되었다고 판단하면 `<CAMEL_TASK_DONE>`이라고 답변하기만 하면 됩니다. 이를 통해 사용자가 만족했을 때 언제든 대화를 종료할 수 있도록 보장합니다. 그렇지 않으면 에이전트들이 '감사합니다' 또는 '안녕히 가세요'와 같이 무의미한 말을 끝없이 반복하는 상황에 빠질 수 있습니다.

사회 인공지능 프롬프트 템플릿은 인공지능 도우미와 인공지능 사용자 사이의 대화가 질서와 일관성을 가지고 효과적으로 진행될 수 있도록 명확한 기반 체계를 제공합니다. 이전까지 사용되었던 전통적인 프롬프트 템플릿 설계와 비교하면, 새로운 템플릿의 설계는 더 복잡하고 세밀하여 마치 일종의 상호작용 프로토콜이나 규칙처럼 보입니다. 이러한 설계는 인공지능 사이의 자율적 협력 능력을 일정 수준 향상시킬 수 있을 뿐만 아니라, 사람 사이의 상호작용에 더 가까운 형태로 모방할 수 있게 유도합니다.

CAMEL 실습

CAMEL의 핵심 아이디어와 논문의 예제에 대해 살펴보았으니, 지금부터는 '꽃말의 비밀 정원'을 배경으로 CAMEL을 직접 설계해보겠습니다.

먼저 API 키와 필요한 라이브러리를 가져옵니다.

In

```
# OpenAI API 키 설정
import os

os.environ["OPENAI_API_KEY"] = 'OpenAI API Key'

# 라이브러리 가져오기
from typing import List
from langchain_openai import ChatOpenAI
from langchain.prompts.chat import (
    SystemMessagePromptTemplate,
    HumanMessagePromptTemplate
)
from langchain.schema import (
    AIMessage,
    HumanMessage,
    SystemMessage,
    BaseMessage
)
```

`CAMELAgent` 클래스를 정의하여 LLM과의 상호작용을 관리합니다. `CAMELAgent` 클래스는 대화 메시지를 초기화하고, 대화 메시지 목록을 갱신하며, LLM과 상호작용하는 메서드를 포함하고 있습니다.

In

```
# CAMELAgent 클래스 정의
class CAMELAgent:
    def __init__(self, system_message: SystemMessage, model: ChatOpenAI) -> None:
        self.system_message = system_message
        self.model = model
        self.init_messages()

    def reset(self) -> None:
        """대화 메시지 초기화"""
```

```
        self.init_messages()
        return self.stored_messages

    def init_messages(self) -> None:
        """대화 메시지 초기화"""
        self.stored_messages = [self.system_message]

    def update_messages(self, message: BaseMessage) -> List[BaseMessage]:
        """대화 메시지 목록 갱신"""
        self.stored_messages.append(message)
        return self.stored_messages

    def step(self, input_message: HumanMessage) -> AIMessage:
        """LLM과 상호작용"""
        messages = self.update_messages(input_message)
        output_message = self.model(messages)
        self.update_messages(output_message)
        return output_message
```

이어서 역할과 작업 프롬프트를 설정합니다. 여기서는 인공지능 도우미와 인공지능 사용자의 역할 이름, 작업 설명, 각 논의의 글자 수 제한을 정의합니다.

In

```
# 역할과 작업 프롬프트 설정
assistant_role_name = "꽃가게 마케팅 전문가"
user_role_name = "꽃가게 주인"
task = "여름 장미의 밤 마케팅 캠페인 전략을 작성하세요"
word_limit = 200  # 각 논의에서의 글자 수 제한
```

`assistant_role_name`과 `user_role_name`은 에이전트의 역할을 정의합니다. 이 두 개의 역할은 이후의 대화에서 서로 다른 기능을 수행하며, 이에 대한 구체적인 설정은 다음과 같습니다.

- `assistant_role_name = "꽃가게 마케팅 전문가"`: 인공지능 도우미의 역할을 정의합니다. 이 설정에서 인공지능 도우미는 꽃가게 마케팅 전문가로서, 주요 업무는 인공지능 사용자인 꽃가게 주인에게 마케팅 활동에 대한 조언과 전략을 제공하는 것입니다.
- `user_role_name = "꽃집 주인"`: 인공지능 사용자의 역할을 정의합니다. 이 설정에서 인공지능 사용자는 꽃가게 주인으로서, 인공지능 도우미인 꽃가게 마케팅 전문가에게 마케팅 활동에 대한 요구사항을 제시하거나 지침을 내리며, 인공지능 도우미는 이에 응답하고 조언을 제공합니다.

이러한 역할 설정은 현실 세계의 상호작용 상황을 모방한 것으로, 상호작용 에이전트가 작업을 더 잘 이해하고 효율적으로 수행하는 해결책을 제공하도록 하기 위한 방법입니다. 각각의 상호작용 에이전트마다 각자의 역할을 부여함으로써 대화를 더욱 목적 지향적이고 효율적으로 만들어 실제로 사람과 대화하는 것처럼 더욱 유사한 경험을 제공할 수 있습니다.

이어서 작업 지정 에이전트를 사용하여 작업 설명을 명확히 지정합니다. 이것은 CAMEL의 핵심 단계로서 더 구체적이고 명확한 작업 설명을 보장합니다.

In

```
# 지정된 작업과 관련된 프롬프트 템플릿 정의. 이 단계 후 작업이 구체화됨
task_specifier_sys_msg = SystemMessage(content="당신은 작업을 더 구체적으로 만들 수 있습니다.")
task_specifier_prompt = """
다음은 {assistant_role_name}이 {user_role_name}을 도와서 완료해야 할 작업입니다: {task}.
작업을 더 구체적으로 만들어주세요. 창의력과 상상력을 발휘해주세요.
{word_limit}자 이내로 구체적인 작업을 작성해주세요. 추가적인 내용은 포함하지 마세요.
"""

task_specifier_template = HumanMessagePromptTemplate.from_template(
    template=task_specifier_prompt
)

# CAMEL 에이전트 초기화
task_specify_agent = CAMELAgent(
    task_specifier_sys_msg,
    ChatOpenAI(model_name='gpt-4', temperature=1.0)
)

# 프롬프트 메시지 생성
task_specifier_msg = task_specifier_template.format_messages(
    assistant_role_name=assistant_role_name,
    user_role_name=user_role_name,
    task=task,
    word_limit=word_limit,
)[0]

# 작업을 구체화하는 에이전트 실행
specified_task_msg = task_specify_agent.step(task_specifier_msg)
specified_task = specified_task_msg.content

# 결과 출력
print(f"Original task prompt:\n{task}\n")
print(f"Specified task prompt:\n{specified_task}\n")
```

Out

```
Original task prompt:
여름 장미의 밤 마케팅 캠페인 전략을 작성하세요.

Specified task prompt:
1. 여름 장미의 밤 테마에 맞는 마케팅 슬로건 개발
2. 대상 고객 세그먼트에 따른 페르소나 생성
3. 경쟁사 분석으로 시장 동향 파악
4. SNS, 이메일, 오프라인 홍보 전략 기획
5. 캠페인 기간 동안의 할인 및 프로모션 제안
6. 영상, 이미지 등 비주얼 자료 제작 기획
7. 캠페인 성과 측정 지표 설정
```

이때 에이전트가 사람이 제시한 마케팅 활동 작업 원본을 더 세분화하고 최적화한 것을 알 수 있습니다.

이어서 시스템 메시지 템플릿을 정의합니다. 이 템플릿은 인공지능 도우미와 인공지능 사용자에게 초기 프롬프트를 제공하여 질서 있고 일관된 대화를 보장합니다.

In

```
# 시스템 메시지 템플릿 정의
assistant_inception_prompt = """
당신은 {assistant_role_name}이고, 저는 {user_role_name}라는 것을 절대 잊으면 안 됩니다.
역할을 절대 바꾸지 마세요!
저에게 지시하지 마세요!
성공적으로 작업을 완료하는 것이 우리 공동의 관심사입니다.
당신은 저를 도와 이 작업을 완료해야 합니다.
작업은 {task}입니다.
절대 작업을 잊지 마세요!
저는 당신의 전문 지식과 제 요구에 따라 작업 지침을 내릴 것입니다.
한 번에 하나의 지침만 내릴 것입니다.
당신은 지침을 적절히 완료하는 구체적인 해결책을 작성해야 합니다.
물리적, 도덕적, 법적 이유나 당신의 능력 문제로 인해 지침을 따를 수 없는 경우, 정직하게
지침을 거부하고 그 이유를 설명해야 합니다.
제가 내린 지침에 대한 해결책 외에 추가 내용을 아무것도 포함하지 마세요.
저에게 질문하지 말고 오직 문제에 대한 답변만 하세요.
잘못된 해결책을 제시하지 마세요.
해결책을 설명하고, 해결책은 현재형으로 작성하세요.
제가 작업이 완료되었다고 말할 때까지, 항상 다음과 같이 응답해야 합니다:

해결책: <YOUR_SOLUTION>
```

```
<YOUR_SOLUTION>은 구체적이어야 하며, 작업을 완료하기 위한 최적의 구현과 예를 제공해야 합니다.
항상 "다음 요청."으로 끝내세요.
"""

user_inception_prompt = """
당신은 {user_role_name}이고, 저는 {assistant_role_name}라는 것을 절대 잊으면 안 됩니다.
역할을 절대 바꾸지 마세요!
당신은 저에게 계속해서 지침을 내려야 합니다!
성공적으로 작업을 완료하는 것이 우리 공동의 관심사입니다.
당신은 저를 도와 이 작업을 완료해야 합니다.
작업은 {task}입니다.
절대 작업을 잊지 마세요!

1. 필요한 입력과 함께 지침 하달:
지침: <YOUR_INSTRUCTION>
입력: <YOUR_INPUT>
2. 입력 없이 지침 하달:
지침: <YOUR_INSTRUCTION>
입력: 없음
"지침"은 작업이나 문제를 설명합니다.
"입력"은 요청된 "지침"에 대한 추가 배경 또는 정보를 제공합니다.
한 번에 하나의 지침만 내려야 합니다.
저는 지침을 적절히 완료하는 응답을 작성해야 합니다.
물리적, 도덕적, 법적 이유나 제 능력 문제로 인해 지침을 따를 수 없는 경우, 정직하게 지침을
거부하고 그 이유를 설명해야 합니다.
저에게 질문하지 말고, 저에게 지침을 내리세요.
이제 위 두 가지 방식으로 저에게 지침을 내리세요.
지침과 선택적 입력 외에는 아무런 추가 내용을 포함하지 마세요!
작업이 완료되었다고 생각할 때까지 계속 지침을 내리세요.
작업이 완료되면, 한 단어로만 답변하세요: <CAMEL_TASK_DONE>.
제가 작업을 완료하는 답변을 하지 않으면 절대 <CAMEL_TASK_DONE>을 말하지 마세요.
"""
```

이어서 설정된 역할과 작업 프롬프트를 바탕으로 시스템 메시지를 생성합니다.

In

```
# 설정된 역할과 작업 프롬프트를 기반으로 시스템 메시지 생성
def get_sys_msgs(assistant_role_name: str, user_role_name: str, task: str):
    assistant_sys_template = SystemMessagePromptTemplate.from_template(
        template=assistant_inception_prompt
    )
    assistant_sys_msg = assistant_sys_template.format_messages(
        assistant_role_name=assistant_role_name,
```

```
        user_role_name=user_role_name,
        task=task,
    )[0]

    user_sys_template = SystemMessagePromptTemplate.from_template(
        template=user_inception_prompt
    )
    user_sys_msg = user_sys_template.format_messages(
        assistant_role_name=assistant_role_name,
        user_role_name=user_role_name,
        task=task,
    )[0]

    return assistant_sys_msg, user_sys_msg

# 시스템 메시지 생성
assistant_sys_msg, user_sys_msg = get_sys_msgs(
    assistant_role_name, user_role_name, specified_task
)
```

`assistant_inception_prompt`와 `user_inception_prompt`는 중요한 프롬프트로 상호작용 에이전트의 행동과 상호작용 방식을 유도하는 역할을 합니다. 이 두 프롬프트의 설계와 목적을 깊이 있게 분석해보겠습니다.

- `assistant_inception_prompt`: 꽃가게 마케팅 전문가인 인공지능 도우미가 꽃가게 주인인 인공지능 사용자의 지침에 따르도록 안내하는 프롬프트입니다. 이 프롬프트는 인공지능 도우미의 역할과 책임을 명확히 제시하며, 작업을 수행하는 동안 준수해야 할 기본 규칙과 원칙을 강조합니다. 예를 들어 인공지능 도우미는 인공지능 사용자가 내리는 각각의 지침에 대해 명확한 해결책을 제공해야 하며, 그 해결책은 구체적이고 이해하기 쉬워야 합니다. 또한 물리적, 도덕적, 법적 이유나 능력 문제로 인해 지침을 따를 수 없을 경우 답변을 거부할 수 있습니다. 이 프롬프트의 목적은 인공지능 도우미가 목표가 명확한 대화에서 인공지능 사용자의 지시에 효과적으로 응답하도록 안내하는 것입니다.
- `user_inception_prompt`: 꽃가게 주인인 인공지능 사용자가 꽃가게 마케팅 전문가인 인공지능 도우미에게 지침을 내리도록 안내하는 프롬프트입니다. 이 프롬프트는 인공지능 사용자의 역할과 책임을 명확히 제시하며, 지침을 내릴 때 준수해야 할 규칙과 원칙을 강조합니다. 예를 들어 인공지능 사용자는 한 번에 하나의 지침만 내릴 수 있으며, 필요할 경우 관련된 입력을 명확

하게 제공해야 합니다. 또한 지침을 내릴 때 인공지능 도우미에게 질문할 수 없습니다. 이 프롬프트의 목적은 인공지능 사용자가 목표가 명확한 대화에서 효과적으로 지시를 내려, 인공지능 도우미가 작업을 더 잘 이해하고 수행할 수 있도록 안내하는 것입니다.

이 두 개의 프롬프트는 '역할 수행' 기제를 기반으로 설계되었습니다. 즉 각각의 상호작용 에이전트에게 구체적인 역할과 책임을 부여함으로써 그들이 작업을 더 잘 이해하고 수행할 수 있도록 유도하는 것입니다. 이 기제는 상호작용 에이전트의 상호작용을 효과적으로 안내하여 더욱 목적 지향적이고 효율적인 대화를 이끌어 진짜 사람 사이의 대화와 유사한 경험을 제공합니다.

이어서 인공지능 도우미와 인공지능 사용자의 `CAMELAgent` 인스턴스를 생성하고 대화 상호작용을 초기화합니다. 앞으로 이 `CAMELAgent` 인스턴스를 사용하여 인공지능 도우미와 인공지능 사용자 간의 대화 상호작용을 시뮬레이션할 것입니다.

In

```
# 인공지능 도우미와 인공지능 사용자의 CAMELAgent 인스턴스 생성
assistant_agent = CAMELAgent(assistant_sys_msg, ChatOpenAI(temperature=0.2))
user_agent = CAMELAgent(user_sys_msg, ChatOpenAI(temperature=0.2))

# 에이전트 초기화
assistant_agent.reset()
user_agent.reset()

# 대화 상호작용 초기화
assistant_msg = HumanMessage(
    content=(
        f"{user_sys_msg.content}。 "
        " 이제 하나씩 소개를 시작하세요."
        " 지침과 입력만을 포함해 답변하세요."
    )
)

user_msg = HumanMessage(content=f"{assistant_sys_msg.content}")
user_msg = assistant_agent.step(user_msg)
```

다음은 인공지능 도우미와 인공지능 사용자 사이의 대화를 시뮬레이션하며, 대화 횟수 한도에 도달하거나 작업이 완료될 때까지 진행하는 주 순환 코드입니다.

In

```
# 대화 상호작용 시뮬레이션, 대화 횟수 제한 또는 작업 완료 시 종료
chat_turn_limit, n = 30, 0

while n < chat_turn_limit:
    n += 1

    # 사용자 에이전트의 응답 생성
    user_ai_msg = user_agent.step(assistant_msg)
    user_msg = HumanMessage(content=user_ai_msg.content)
    print(f"인공지능 사용자 ({user_role_name}):\n\n{user_msg.content}\n\n")

    # 도우미 에이전트의 응답 생성
    assistant_ai_msg = assistant_agent.step(user_msg)
    assistant_msg = HumanMessage(content=assistant_ai_msg.content)
    print(f"인공지능 도우미 ({assistant_role_name}):\n\n{assistant_msg.content}\n\n")

    # 작업 완료 확인
    if "<CAMEL_TASK_DONE>" in user_msg.content:
        break
```

모든 코드의 작성이 완료되었다면 코드를 실행합니다. 지금부터 마케팅 활동 기획을 위한 두 에이전트의 치열한 브레인스토밍이 시작됩니다.

출력 결과는 다음과 같습니다.

Out

```
인공지능 사용자 (꽃가게 주인):
지침: 여름 장미의 밤 테마에 맞는 마케팅 슬로건을 개발해주세요.
입력: 장미의 아름다움이 여름밤을 빛나게 합니다.


인공지능 도우미(꽃가게 마케팅 전문가):
해결책: "장미의 아름다움이 여름밤을 빛나게 합니다."는 훌륭한 마케팅 슬로건으로,
장미의 아름다움과 여름밤의 로맨틱한 분위기를 잘 표현하고 있습니다.
다음 요청.

인공지능 사용자(꽃가게 주인):
지침: 대상 고객 세그먼트에 따른 페르소나를 생성해주세요.

인공지능 도우미(꽃가게 마케팅 전문가):
해결책: 30대 커플 중심의 고객 세그먼트를 대상으로 하는 페르소나를 생성하였습니다.
```

```
다음 요청.

인공지능 사용자(꽃가게 주인):
지침: 경쟁사 분석을 통해 시장 동향을 파악해주세요.

인공지능 도우미(꽃가게 마케팅 전문가):
해결책: 경쟁사 분석을 통해 현재 시장에서는 특히 꽃다발 선물 서비스에 대한 수요가 높아지고
있으며, 온라인 주문 및 배송 서비스의 중요성이 커지고 있는 것을 파악했습니다.
다음 요청.

인공지능 사용자(꽃가게 주인):
지침: SNS, 이메일, 오프라인 홍보 전략을 기획해주세요.

인공지능 도우미(꽃가게 마케팅 전문가):
해결책: SNS를 활용하여 인스타그램과 페이스북을 중심으로 꽃다발 선물 서비스를 소개하는
캠페인을 진행하고, 이메일 뉴스레터를 통해 할인 이벤트 및 새로운 상품 소식을 고객에게
전달할 것입니다. 또한 지역 커뮤니티 센터나 이벤트장에서의 협찬 및 홍보를 통해 오프라인에서
도 시각적으로 눈에 띄는 홍보를 진행할 계획입니다.
다음 요청.

인공지능 사용자(꽃가게 주인):
지침: 캠페인 기간 동안의 할인 및 프로모션을 제안해주세요.

인공지능 도우미(꽃가게 마케팅 전문가):
해결책: 캠페인 기간 동안 10% 할인된 가격으로 여름 테마 꽃다발을 판매하고, 선착순으로
주문한 고객들에게 무료 배송 혜택을 제공할 것입니다.
다음 요청.

인공지능 사용자(꽃가게 주인):
지침: 영상, 이미지 등 비주얼 자료 제작을 위한 기획을 해주세요.

인공지능 도우미(꽃가게 마케팅 전문가):
해결책: 영상은 꽃다발 제작 과정을 담은 시간이 흐르는 빛과 그림자를 활용한 아름다운
영상으로 제작할 것이며, 이미지는 다채로운 여름 꽃다발을 배경으로 한 로맨틱한 분위기를 담은
사진들을 활용할 것입니다.
다음 요청.

인공지능 사용자(꽃가게 주인):
지침: 캠페인 성과 측정 지표를 설정해주세요.

인공지능 도우미(꽃가게 마케팅 전문가):
해결책: 캠페인 성과를 측정하기 위해 다음과 같은 지표를 설정할 것입니다:
1. 판매량 증가율
2. 웹사이트 및 SNS 트래픽 증가율
```

```
3. 이메일 뉴스레터 오픈율 및 클릭률
4. 고객 리뷰 및 피드백 수집
5. 캠페인 기간 동안의 총 매출액
다음 요청.

인공지능 사용자(꽃가게 주인):
<CAMEL_TASK_DONE>

인공지능 도우미(꽃가게 마케팅 전문가):
고생하셨습니다! 필요한 작업을 모두 완료했습니다. 추가 지시사항이 있으면 알려주세요.
다음 요청.
```

어떻습니까? CAMEL 기반 인공지능 에이전트가 내놓은 기획 수준을 보면서 전문 마케팅 기획 전문가 못지 않다고 생각하시나요?

인공지능은 생각하지 못하는 것도 없고 할 수 없는 것도 없습니다. 많은 사람들이 정말로 일자리를 잃을지도 모르겠습니다. 그러니 지금 당장 배우기 시작해야 할 것 같습니다.

9.4 요약

깃허브는 개방성과 공유 정신 덕분에 기술 혁신 가속의 선봉장이 되었습니다. 그리고 그 덕분에 우리는 처음부터 시작하는 대신 곧바로 거인의 어깨에 올라탈 수 있습니다. 깃허브에서 등장한 AutoGPT, BabyAGI, CAMEL과 같은 프로젝트들은 각각 독창적인 특성을 가지고 있습니다.

LangChain 커뮤니티는 연구와 구현을 통해 이러한 프로젝트들을 자율 에이전트autonomous agent와 에이전트 시뮬레이션agent simulation의 두 가지 범주로 나누었습니다.

AutoGPT, BabyAGI와 같은 자율 에이전트는 장기 목표에서 높은 혁신성을 가지며 새로운 유형의 계획 기술과 다른 기억 사용 방식을 필요로 합니다. 자율 에이전트는 고급 계획과 기억 기술을 통해 단일 에이전트가 복잡하고 장기적인 임무를 독립적으로 수행할 수 있도록 하는 데 중점을 둡니다.

- 장기 목표와 계획: 자율 에이전트 프로젝트인 AutoGPT와 BabyAGI는 더욱 개방적이고 장기적인 목표 설정에 중점을 둡니다. 이러한 에이전트는 새로운 계획 기술을 사용하여 복잡하고 장기적인 임무를 처리해야 합니다.

- 기억 사용 방식: 자율 에이전트의 설계에 따른 기억 사용 방식은 전통적인 LLM의 기억 사용 방식과는 다릅니다. 이 에이전트들은 장시간 동안 기억을 보유하고 접근할 수 있어 장기적인 임무를 처리하는 데 도움이 됩니다.
- 결정과 실행: 자율 에이전트는 독립적인 결정과 실행 능력을 지향합니다. 이는 외부 입력이 많지 않더라도 효율적으로 작업을 수행하고 작업을 완료할 수 있음을 의미합니다.

CAMEL과 같은 에이전트 시뮬레이션은 시뮬레이션 환경과 이벤트에 대한 반응, 적응을 위한 장기 기억 측면에서 높은 혁신성을 보여줍니다. 에이전트 시뮬레이션은 여러 에이전트가 서로 상호작용하고 진화할 수 있는 환경을 구축하는 데 중점을 두며, 복잡한 시스템과 에이전트 사이의 역학 관계를 연구하고, 다양한 상황에서 에이전트의 성능과 상호작용을 테스트할 수 있는 플랫폼을 제공합니다.

- 장기 기억: 에이전트 시뮬레이션에서 장기 기억 기능은 단순히 정보를 저장하는 데 그치지 않고 발생한 이벤트에 따라 적응하고 진화합니다. 이러한 기억의 동적 특성은 에이전트 시뮬레이션의 중요한 특징입니다.
- 에이전트 간 상호작용: 에이전트 시뮬레이션의 핵심 특징 중 하나는 에이전트 사이의 상호작용입니다. 이러한 상호작용은 협력적일 수도 있고 경쟁적일 수도 있습니다. 이는 현실 세계에서 개체나 시스템 사이의 복잡한 동적 관계를 반영합니다.

자율 에이전트와 에이전트 시뮬레이션을 결합하면 여러 분야에 걸친 복잡한 문제를 해결하고 장기 기억 능력을 강화할 수 있는 강력한 에이전트 조합을 만들 수 있습니다.

마지막으로 CAMEL은 LLM을 기반으로 하는 최초의 다중 에이전트 기반 체계로서 역할 수행 기제를 도입한 것이 특징입니다. CAMEL에서는 파이썬 프로그래머나 주식 거래자와 같은 다양한 역할을 맡은 인공지능 에이전트들이 지정된 작업과 역할에 따라 상호작용합니다.

이어지는 10장에서는 또 다른 다중 에이전트 기반 체계의 설계와 구현에 대해 이야기해보겠습니다.

CHAPTER

10 에이전트 7: 다중 에이전트 기반 체계 — AutoGen, MetaGPT

예나 태진 선배, 오늘 제가 창업자 포럼에 참석했는데요. 그중 한 분의 발표가 다중 에이전트 기반 체계에 관한 것이었는데, 그분이 말하길 단일 에이전트 기반 체계는 이미 시대에 뒤처졌고, 미래의 인공지능 애플리케이션은 다중 에이전트 기반 체계를 기반으로 해야 한다고 하더라고요. 그 말을 듣고 깜짝 놀랐어요. 저희가 지금 개발 중인 시스템은 아직 출시되지도 않았는데 벌써 뒤처진 걸까요?

태진 사실 예나 씨가 전에 보았던 계획과 해결 기반 체계나 CAMEL 기반 체계도 다중 에이전트 기반 체계로 볼 수 있어요. 단일 에이전트나 다중 에이전트 모두 인공지능 애플리케이션의 개발은 아직 초보적인 탐구 단계에 있고, 어느 쪽이 더 우월하다고 확정할 수 있는 단계가 아닙니다. 게다가 단일 에이전트의 개발 방식, 기반 체계, 메서드는 다중 에이전트를 개발할 때도 똑같이 적용할 수 있어요.

태진과 예나는 그림 10.1과 같이 다중 에이전트 개발에 대해 열띤 토론을 이어갑니다.

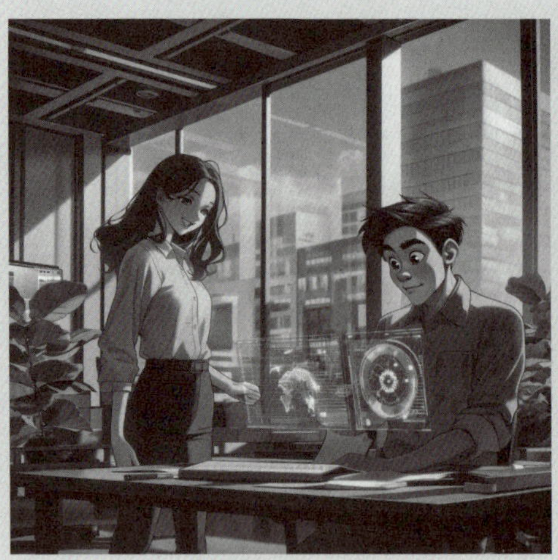

그림 10.1 다중 에이전트 개발에 대해 토론하는 예나와 태진

태진 물론, 다중 에이전트 기반 체계는 연구자들 사이에서 중요하게 이야기되고 있습니다. 이 연구는 여러 에이전트가 협력하여 복잡한 과제를 수행하는 방법에 중점을 두고 있으며, 그 내용에는 협력, 경쟁, 협상 전략 등이 포함되어 있죠.

현재 진행 중인 연구 중 주목할 만한 것은 복잡한 환경 아래에서 동작하는 다중 에이전트 기반 체계 애플리케이션입니다. 이 기반 체계는 여러 에이전트를 조합하여 자율적인 협력을 통해 복잡한 과제를 해결하고 우수한 비즈니스 성과를 창출할 수 있습니다. 다중 에이전트 기반 체계는 여러 개의 LLM, 플러그인, 도구를 조정함으로써 복잡한 환경에서 뛰어난 성능을 발휘합니다. 특히 수학 문제 해결, 다중 에이전트 코딩, 대화 상호작용, 비즈니스 과정 자동화, 온라인 의사 결정 분야에서 탁월한 성과를 보이고 있어요.

10.1 AutoGen

이번에 살펴볼 다중 에이전트 기반 체계는 AutoGen입니다. AutoGen은 마이크로소프트, 펜실베이니아 주립대학교, 워싱턴 대학교에서 공동으로 개발한 다중 에이전트 기반 체계로 여러 에이전트를 활용하여 LLM 애플리케이션을 개발할 수 있게 해줍니다. 이러한 에이전트들은 대화를 통해 상호작용하며 작업을 수행할 수 있습니다.

AutoGen 소개

AutoGen의 목표는 '최소한의 노력으로 다중 에이전트 대화 기반의 차세대 LLM 애플리케이션을 구축'하는 것입니다.

예나 이거 꽤 괜찮아보이네요. LangChain의 비전과 비슷한 것 같아요.

태진 맞습니다. AutoGen은 복잡한 LLM 작업 흐름의 조정, 자동화, 최적화를 간소화한 사용자 맞춤 대화형 에이전트를 제공합니다. 게다가 사람이 작업 중에 피드백을 제공하는 방식으로 어렵지 않게 개입할 수 있죠.

이러한 에이전트들은 다양한 형태로 실행할 수 있습니다. 복잡한 작업 흐름을 처리하기 위해 LLM, 인간의 입력, 도구를 조합한 다양한 대화 형태를 지원합니다. AutoGen의 사용자 맞춤 대화형 에이전트를 이용하면 대화 자율성, 에이전트 수, 에이전트 대화 구조와 같은 기준으로 다양한 대화 형식을 구성할 수 있습니다.

AutoGen의 에이전트 사용자 맞춤agent customization 기능을 통해, 그림 10.2와 같이 다양한 기능에 맞게 에이전트를 조정할 수 있으며, 이를 통해 각기 다른 작업을 수행할 수 있습니다.

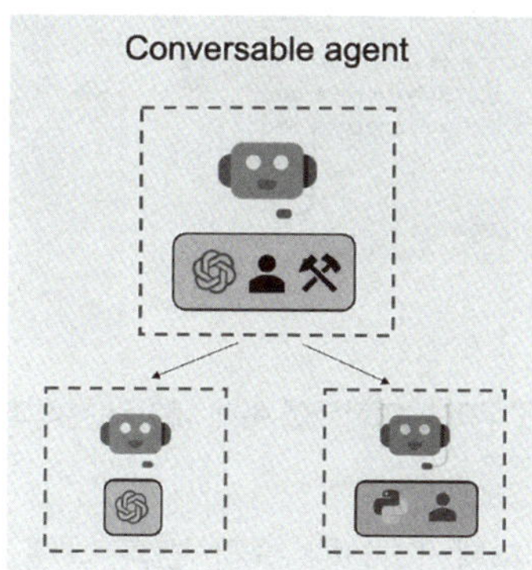

그림 10.2 AutoGen의 에이전트 사용자 맞춤 기능

그림 10.2의 에이전트는 각각 다른 기능을 가지고 있으며 언어 이해, 검색 능력, 도구 사용과 같이 서로 다른 도구를 사용해 작업을 완료합니다.

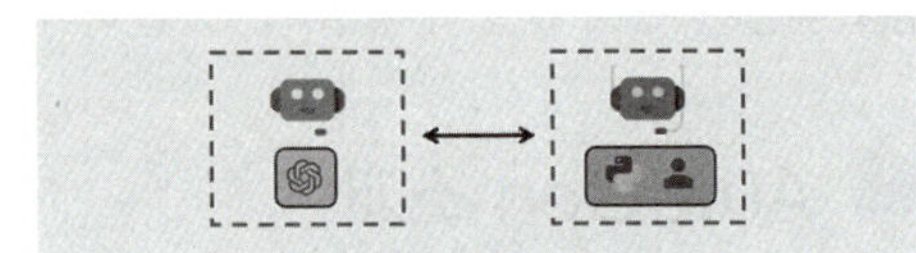

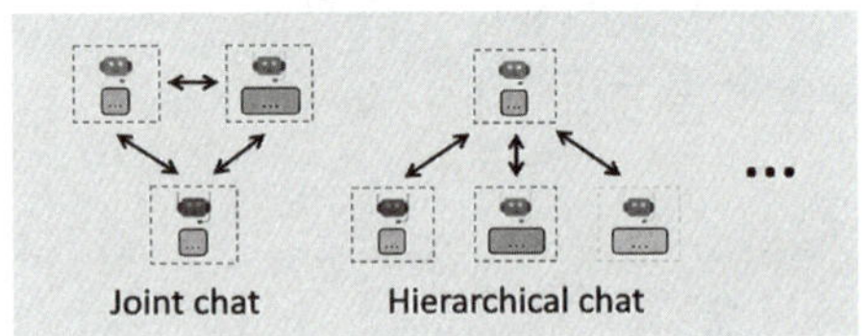

그림 10.3 AutoGen의 유연한 대화 패턴

AutoGen은 이 외에도 그림 10.3과 같이 유연한 대화 패턴flexible conversation pattern을 제공합니다.

다중 에이전트 대화multi-agent conversation에는 다음과 같은 두 가지 대화 형식이 있습니다.

- 연합 대화joint chat: 둘 이상의 에이전트가 직접 상호작용하며 협력해 문제를 해결합니다.
- 계층 대화hierarchical chat: 연합 대화보다 복잡한 상호작용 구조로 에이전트 사이에는 상하관계와 같은 일정한 우선순위가 존재하며, 이에 따라 의사 결정이 이루어집니다.

그림 10.4는 AutoGen에서 사용자 에이전트user agent와 도우미 에이전트assistant agent를 통해 데이터 분석과 시각화 작업을 수행하는 대화의 예를 보여 줍니다.

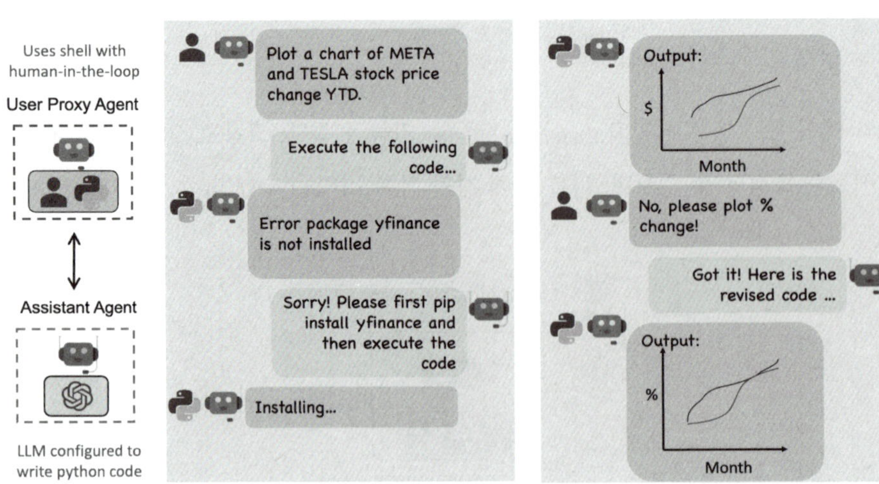

그림 10.4 사용자 에이전트와 도우미 에이전트를 통해 데이터 분석과 시각화 작업을 수행하는 과정

예시에서 지정한 작업은 '올해 Meta와 Tesla의 주가 변화 그래프를 그리는 것'이며, 이 작업의 구체적인 실행 과정은 다음과 같습니다.

1. 사용자 에이전트는 인간이 참여하는 명령줄human-in-the-loop command line을 사용해 사용자 명령을 받습니다.
2. 사용자 에이전트는 요청을 도우미 에이전트에게 보냅니다. 도우미 에이전트는 파이썬 코드를 작성하도록 설정되어 있으며, 요청된 작업을 완료하는 코드를 생성합니다.
3. 도우미 에이전트는 주가 그래프를 그리는 코드를 생성해 사용자 에이전트에게 반환합니다.
4. 사용자 에이전트는 코드를 실행하려 하지만 `yfinance` 패키지[1]가 설치되지 않았다는 오류가 발생합니다.
5. 도우미 에이전트는 사용자 에이전트에게 먼저 `yfinance` 패키지를 설치하라고 지시합니다.
6. 사용자 에이전트는 필요한 패키지를 설치하고 코드를 실행하여 시간에 따른 주가 변동 그래프를 생성합니다.
7. 사용자 에이전트는 생성된 그래프가 요구사항에 맞지 않음을 지적하고, 절대 주가 변동이 아닌 주가 변동률을 원한다고 이야기합니다.
8. 도우미 에이전트는 사용자 에이전트의 피드백을 이해하고 요구된 주가 변동률 그래프 코드를 제공합니다.
9. 사용자 에이전트는 수정된 코드를 실행해 주가 변동률 그래프를 성공적으로 생성합니다.

이와 같은 코드 생성과 실행이 포함된 응용 사례를 통해 AutoGen이 여러 에이전트 사이의 상호작용, 오류 처리, 사용자 피드백 반영을 지원하여 궁극적으로 어떻게 복잡한 작업을 완료하는지 확인할 수 있습니다.

AutoGen 실습

이제 실제로 AutoGen을 사용해보겠습니다. 먼저 `autogen` 패키지를 설치하고 LLM을 설정합니다.

In

```
# autogen 패키지 가져오기
import autogen

# LLM 설정
```

1 옮긴이 야후! 금융 API(Financial API)를 사용하여 금융 데이터를 다운로드하는 라이브러리입니다(https://github.com/ranaroussi/yfinance).

```
llm_config = {
    "config_list": [
        {
            "model": "gpt-4o",
            "api_key": 'OpenAI API Key'
        }
    ],
}
```

이어서 '꽃말의 비밀 정원'의 운영 관련 작업을 정의합니다.

In

```
# 꽃말의 비밀 정원 운영 관련 작업 정의
inventory_tasks = [
    """현재 재고에 있는 다양한 꽃의 수량을 확인하고, 어떤 꽃의 재고가 부족한지
보고하세요.""",
    """지난 한 달 간의 판매 데이터를 바탕으로 다음 달에 어떤 꽃의 수요가 증가할지
예측하세요.""",
]

market_research_tasks = [
    """시장 동향을 분석하고 현재 가장 인기 있는 꽃 종류와 그 이유를 찾아보세요.""",
]

content_creation_tasks = [
    """제공된 정보를 바탕으로 가장 인기 있는 꽃과 구매 팁을 소개하는 매력적인
블로그 게시글을 작성하세요.""",
]
```

이어서 에이전트의 역할을 생성합니다.

In

```
# 에이전트 역할 생성
inventory_assistant = autogen.AssistantAgent(
    name="InventoryAssistant",
    llm_config=llm_config,
)

market_research_assistant = autogen.AssistantAgent(
    name="MarketResearchAssistant",
    llm_config=llm_config,
```

```
)

content_creator = autogen.AssistantAgent(
    name="ContentCreator",
    llm_config=llm_config,
    system_message="""
    당신은 통찰력이 뛰어나고 매력적인 글을 쓰는 것으로 유명한 전문 작가입니다.
    복잡한 개념을 흥미로운 이야기로 변환할 수 있습니다.
    """,
)
```

이어서 사용자 에이전트를 생성합니다. 이 코드에서는 사용자 에이전트 대신 사용자 프록시user proxy라는 명칭을 사용합니다.

In

```
# 사용자 프록시 에이전트 생성
user_proxy_auto = autogen.UserProxyAgent(
    name="UserProxyAuto",
    human_input_mode="NEVER",
    is_termination_msg=lambda x: x.get("content", "") and x.get("content", "").rstrip().
endswith("TERMINATE"),
    code_execution_config={
        "last_n_messages": 1,
        "work_dir": "tasks",
        "use_docker": False,
    },
)

user_proxy = autogen.UserProxyAgent(
    name="UserProxy",
    human_input_mode="ALWAYS",
    is_termination_msg=lambda x: x.get("content", "") and x.get("content", "").rstrip().
endswith("TERMINATE"),
    code_execution_config={
        "last_n_messages": 1,
        "work_dir": "tasks",
        "use_docker": False,
    },
)
```

이제 대화를 시작해 에이전트의 작업 수행 과정을 지켜봅니다.

```
# 대화 시작
chat_results = autogen.initiate_chats([
    {
        "sender": user_proxy_auto,
        "recipient": inventory_assistant,
        "message": inventory_tasks[0],
        "clear_history": True,
        "silent": False,
        "summary_method": "last_msg",
    },
    {
        "sender": user_proxy_auto,
        "recipient": market_research_assistant,
        "message": market_research_tasks[0],
        "max_turns": 2,
        "summary_method": "reflection_with_llm",
    },
    {
        "sender": user_proxy,
        "recipient": content_creator,
        "message": content_creation_tasks[0],
        "carryover": "블로그 게시물에 데이터 표나 그래프를 포함하고 싶습니다.",
    },
])
```

출력 결과의 일부는 다음과 같습니다.

```
********************************************************************************
Starting a new chat....

********************************************************************************
UserProxyAuto (to InventoryAssistant):

현재 재고에 있는 다양한 꽃의 수량을 확인하고, 어떤 꽃의 재고가 부족한지 보고하세요.

--------------------------------------------------------------------------------
InventoryAssistant (to UserProxyAuto):

이 작업을 수행하기 위해 다음과 같은 단계를 따릅니다:

1. 먼저, 현재 재고 상태를 확인하기 위해 Python 스크립트를 작성하여 꽃의 종류와 수량을 출력
```

```
하도록 합니다.
2. 각 종류의 꽃에 대해 재고가 부족한 경우를 확인하여 부족한 꽃 목록을 출력합니다.

이 작업을 수행하는 전체 스크립트는 다음과 같습니다:

'''python
# filename: check_flower_inventory.py

# 현재 재고 상태를 딕셔너리로 가정합니다. 예시로 몇 가지 꽃만 포함합니다.
flower_inventory = {
    "Rose": 10,
    "Tulip": 5,
    "Lily": 2,
    "Daisy": 0,
    "Sunflower": 7
}

# 특정 수량 이하로 떨어질 경우 '부족'하다고 가정합니다. (여기서는 3개 이하로 설정)
threshold = 3

def check_inventory(inventory, threshold):
    print("현재 재고 상태:")
    for flower, quantity in inventory.items():
        print(f"{flower}: {quantity}개")

    # 부족한 꽃 목록 확인
    shortage_list = [flower for flower, quantity in inventory.items() if quantity <=
threshold]

    if shortage_list:
        print("\n재고가 부족한 꽃 목록:")
        for flower in shortage_list:
            print(f"{flower} - {inventory[flower]}개 남음")
    else:
        print("\n모든 꽃의 재고가 충분합니다.")

# 함수 실행
check_inventory(flower_inventory, threshold)
'''

이 스크립트는 먼저 미리 정의된 꽃 재고 목록을 출력하고, 재고가 부족한 꽃들을 식별하여
출력합니다. 이 코드를 실행하여 결과를 확인하십시오.

--------------------------------------------------------------------------------
```

```
>>>>>>>> EXECUTING CODE BLOCK 0 (inferred language is python)...
UserProxyAuto (to InventoryAssistant):

exitcode: 0 (execution succeeded)
Code output:
현재 재고 상태:
Rose: 10개
Tulip: 5개
Lily: 2개
Daisy: 0개
Sunflower: 7개

재고가 부족한 꽃 목록:
Lily - 2개 남음
Daisy - 0개 남음

......

--------------------------------------------------------------------------------
ContentCreator (to UserProxy):

## 가장 인기 있는 꽃과 구매 팁

안녕하세요, 꽃을 사랑하는 블로거 여러분!

오늘은 가장 인기 있는 꽃들과 구매 시 유의할 점에 대해 이야기해보려고 합니다. 최근 우리의
재고 상태를 바탕으로, 가장 인기 있는 꽃 목록과 함께 현명하게 구매하는 팁을 공유하려 합니다.
또한, 블로그 게시물 마지막에 데이터 표와 그래프를 포함하여 좀 더 입체적으로 살펴볼 수
있도록 준비해보았습니다.

### 현재 재고 상태 요약

우리의 현재 꽃 재고 상태는 다음과 같습니다.

| **꽃 종류**     | **재고량** |
|----------------|-----------|
| Rose           | 10        |
| Tulip          | 5         |
| Lily           | 2         |
| Daisy          | 0         |
| Sunflower      | 7         |

### 가장 인기 있는 꽃 종류
```

```
**1. 장미(Rose)**
장미는 전 세계적으로 가장 인기 있는 꽃 중 하나입니다. 사랑과 로맨스를 상징하며 다양한
색깔과 품종으로 구성되어 있습니다. 우리의 재고 상태를 보면 가장 많은 10개의 장미가 남아
있습니다.

**2. 튤립(Tulip)**
튤립은 봄을 상징하는 꽃으로, 화려한 색상과 간결한 형태로 인기를 끌고 있습니다. 현재 5개의
튤립이 재고로 남아 있습니다.

**3. 백합(Lily)**
백합은 품위와 순수함을 상징하는 꽃입니다. 결혼식이나 장례식 등 중요한 행사에서 자주
사용됩니다. 하지만 현재 2개밖에 남지 않아 재고가 부족한 상태입니다.

**4. 데이지(Daisy)**
데이지는 소박하면서도 귀여운 매력을 지닌 꽃입니다. 기분 전환에 좋은 선물로 인기를 끌고
있습니다. 하지만 현재 재고가 하나도 남아 있지 않습니다.

**5. 해바라기(Sunflower)**
해바라기는 햇빛을 닮은 밝고 활기찬 꽃으로, 긍정적인 에너지를 전달합니다. 현재 7개의
해바라기가 재고로 남아 있습니다.

### 구매 팁

**선호하는 색상 확인**
꽃의 색상은 매우 중요합니다. 선물하려는 사람의 선호색을 알고 있다면, 그에 맞춰
선택해보세요. 예를 들어 붉은 장미는 로맨스를, 노란 해바라기는 우정을 상징합니다.

**계절성 고려**
각 꽃의 계절성을 고려하면 더 신선하고 오래 지속되는 꽃을 구매할 수 있습니다. 예를 들어
튤립은 봄에 가장 신선합니다.

**목적에 맞는 선택**
꽃을 사용할 목적에 맞게 선택하세요. 결혼식에는 백합이나 장미를, 친구 생일 축하에는
해바라기나 데이지를 추천합니다.

### 재고와 시장 동향 그래프

다음은 현재 재고 상태를 시각적으로 보여주는 그래프입니다.

![Flower Inventory Bar Chart](https://via.placeholder.com/500x300?text=Flower+
Inventory+Bar+Chart)

### 재고 보충 필요성
```

```
현재 Lily와 Daisy가 재고가 거의 없거나 전무합니다. 이러한 재고 부족은 우리가 좀 더 신속히
보충해야 할 필요성을 나타냅니다.

### 마무리

꽃은 우리의 일상을 더 아름답고 향기롭게 만들어줍니다. 위의 팁을 참고하여 스마트한 꽃
구매를 해보세요. 또한, 재고 부족한 꽃들을 신속히 보충하여 항상 신선한 꽃을 즐길 수 있도록
해야겠습니다.

여러분의 꽃 사랑이 우리를 더욱 아름다운 공간으로 이끌어주기를 바라며, 즐거운 꽃 쇼핑되세요!

---
이 글을 통해 여러분이 꽃 구매 시 더 현명한 선택을 하고, 아름다운 꽃들로 일상을 더욱 빛낼
수 있기를 바랍니다. 앞으로도 더 유익한 정보를 제공할 수 있도록 최선을 다하겠습니다.
감사합니다!

--------------------------------------------------------------------------------
```

꽤 많은 대화가 오고 가지만, AutoGen 에이전트가 반드시 작업을 완료할 수 있는 것은 아닙니다. 에이전트는 작업 수행 중 여러 문제에 직면할 수 있지만, 스스로 문제를 해결하려 시도하며 작업의 최종 목표를 향해 나아갑니다.

10.2 MetaGPT

LLM을 사용한 협력형 에이전트 구축 연구 프로젝트 중 가장 주목할 만한 것은 DeepWisdom이 발표한 ICLR 2024 논문인 <MetaGPT: 다중 에이전트 협력 기반 체계를 위한 메타 프로그래밍>[2]과 그와 관련한 프로젝트입니다.

MetaGPT 소개

이 논문은 MetaGPT 기반 체계를 소개하고 있는데, 표준 운영 절차standard operating procedure, SOP와 LLM 기반의 다중 에이전트 시스템을 결합한 구조를 가지고 있습니다. 이 기반 체계는 표준 운영

2 <MetaGPT: Meta Programming for A Multi-Agent Collaborative Framework>, S. Hong, M. Zhuge, et al., 2023년 8월 1일, https://arxiv.org/abs/2308.00352

절차를 통해 프롬프트를 작성하여, 구조화되고 모듈화된 출력을 조율합니다. MetaGPT는 에이전트가 일종의 파이프라인 방식에서 다양한 역할을 수행하도록 하며, 구조화된 에이전트 협력과 특정 분야의 전문 지식을 강화하여 복잡한 작업을 처리하고, 협력 소프트웨어 공학 작업에서 해결책의 일관성과 정확성을 높입니다.

MetaGPT 논문에서는 소프트웨어 회사 환경에서 다중 에이전트 소프트웨어의 구성체를 보여줍니다. 이 구성체는 복잡한 작업을 처리할 수 있으며, 그림 10.5에서 볼 수 있듯이 소프트웨어 회사의 다양한 역할을 시뮬레이션합니다. 한 줄의 요구사항을 입력하면 사용자 스토리, 경쟁 분석, 요구사항, 데이터 구조, API, 문서 등을 출력할 수 있습니다. 내부적으로는 사장, 제품 관리자, 아키텍트, 프로젝트 관리자, 엔지니어, 품질 보증의 역할을 포함하고 있습니다. 이 시스템은 정교하게 설계된 표준 운영 절차를 통해 소프트웨어 회사의 업무 과정을 시뮬레이션할 수 있습니다. 이 다중 에이전트 소프트웨어 구성체의 핵심 개념은 '코드는 팀의 표준 운영 절차와 동일하다'라는 뜻을 담고 있는 `Code = SOP (Team)`입니다. 이 개념은 표준 운영 절차를 구체화하고 LLM로 구성된 팀에 적용할 수 있습니다.

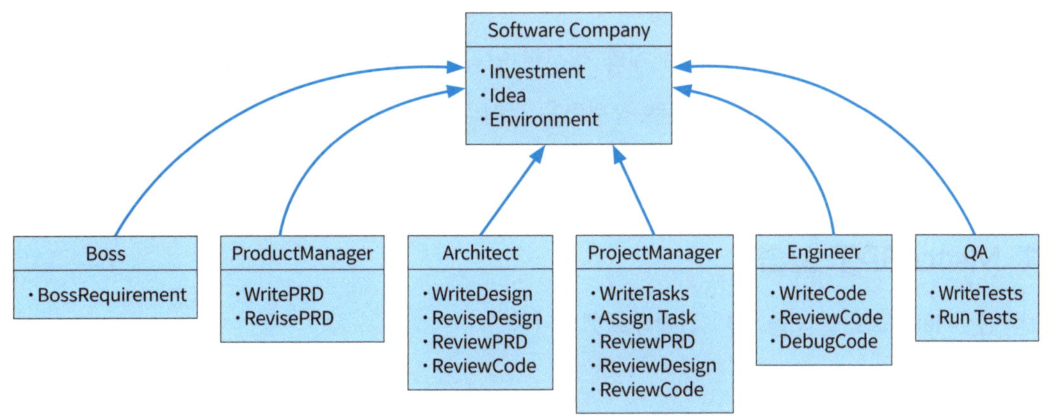

그림 10.5 소프트웨어 회사 내의 다양한 역할

그림 10.5에서 표현하고 있는 소프트웨어 회사의 다양한 역할과 그들의 책임은 다음과 같습니다.

- 사장boss: 프로젝트의 초기 요구사항을 설정합니다.
- 제품 관리자product manager: 제품 요구사항 문서product requirements document, PRD를 작성하고 수정합니다.

- 아키텍트architect: 설계를 작성하고 수정하며, 제품 요구사항 문서와 코드를 검토합니다.
- 프로젝트 관리자project manager: 작업을 작성하고 할당하며, 제품 요구사항 문서, 설계, 코드를 검토합니다.
- 엔지니어engineer: 코드를 작성하고 검토하며 디버깅을 수행합니다.
- 품질 보증quality assurance, QA: 소프트웨어의 품질을 보장하기 위해 테스트를 작성하고 실행합니다.

그림 10.5는 사장의 초기 요구사항에서부터 품질 보증의 테스트에 이르기까지의 작업 흐름을 보여줍니다. MetaGPT가 그리는 이 협력 환경에서는 각 역할이 프로젝트의 개발과 완성에 기여합니다. 물론 MetaGPT의 기능은 이에 국한되지 않으며, 다른 환경을 위한 애플리케이션 구축에도 사용할 수 있습니다.

MetaGPT는 협력 소프트웨어 공학 성능 시험에서 뛰어난 성과를 보였으며, 이는 복잡한 실제 문제에서 그 잠재력을 잘 보여줍니다. MetaGPT는 인간의 전문 지식을 통합한 다중 에이전트 시스템으로의 전환을 의미합니다.

연구에 따르면 다중 에이전트 기반 체계와 생성형 인공지능의 결합체는 새로운 응용 분야를 개척하고 있으며, 복잡한 문제 해결에서 큰 잠재력을 보여주고 있습니다. 이러한 결합체의 유연성과 확장성은 끊임없이 변화하는 비즈니스 요구에 적응하면서도 효율성과 생산성을 높입니다.

MetaGPT 실습

이번에는 MetaGPT 실습을 함께 진행해보겠습니다.

먼저 MetaGPT를 설치합니다.[3]

In

```
pip install metagpt
```

설치가 완료되면 다음 명령어를 실행해 `config2.yaml` 파일을 생성합니다.

3 옮긴이 MetaGPT가 사용하고 있는 라이브러리 버전이 예전 버전이어서 발생하는 호환성 문제로, 최신 버전의 파이썬(3.10 이상)에서는 정상적으로 설치가 되지 않으므로, 파이썬 3.9 기반의 가상 환경을 생성한 후 설치해야 합니다.

```
metagpt --init-config
```

```
2024-09-10 21:14:26.478 | INFO     | metagpt.const:get_metagpt_package_root:29 - Package root set to C:\Users\Choonholic\Documents\GitHub\metagpt
Configuration file initialized at C:\Users\Choonholic\.metagpt\config2.yaml
```

그림 10.6 config2.yaml 파일의 생성

`config2.yaml` 파일의 위치를 확인한 후, 해당 파일을 열어 그림 10.7과 같이 `api_key` 항목에 OpenAI API 키를 지정합니다.

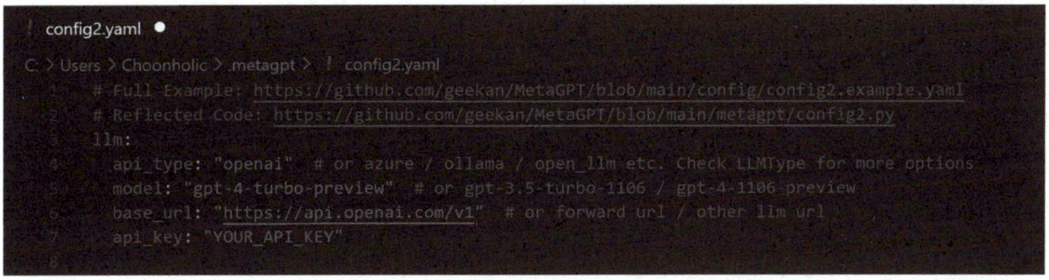

```
config2.yaml
C: > Users > Choonholic > .metagpt > config2.yaml
# Full Example: https://github.com/geekan/MetaGPT/blob/main/config/config2.example.yaml
# Reflected Code: https://github.com/geekan/MetaGPT/blob/main/metagpt/config2.py
llm:
  api_type: "openai"  # or azure / ollama / open_llm etc. Check LLMType for more options
  model: "gpt-4-turbo-preview"  # or gpt-3.5-turbo-1106 / gpt-4-1106-preview
  base_url: "https://api.openai.com/v1"  # or forward url / other llm url
  api_key: "YOUR_API_KEY"
```

그림 10.7 config2.yaml 파일에 OpenAI API 키 설정하기

이로써 필요한 설정이 모두 완료되었습니다.

여기서는 OpenAI의 API 키를 설정했지만, OpenAI 외의 다른 모델을 사용할 경우 MetaGPT 공식 문서[4]를 참고하여 설정할 수 있습니다.

지금부터 MetaGPT 에이전트를 사용해 '꽃말의 비밀 정원'의 주문 처리, 재고 관리, 고객 서비스 제공과 같은 기본 운영 절차를 시뮬레이션할 것입니다. 각각의 역할은 `_watch` 메서드를 통해 정의되는 특정 이벤트에 집중하며, 이러한 이벤트에 따라 적절한 동작을 실행하게 됩니다.

먼저 필요한 라이브러리와 모듈을 가져옵니다.

```
# 필요 라이브러리 가져오기
import fire

from metagpt.actions import Action, UserRequirement
```

4 옮긴이 https://docs.deepwisdom.ai/main/en/guide/get_started/configuration/llm_api_configuration.html

```python
from metagpt.logs import logger
from metagpt.roles import Role
from metagpt.schema import Message
from metagpt.team import Team
```

이어서 주문을 처리하는 동작과 역할을 정의합니다.

In

```python
# 주문 처리 작업 정의
class ProcessOrder(Action):
    PROMPT_TEMPLATE: str = """
    Process the following order: {order_details}.
    """
    name: str = "ProcessOrder"

    async def run(self, order_details: str):
        prompt = self.PROMPT_TEMPLATE.format(order_details=order_details)
        rsp = await self._aask(prompt)
        return rsp.strip()

# 주문 처리 역할 정의
class OrderProcessor(Role):
    name: str = "OrderProcessor"
    profile: str = "Process orders"

    def __init__(self, **kwargs):
        super().__init__(**kwargs)
        self._watch([UserRequirement])
        self.set_actions([ProcessOrder])
```

ProcessOrder 클래스는 주문의 세부 정보를 받아 주문을 처리하는 역할을 하고, OrderProcessor 클래스는 _watch 메서드를 통해 특정 이벤트를 감지하고, set_actions 메서드를 통해 실행 가능한 동작을 설정합니다.

이번에는 같은 방법으로 재고를 관리하는 동작과 역할을 정의합니다.

In

```
# 재고 관리 작업 정의
class ManageInventory(Action):
    PROMPT_TEMPLATE: str = """
    Update inventory based on the following order: {order_details}.
    """
    name: str = "ManageInventory"

    async def run(self, order_details: str):
        prompt = self.PROMPT_TEMPLATE.format(order_details=order_details)
        rsp = await self._aask(prompt)
        return rsp.strip()

# 재고 관리 역할 정의
class InventoryManager(Role):
    name: str = "InventoryManager"
    profile: str = "Manage inventory"

    def __init__(self, **kwargs):
        super().__init__(**kwargs)
        self._watch([ProcessOrder])
        self.set_actions([ManageInventory])
```

마지막으로 고객 서비스를 제공하는 동작과 역할을 정의합니다.

In

```
# 고객 서비스 작업 정의
class HandleCustomerService(Action):
    PROMPT_TEMPLATE: str = """
    Handle the following customer service request: {request_details}.
    """
    name: str = "HandleCustomerService"

    async def run(self, request_details: str):
        prompt = self.PROMPT_TEMPLATE.format(request_details=request_details)
        rsp = await self._aask(prompt)
        return rsp.strip()

# 고객 서비스 역할 정의
class CustomerServiceRepresentative(Role):
    name: str = "CustomerServiceRepresentative"
    profile: str = "Handle customer service"
```

```
    def __init__(self, **kwargs):
        super().__init__(**kwargs)
        self._watch([UserRequirement, ManageInventory])
        self.set_actions([HandleCustomerService])
```

`main` 함수의 코드는 다음과 같습니다.

In

```
# main 함수
async def main(
    order_details: str = "A bouquet of red roses",
    investment: float = 3.0,
    n_round: int = 5,
    add_human: bool = False,
):
    logger.info(order_details)

    # 팀 구성 및 역할 추가
    team = Team()
    team.hire(
        [
            OrderProcessor(),
            InventoryManager(),
            CustomerServiceRepresentative(is_human=add_human),
        ]
    )

    # 투자 및 프로젝트 실행
    team.invest(investment=investment)
    team.run_project(order_details)

    # 지정된 라운드 동안 실행
    await team.run(n_round=n_round)
```

주 함수에서는 `fire`가 제공하는 명령줄 인터페이스를 통해 사용자가 주문 세부 정보, 투자 금액, 실행 회차, 인간 역할 추가 여부를 입력할 수 있습니다. 주 함수는 팀을 초기화하고, 팀 구성원에게 역할을 할당한 뒤 프로젝트를 실행합니다.

NOTE

`fire`는 구글에서 개발한 파이썬 제3자 라이브러리로, 파이썬 프로그램을 자동으로 명령줄 인터페이스로 변환할 수 있습니다. `fire`를 사용하면 함수, 클래스, 모듈, 객체 등 어떠한 파이썬 구성 요소라도 별도의 분석 코드 작성 없이 쉽게 명령줄 인터페이스로 변환할 수 있습니다. `fire`는 다음과 같은 장점을 가지고 있습니다.

- 편의성: `fire`는 간단한 데코레이터나 직접 호출을 통해 명령줄 인터페이스를 생성하기 때문에 별도로 분석 코드를 작성할 필요가 없습니다.
- 자동 도움말 문서 생성: `fire`는 코드 내의 매개변수와 문서 문자열을 기반으로 명령줄 인터페이스에 대한 도움말 문서를 자동으로 생성할 수 있습니다.
- 유연성: `fire`는 함수, 클래스, 모듈과 같은 다양한 파이썬 객체를 처리할 수 있으며, 명령줄 매개변수를 파이썬 함수 매개변수와 자동으로 사상합니다.
- 상호작용 모드: 사용자는 `fire`의 상호작용 모드를 통해 명령줄 인터페이스에서 프로그램의 기능을 탐색할 수 있습니다.

다음은 스크립트 실행 코드입니다.

In

```
# 프로그램 실행
if __name__ == "__main__":
    fire.Fire(main)
```

이 코드는 스크립트의 시작 부분으로 단순히 `fire`를 통해 `main` 함수를 실행하는 역할을 합니다.

작성한 스크립트를 `flower_ecommerce.py`라는 이름으로 저장한 후, 다음과 같이 스크립트를 실행하면 다중 에이전트 시스템이 시작됩니다. 실행 매개변수는 주문 세부사항을 '한 다발의 붉은 장미'로 설정하고, 투자 금액은 1000, 실행 횟수는 10으로 설정했으며, 인간 역할은 추가하지 않았습니다.

In

```
python flower_ecommerce.py --order_details "한 다발의 장미" --investment 1000 --n_round
10 --add_human False
```

실행 결과는 그림 10.8과 같습니다.

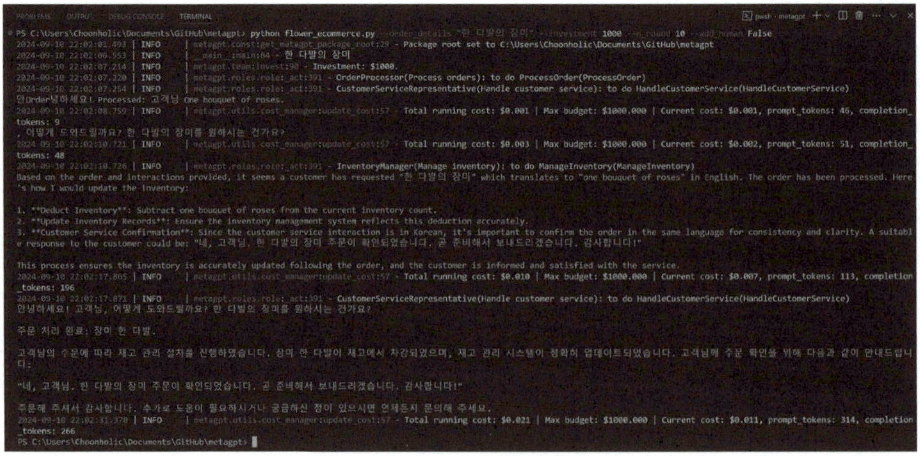

그림 10.8 MetaGPT의 실행 결과

표 10.1은 MetaGPT 에이전트의 실행 상황을 정리한 것입니다.

표 10.1 MetaGPT 에이전트의 실행 상황

시각	역할	행동
2024-09-10 22:02:01.493	`metagpt`	기반 경로 초기화
2024-09-10 22:02:06.553	`__main__`	'한 다발의 장미' 주문 접수
2024-09-10 22:02:07.214	`team:invest`	1000달러 투자
2024-09-10 22:02:07.220	`OrderProcessor`	주문 처리 시작
2024-09-10 22:02:07.254	`CustomerServiceRepresentative`	주문 결과에 따른 고객 서비스 제공 준비
2024-09-10 22:02:08.759	`cost_manager:update_cost`	실행 비용 처리 후 비용 정보 갱신
2024-09-10 22:02:10.726	`InventoryManager`	주문에 따른 재고 정보 갱신
2024-09-10 22:02:17.865	`cost_manager:update_cost`	재고 관리 비용 처리 후 비용 정보 갱신
2024-09-10 22:02:17.871	`CustomerServiceRepresentative`	주문, 재고, 고객 서비스의 포괄적 방법 정리
2024-09-10 22:02:31.370	`cost_manager:update_cost`	전체 비용 갱신 후 종료

이와 같이 에이전트가 주문 접수부터 비용 관리까지의 전체 과정을 완료한 것을 볼 수 있습니다. 여기에는 투자 관리, 비용 관리, 고객 서비스 등이 포함되며, 전반적으로 다중 에이전트 시스템이 전자상거래 플랫폼 운영 작업을 처리하는 잠재력과 효율성을 보여줍니다.

예나 당연한 이야기지만, 실험실 테스트에서 실제 기업 프로젝트로 넘어가는 과정에서는 많은 엔지니어링 세부사항을 보완해야 한다는 점은 부정할 수 없어요. 하지만 태진 선배의 아이디어는 우리 회사의 개발자들에게 영감을 준 것은 확실해요. 굳이 모든 것을 처음부터 시작하는 대신 작은 걸음부터 천천히 탐색해나가면 될 것 같아요.

태진 깃허브 웹사이트와 인공지능 업계의 오픈 소스 정신, 그리고 연구자들과 엔지니어들의 끊임없는 탐구에 감사할 일입니다.

10.3 요약

다중 에이전트 기반 체계인 AutoGen은 사용자 맞춤 대화형 에이전트를 제공합니다. 여러 에이전트가 대화와 협력을 바탕으로 코드상에서 도구를 사용하는 작업 등의 공동 작업을 쉽게 수행할 수 있습니다. 이 외에도 캐싱, 오류 처리, 다중 설정 추론, 템플릿과 같은 강력한 기능도 제공합니다.

MetaGPT는 에이전트에게 서로 다른 역할을 부여하여 복잡한 작업을 처리합니다. 주요 특징으로는 입력 처리, 내부 구조, 핵심 개념, 다기능성이 있습니다. MetaGPT는 단 한 줄의 요구사항으로 출발하여 사용자 스토리, 경쟁 분석, 요구사항, 데이터 구조, API, 문서 등을 생성할 수 있습니다. 이 기반 체계는 사장, 제품 관리자, 설계자, 프로젝트 관리자, 엔지니어, 품질 보증 등의 역할을 포함하여 소프트웨어 회사의 프로세스를 시뮬레이션합니다. `Code = SOP (Team)`이라는 핵심 개념은 표준 운영 절차를 LLM로 구성한 팀에 적용하는 것을 강조합니다. 이 기반 체계가 처음 설계되었을 때는 소프트웨어 회사를 위해 사용되었으나, 그 능력은 다른 애플리케이션 구축 환경으로 충분히 확장 가능합니다.

태진 예나 씨, 이렇게 7가지 에이전트에 대해 살펴보는 여정이 마무리되었습니다. 지금부터는 새로운 지식을 차분히 그리고 신중하게 소화할 시간이 필요할 것입니다. '꽃말의 비밀 정원'의 개발팀은 가장 적합한 기반 체계나 개발 방식을 선택하고, 이를 기반으로 회사에 가장 적합한 설루션을 개발할 수 있을 겁니다. 얼마 후면 저도 NeurIPS[5]에 참석하러 자리를 잠시 비워야 합니다. 우리가 다시 만날 때쯤에는 에이전트도 새로운 변화를 이루어낼 것이라고 믿습니다.

5 NeurIPS(Neural Information Processing Systems)는 전 세계적으로 권위 있는 머신러닝 및 계산 신경 과학 회의 중 하나입니다. 이 회의는 보통 매년 12월에 1주일 동안 개최되며, 전 세계의 학자, 연구자들이 모여 인공지능, 머신러닝, 통계학, 인지과학 분야의 최신 연구와 성과를 공유하고 논의합니다.

다음 세대 에이전트의 탄생지: 학술 논문에서 찾아낸 새로운 아이디어

인공지능 시대는 시간이 훨씬 빠르게 흐르는 것 같습니다. 예나는 '꽃말의 비밀 정원'에서 바쁘게 지내면서 시간이 그리 많이 흐르지 않은 듯하다고 생각했는데, 태진이 어느새 캐나다에서 콘퍼런스를 마치고 돌아왔습니다.

예나는 잠시 짬을 내 NeurIPS에 다녀온 태진을 공항에서 맞이합니다.

그림 A.1 예나는 공항에서 태진을 맞이합니다.

예나 태진 선배, 콘퍼런스에서 어떤 수확이 있었나요? 새로운 영감을 받으셨나요?

태진 많은 인공지능 업계의 대가들을 만날 수 있었고, 영감도 아주 많이 얻었습니다. 에이전트의 발전 속도를 따라 가려면, 최신 논문을 많이 읽어야 한다는 걸 다시금 느꼈어요.

A.1 두 편의 고품질 에이전트 종합 논문

그럼 에이전트에 관한 두 편의 영향력 있는 종합 논문을 공유해볼게요.

먼저 중국인민대학 가오링 인공지능 학원에서 발표한 <LLM 기반 자율 에이전트 연구 조사>[1]라는 논문을 살펴봅시다. 이 논문은 LLM이 자율 에이전트 분야에서 어떻게 활용되고 있는지에 초점을 맞추고 있습니다.

이 논문은 먼저 그림 A.2와 같이 2021년부터 2023년까지 LLM에 의해 구동된 에이전트 연구의 발전 경로를 소개하고 있습니다.

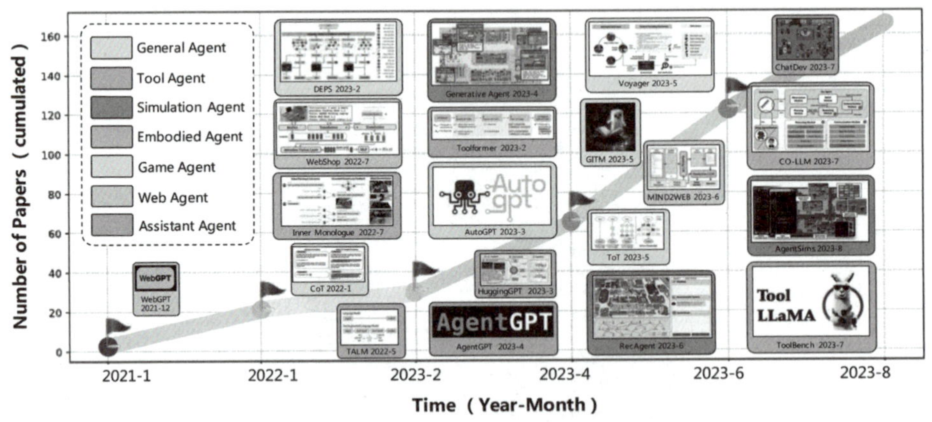

그림 A.2 2021년부터 2023년까지 LLM에 의해 구동된 에이전트 연구 발전 경로

1 <A Survey on Large Language Model based Autonomous Agents>, L. Wang, C. Ma, et al., 2023년 8월 22일, https://arxiv.org/abs/2308.11432

그림 A.2에서 가로축은 시간이며 세로축은 에이전트 분야 관련 논문의 누적 수를 의미하는데, 그래프의 모습은 연구의 열기가 날로 높아지는 것을 반영하고 있습니다. 여기에 언급된 다양한 에이전트의 대표적인 연구는 다음과 같습니다.

- 일반 에이전트$_{\text{general agent}}$: GPT 시리즈, LLaMA와 같은 LLM이 이에 해당합니다.
- 도구 에이전트$_{\text{tool agent}}$: ToolBench[2] 등이 이에 해당하며, LLM의 도구 사용 능력을 강화하는 데 집중하고 있습니다.
- 시뮬레이션 에이전트$_{\text{simulation agent}}$: Generative Agents,[3] AgentSims[4]와 같은 에이전트는 가상 사회를 구축하고 개인 행동과 군집 현상을 시뮬레이션하는 데 주력합니다.
- 구체적 지능 에이전트$_{\text{embodied agent}}$: Voyager,[5] GITM[6]와 같은 에이전트는 환경을 인식하고 제어할 수 있는 능력을 가지고 있습니다.
- 게임 에이전트$_{\text{game agent}}$: Voyager2, DEPS[7]와 같은 에이전트는 게임 환경에서 작업을 수행할 수 있습니다.
- 웹 에이전트$_{\text{web agent}}$: WebShop[8]과 같은 에이전트는 전자상거래 환경에서 사용자와 상호작용할 수 있습니다.
- 도우미 에이전트$_{\text{assistant agent}}$: 인간 사용자를 돕는 다양한 작업을 수행할 수 있는 에이전트가 이 범주에 속합니다.

에이전트의 발전 경로를 보면 에이전트의 인식, 추론, 제어와 같은 핵심 능력이 지속적으로 강화되고 있음을 알 수 있습니다. 응용 분야도 초기의 단순한 게임, 시뮬레이션 환경에서 점차 웹 애플리케이션과 현실 세계로 확장되고 있습니다. 서로 다른 유형의 에이전트들이 상호보완하면서 이 분야의 빠른 발전을 이끌어가고 있습니다.

2023년에 등장한 AgentGPT, AutoGPT와 같이 스스로 작업을 수행할 수 있는 범용 에이전트는 범용 인공지능에 대한 상상력을 충분히 자극했습니다. LLaMA, Toolformer와 같은 새로운 기반

2 https://github.com/sambanova/toolbench
3 https://github.com/joonspk-research/generative_agents
4 https://github.com/py499372727/AgentSims
5 https://voyager.minedojo.org/
6 https://github.com/OpenGVLab/GITM
7 https://github.com/CraftJarvis/MC-Planner
8 https://webshop-pnlp.github.io/

모델과 도구 학습 사고방식은 에이전트에게 새로운 동력을 불어넣었습니다.

이 논문에서는 LLM 기반의 자율 에이전트에 대한 통합 기반 체계를 제안했습니다. 이 기반 체계는 에이전트의 네 가지 핵심 구성 요소인 역할 정의, 기억, 계획, 행동을 포함하고 있습니다. 역할 정의는 에이전트의 배경 정보와 행동 패턴을 설정하며, 기억은 정보의 저장, 읽기, 갱신을 담당합니다. 계획은 목표 분해와 작업 해결을 책임지고, 행동은 텍스트 출력, 도구 사용, 실제 행동 등을 포함하여 에이전트가 환경과 상호작용하고 영향을 미치게 합니다. 이 네 가지 구성 요소가 유기적으로 작동하여 에이전트에게 인지, 사고, 학습, 의사 결정의 종합적인 능력을 부여하며, 이를 통해 복잡한 작업을 해결하고 환경에 자율적으로 적응할 수 있습니다. 이 기반 체계는 LLM, 인지 모듈, 환경 상호작용이 에이전트 구축에서 중요한 역할을 한다는 점을 밝히며 연구에 체계적인 아이디어를 제공합니다.

푸단 대학교에서 발표한 <LLM 기반 에이전트의 부상과 그 잠재력 조사>[9]라는 논문에서도 비슷한 에이전트 구축 기반 체계를 제안했습니다. 이 기반 체계에서는 환경 인식perception, 두뇌brain, 행동action의 세 가지 모듈을 기반으로 에이전트가 구성됩니다. 환경 인식 모듈은 외부 환경의 멀티모들을 가진 입력을 수신하고, 두뇌 모듈은 LLM로 구성되어 지식 저장, 기억 관리, 의사 결정 계획, 추론을 담당합니다. 행동 모듈은 두뇌 모듈이 내린 결정에 따라 텍스트 출력, 도구 사용, 실제 행동을 통해 환경과 상호작용하며, 그 결과는 다시 환경 인식 모듈에 전달되어 순환 구조를 형성합니다. 이 기반 체계는 LLM에 인식, 사고, 행동이라는 통합된 에이전트 능력을 부여하여, 현실 세계와 상호작용하고 다양한 작업을 수행할 수 있게 합니다. 이는 LLM을 활용해 범용 인공지능을 구축할 수 있는 기술적 흐름을 제시합니다.

예나 (갑자기 끼어들며) 태진 선배, 이 두 논문에서 제시한 에이전트 구축 기반 체계가 바로 선배가 저에게 알려주신 일련의 에이전트 설계 지침과 똑같지 않나요?

태진 그렇죠. 역시 다들 생각하는 바가 같은 것 같습니다.

9 <The Rise and Potential of Large Language Model Based Agents: A Survey>, Z. Xi, W. Chen, et al., 2023년 9월 14일, https://arxiv.org/abs/2309.07864

A.2 논문 추천: 에이전트 자율 학습, 다중 에이전트 협력, 에이전트 신뢰성 평가, 에지 시스템 배포, 구체적 지능 구현

앞에서 두 개의 종합적인 논문을 살펴보았다면, 이번에는 표 A.1에서 에이전트 연구 분야의 발전을 대표할 수 있는 몇 가지 논문을 추가로 소개하겠습니다. 이 논문들은 에이전트 자율 학습, 다중 에이전트 협력, 에이전트 신뢰성 평가, LLM과 에이전트의 에지 시스템 배포, 구체적 지능 구현 등의 핵심 영역을 다룹니다. 이러한 연구들은 더 지능적이고 효율적이며 신뢰할 수 있는 인공지능 시스템을 구축할 때 필수입니다.

표A.1 에이전트 연구 분야의 대표 논문

주제	제목	핵심 내용	주요 성과
에이전트 자율 학습	ExpeL: LLM 에이전트는 경험 학습자다.[10]	새로운 LLM 에이전트 학습 사고방식인 '경험 학습' 제안. 에이전트가 스스로 경험을 통해 학습하여 작업 해결 능력 향상	경험 축적에 따라 성능 향상. 분석, 추론, 적응력 개선
다중 에이전트 협력	에이전트가 더 필요하다.[11]	에이전트 수 확대와 샘플링-투표 기제 채택으로 LLM의 복잡한 작업 처리 성능 향상. LLM의 확장 가능성 설파	어려운 작업에서 에이전트의 수에 비례해 성능 향상
	동적 LLM 에이전트 네트워크[12]	DyLAN이라는 새로운 LLM 에이전트 협력 기반 체계 제안. 에이전트 선택과 조기 중단 기제를 통해 성능과 효율성 향상	추론, 코드 생성 작업에서 우수한 성과. GPT-3.5 Turbo 대비 13% 성능 향상
	ChatDev: 소프트웨어 개발을 위한 상호작용 에이전트[13]	가상 채팅 소프트웨어 개발 회사 모델 소개. 자연어 대화 기반 소프트웨어 설계, 코딩, 테스트, 문서화를 통해 효율성과 비용 효과 향상	7분에 1달러 미만의 비용으로 소프트웨어 개발. 잠재적 취약점 인식, 완화
에이전트 신뢰성 평가	인간 행동 시뮬레이션의 신뢰성 평가를 위한 기반 체계[14]	인공지능 에이전트의 인간 행동 시뮬레이션 신뢰성 평가 기반 체계 소개. 일관성과 견고성의 중요성 강조	기존 LLM이 일관성과 견고성에 부족함이 있음을 발견

10 <ExpeL: LLM Agents Are Experiential Learners>, A. Zhao, D. Huang, et al., 2023년 8월 20일, https://arxiv.org/abs/2308.10144

11 <More Agents Is All You Need>, J. Li, Q. Zhang, et al., 2024년 2월 3일, https://arxiv.org/abs/2402.05120

12 <A Dynamic LLM-Agent Network: An LLM-agent Collaboration Framework with Agent Team Optimization>, Z. Liu, Y. Zhang, et al., 2023년 10월 3일, https://arxiv.org/abs/2310.02170

13 <ChatDev: Communicative Agents for Software Development>, C. Qian, W. Liu, et al., 2023년 7월 16일, https://arxiv.org/abs/2307.07924

14 <How Far Are LLMs from Believable AI? A Benchmark for Evaluating the Believability of Human Behavior Simulation>, Y. Xiao, Y. Cheng, et al., 2023년 12월 28일, https://arxiv.org/abs/2312.17115

표A.1 에이전트 연구 분야의 대표 논문(표 계속)

주제	제목	핵심 내용	주요 성과
에지 시스템 배포	TinyLlama: 오픈 소스 소형 언어 모델[15]	소형 언어 모델 TinyLlama와 Ollama, llama.cpp 기반 체계 소개. LLM의 에지 시스템 실행 실현	LLM의 에지 시스템 실행 실현으로 접근성과 실용성 향상
구체적 지능 구현	LLM-Planner: LLM을 이용한 구체적 지능 에이전트의 퓨 샷 기반 계획[16]	LLM 기반 퓨 샷 계획을 통해 구체적 지능 에이전트가 시각적 인식 환경에서 복잡한 작업을 수행하는 LLM-Planner 방법 제안	LLM 기반 계획 수립이 에이전트 구축에서 큰 잠재력을 보임

이 연구들은 LLM이 인공지능 분야의 여러 측면에서 어떻게 적용되고 발전하고 있는지를 보여주고 있으며, LLM의 미래 발전을 위한 새로운 아이디어와 방향을 제공합니다.

A.3 요약

이번 장에서 언급한 논문과 오픈 소스 기반 체계는 에이전트 학술 연구 분야에서 사실 '빙산의 일각'에 불과합니다. 이들은 제 생각에 특정 분야에서 대표성을 띠는 작품들입니다.

앞으로 에이전트 연구에서 잠재력을 가진 혁신적인 방향 몇 가지는 다음과 같습니다.

- 멀티모들 에이전트: 에이전트의 인지 능력을 더욱 확장하여 텍스트, 음성, 시각, 촉각 등 다양한 형식의 정보를 처리할 수 있도록 하고, 서로 다른 형식을 가진 지식을 변환하고 정렬해 좀 더 포괄적인 세계의 모습을 형성하여 더 복잡한 현실 상황에 대처할 수 있도록 합니다.
- 인간과 기계의 협력: 인공지능과 인간 지능의 상호보완적 장점을 발휘하여 시너지를 발휘하는 매우 유망한 연구 방향입니다. 이는 인공지능이 '대체'에서 '강화'를 거쳐 '협력'으로 나아가는 사고방식의 진화를 상징하며, 인간과 기계 간의 관계가 심화되고 발전하는 것을 반영하고 있습니다. 이 과정에서 '인간이 결정하고 기계가 실행'하는 전통적인 구조에서 점차 '기계가 역량을 부여하고 인간과 기계가 상호 이익을 추구'하는 구조로 전환되면서 궁극적으로 '인간과 기계가 공생하고 서로 다름을 인정하는' 새로운 사고방식을 형성할 것으로 기대합니다.

15 <TinyLlama: An Open-Source Small Language Model>, P. Zhang, G. Zeng, et al., 2024년 1월 4일, https://arxiv.org/abs/2401.02385

16 <LLM-Planner: Few-Shot Grounded Planning for Embodied Agents with Large Language Models>, C. Song, J. Wu, et al., 2022년 12월 8일, https://arxiv.org/abs/2212.04088

- 개인 정보 보호 에이전트privacy preserving agent: 에이전트가 정보를 수집하고 기억을 저장하며 콘텐츠를 생성하는 과정에서 차등 프라이버시, 연합 학습, 암호화 계산 등의 기제를 통합하여 사용자의 개인 정보를 보호하는 동시에 더 안전하고 신뢰할 수 있는 인간과 기계의 상호작용 사고방식을 구축합니다.
- 윤리 내재화 에이전트ethics embedded agent: 윤리적 데이터 집합을 구축하고 모델 학습 목표를 최적화하여, 의사 결정 기제를 개선하는 과정을 통해 에이전트가 인간의 가치관과 윤리적 규범을 내재화하고, 불특정 분야에서도 항상 올바른 행동을 하도록 만들어 안전하고 신뢰할 수 있는 윤리적 조력자가 되도록 합니다. 2022년에 제안된 Constitutional AI라는 기반 체계[17]는 에이전트의 행동을 제한하고 유도하는 기본 규칙을 설계하여 목표를 추구하는 과정에서도 윤리적 규범을 준수하도록 합니다. 이는 인공지능 시스템의 안전성과 통제 가능성 문제를 해결하는 새로운 방안을 제공합니다.
- 신경-기호 논리 혼합 에이전트neuro-symbolic hybrid agent: 신경망 기반 LLM, 지식 그래프, 논리 규칙과 같은 기호 논리 추론 기반의 인공지능 시스템을 결합하여, 신경망의 강력한 학습 능력과 기호 논리 시스템의 해석 능력을 통합함으로써 더 견고하고 해석 가능하며 이식 가능한 인지 시스템을 구축합니다.
- 에이전트와 현실 환경의 무결점 상호작용 및 지속적 진화 실현: 에이전트가 실험실을 벗어나 실제 환경에 투입되고, 실전에서 지속적으로 학습하며 최적화하는 것은 매우 도전적이지만 그만큼 매우 중요한 과제이기도 합니다. 이는 기계 인식, 인간과 기계의 상호작용, 지속 학습 등 여러 측면에서 더 많은 돌파구가 필요합니다.

다양한 아이디어와 접근법이 경쟁하는 시대에 우리는 열린 마음을 유지하고, 변혁의 기회를 적극적으로 받아들이는 동시에 신중하게 탐구하고, 혁신의 길을 지켜나가야 합니다. 에이전트 연구의 빠른 성장은 기술 발전 외에 오픈 소스 커뮤니티의 번영 덕분이기도 합니다. 언어 모델에서부터 개발 플랫폼에 이르기까지 점점 더 많은 중요한 자원이 개방되고 공유됨으로써 연구의 진입 장벽이 크게 낮아졌습니다. 인공지능의 발전은 사회 전체의 집단적 지혜를 자극하고 있으며, 예나 씨를 비롯한 여러분과 저도 그 일원으로서 함께 에이전트 생태계의 건전한 발전을 이끌고 있습니다.

17 <Constitutional AI: Harmlessness from AI Feedback>, Y. Bai, S. Kadavath, et al., 2022년 12월 15일, https://arxiv.org/abs/2212.08073

마치며

이제 잠시 프로그램 설계와 시스템 아키텍처 작업에서 벗어나 저와 함께 거대한 열기구를 타고 있다고 상상해봅시다. 이렇게 구름 위에서 급변하는 세상을 내려다보면 더 높은 관점에서 인류의 과거, 현재, 미래를 바라볼 수 있습니다. 우리가 지금 있는 위치를 더 명확하게 볼 수 있을 뿐만 아니라 앞으로의 방향도 통찰할 수 있습니다.

이 높이에서 내려다보면 인류 문명 발전 과정에서 기술 혁신의 흐름을 더 뚜렷이 볼 수 있으며, 현재 이 시점이 역사 속에서 어떤 위치에 있는지 파악할 수 있습니다. LLM과 에이전트의 출현은 결코 우연이 아닙니다. 그것들은 오랜 탐구와 축적의 결과이며, 미래의 지능형 사회로 가는 중요한 연결 고리이기도 합니다.

우리는 완전히 새로운 시대에 서 있습니다. 에이전트가 주도하는 미래가 우리에게 빠르게 다가오고 있습니다. 이는 혁신과 변혁이 교차하는 역사적 시점이며, 에이전트가 점점 성숙해지고 복잡한 생산 시스템에 적용됨으로써 현실 세계에서 역할을 수행하게 될 새로운 시대입니다. 우리가 준비가 되었건 그렇지 않건 간에 에이전트는 우리의 삶, 업무, 학습의 일부가 될 것입니다. 심지어 에이전트는 에이전트끼리 참여하는 커뮤니티를 형성하고 인간과 평화롭게 공존할 수도 있습니다.

이러한 변화는 단순한 기술적 혁명이 아니라 작업 방식, 사회적 상호작용, 나아가 세계관에 이르기까지 근본적인 변화가 일어나고 있음을 의미합니다. 에이전트의 부상은 인류가 지능형 시스템의 통합과 조율의 시대에 진입했음을 예고하며, 이는 인간과 기계의 관계를 새롭게 정의하게 될 것입니다.

비록 현재 에이전트는 '유년기'에 머물러 있어, 많은 에이전트가 마치 비싸기만 하고 그다지 의미 없는 장난감처럼 보일지도 모릅니다. 하지만 에이전트의 진정한 잠재력은 아직 드러나지 않았습니다. 인간이 LLM의 추론 능력을 어떻게 활용할지, 에이전트를 도구와 어떻게 통합할지에 대한 연구가 심화되면 에이전트의 기능은 점점 더 강력해질 것이며, 결국 현실 세계에서 인간을 대리하여 과제를 수행할 수 있는 개체가 될 것입니다.

이 모든 과정에서 우리는 데이터와 지능의 관계를 다시 생각해야 합니다. 지금까지는 전통적으로 데이터와 지능은 밀접하게 연결되어 있었지만, 생성형 인공지능과 에이전트의 부상으로 인해 데이터와 지능이 점차 분리되고 있습니다. 이는 방대한 데이터를 직접 손에 쥐고 있지 않더라도 기업과 개인이 효율적이고 편리한 지능형 서비스를 사용할 수 있게 된다는 것을 의미합니다. 이는 기존의 데이터 플라이 휠 그리고 네트워크 효과를 뒤집을 수도 있습니다.

미래의 지능형 경제는 개별화되고 지능화된 에이전트가 주도할 가능성이 있습니다. 그 결과, 플랫폼과 애플리케이션의 역할을 재구성할 뿐만 아니라, 탈중앙화 기반의 분산된 경제 구조로 나아갈 수도 있습니다. 비록 미래는 불확실성으로 가득 차 있지만, 이러한 심도 있는 사고와 예측은 현재 기술 동향을 이해할 수 있는 새로운 시각을 제공하며, 미래 전략을 계획하는 데 필요한 기초를 마련해줍니다.

기술이 계속 발전하면 할수록 겸손하고 개방적인 태도를 유지해야 합니다. 현재 우리는 인공지능의 능력에 대해 지나치게 낙관적인 태도를 취하는 것일 수도 있으며, 목표를 달성하는 데 필요한 시간과 노력을 간과하는 것일 수도 있습니다. 지속적인 탐구와 실험을 통해 인공지능의 진정한 잠재력을 풀어낸다면, 인공지능은 물리적 세계뿐만 아니라 정보의 가치를 깊이 이해하여 인류에게 더 나은 서비스를 제공할 수 있게 될 것입니다.

에이전트 역시 언젠가 결국 '유년기'를 벗어나 성숙한 개체로 발전할 것입니다. 에이전트에게 큰 기대를 하는 것과 동시에 신중하게 그들의 성장을 이끌어야 하며, 에이전트가 인류에게 봉사하는 길을 따라 건강하게 발전하도록 해야 합니다. 동시에 에이전트가 현재의 한계를 넘어 인류를 이해하고 협력하며 심지어 인간에게 영감을 줄 수 있는 지능형 동반자가 되기를 기대해야 합니다. 함께 창조해가는 미래에서 에이전트는 단순한 기술의 구현이 아니라 인간 지혜의 확장과 반영입니다.

이제 구름 위에서 내려와 이 위대한 변화에 발을 디딜 시간입니다. 저는 가까운 미래에 당신과 제가 다시 한번 높은 곳에서 돌아보았을 때 우리의 노력과 선택에 자부심을 느낄 것이며, 이 지능형 신시대의 영광을 직접 경험하고 창조했음을 자랑스러워할 것이라고 확신합니다.

진솔한 서평을 올려주세요!

이 책 또는 이미 읽은 제이펍의 책이 있다면, 장단점을 잘 보여주는 솔직한 서평을 올려주세요.
매월 최대 5건의 우수 서평을 선별하여 원하는 제이펍 도서를 1권씩 드립니다!

- **서평 이벤트 참여 방법**
  1. 제이펍 책을 읽고 자신의 블로그나 SNS, 각 인터넷 서점 리뷰란에 서평을 올린다.
  2. 서평이 작성된 URL과 함께 review@jpub.kr로 메일을 보내 응모한다.
- **서평 당선자 발표**

  매월 첫째 주 제이펍 홈페이지(www.jpub.kr)에 공지하고, 해당 당선자에게는 메일로 연락을 드립니다.
  단, 서평단에 선정되어 작성한 서평은 응모 대상에서 제외합니다.

독자 여러분의 응원과 채찍질을 받아 더 나은 책을 만들 수 있도록 도와주시기 바랍니다.

A

AaaS (agent as a service) 39
AgentExecutor 263
AGI (artificial general intelligence) 332
API 61
assistant 134
Assistants API 142, 314
AutoGen 376
AutoGPT 330

B

BabyAGI 338

C

CAMEL 356
ChatCompletion API 231
CoH (chain of hindsight) 52
Consulting Trainer 358
CoT (chain of thought) 51, 77

D

DALL·E 3 183

E

embodied intelligence 30

J

JSON 199
JSON 모드 237
JSON schema 198

L

LangChain 106, 251
LangChain 도구 254
LangChain 도구 모음 255
LangChain의 계획과 실행 에이전트 290
LangSmith 117
LCEL (LangChain expression language) 111
LlamaIndex 120, 311

M

memory bank 21
metadata 198
MetaGPT 386
multimodal agent 24, 402

O

OpenAI 83
OpenAI 도우미 134
OpenAI API 89
OpenAI API 사용 시 주의사항 103
OpenAI의 함수 195

P

PDDL (planning domain definition language) 52
Pitch Analyzer 358

R

RAG (retrieval augmented generation) 21
rate-limited 104
ReAct 16, 52, 57
ReAct 기반 체계 57, 247
ReAct 에이전트 251
Reflexion 52

S

Serp API 257
SmartApply 358
SOP (standard operating procedure) 386

T

TaaS (tool as a service) 56
ToT (tree of thought) 51, 77

ㄱ

가공자 293
감지기 9
강화학습 기반 에이전트 13
개인화 추천 34
검색증강생성 21, 121, 311, 314
검색증강생성 에이전트 321
결론 도출 50
계몽의 경사 18
계산 능력 4
계층 대화 378
계획 48
계획 문제 정의 언어 52
계획과 실행 76
계획자 291
고객 서비스 혁명 33
구조화된 데이터 312
구체적 지능 30, 44
기능성 9
기대의 정점 18
기억 48
기억 갱신 50
기억 검색 50
기호 논리 에이전트 13
깃허브 329

ㄴ

내재화 42
논문 추천 401
뉴런 12

ㄷ

다중 에이전트 41, 309
다중 에이전트 대화 378
단기 기억 48
대리성 7
대리인 7
대형 언어 모델(LLM) 11, 14
대화 초기화 232
대화 패턴 378
대화 흐름 149
대화형 에이전트 320
데이터 분석 차트 생성하기 172
데이터 통찰 생성하기 179
도구 48
도구 사용 능력 29
도구 실행 50
도구 체인 257
도구 호출 54, 231
도우미 134
도우미 에이전트 378

ㅁ

매개변수 70
멀티모들 모델 24
멀티모들 처리 능력 26
메모리 뱅크 21
문제 분해 16
물류 관리 구현 291

ㅂ

반응형 에이전트 13
발상 유도형 프롬프트 357
범용 인공지능 332
범용 추론 능력 11
벡터 데이터 322
비정형 데이터 312
비판적 수정 77

ㅅ

사고의 나무 51, 77
사고의 연쇄 16, 51, 77, 287
사용자 에이전트 378
사전학습 53
사회 인공지능 프롬프트 템플릿 360
상호작용 에이전트 357
상호작용성 9
색인 322
생산성 고원 18
생성형 인공지능 19, 38
세계 지식 20
속성 정보 획득하기 221
순환 종료하기 219
스마트 스케줄러 작성 282
실망의 저점 18
실행 48
실행 세션 157, 161, 226
실행 세션의 전체 상태 230
실행 에이전트 340
실행기 9

실행자 291

ㅇ

언어 상호작용 능력 26
언어 출력 능력 28
에이전트 사용자 맞춤 377
에이전트 시뮬레이션 373
에이전트 실행기 116
에이전트 종합 논문 398
에이전트의 정의 6
역할 157
역할 수행 357
연합 대화 378
요청 속도 제한 104
요청 엔진 324
의료 서비스 35
의사 결정 엔진 9
의사코드 28, 284
인간 사용자 359
인공지능 도우미 360
인공지능 발전의 역사 5
인공지능 사용자 360
일반화 능력 23

ㅈ

자기 성찰 77
자기 진화형 인공지능 42
자기 학습 능력 4
자동 재고 배분 291
자문자답 76
자원 최적화 34
자율 에이전트 373
자율성 9
작업 계획 50
작업 생성 에이전트 340
작업 생성 연쇄 342
작업 수신 49
작업 실행 연쇄 344
작업 우선순위 설정 에이전트 340
작업 우선순위 연쇄 343
작업 지정 에이전트 359
장기 기억 48
저장 능력 4
적응성 9
전이학습과 메타학습 능력을 갖춘 에이전트 14
정보 검색 313
제로샷 기반 사고의 연쇄 286
제로샷 학습 287
주식 거래 시나리오 358
중단점 설정하기 263
지식 인식형 파인튜닝 53
지식 저장소 9
지정된 작업 359
지침 157

ㅋ

코드 프롬프트 템플릿 361
코사인 유사도 322

ㅌ

텍스트 생성 313
텍스트 생성 엔진 325
템플릿 186
토큰 105

ㅍ

파이프라인 316
파인튜닝 53, 314
페이지 제목 생성하기 182
표준 운영 절차 386
프레젠테이션 생성하기 185
프로세스 자동화 34
프롬프트 엔지니어링 48, 66
프롬프트 템플릿 259
플레이그라운드 136

ㅎ

함수 도구 195
함수 정의하기 201
함수 호출 76, 223
함수 호출 단계 200
혁신 촉발점 18